地図・年表・図解でみる

日本の歴史 上

武光 誠・大石 学・小林 英夫 監修
明治学院大学教授　東京学芸大学教授　早稲田大学教授

地図・年表・図解でみる
日本の歴史 上

武光 誠・大石 学・小林 英夫 監修
明治学院大学教授・東京学芸大学教授・早稲田大学教授

はじめに

日本は今、大きな時代の変わり目に立っています。これまでになかったような新しい事態が起こりつつあるようです。羅針盤も海図もなく、大海に船出するような状態といえるでしょう。では、未来を切り拓くために、何を指針とすればよいのでしょうか。

その答えは、これまでの日本人の営みやそれを生みだした日本人の知恵にあると考えています。日本列島に人類が足跡をしるしてから10万年あまり、そこに文化が生まれてから1万年余の月日が流れました。聖徳太子が中国の先進文化の導入に尽力してから約1400年、鎌倉に武家政権ができてから800年余、徳川家康が江戸に幕府を開いてから400年余、ペリー来航から150年あまり、アジア・太平洋戦争の終結から数えて67年目を迎えます。この間日本人は、外からの文化を受け入れ、それを列島の風土と社会に適合した形に深め、外敵の脅威のなかで国を防衛する戦いや周辺諸国への侵略もありましたが、おおむね平和的に文化を育んできました。

本書は、こうした日本の歴史と文化について、幅広く理解できるように、旧石器時代から今日までの日本の歩みをわかりやすく、ビジュアルな地図や図解を駆使して説明しました。そして、全体の流れがよくわかる年表を掲載するとともに、巻末に人物事典と

用語事典を収録しました。上巻は旧石器時代から古代国家の発展、武家政権の確立、戦国から安土・桃山時代まで、下巻は江戸時代から、幕末の開港と明治維新、大日本帝国の膨張から昭和前期（戦前）、昭和後期（戦後）から現在までとしました。日本の1万年以上の歩みが、ひとつの流れとして手に取るように理解できるでしょう。

上巻では、日本列島の誕生から、奈良・平安・鎌倉・室町時代から戦国の動乱を経て関ヶ原の戦いまでの歴史を、最新の研究成果に基づいてわかりやすく解説しました。復元イラストや模型によって、当時の実態がビビッドに理解できるように努めました。また、人々の生活や海外との関係などにもページを割きました。さらに「気候変動と災害」「高さを競う建築物」など、時代を超えたテーマにも新しい光を投げかけました。それは、そうした事象が大きな歴史の流れの源となっていると考えているからにほかなりません。

歴史に何を学ぶのかというと、それは未来です。本書が、よりよい未来を築くために、お役に立てればと願っています。

2012年1月

小学館

目次

はじめに ... 2
この本の使い方 ... 8

第1章 日本のあけぼの 旧石器時代〜古墳時代 ... 9

年表 〜紀元前1000年
- 日本列島と日本人の誕生 ... 10
- 旧石器時代の環境と暮らし ... 12
- 縄文文化の広がり ... 14

◆ 縄文人の暮らし ... 16
- 縄文時代の交易と農耕 ... 18
- 【コラム】円形を好んだ縄文人 ... 20

年表 紀元前1000〜後300年
- 農耕社会の成立と渡来人 ... 22
- 稲作と弥生文化の伝播 ... 24
- 稲作のない北と南の文化 ... 26
- 【コラム】遺伝子でわかる北と南のつながり ... 28
- 戦争の始まりと国の始まり ... 28
- 邪馬台国と女王卑弥呼 ... 30

◆ 古代都市の誕生 ... 32

年表 301〜592年
- 前方後円墳とヤマト王権 ... 32
- 東アジア世界と倭の五王 ... 34
- 【コラム】倭国と加耶諸国 ... 36
- 古墳時代の地方文化 ... 36

◆ 巨大化する王墓 ... 38

第2章 古代国家の発展
飛鳥時代〜平安時代後期

そのとき世界は① 交易の道が文明を結ぶ……40
継体新王朝と磐井の乱……42
　【コラム】屯倉の広がり
仏教と大陸文化の伝来……44
　【コラム】斉明天皇の水の祀り
年表 593〜709年……45
律令国家への道……46
大化の改新……48
白村江の戦いと東アジア情勢……50
壬申の乱と大宝律令の制定……52
年表 710〜783年……54
奈良の都……56
◆上級貴族の豪勢な暮らし
大仏開眼と奈良時代の政治……58
記紀と万葉の舞台……60
遣唐使と8世紀の東アジア……62
年表 784〜883年……64
平安の新政
大和朝廷の東北攻略……66
　【コラム】征夷大将軍とは何か
平安仏教布教の足跡……68
　【コラム】最澄と論戦した徳一
年表 884〜1027年……70
藤原氏の栄華と荘園制
将門の乱と純友の乱……72
　【コラム】牛牧・馬牧にみる東国と西国
◆平安貴族の暮らし……74
国風文化と浄土信仰……76
　【コラム】女流文学の作家たち

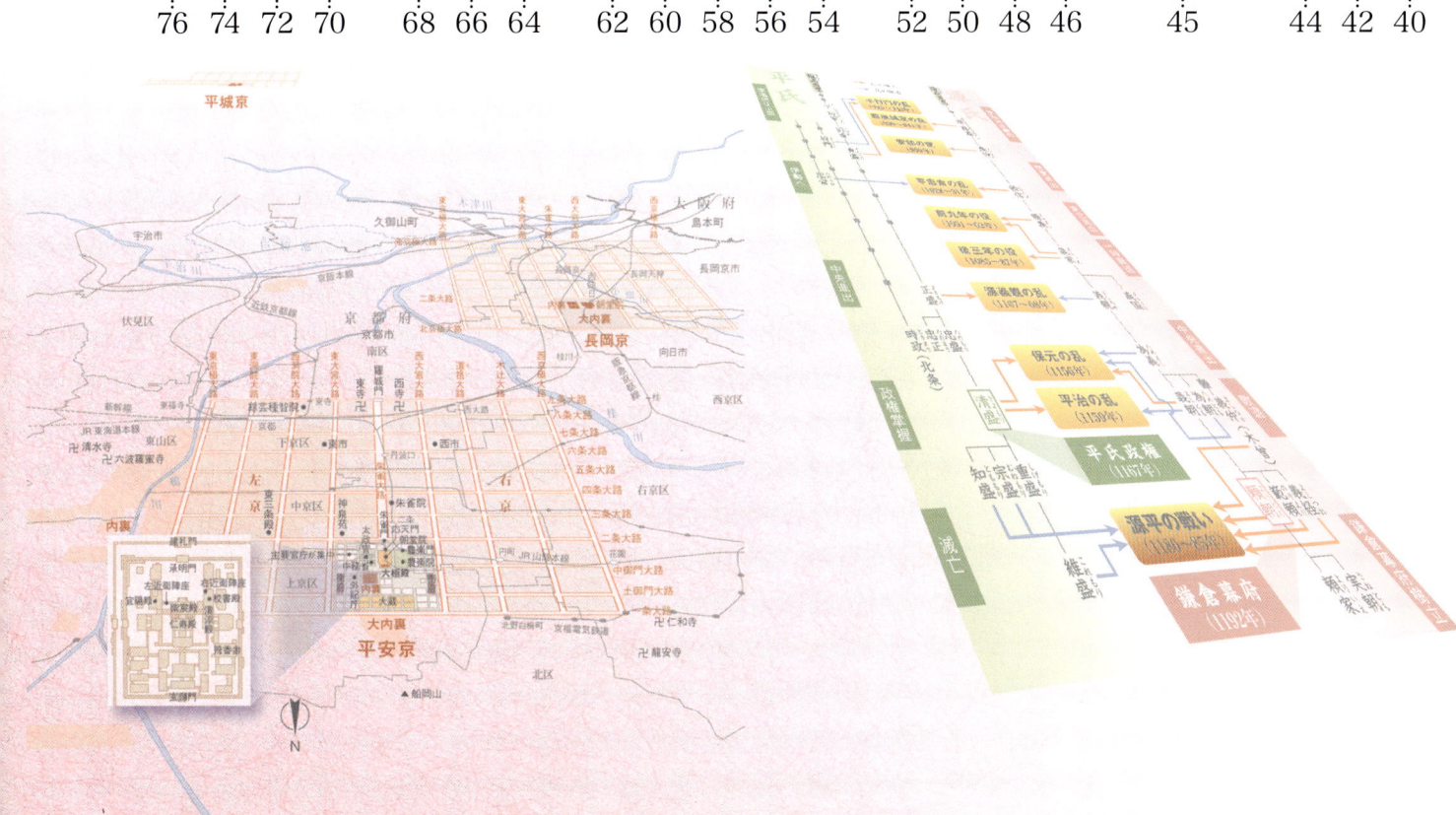

第3章 武家政権の確立

平安時代末期～室町時代 ……85

| 年表 | 1028～1159年 | ……78 |

武士の台頭 【コラム】武士団の仕組み ……78
院政の始まり 【コラム】公領と荘園 ……80
保元・平治の乱 【コラム】院政期の武士のいでたち ……82
そのとき世界は② 唐の隆盛とイスラムの発展 ……84

| 年表 | 1160～1189年 | ……85 |

平氏の栄華 ……86
奥州藤原氏の繁栄 【コラム】ジパングの黄金 ……88
◆気候変動と災害 ……90
源平の合戦 ……92

| 年表 | 1190～1332年 | ……94 |

武家政権の始まり ……94
承久の乱 ……96
鎌倉仏教の広がり 【コラム】新しい建築様式の登場 ……98
◆中世の農村社会 ……100
蒙古襲来 【コラム】海洋国家としてのモンゴル ……102

| 年表 | 1333～1427年 | ……104 |

鎌倉から室町へ ……104
南北朝の動乱 ……106
室町幕府の隆盛 【コラム】金閣の建築様式 ……108
日明貿易と倭寇 【コラム】中世出土銭の出土状況 ……110
◆地方都市と交通路 ……112

| 年表 | 1428～1492年 | ……114 |

下剋上の世の始まり 【コラム】地方に広がる都の文化 ……114

琉球王国と蝦夷が島 ……… 116
応仁の乱 ……… 118
そのとき世界は③ モンゴル帝国の拡大 ……… 120

第4章 動乱から統一へ　戦国時代〜安土・桃山時代 ……… 121

年表 1493〜1573年
戦国の群雄 ……… 122
戦国の合戦 【コラム】実用性重視の武具 ……… 124
◆城と城下町 ……… 126
鉄砲とキリスト教の伝来 【コラム】南蛮渡来の品々 ……… 128
年表 1574〜1602年
織豊政権の成立 ……… 130
都市の発達と町衆の台頭 【コラム】千利休の茶室 ……… 132
天下統一と秀吉の政治 ……… 134
◆高さを競う建築物 ……… 136
朝鮮出兵 ……… 138
関ヶ原の戦い ……… 140
そのとき世界は④ 大航海時代と明帝国 ……… 142

巻末資料 ……… 143

歴史人物事典・上 ……… 148
歴史用語事典・上 ……… 153
索引 ……… 157
主要参考文献 ……… 158

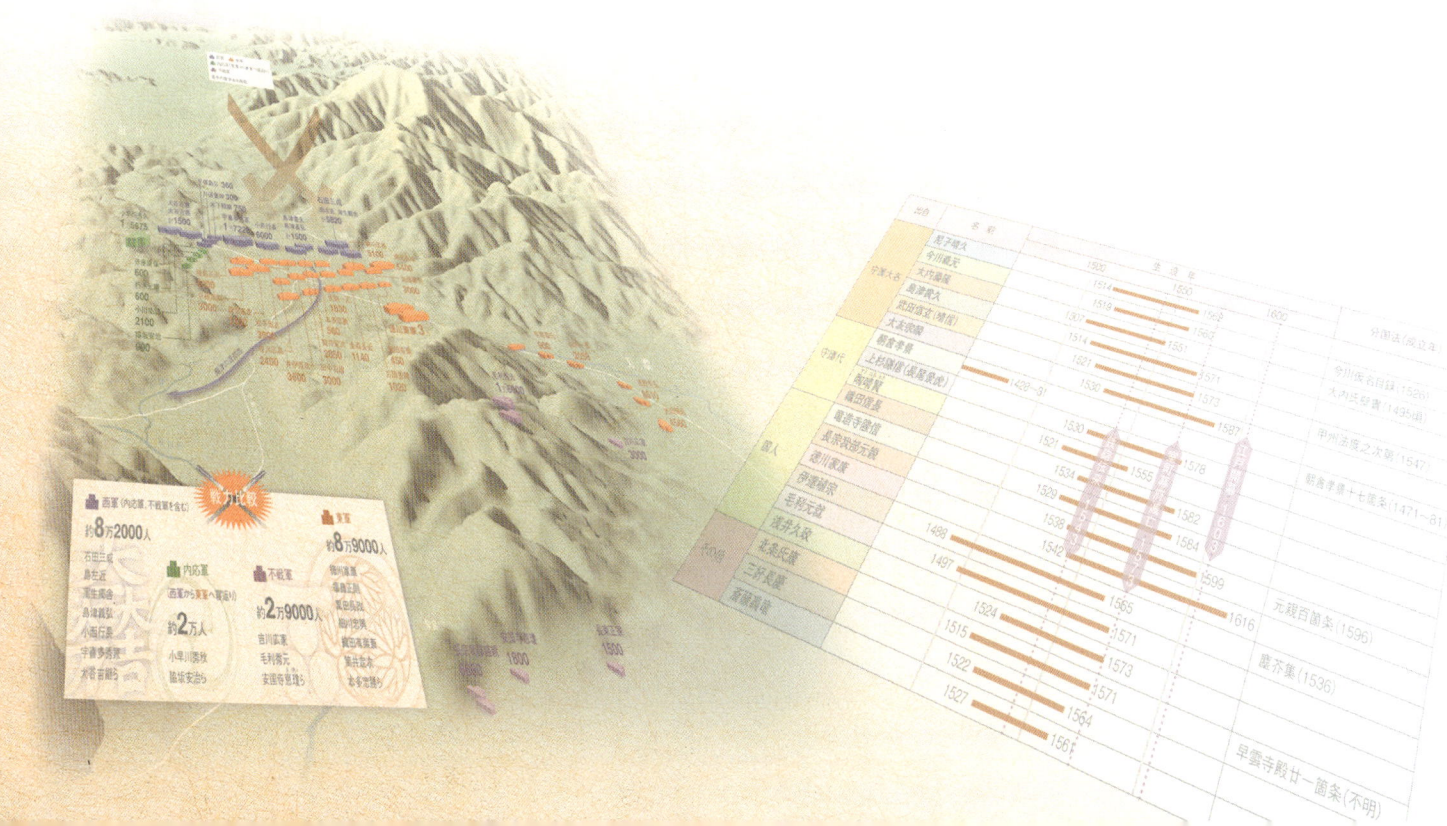

この本の使い方

日本の歴史の重要な問題を選び、見開き2ページで1テーマを構成、カラー図版とコンパクトな文章で解説しました。知りたいテーマの位置付けを知るためには、時代の区切りごとに掲載した年表を見てください。また、重要な人物や事項については、巻末の事典も参考にしてください。

> 本文に「*」をつけた人物や事項は、巻末の「歴史人物事典」または「歴史用語事典」に解説があります。

> 時代の区切りごとに年表を掲載しました。次の年表までのページで、この年代のことを扱います。

784〜883年

- 784 長岡京に遷都。
- 785 藤原種継没、早良親王、種継暗殺関与の疑いで捕らえられ、淡路移送中に死亡。
- 788 最澄、比叡山寺(のちの延暦寺)を創建。
- 792 諸国に健児を置く。
- 794 平安京に遷都。 P.64
- 797 『続日本紀』撰進。坂上田村麻呂、征夷大将軍に。空海、『三教指帰』を著す。
- 796 京に、東寺と西寺創建。
- 800 フランク王国のカール大帝、西ローマ皇帝となる。
- 802 坂上田村麻呂、胆沢城築造。
- 802 蝦夷の首長阿弖流為、投降。 P.66
- 804 能登国に渤海使のための客院を建設。遣唐使船出発。空海ら乗船。
- 805 最澄帰国。天台宗を創始。 P.68
  徳政論争の結果、平安京の造営を停止。
- 806 桓武天皇没、平城天皇即位。
- 806 空海帰国。真言宗を創始。 P.68
- 806 白楽天「長恨歌」成立。
- 809 平城天皇譲位、嵯峨天皇即位。
- 810 蔵人所を創設、藤原冬嗣が蔵人頭となる。
  薬子の変。藤原薬子自害、平城上皇出家。
- 814 漢詩集『凌雲集』撰上。
- 816 この頃、京に検非違使を置く。
  この頃、最澄と徳一の論争が始まった。
- 818 漢詩集『文華秀麗集』撰上。
- 819 空海、金剛峯寺を創建。
- 820 『弘仁格』『弘仁式』撰進。
- 822 この頃『日本霊異記』なる。
- 838 最後となる遣唐使船出発。円仁ら乗船。
- 842 承和の変。伴健岑・橘逸勢ら失脚。
- 843 フランク王国3分割。
- 857 藤原良房、太政大臣となる。
- 858 清和天皇即位(初の幼帝)。
- 861 宣明暦の使用開始。
- 863 神泉苑での御霊会。
- 866 藤原良房、事実上の摂政となる。応天門の変、伴善男ら配流。
- 873 清和天皇の係・経基王に源姓を賜う(清和源氏の始まり)。
- 875 唐で黄巣の乱起こる。
- 879 畿内諸国で50年ぶりに班田を実施、官田を設置。

> 年表のなかのカラーの帯の記述は、その出来事がそこに示したページの見開きのテーマになっています。

平安の新政

桓武天皇は平城京から遷都し、新しい政治を推進する

長岡京出土の人面墨書土器　呪術的な意味をもつものと考えられている。

長岡京から平安京へ

781年に即位した桓武天皇は、3年後、長岡京に遷都する。貴族や寺院などの旧勢力の強い平城京を離れ、政治の刷新をしようとしたのである。長岡京の造営は、推進役であった藤原種継の暗殺をはじめ不吉なことがつづき、中断されてしまう。そこで、桓武天皇はあらためて新都の造営にとりかかり、794年、平安京に遷都する。

令制の改革と東北進攻

都の造営とともに、貴族の力を押さえるために集められたが、令制の牧

政治的に失敗した人物
数字は『皇統譜』による即位の順

〈桓武天皇関係系図〉

桓武天皇の母の父和乙継は、百済の武寧王の末裔である。天武の血を引く井上内親王の子の他戸親王が皇太子を廃され、桓武が皇位を継ぐことになった。

の秘書官である蔵人頭や京内の警察・司法のひとつとなる検非違使など、令規定にない役職が設置された。

東北地方への侵攻も、桓武天皇の政策の柱のひとつだった。坂上田村麻呂の活躍により成果をあげたが、民の負担を増やすものとして批判もされた。

仏教の刷新と唐風の文化の隆盛

宗教の面でも密教の影響は大きく、渡った最澄と空海が当時最先端だった密教を学び、新しい仏教、天台宗と真言宗を開いた。文化の面でも密教の影響は大きく、仏教や曼荼羅が発達した。また、唐風の文化が重んじられ、漢文体の史書や勅撰の漢詩文集が編纂された。平安時代初の約100年間は、書の先駆文化時代の漢詩文は...

● この本の構成

日本の歴史全体を時代順に下記の8章に分けました。上巻には第1章から第4章までを収録、日本列島の誕生から関ヶ原の戦いまでを扱います。

【上巻】
- 第1章 **日本のあけぼの** 旧石器時代〜古墳時代
- 第2章 **古代国家の発展** 飛鳥時代〜平安時代後期
- 第3章 **武家政権の確立** 平安時代末期〜室町時代
- 第4章 **動乱から統一へ** 戦国時代〜安土・桃山時代

【下巻】
- 第5章 **泰平の世** 江戸時代前期〜後期
- 第6章 **近代国家への歩み** 幕末〜明治時代中期
- 第7章 **大日本帝国の膨張** 明治時代後期〜昭和戦前期
- 第8章 **世界のなかの日本** 昭和戦後期〜現代

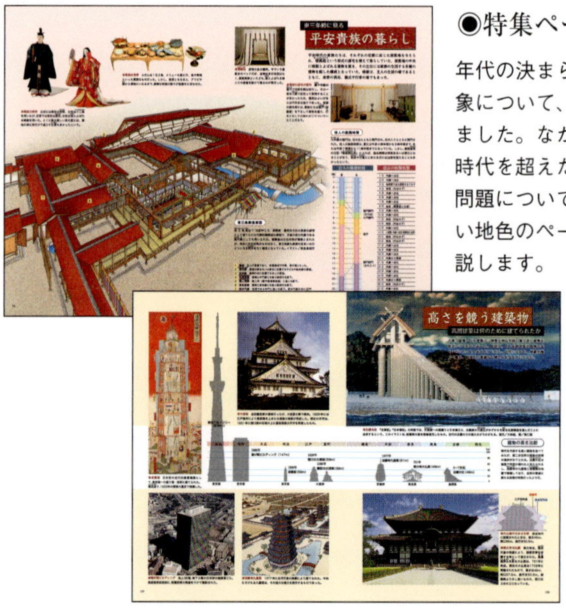

● 特集ページ

年代の決まらない事象について、特集しました。なかでも、時代を超えた重要な問題については黄色い地色のページで解説します。

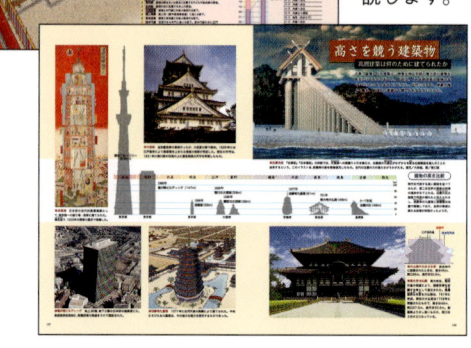

● 凡例

- 表記は、常用漢字および現代仮名づかいを用いましたが、固有名詞・引用文等については原文の表記に従った場合もあります。引用文については、平易な漢字仮名交じり文に改めたり、句読点や振り仮名を補ったりした場合があります。
- 年代の表記については原則として西暦を用い、適宜、和暦(元号)の年を補いました。
- 日付については、特別な場合をのぞき、1872年までは陰暦、1873年以降は西暦(太陽暦)の日付を示しました。
- 読み方の難しい言葉などには、適宜振り仮名をつけました。いくつかの読み方のあるものについては、もっとも慣用的な読み方を示しました。
- 中国の地名・人名については、日本風の読み方を採用しました。
- 韓国・朝鮮の地名・人名については、原則として1945年8月までは日本風の読み方、それ以降は現地

第1章
日本のあけぼの
旧石器時代〜古墳時代

その見開きのテーマ全体にかかわる図版のタイトルは、カラーの帯にして、一般の図版のタイトルと区別しました。

長岡京と平安京

ともに淀川水系の水運に恵まれた土地である。長岡京は中央を流れる小畑川が氾濫しがちなのが難点であった。平安京は山に囲まれ北が高くなっているなど、都の地にふさわしいとされた。さらに、渡来人の勢力が強い土地だったことも、桓武天皇がこの地を選んだ理由といわれる。遷都にあたって鴨川の流路が変えられたとの説もあるが、詳細は不明。

●羅城門の模型　羅城門は都の南の正面にあり、ここから朱雀大路が大内裏の入り口の朱雀門までのびる。古代中国の都は城壁で囲まれたが、平城京も平安京も城壁はなく、羅城門の両側に、形だけの城壁がつくられたのみであった。

- 読みに従いました。欧米の地名・人名については、慣用的な読み方が定着しているもの以外は、現在の現地読みを基本としました。
- 年齢については、特別な場合をのぞき、1949年までは数え年、1950年以降は満年齢で示しました。
- 人名については、原則として、もっともよく知られている呼び方で、統一しました。たとえば、出家する前でも「武田晴信」ではなく「武田信玄」と記しました。
- 「天皇」という呼び方は7世紀以降に使われるようになったと考えられていますが、それ以前の天皇（大王）についても、原則として、「継体天皇」のように、のちの諡号と天皇の呼称を用いました。
- 国の名前については、共和国・王国・帝国などを省いたり、「米」「英」や「南ベトナム」のような略称を用いた場合があります。
- 藩の名前についても、原則として通称を用いました。
- たとえば、「満州国」は通常の国家とは異なり、中国では「偽国」として一貫して否認されている存在なので「 」を付けたほうが適切ですが、煩雑さを考慮して、原則として「 」を省略しました。「新京」などの地名も、同様に扱いました。

日本列島と日本人の誕生

大陸から人類が渡来し、日本の歴史が始まった

日本列島の形成

地球上の気候は、約100万年前（更新世前期）から、5度の寒冷な氷期と4度の温暖な間氷期を繰り返した。その最後の氷期が、約7万年前から1万年前までつづくヴュルム氷期である。その厳寒期には気温が今より7℃も低く、陸上は広く氷でおおわれて海水面が100～140mも下がり、大陸と日本列島とのあいだが行き来できる状態にあったと考えられている。

地殻活動により隆起と沈降を繰り返した日本列島一帯が、ほぼ現在のような形になったのは、38万年前ごろのことである。

38万年前ごろの日本列島

現在の海岸線

■火山性の地形
*『「日本列島」地質構造発達史』による

もともと大陸の一部だった。隆起と沈降により脊梁山脈が形成されて列島状となるが、九州北西端は朝鮮半島とつながっていた。

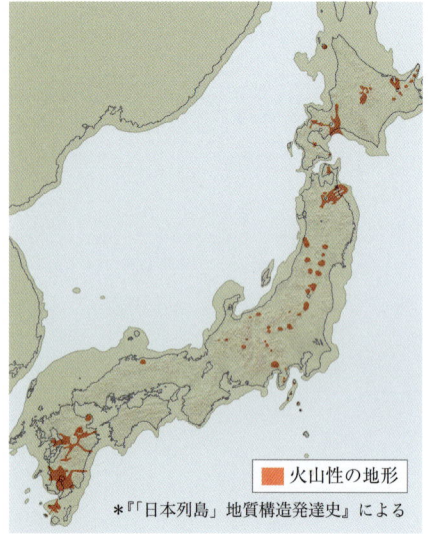

2万年前ごろの日本列島

■火山性の地形
*『「日本列島」地質構造発達史』による

ヴュルム氷期にあたる。海水面が下降して大陸とほぼ陸つづきとなり、列島の南北から人類や動物たちが往来した。

日本人はどこから来たか

人類は、今から約700万年前、アフリカで誕生したといわれている。それらの猿人は、一部生息時期を重ねながら原人から旧人へ、さらには現代人の直接の先祖とされる新人へと進化したと考えられている。約20万年前にアフリカで誕生したという新人は、10万年前に西アジアを経由してユーラシア大陸へと広がった。アジア南部を起源とする古モンゴロイドとよばれる新人の一派は居住地を広げ、4～3万年前ごろには日本へ渡来したとされている。

日本最古の人骨化石は、8歳相当の女児のものと考えられる約3万2000年前の山下町洞人だが、成人のものでは約1万8000年前の港川人である。かれらは、東南アジアのワジャク人や中国南部で出土した古モンゴロイドの柳江人と共通する特徴をもつ。

ところが、島根県出雲市の砂原遺跡から、約12万年前のものとされる36点の打製石器が発見された。この年代が確かならば、石器を用いた砂原人が旧人である可能性も高い。かれらが日本人の先祖といえるわけだが、現在の日本人とつながりがなく、あとから日本列島に来た新人に滅ぼされたとも考えられる。

～紀元前1000年

- **約700万年前** アフリカに猿人（サヘラントロプス）が出現。
- **約250万年前** アフリカに原人が現れ、石器をつくる。
- **約80～50万年前** 原人がユーラシア大陸各地に広がる（北京原人・ジャワ原人）。
- **約43万年前** この頃、氷期のピーク。日本列島はユーラシア大陸と陸続きになり、ナウマンゾウなどが入る。
- **約50万年前** ハイデルブルク人、ネアンデルタール人（旧人）が現れ、アフリカからユーラシア大陸に広がる。
- **約12万年前** 島根県砂原遺跡で石器が使用される。
- **10万年～5万年前** アフリカを出た新人（ホモ・サピエンス）がユーラシア大陸に広がる。
- **約4万年前** 日本列島各地で新人の活動がみられる。 **P.10**
- **約3万2000年前** 那覇市山下町洞で、新人が活動。
- **約2万7000年前** 鹿児島の姶良火山で大噴火。
- **約2万4000年前** 群馬県岩宿遺跡で石器が使われる。 **P.12**
- **約2万年前** 石垣島白保竿根田原洞窟で新人が活動。ヴュルム氷期の厳寒期を迎え、日本列島と大陸がほぼ陸つづきとなる。
- **約1万8000年前** 北海道に細石刃が北方より伝わる。
- **約1万8000年前** 沖縄本島で港川人が生活。
- **紀元前1万4000年頃** 縄文土器がつくられはじめる。 **P.14** 定住が始まる。
- **前1万年頃** 氷期が終わり、日本列島が現在にちかい形となる。
- **前8000年頃** イラク北部で最初期の農耕・牧畜が始まる。
- **前4000年頃** 気候の温暖化により、海が広がる（縄文海進）。
- **前3500～前2000** 青森県三内丸山で集落が営まれる。
- **前3500～前1500年頃** 世界の四大文明が栄える。
- **前3000年頃** 火炎土器など、立体文様の土器がつくられる。
- **前1200年頃** 東北地方で、亀ヶ岡式土器がつくられる。 **P.18**
- **前1027年頃** 中国で殷が滅び、周が興る。
- **前1000年頃** 水田稲作が始まる。弥生土器がつくられはじめる。

日本人の渡来ルート

*『科学』2010年4月号（特集日本人への旅）などによる

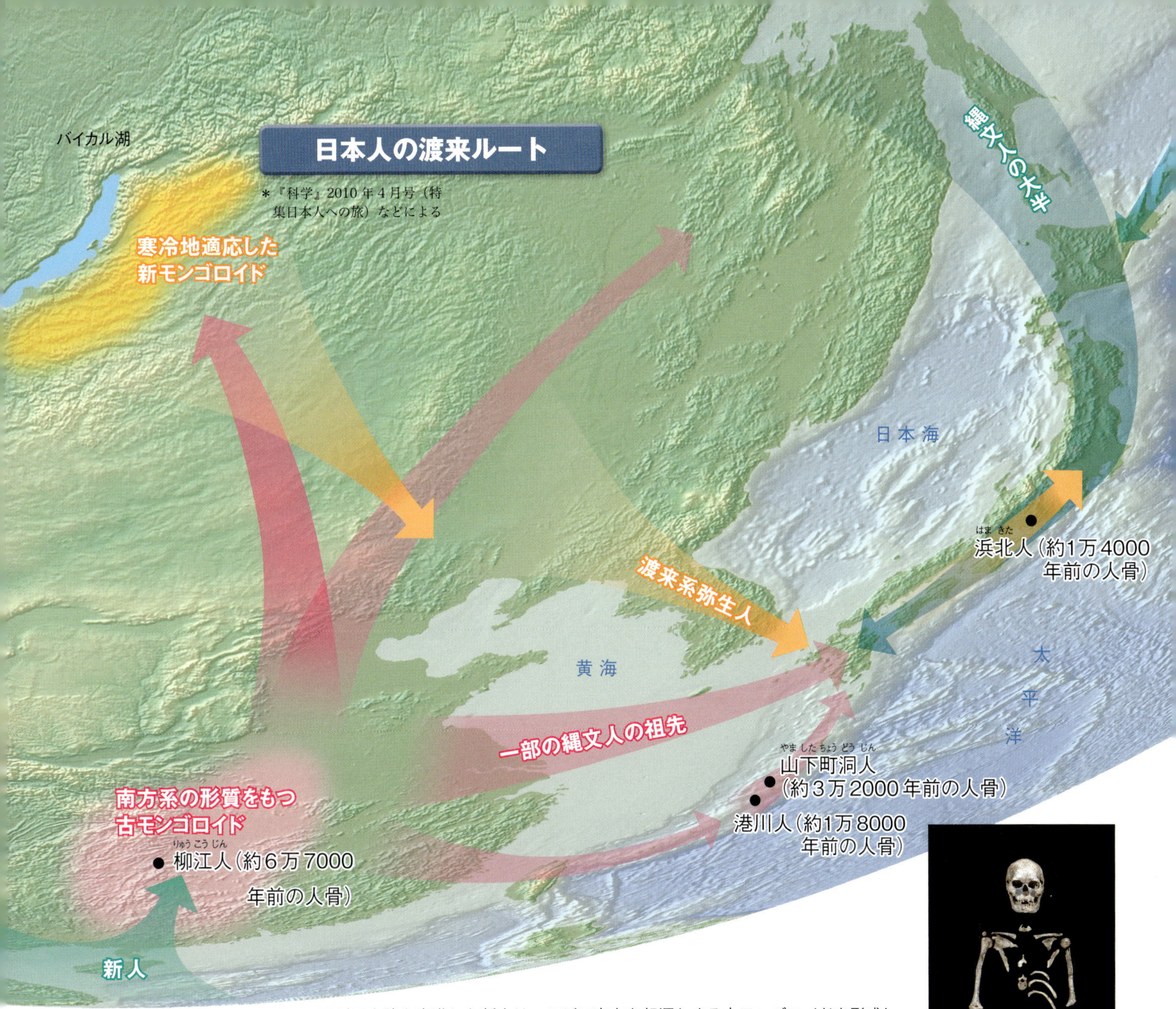

- バイカル湖
- 寒冷地適応した新モンゴロイド
- 渡来系弥生人
- 一部の縄文人の祖先
- 南方系の形質をもつ古モンゴロイド
- 柳江人（約6万7000年前の人骨）
- 新人
- 縄文人の末裔
- 日本海
- 浜北人（約1万4000年前の人骨）
- 山下町洞人（約3万2000年前の人骨）
- 港川人（約1万8000年前の人骨）
- 太平洋
- 黄海

アジア大陸を東進した新人は、アジア南方を起源とする古モンゴロイドを形成し、旧石器時代に日本列島に渡来して縄文人の祖先となった。これとは別の古モンゴロイドは東西に分かれて北上し、その一派は樺太経由で日本列島に渡来して縄文人となる。他の一派はシベリアへと移動して寒冷な気候に適応して新モンゴロイドとなったのち、弥生時代ごろに日本列島に南下してきて渡来系弥生人となった。これらの新旧モンゴロイドが混じりあって、日本人が形成されたと考えられている。

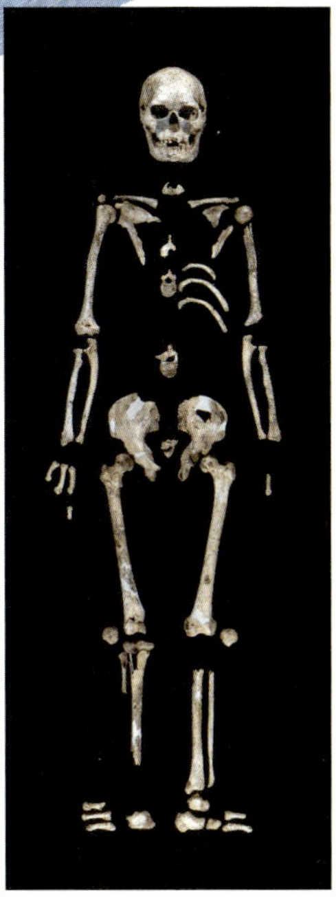

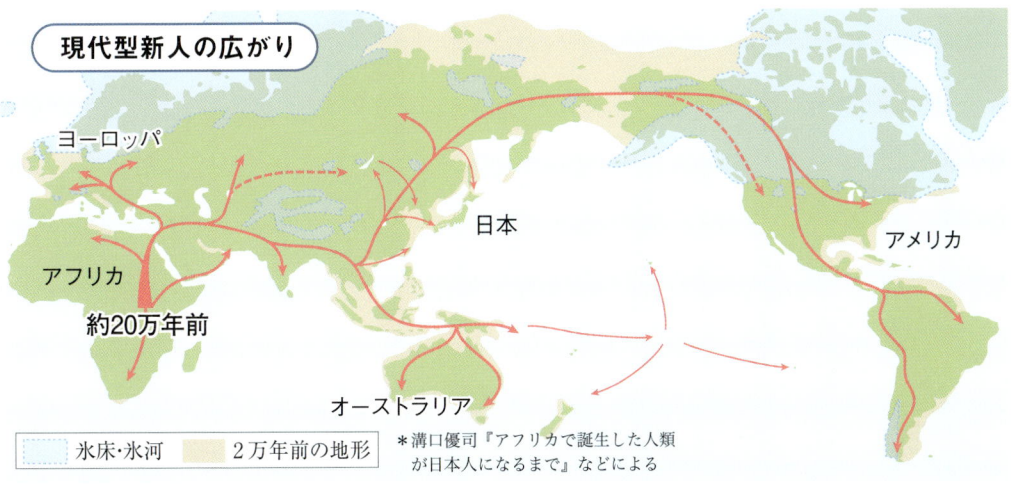

現代型新人の広がり

- ヨーロッパ
- アフリカ
- 約20万年前
- 日本
- アメリカ
- オーストラリア
- 氷床・氷河
- 2万年前の地形

*溝口優司『アフリカで誕生した人類が日本人になるまで』などによる

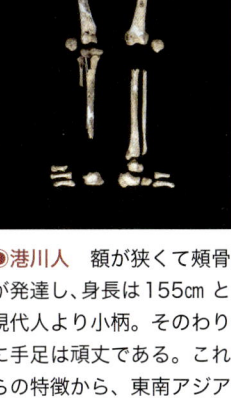

●港川人　額が狭くて頬骨が発達し、身長は155cmと現代人より小柄。そのわりに手足は頑丈である。これらの特徴から、東南アジアのワジャク人などとの近似性が指摘されている。

原人が各地で別々に旧人・新人に進化したのではなく、アフリカで生まれた新人が先にアフリカを出た原人や旧人を駆逐して世界に広がったとする説が有力である。約20万年前にアフリカで誕生した新人は、10万年前ごろには西アジアを経て、ユーラシア大陸を東西に広がった。さらにアジア南部で南北に広がり、北はシベリアから南北アメリカへ、南はオセアニア、ミクロネシアへと広がった。

旧石器時代の環境と暮らし

寒冷な気候のもと、狩猟採集で食料を獲得した

氷河期の日本列島の環境

人類は、約700万年前の誕生以来の長きにわたる期間を旧石器時代という。この期間を旧石器時代という。日本列島は、気候が寒冷で食料が乏しく人口はごくわずかだったため、遺跡や考古資料はきわめて少ない。

ヴュルム氷期の厳寒期には海面が低下し、大陸と日本列島のあいだの海峡や列島内の津軽海峡や関門海峡は陸つづきになり、あるいは冬季に氷が張って渡れるようになっていた。北方からマンモスやヘラジカが、朝鮮半島方面からはオオツノジカやナウマンゾウが渡来したと考えられている。大陸にいた古モンゴロイドが、それらを追って日本列島に渡来したとする説もある。

狩猟採集に生きた人々

寒冷な気候のもと、旧石器時代の日本人たちは、森林や原野のなかをめぐって木の実などを採取し、野生の動物を狩って生活していた。そのころ、ドングリなどのアク（有毒成分）抜きの技法は知られておらず、アク抜きの必要のないクルミやクリ、キイチゴなどの木の実やウバユリなどの根菜類を口にしたことだろう。木の実や根菜類だけでは足りず、マンモス・ナウマンゾウ・オオツノジカ・ヘラジカなどの大型動物のほか、タヌキやウサギなど中・小型動物も食料にした。

旧石器時代には弓矢はまだなく、石槍を用いた狩猟が行われた。獲物の肉はもちろん内臓や血液までが貴重な栄養源となった。肉や内臓は、焚火であぶるか、熱した石で焼いて食べた。残った毛皮は、なめして衣服として用いられた。また、地面を竪穴状に掘りくぼめ、柱を立てて毛皮や編んだ草をかぶせてテントとすることもあった。こうした狩猟によって、マンモスやオオツノジカ、ヘラジカなどが滅んだともいわれている。

2万年前ごろの海岸線

置戸安住遺跡

白滝遺跡群（北海道遠軽町） 黒曜石の原産地で、石材の切り出し基地、中継地、加工集落からなる。

樽岸遺跡

大平山元Ⅰ遺跡

花泉遺跡（岩手県一関市） ハナイズミモリウシとよばれる野牛の肋骨やシカの角からつくった尖頭器が出土。

金取遺跡

富沢遺跡（宮城県仙台市） 約2万年前の樹木の根とともに、焚火跡や動物の糞が発見されている。

●**尖頭器**

上林遺跡（栃木県佐野市） 台地上にある3万年前～2万7000年前の遺跡。住居跡とともに、尖頭器などが多数発見された。

*打製石器…石を打ち欠いただけの打製石器

旧石器時代の年代

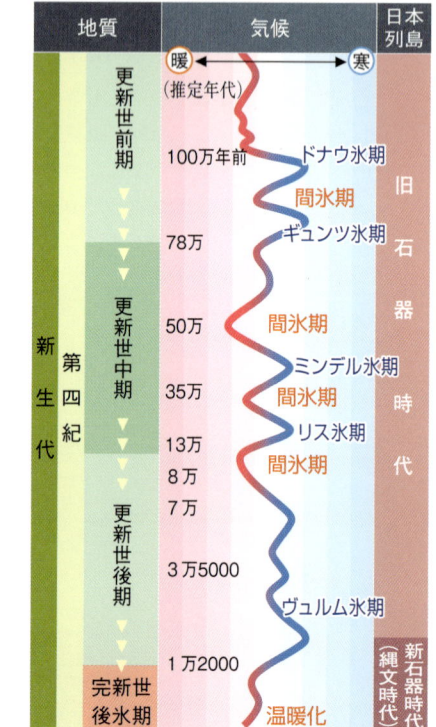

地質	気候	日本列島
新生代 第四紀	更新世前期 100万年前 ドナウ氷期 間氷期 78万 ギュンツ氷期	旧石器時代
	更新世中期 50万 間氷期 ミンデル氷期 35万 間氷期 リス氷期 13万 間氷期 8万	
	更新世後期 7万 3万5000 ヴュルム氷期 1万2000	
	完新世 後氷期 温暖化	新石器時代（縄文時代）

約100万年前ごろから気候の変動期に入り、5回の氷期とそのあいだの比較的暖かい間氷期を経て、現在にいたった。日本の旧石器遺跡は、ヴュルム氷期のものがほとんどである。

日本列島に渡来した大型動物群

＊佐々木高明『集英社版日本の歴史①』による

ヴュルム氷期のころ、大陸には2つの大型動物群が分布し、北からはマンモス動物群のマンモスやヘラジカ、南からは黄土動物群のナウマンゾウとオオツノジカが陸橋を通って渡来したと考えられている。

旧石器時代の植生と遺跡

当時日本列島の東半分には、亜寒帯性針葉樹が広がり、西半分は冷温帯性の針葉樹・広葉樹の混淆林でおおわれていた。また、北海道の大部分は、亜寒帯性疎林やハイマツ群落でおおわれていた。

＊那須孝悌「先土器時代の環境」『日本考古学2』などによる

マンモス動物群／黄土動物群

- ヘラジカの分布
- オオツノジカの分布
- 当時の海岸線

●敲打器

岩宿遺跡（群馬県みどり市）　相沢忠洋が日本で最初に発見した旧石器遺跡。敲打器や黒曜石製尖頭器が発見されている。

野尻湖立ヶ鼻遺跡（長野県信濃町）　ナウマンゾウの牙とオオツノジカの角、それらを解体したとされる石器が出土。

●オオツノジカの掌状角とナウマンゾウの牙

凡例：
- 氷河および高山の裸地、草地（ハイマツ帯を除く高山帯に相当する地域）
- 亜寒帯性の疎林およびハイマツ群落
- 亜寒帯針葉樹林（グイマツを伴う）
- 亜寒帯性の針葉樹林（中部地方および近畿地方では一部にカラマツを伴う）
- 冷温帯針広混淆林（ブナを伴う）
- 冷温帯針広混淆林（ブナを伴わない）
- 暖温帯常緑広葉樹林（照葉樹林）
- 最終氷期最寒冷期の海岸線

砂原遺跡（島根県出雲市）　12万年前〜7万年前とされる日本最古級の石器が出土。

茶臼山・上ノ平遺跡（長野県諏訪市）　黒曜石の原産地・和田峠があり、茶臼山遺跡から黒曜石製ナイフ形石器、上ノ平遺跡からは尖頭器が出土。

荒屋遺跡

沈目遺跡（熊本県城南町）　3万年以上前のナイフ形石器が出土。

恩原遺跡群

月見野遺跡群（神奈川県大和市）　各地層からナイフ形石器・尖頭器・細石刃が発見されており、それらの変遷段階を知ることができる。

●国府型ナイフ形石器

早水台遺跡（大分県日出町）　約4万年前以降の石英製石器が発見されている。

国府遺跡（大阪府藤井寺市）　瀬戸内・近畿地方特有の国府型とよばれる横長剥片技法をつかったナイフ形石器が出土。

茂呂遺跡（東京都板橋区）　2万年前〜5000年前の両刃のあるナイフ形石器が出土し、茂呂型とよばれている。

縄文文化の広がり

土器をつくるようになり、定住生活へ向かう

気候の変化と土器の出現

今から2万年ほど前にヴュルム氷期が終わり、厳しい寒さがしだいにゆるみはじめた。日本列島は温暖化に向かい、それとともに旧石器時代も終わりを告げる。それまでなかった土器や磨製石器がつくられ、縄文時代が始まったのである。縄文土器は世界的にもかなり早い時期の土器で、現在日本最古とされているのは、約1万6500年前とも1万3000年前ともいわれる青森県外ヶ浜町の大平山元I遺跡出土の土器片である。

多様な食料と定住生活の始まり

気候の温暖化とともに広葉樹の森が広がるようになり、土器を手に入れた人々の活動が盛んになっていった。

縄文人の食料の多くは、クリ、トチ、ドングリなどの堅果類のほか、ヒガンバナやクズ、ワラビなどの野草の根であった。トチやドングリの堅果、ヒガンバナやクズ、ワラビなどの根にはアク（有毒成分）が含まれているが、それらを土器に入れて水にさらしたり灰で煮たりしてアク抜きをして、食用としたのである。

動物や鳥類の肉、魚介類も重要な栄養源となった。縄文人は、石槍や石の矢尻（石鏃）のついた矢を木製の弓で射たり、わなや落とし穴をしかけたりして鳥獣の狩りをした。弓矢の出現で、動きの俊敏なイノシシやニホンジカなど中型の鳥獣を仕留められるようになった。また、それらの骨や角でやすや釣針をつくったり、植物の繊維で漁網をつくったりして魚をとり、火であぶったり土器で煮たりして食べた。

このように、縄文人は、四季折々の多様な食料を工夫して得ることで、旧石器時代のような移動生活から竪穴住居を用いた定住生活へと生活形態を変えていったのである。

大平山元I遺跡　約1万6500年前とみられる土器片が出土。

ウサクマイ遺跡群
住吉町遺跡
中野A・B遺跡
東釧路貝塚
小屋野貝塚
吹切沢遺跡
岩井堂洞窟
長七谷地貝塚
蛸ノ浦貝塚
中沢浜貝塚
大木囲貝塚

9000万年前ごろの海岸線と植生

ウサクマイ遺跡群
静川遺跡

6000万年前ごろの海岸線と植生

縄文前期の関東地方の海岸線と貝塚

大串
堀之内
中里
姥山
貝の花
余山
加曾利
夏島
大森
五領ヶ台
平坂
諸磯

― 縄文時代前期の推定海岸線
● 貝塚の所在地

*江坂輝彌の原図による

温暖化による海面上昇で、東京湾の奥まで海水が入り込み、貝をとりやすい浅瀬が広がっていた。

動物食と植物食

琵琶湖南端の粟津湖底遺跡第3貝塚（縄文中期）の栄養価換算による組成グラフ。多様な食料を得ていたことがわかる。ただし、植物系食料は残りにくいので、実際は植物食が主体であったと考えられる。

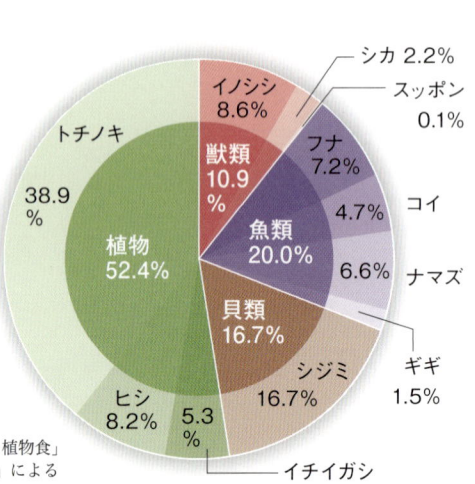

トチノキ 38.9%
植物 52.4%
ヒシ 8.2%
イチイガシ 5.3%
シジミ 16.7%
貝類 16.7%
ギギ 1.5%
ナマズ 6.6%
コイ 4.7%
フナ 7.2%
魚類 20.0%
スッポン 0.1%
シカ 2.2%
イノシシ 8.6%
獣類 10.9%

*松井章「動物食と植物食」『古代史の論点1』による

地域別のおもな食料源の模式図

「恵まれ度」を模式的に示したもの。北海道はサケ・マス、東日本は木の実に恵まれていた。西日本より東日本のほうが遺跡密度が高く、人口が多かったと推測できる。

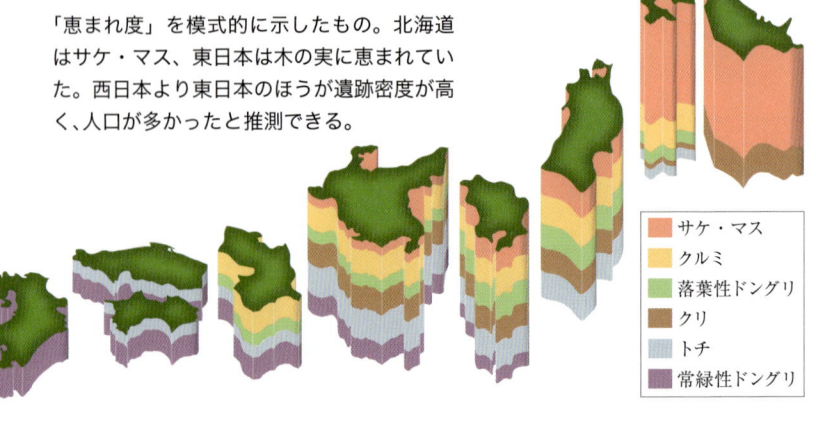

サケ・マス
クルミ
落葉性ドングリ
クリ
トチ
常緑性ドングリ

縄文土器の編年

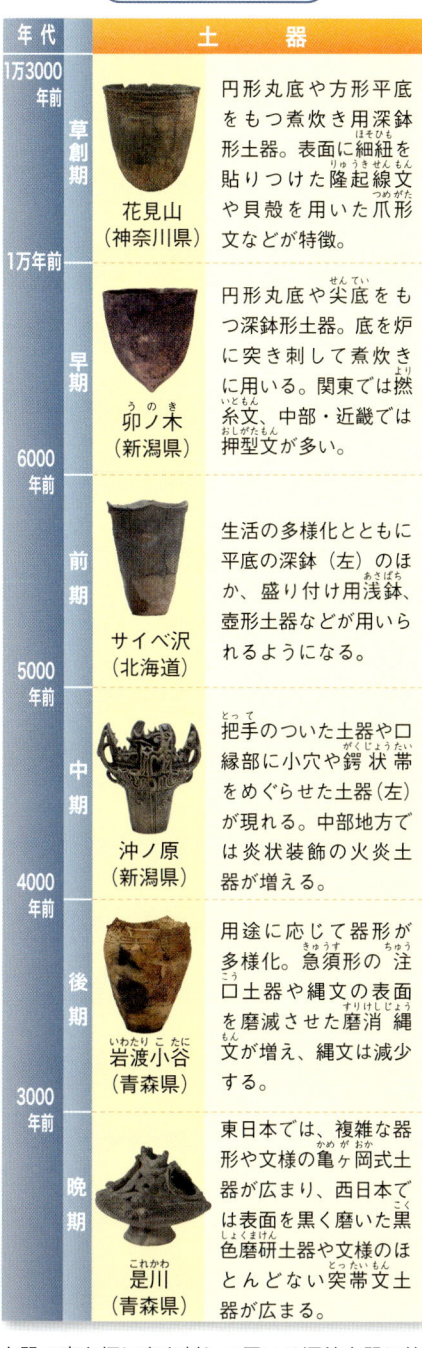

年代		土器	
1万3000年前	草創期	花見山（神奈川県）	円形丸底や方形平底をもつ煮炊き用深鉢形土器。表面に細紐を貼りつけた隆起線文や貝殻を用いた爪形文などが特徴。
1万年前	早期	卯ノ木（新潟県）	円形丸底や尖底をもつ深鉢形土器。底を炉に突き刺して煮炊きに用いる。関東では撚糸文、中部・近畿では押型文が多い。
6000年前	前期	サイベ沢（北海道）	生活の多様化とともに平底の深鉢（左）のほか、盛り付け用浅鉢、壺形土器などが用いられるようになる。
5000年前	中期	沖ノ原（新潟県）	把手のついた土器や口縁部に小穴や鍔状帯をめぐらせた土器（左）が現れる。中部地方では炎状装飾の火炎土器が増える。
4000年前	後期	岩渡小谷（青森県）	用途に応じて器形が多様化。急須形の注口土器や縄文の表面を磨滅させた磨消縄文が増え、縄文は減少する。
3000年前	晩期	是川（青森県）	東日本では、複雑な器形や文様の亀ヶ岡式土器が広まり、西日本では表面を黒く磨いた黒色磨研土器や文様のほとんどない突帯文土器が広まる。

土器の底を炉に突き刺して用いる深鉢土器に始まり、器形や文様がしだいに多様化する。しかし、後期以降は徐々に縄文がみられなくなる。

縄文時代草創期・早期の植生と遺跡

寒冷だった気候は温暖化に向かい、9000年前ごろまでに、東北地方以南の山地は落葉広葉樹林、平地は常緑広葉樹林（照葉樹林）におおわれるようになる。それとともに、東日本を中心に洞窟や岩陰などを住居とし、狩猟や漁労、採集で生活する縄文人が増えた。

福井洞穴 約1万2000年前の隆起線文土器が出土。
泉福寺洞窟 約1万2000年前の細石刃と豆粒文土器が出土。
上野原遺跡 約9500年前の日本最古級の大規模定住集落遺跡。

縄文時代前期・中期の植生と遺跡

6000年前ごろ、温暖化はさらに進んで海水面が上昇し、海岸低地は浅海と化して貝の採集地となり、貝塚が発達した。陸上ではナラ、クリ、クルミなどの落葉広葉樹林が分布を広げ、関東・中部地方を中心に人口密度が高まる。

三内丸山遺跡 同時期に500人以上が1500年あまりにわたって住んだとされる縄文都市遺跡。
御所野遺跡 500棟以上とされる竪穴住居跡と祭祀施設とされる環状配石遺構を検出。
尖石遺跡 標高約1000mの高所にある100棟あまりの集落遺跡。「縄文のヴィーナス」とよばれる土偶が出土。

縄文時代後期・晩期の植生と遺跡

中期中葉から気候は冷涼化に向かい、3000年前ごろには平均気温が現在より1℃ほど低く、地形も現在にちかくなる。東日本ではブナ、ミズナラなどの冷温帯落葉広葉樹林が復活。大規模な墓地や祭祀関連遺跡が増える。

亀ヶ岡遺跡 精巧な模様や黒・赤漆で装飾された多様な器形の土器が大量に出土。
大湯環状列石 共同墓地とみられる直径48mと45mの2つの環状列石遺構が発見されている。
津雲貝塚 170体以上の人骨が出土。その多くに屈葬や抜歯の風習がみられる。
チカモリ遺跡 直径80cmほどのクリの材を半分に割り、直径約7mの円形に並べた環状木柱列が出土。

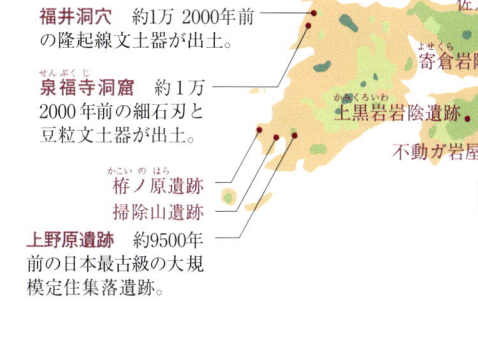

凡例：冷温帯落葉広葉樹林／暖温帯落葉広葉樹林／暖温帯常緑広葉樹林／亜熱帯林／ツンドラ／森林ツンドラまたは亜寒帯林／亜寒帯針葉樹林

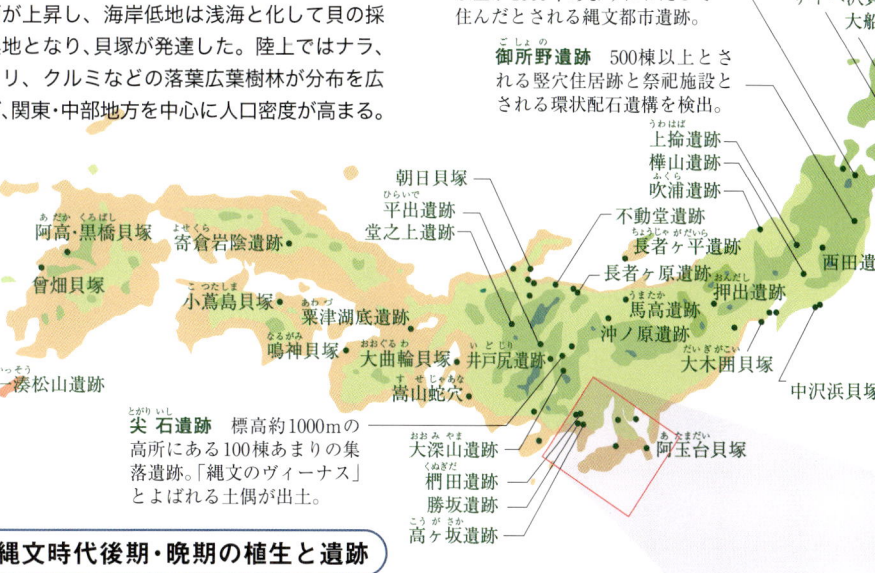

3000万年前ごろの海岸線と植生

＊安田喜憲『環境考古学事始』などによる

縄文人の暮らし

日本最大の縄文集落三内丸山遺跡にみる

三内丸山遺跡は、青森市街を望む高台にある、縄文時代前期から中期にかけての大集落遺跡である。約1500年にわたって営まれ、120の掘立柱建物跡、700以上の竪穴住居跡（うち長軸10m以上の大型は20）が発見されている。同時期に約500人が約1500年にわたって住む、いわば縄文都市ともいえる規模を有していた。

●ヒスイ玉　新潟県南部の糸魚川流域からもたらされた。当時、広域にわたる交易が行われたことを示す。

●縄文ポシェット　高さ15cmほどの円筒形をなし、なかにクルミがひとつ入っていたことから、腰につけてクルミ拾いに用いたと考えられている。

●三内丸山遺跡　当時の海岸線は現在よりかなり南まで入り込んでおり、内海に臨む漁労集落であったとみられている。

●巨大木柱列　海を望む台地上にあり、直径約1m、高さ20mを超すクリの巨木が建っていたと推定されている。見張り台、神殿、太陽信仰のトーテムポールなどとする説がある。

●大型建物　長さ32m、幅10mの遺跡中最大の建物。ふつうの竪穴住居の30倍以上の面積があり、共同作業場、あるいは集会場と推定されている。

縄文人の1年　*小林達雄『縄文人の世界』による

春には山菜、夏から秋にかけては魚介類、秋には堅果類がおもな収穫物であった。冬のあいだは、狩猟で得た鳥獣類が、貴重な食料となったことだろう。その合間に、石器づくりや土器づくりが行われた。

◉山の幸　クリやトチ、クルミなどの堅果類、ヤマブドウやサルナシなどの果実の種子、ヒエやアワなどの雑穀も出土している。

◉海の幸　ハマグリやアサリ、カキなどの貝類、カツオやサケ、マス、マダイなどの魚類は重要な栄養源であった。

◉土偶　1600点もの土偶は、1遺跡からの出土数としては日本最多。女性をかたどったものが多く、生命や自然の恵みの再生を祈願したとの説もある。

◉三内丸山遺跡の復元模型　竪穴住居の立ち並ぶ集落の周囲には、半栽培とみられるクリ林や掘立柱高床倉庫、墓地などが配されている。また、土器片や土偶、玉などの出土する盛土が設けられ、祭祀場あるいはイモ類の畑だったと推定されている。

活発な交易を行った縄文人は、農耕もとりいれた

縄文時代の交易と農耕

海を渡って交易した縄文人

縄文人は、おもに狩猟・採集による自給自足生活を送っていたが、ときには交易によって生活物資を手に入れていた。交易品のひとつに想定されるのが、保存のきく乾燥食料や塩などである。東京湾沿岸では約600カ所の縄文貝塚が発見されているが、大規模なものが多い。それらの大型貝塚周辺からは、貝や塩を煮るた土器片が大量に発見されており、各集落が共同で干し貝や塩をつくり、石材や石器と交換したとする説もある。

一方、縄文時代の確かな交易品が、石器の材料となる石材である。石器の種類は、石と石を打ち当てたり押し当てたりしてつくる打製石器と、石と石をこすり合わせてつくる磨製石器とに大別される。打製石器の材料には、硬くてきめ細かなガラス質の頁岩や黒曜石、サヌカイト（安山岩の一種）などが利用される。磨製石器の材料となるのは、軟質の砂岩や粘板岩などである。

そのため、各地の遺跡から出土する石器を調べると、縄文人の交易範囲は想像以上に広域だったことがわかる。それらの石材の産地は限られていた。

西日本へ伝わった初期農耕

縄文時代には、狩猟・採集がおもな生活手段とされていたが、前期以降西日本各地の遺跡からは、大陸伝来の漆塗り生活用具とともに、ヒガンバナや野生のサトイモなどの半栽培植物、ヒョウタン・リョクトウ・エゴマなどの南方系作物の果皮や炭化した種子が出土している。中期以降はオオムギ・ダイズ・アズキなどの炭化種子が増え、一方、九州北部では、紀元前1000年前ごろ九州北部に伝えられ、6000年前ごろから九州北部や朝鮮半島を経由して8000年前ごろ東日本へ広まったようだ。焼畑による初期農耕は、中国南部とみられる炭化した木片が多数出土する。焼畑の結果とみられる炭化した木片が多数出土する。また、西日本の縄文時代後・晩期の地層からは、焼畑の結果とみられる炭化した木片が多数出土する。

縄文時代には、狩猟・採集がおもな生活手段とされていたが、前期以降西日本各地の遺跡からは、大陸伝来の漆塗り生活用具とともに、ヒガンバナや野生のサトイモなどの半栽培植物、ヒョウタン・リョクトウ・エゴマなどの南方系作物の果皮や炭化した種子が出土している。

これらの作物は、現在でもヒマラヤ中腹から中国南部、西日本までの地域をおおう常緑広葉樹林帯（照葉樹林帯）に多くみられる。また、西日本の縄文時代後・晩期の地層からは、焼畑の結果とみられる炭化した木片が多数出土する。焼畑による初期農耕は、中国南部や朝鮮半島を経由して8000年前ごろ九州北部に伝えられ、6000年前ごろまでに東日本へ広まったようだ。

一方、九州北部では、紀元前1000年ごろから、すでに水稲耕作が始まり、弥生時代が訪れたと考えられている。

晩期にはこれにイネ・アワ・ソバ・ムギ類などの穀物類が加わる。

●福井県ユリ遺跡出土の丸木舟　風や波を受けると安定性に欠けるが、岸づたいであれば長距離の航海にも耐えられたことだろう。

円形を好んだ縄文人

縄文人は、人間はもちろん動物や植物にも霊魂が宿り、それらは自然を動かして恵みや災いをもたらすと考えた。そこで、土偶や勾玉、石棒などを用いた祭祀を行い、霊魂を鎮めたと考えられている。自然の霊力の前では、人間は等しく無力な存在にすぎないとし、縄文人たちは平等を表す円形を好んだ。

縄文集落の住居の多くは環状に配置され、その中心には墓地とみられる広場をもち、そこは祭祀の場とされた。秋田県鹿角市の大湯遺跡や北海道の忍路遺跡などにみられる環状列石、石川県チカモリ遺跡や真脇遺跡などにみられる環状の巨木柱列遺構も共同墓地とされている。これらの円形構造も平等の世界観を示すと考えられている。

●秋田県の大湯環状列石　かつては日時計とする説もあったが、墓地とみるのが定説となっている。

縄文中期までの農耕遺跡

初期農耕遺跡は、ほぼ全国に分布するが、とくに中部地方以西に濃密である。これらの地域は朝鮮半島南部の照葉樹林帯からもたらされた突帯文土器の出土地と重なることから、照葉樹林帯の焼畑文化が伝来したと考えられている。

＊寺沢薫『日本の歴史02』による

- ● 縄文早～前期の雑穀
- ■ 縄文中～後期のコメ
- ● 縄文中～後期の雑穀
- ■ 縄文晩期前半のコメ
- ● 縄文晩期前半の雑穀

東日本の縄文土器圏
西日本の縄文土器圏

突帯文土器

●アスファルト塊とパレット　秋田県から新潟県にかけての油田で産出する半固体物質。アスファルトを熱して柔らげ、石器と柄との接着に用いた。岩手県御所野遺跡出土。

●ヒスイ　新潟県南部の糸魚川流域を原産地とし、近畿地方以東で出土する。研磨して装飾品として利用される。

石器の交易圏

縄文時代には、黒曜石製やサヌカイト製の石器、ヒスイ製装飾品、石槍や石鏃を柄に固定するアスファルトなどが広域にわたって交易されていた。それらの原材料の産地と出土地をたどると、交易圏は中部地方を境に大きく東西に分かれることがわかる。また、伊豆七島の神津島や島根県の隠岐は黒曜石の産地として知られるが、それらの黒曜石は、対岸でも大量に発見されており、縄文人たちの交易は想像以上に活発だったようだ。

- ● 黒曜石産出地
- ○ 黒曜石交易圏
- ● サヌカイト産出地
- ○ サヌカイト交易圏
- ● ヒスイ産出地
- ○ ヒスイ交易圏
- ● アスファルト産出地
- ○ アスファルト交易圏
- ● 遺跡
- ● 貝塚

●サヌカイト　四国地方の金山・五色台や近畿地方の二上山などを原産地とするガラス質の安山岩。黒曜石の少ない西日本で、とくに石器の材料にされた。

●黒曜石　ガラス質火山岩で、打ち割ると鋭い切り口ができるため、槍形尖頭器やナイフ形石刃などの材料に用いられた。

農耕社会の成立と渡来人

大陸からの渡来人が水田稲作を伝え、社会を変えた

稲作の伝来

焼畑による陸稲栽培は、縄文時代後期に大陸から日本へ伝来したとされる。

一方、水稲栽培は中国の長江流域で発祥したとされ、中流域の八十壋遺跡から約9000年前のものとみられる農具や大量の米、籾が出土、下流域の河姆渡遺跡からは約7000年前の木製鋤や米、籾などが出土している。それらの水稲栽培技術は、朝鮮半島南部を経て九州北部へ伝わったとする説が有力だが、東シナ海を越えて直接伝来したとする説もある。

九州北部の福岡県板付遺跡や佐賀県菜畑遺跡などから、日本最初期の水田跡が発見されている。それらを縄文時代晩期とみるか弥生時代前期とみるか論争があったが、移行期として弥生時代早期を設けるのが一般的になった。紀元前3世紀頃とされてきた板付遺跡の水田も、科学的炭素測定法によって紀元前10世紀頃のものと推定されるようになった。そのため、最近では弥生時代前期を紀元前800年、弥生時代早期を紀元前1000年まで繰り上げる説が有力となっている。

縄文系弥生人と渡来系弥生人

水稲栽培をもたらしたのは、大陸から渡ってきた渡来人で、かれらは、縄文人とは異なる系統の人々であった。

縄文人は、旧石器時代に日本列島に渡来した、中国南部を拠点とする古モンゴロイド（→11ページ）を原型として成立したと考えられるのに対し、渡来した弥生人は、シベリアで寒冷地適応した新モンゴロイドの系統だと推定される。

縄文人の子孫たちは、渡来系弥生人のもたらした文化を受け入れ、狩猟・採集生活のかたわら水稲耕作を営むようになった。これらの人々を縄文系弥生人という。縄文系弥生人は、渡来系弥生人と居住地を分け合い、混血を繰り返した。両者の融合によって、紀元前4世紀頃までに、西日本では水田稲作を中心とした農耕社会が確立する。

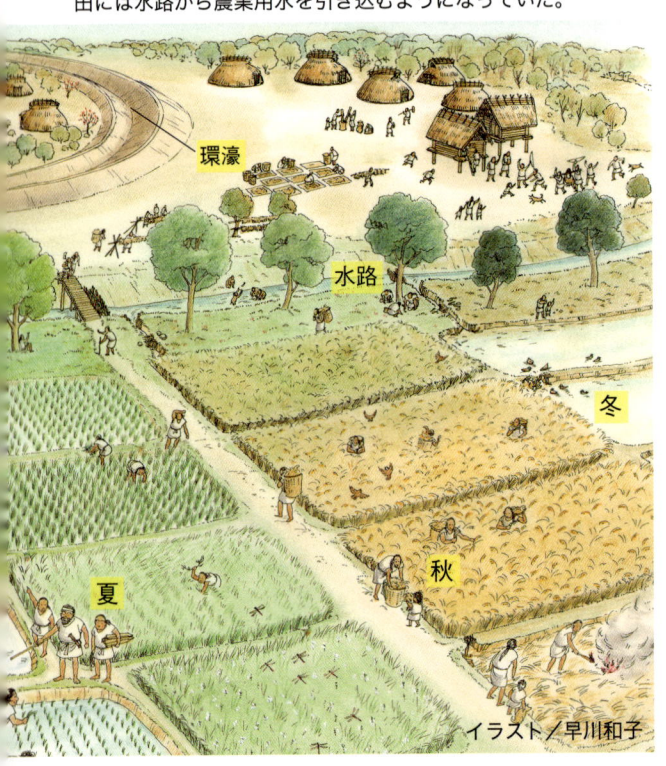

日本最古の農村風景

板付遺跡の水田跡から、弥生時代早期の水田稲作の1年のようすを復元した。水田画面の左から春夏秋冬と季節が移り、また奥から手前へと稲の生長と農作業が進んでいく。集落を、水田より1段高いところにつくり、濠と土塁を築いて防備を固めている。水田には水路から農業用水を引き込むようになっていた。

イラスト／早川和子

環濠／水路／夏／秋／冬

紀元前1000～後300年

- **前1000** 朝鮮半島から渡来した人々により、九州北部で水田稲作が始まる。 P.20
- **前1000** 弥生土器がつくられだす。
- **前800** 水田稲作を基礎とした弥生文化が、近畿地方まで広がる。
- **前750** この頃、ギリシャで都市国家が栄える。
- **前550** この頃、孔子と釈迦が生まれる。
- **前509** ローマで共和政始まる。
- **前500** この頃、仏教が成立。
- **前400** この頃、東北地方北部の一部の地域まで稲作が伝播する。 P.22
- **前334** アレキサンダー大王、東方遠征を開始。
- **前300** この頃、大陸から鉄器が伝来。
- **前3世紀頃** 北海道では縄文時代から続縄文時代に、移行する。 P.24
- **前221** 秦の始皇帝、中国統一。
- **前220** この頃、九州北部で戦いがあいつぎ、クニへの統合が進む。
- **前202** 漢の劉邦が中国統一。
- **前108** 漢、朝鮮半島に楽浪郡を置く。
- **前100** この頃、西日本各地にクニができはじめる。 P.26
- **前27** ローマで帝政開始。
- **前20** この頃、銅鐸・銅剣・銅矛の生産が盛んになる。
- **前4** この頃、キリストが生まれる。
- **10** この頃、高地性集落が瀬戸内海沿岸などにつくられる。
- **25** 後漢が興る。
- **50** この頃九州北部で戦争が広域化。
- **57** 倭奴国王、後漢に使いを送り、光武帝から金印を授かる。 P.26
- **70** この頃、高地性集落が西日本各地にできる。
- **107** 倭国王帥升が後漢に使いを送り、奴隷160人を献上。
- **180** この頃、倭国大乱か？
- **200** この頃、纏向に大集落ができる。
- **220** この頃、前方後円墳がつくられはじめる。埴輪が登場する。
- **220** 後漢が滅び、三国時代に。
- **226** ササン朝ペルシャ成立。
- **238** 魏、公孫氏を滅ぼす。
- **239** 倭の女王卑弥呼が、魏に使いを送り、金印を授かる。 P.28
- **248** 卑弥呼没し、台与が倭の女王に。
- **265** 魏の禅譲により西晋建国。
- **266** 倭の女王が西晋に使いを送る。
- **280** 西晋、中国を統一。

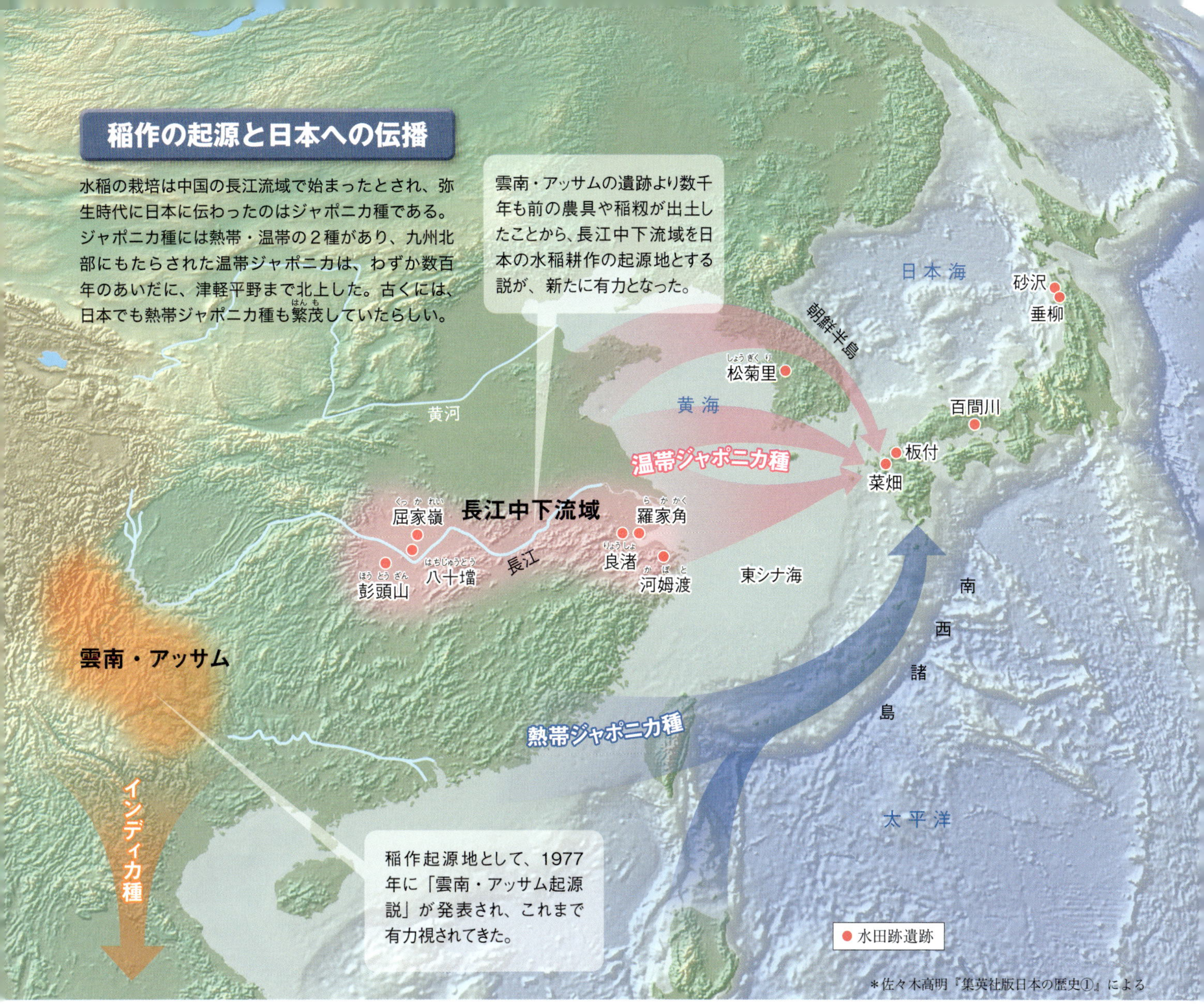

稲作の起源と日本への伝播

水稲の栽培は中国の長江流域で始まったとされ、弥生時代に日本に伝わったのはジャポニカ種である。ジャポニカ種には熱帯・温帯の2種があり、九州北部にもたらされた温帯ジャポニカは、わずか数百年のあいだに、津軽平野まで北上した。古くには、日本でも熱帯ジャポニカ種も繁茂していたらしい。

雲南・アッサムの遺跡より数千年も前の農具や稲籾が出土したことから、長江中下流域を日本の水稲耕作の起源地とする説が、新たに有力となった。

稲作起源地として、1977年に「雲南・アッサム起源説」が発表され、これまで有力視されてきた。

● 水田跡遺跡

*佐々木高明『集英社版日本の歴史①』による

●縄文系(左)の人と渡来系の人　人骨から復元したもの。縄文人の身長は低くがっしりとした骨格をもち、顔の輪郭が四角く、二重まぶたで目鼻だちのはっきりした南方系の容姿が特徴。

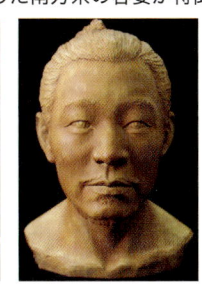

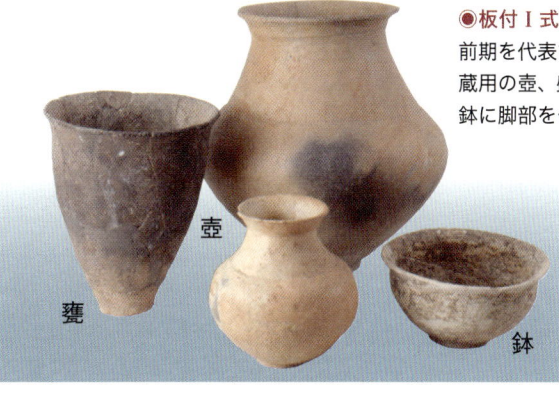

●板付Ⅰ式土器　水田稲作の始まる弥生時代前期を代表する土器で、煮炊き用の甕、穀物貯蔵用の壺、盛り付け用の鉢からなる。これに、鉢に脚部を付けた高坏が加わることもある。

縄文系弥生人と渡来系弥生人の遺跡

出土した人骨による弥生の遺跡の分布をみると、渡来系弥生人が縄文系弥生人を駆逐したのではなく、両者が融合したことがみてとれる。

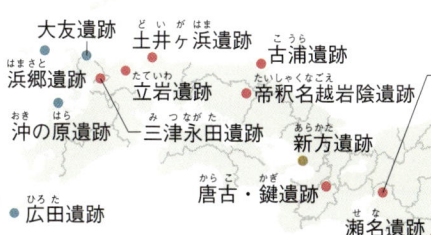

● 渡来系弥生人
● 中間型弥生人
● 縄文系弥生人

*内藤芳篤「日本列島における人類の出現と日本人の形成」『日本考古学2』などによる

稲作と弥生文化の伝播

稲作と青銅器が、日本列島全体に広まっていった

水田稲作の伝播

弥生時代前期になると、水田稲作は、西日本一帯に広がった。その指標となるのが、遠賀川式土器である。

弥生時代前期の土器は、愛知県西部まで、日本海側では若狭湾付近までで出土している。西日本一帯の遺跡では、炭化した米や農具類とともに、発見されることもある。

九州北部に伝来して以来、水田稲作はわずか200年ほどのあいだに、西日本一帯へと急速に広まったとされている。その理由としては、それらの地域ではすでに焼畑による初期農耕が伝播していたことがあげられるだろう。初期農耕遺跡から出土する突帯文土器と遠賀川式土器の分布地がほぼ重なりあうことから、焼畑による初期農耕をすでに受け入れた縄文系弥生人にとって、渡来系弥生人のもたらした水田稲作は収量が多く、魅力的だったと思われる。以後、水田稲作はさらに東日本の日本海側や会津地方へと伝播し、弥生時代前期のうちに東北地方北部まで達したとされている。それらの地域の水田遺跡から、遠賀川式土器とそっくりの遠賀川系土器が出土し、それを裏付けている。

青銅器の伝来と地域性

弥生時代中期の紀元前30年頃から、鉄器や青銅器が中国・江南から朝鮮半島を経て大量に日本へ伝えられた。

鋳造してまもないころの金属光沢をはなつ銅や青銅は、古くから魔よけとされてきた。万物の真の姿を映し出す銅鏡や鈴を起源とする銅鐸は、当初から悪霊をしりぞける呪物であった。銅剣・銅矛・銅戈などは当初武器として用いられたが、のちにそれらも祭器として用いられるようになった。

これらの青銅製祭器は、西日本を中心に出土しているが、その分布には地域的な偏りがみられる。銅鐸は、瀬戸内地方から近畿地方、中部地方にかけて分布する。一方、広形銅矛・銅戈は九州北部や四国地方西部、広形銅剣は瀬戸内地方から出土する。こうしたことから、それぞれ青銅器を共通の祭器として用いる地域文化圏が成立していたと考えられている。

弥生時代の高床建物

縄文時代の竪穴住居は、寒さを防ぐ北方系のつくりだが、高床建物は湿気を防ぐ東南アジア系のつくりである。高い柱にほぞ穴や溝を彫って精巧に組み上げるには、綿密な設計・施工と鉄器を用いた加工技術が必要だった。

● **屋根倉式** 柱を高く立て屋根裏を穀物倉として用いた。西日本で多くみられる。

● **造出柱式** 高床下部の丸柱と上部の角柱の間に、柱の太さの穴をあけた台輪をかませて、柱と柱を固定し、台輪で壁材を受ける方式。柱の床付近に鼠返しを設けてあったことから、倉庫とされる。

● **大引貫式** 大引の先端を柱の貫穴に通して床板を支え、柱には縦溝を彫って板壁を落とし込む方式。

弥生時代の時期区分とおもなできごと

西暦	従来の時期区分	時期区分と土器の編年		おもなできごと
紀元前1300年	縄文時代 後期	縄文時代	後期	約3500年前までに、日本列島各地で焼畑による米や雑穀の栽培が始まる。
1200	後期		晩期	縄文土器と朝鮮式無文土器を複合した突帯文土器（夜臼式土器）がつくられる。
1100				
1000		弥生時代	早期 夜臼Ⅰ 夜臼Ⅱa	このころから、九州北部の板付遺跡・菜畑遺跡で水田稲作が始まる。
900	晩期			
800			夜臼Ⅱb 板付Ⅰ	このころ、近畿地方一帯まで水田稲作とともに遠賀川式土器（弥生前期土器）が広まる。
700			板付Ⅱa	
600			板付Ⅱb	
500	早期	前期	板付Ⅱc	
400				このころ、水田稲作とともに、遠賀川系土器が本州北部まで伝播する。
300	前期			
200				
100				
紀元後	中期	中期	城ノ越 須玖Ⅰ 須玖Ⅱ	九州北部で戦争が頻発。ムラから小国への統合開始。57年、倭の奴国王、後漢に朝貢、金印を授かる。

弥生時代の時期区分には、従来土器の編年が重視されてきた。しかし、縄文土器と弥生土器の複合する時期もみられ、水田稲作の開始時期が早まったことから、近年では弥生時代の開始を500年あまり早める説が有力となっている。

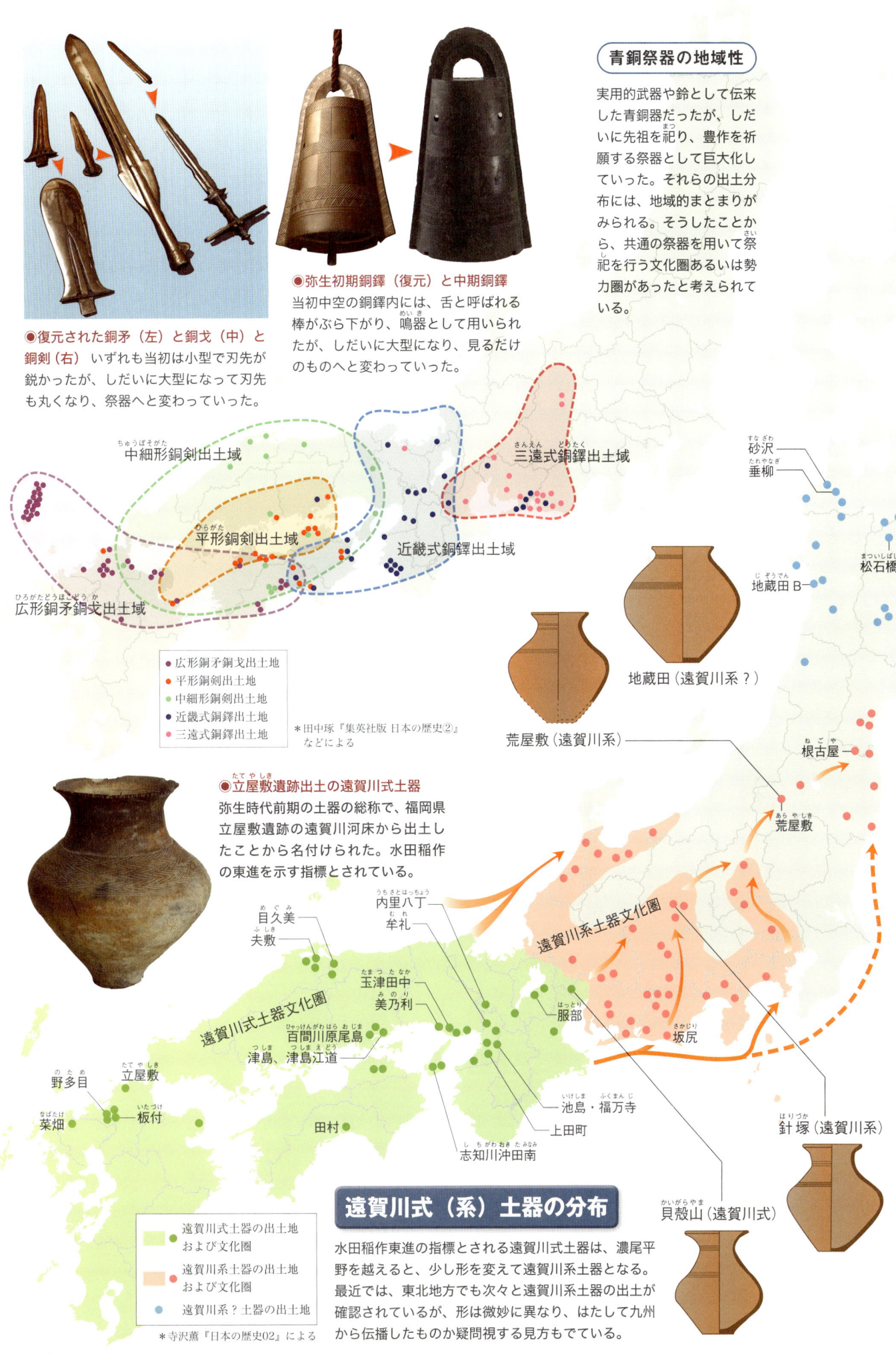

青銅祭器の地域性

実用的武器や鈴として伝来した青銅器だったが、しだいに先祖を祀り、豊作を祈願する祭器として巨大化していった。それらの出土分布には、地域的まとまりがみられる。そうしたことから、共通の祭器を用いて祭祀を行う文化圏あるいは勢力圏があったと考えられている。

●弥生初期銅鐸（復元）と中期銅鐸
当初中空の銅鐸内には、舌と呼ばれる棒がぶら下がり、鳴器として用いられたが、しだいに大型になり、見るだけのものへと変わっていった。

●復元された銅矛（左）と銅戈（中）と銅剣（右）　いずれも当初は小型で刃先が鋭かったが、しだいに大型になって刃先も丸くなり、祭器へと変わっていった。

- 広形銅矛銅戈出土地
- 平形銅剣出土地
- 中細形銅剣出土地
- 近畿式銅鐸出土地
- 三遠式銅鐸出土地

＊田中琢『集英社版 日本の歴史②』などによる

●立屋敷遺跡出土の遠賀川式土器
弥生時代前期の土器の総称で、福岡県立屋敷遺跡の遠賀川河床から出土したことから名付けられた。水田稲作の東進を示す指標とされている。

遠賀川式（系）土器の分布

水田稲作東進の指標とされる遠賀川式土器は、濃尾平野を越えると、少し形を変えて遠賀川系土器となる。最近では、東北地方でも次々と遠賀川系土器の出土が確認されているが、形は微妙に異なり、はたして九州から伝播したものか疑問視する見方もでている。

- 遠賀川式土器の出土地および文化圏
- 遠賀川系土器の出土地および文化圏
- 遠賀川系？土器の出土地

＊寺沢薫『日本の歴史02』による

弥生文化の影響を受けながら独自の文化が生まれた

稲作のない北と南の文化

北海道と南西諸島

縄文時代までの日本列島は、地域による違いはあるものの、北から南まで狩猟・採集生活を基本としていた。水田稲作が伝来すると、九州・四国から本州の大半に農耕社会が広まり弥生時代となるが、北海道や南西諸島には弥生文化が及ぶことはなかった。

気候の寒冷な北海道では、水田稲作が受け入れられず、縄文時代そのままに狩猟・漁労を基礎とする生活がつづけられた。こうした暮らしを続縄文文化といい、それらが営まれた時代を続縄文時代という。その後、7世紀頃から擦文土器とよばれる土器を伴う擦文文化が発達し、アワ・ヒエ・キビなどの雑穀の栽培が始まる。東部のオホーツク海沿岸では、大陸文化の影響を受けて狩猟・漁労を糧とするオホーツク文化が発達した。

一方、九州の南西海上に連なる奄美諸島や沖縄諸島でも、弥生時代から平安時代にいたるまで水田稲作が行われ

ず、漁労・採集生活がつづいた。縄文時代後期にあたる三千数百年前ごろ、独自の土器が登場し、晩期にあたる二千数百年前からは竪穴住居や石組住居がつくられるようになる。だが、その間も漁労・採集生活が大きく変わることはなく、島々では貝塚が形成されたことから、そうした暮らしを貝塚文化、この時代を貝塚時代という。

交易で結ばれた日本列島

続縄文時代の北海道や貝塚時代の南西諸島も、孤立していたわけではなかった。北海道南西部の有珠モシリ遺跡からは、人骨とともに奄美諸島以南でしかとれないイモガイやゴホウラなどの貝製装飾品が大量に出土している。また、北海道南西部と本州北部との緊密な結びつきをうかがわせる同様の形や文様の土器も発見されている。

一方、南西諸島では、豊富な貝殻や魚の骨を加工した釣針や貝皿、スプーンなどの生活用具、腕輪やペンダントなどの装身具がつくられた。それらの貝器は、九州をはじめとする各地の弥生人たちに珍重され、重要な交易品となった。有珠モシリ遺跡の貝製装飾品も、そうした交易によってもたらされたものであろう。そこには、日本列島の南北端を行き来した海洋民の存在を想定することができる。

南海産の貝の道

●有珠モシリ

南海産のゴホウラやイモガイでつくられた貝輪は、海路を西日本各地に運ばれ、司祭者や権力者の呪力を示すものとして、弥生時代の首長らに珍重された。その交易範囲は、北は北海道にまで及ぶ。

■貝塚時代のおもな遺跡

貝塚時代中期の宇佐浜遺跡から出土する宇佐浜式土器は、奄美の宇宿貝塚からも出土し、当時から沖縄、奄美間に交流があったことを物語る。

宇宿遺跡（奄美市）

鹿児島県

貝塚時代の暮らし

南西諸島では、本土の縄文時代にあたる時期から長いあいだ、珊瑚礁内での漁獲や貝類の採取を中心とする漁労が行われてきた。貝類は食料としてのみならず、生活道具や装飾品などに加工され、日本列島各地との貴重な交易品となった。

沖縄県

木綿原遺跡（読谷村）
清水貝塚（久米島町）
宇佐浜遺跡（国頭村）
仲原遺跡（うるま市）
嘉手納遺跡（嘉手納町）

北海道・本州・沖縄の時代区分①

	北海道(蝦夷)	本州	沖縄(琉球)
紀元前5000年	縄文時代	縄文時代	早期
1000年			前期
紀元前3世紀	続縄文時代	弥生時代	貝塚時代 中期
後500年		古墳時代	
700年	オホーツク文化	飛鳥時代	
800年	擦文文化	奈良時代	後期
1000年		平安時代	

北海道では、本州の弥生・古墳時代を通じて続縄文時代がつづくが、飛鳥時代以降、北海道東北部では北方文化の影響を受けて、漁労を主とするオホーツク文化が始まる。それにやや遅れて、南西部では本州北部の土師器の影響を受けて擦文土器の製造が始まる。

続縄文時代の暮らし

続縄文時代の北海道では、一部では雑穀の栽培が行われていたとされるが、おもな生活手段は、シカの角を加工した釣針や離れ銛によるサケ・マス漁や狩猟が中心であった。続縄文土器の文様には東北地方の弥生土器の影響がみられ、墓からは奄美諸島以南特産の貝製装飾品が出土するなど、広域にわたる交易が行われていた形跡もみられる。

■続縄文時代のおもな遺跡

滝里安井遺跡からは、副葬品としてヒグマ形石器、大量の琥珀製の平玉が出土し、オホーツク海方面などとの交流がうかがえる。また、苫小牧のタプコプ遺跡からは鉄器の導入も確認されている。

- 滝里安井遺跡(芦別市)
- フゴッペ洞窟(余市町)
- タプコプ遺跡(苫小牧市)
- 有珠モシリ遺跡(伊達市)
- 茂別遺跡(北斗市)
- 恵山貝塚(函館市)

●**ゴホウラ製腕輪** 南西諸島の人々にとって貝輪は、貴重な交易品となった。これと引き換えに、米や鉄などを持ち帰ったと考えられている。

貝消費地 / 貝原産地 / 現在の珊瑚礁の北限 / 奄美大島 / 沖縄島
● ゴホウラ・イモガイ製貝輪出土地
→ 貝の道

遺伝子でわかる北と南のつながり

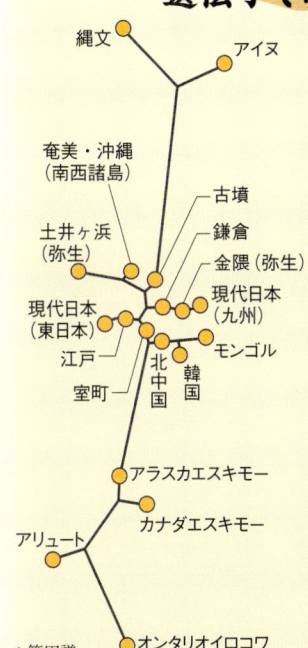

*篠田謙一『日本人になった祖先たち』による

●**日本および近縁集団の系統図**
形態小変異の出現率では、アイヌ人と縄文人はアジアや日本の集団と離れており、互いにちかい関係にはあっても、同じ集団ではないことがわかった。

細胞内の核やミトコンドリアには、遺伝情報の書き込まれたDNA(デオキシリボ核酸)という物質が存在する。化石人骨から採取されたDNAを解析すると、それらの遺伝的傾向を知ることができる。かつて縄文人は、南方あるいは北方から渡来したとされてきたが、最近の研究では、想像以上に複雑なDNAによって構成されていることがわかってきた。縄文時代の日本列島は、いわば「人種の坩堝」だったといえよう。これに比して、弥生系渡来人のDNAは、均一にちかいといえる。

これとは別に、人骨の形の変異をもとに系統を探る方法もある。人骨を仔細に観察すると、神経の通る穴の形や数に個体差があることがわかる。これを形態小変異といい、遺伝性が高いことで知られている。そうした研究によって、アイヌ人と縄文人は、弥生時代以降の日本人とは異なる集団に属し、互いにちかい関係にあるものの、同じ集団ではないことがわかった。一方、アイヌ人と近縁関係にあるとされてきた南西諸島の人々だが、形態小変異の面では、意外に縁遠いとされている。

戦争の始まりと国の始まり

集団の争いから、国と王が生まれていく

● 朝日遺跡の防御施設　環濠内側（右）の土塁には木柵をめぐらせ、外側には土中に先のとがった乱杭（らんぐい）や逆茂木（さかもぎ）を差し込むなど、外敵に対する厳重な防御態勢をとっていた。

環濠

● 首なし被葬者　吉野ヶ里遺跡の甕棺墓（かめかんぼ）から出土したもので、戦争の犠牲者とみられる。殺傷力の強い大陸系大型磨製石鏃（ませいせきぞく）（左）が発見されている。

戦争の起源

人の集団と集団との対立によって、大量の殺戮（さつりく）が起こることを戦争とよぶとすれば、戦争はいつから始まったのだろうか？

考古学の成果から考えると、縄文時代には戦争がなく、弥生時代になると、戦争の痕跡（こんせき）が見いだされる。朝鮮半島との交易が始まり、盛んになっていくと、交易に関する利権をめぐって集団と集団との争いが始まったのである。防御のために、周囲に濠（ほり）をめぐらせた集落を「環濠集落」という。環濠集落は、水田稲作の伝来した弥生時代早期から九州北部に現れ、中期までには関東地方まで広まった。佐賀県吉野ヶ里遺跡などの大規模集落では、周囲を二重三重の濠で囲み、その内部に物見櫓（やぐら）をつくることもあった。また、愛知県朝日遺跡のように、濠の土塁にさらに柵をめぐらせ、外側には逆茂木や乱杭を植えて敵の侵入に備えた。

九州北部では紀元前後から2世紀にかけて戦いに用いた遺物がみられ、吉野ヶ里遺跡からは首なし死体や先の欠けた銅剣が発見されている。それらは、弥生時代の戦乱を裏付ける証拠のひとつといえよう。

ムラから国へ

紀元前1世紀から後1世紀頃になると、瀬戸内海沿岸を中心とする小高い山頂や丘陵地に、突如として軍事色の強い「高地性集落」が出現する。それらはごく短期間で消えるが、2世紀には九州中部から瀬戸内・北陸・東海地方にかけて、再び現れる。それらは、「拠点的高地性集落」とよばれるほど大規模なものだった。

こうした高地性集落の出現は、九州北部と瀬戸内、近畿地方のあいだで軍事的緊張関係があったことをうかがわせる。大規模な戦乱の証拠は発見されていないが、こうした緊張関係を経て、小規模なムラとムラは連合して小国となり、さらに小国と小国とが統合して国が成立するきっかけとなったことだろう。

高地性集落と戦死者数

高地性集落
- 前1世紀後半〜1世紀
- 2世紀後半

戦死人骨の発見数
- 前2世紀以前
- 前1世紀以後

* 『甦る大環濠集落』などによる

福岡県玄海側　34 / 5
佐賀県玄海側　1 / 5 2
福岡県瀬戸内側　1
佐賀県有明海側　5 5
福岡県有明海側　12 19
10
1
2
4

弥生時代中期前半までは、高地性集落が瀬戸内海沿岸に多かったが、後半以降は周辺に分散し、数も減っている。これは、近畿・瀬戸内勢と九州北部勢との対立が解消され、新たな枠組みを求める国や小国どうしの牽制（けんせい）を表すという説がある。

全国のおもな環濠集落

環濠集落が九州北部に出現するのは、水田稲作の伝来する弥生時代早期で、板付遺跡でも環濠の存在が確認されている。中期以降の紀元前2世紀後半には近畿地方へ、紀元前後には関東地方へと達する。時を経るにつれて規模も大型化し、周辺に小規模な集落をかかえる拠点的環濠集落も形成されるようになる。そこから、大共同体（国）形成への道筋がうかがえる。

*『甦る大環濠集落』などによる

⑥妻木晩田遺跡（鳥取県） 弥生時代後期を中心とする国内最大級の集落遺跡で、総面積は156万㎡。395基の竪穴住居、502基の掘立柱建物が検出され、古代出雲の中心地とする説もある。環濠の所在は、一部明らかだが、遺跡全体については現在調査中である。

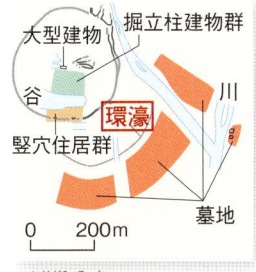

④池上曽根遺跡（大阪府） 弥生時代中期を中心とする総面積約60万㎡の卵形をした大集落遺跡。弥生時代最大級の大型建物や掘り抜き井戸が発見され、祭祀の場とみられる。

①大塚遺跡（神奈川県） 台地上に営まれた弥生時代中期の集落遺跡。幅約4m、深さ約2mの濠をめぐらせ、その外に墓域（歳勝土遺跡）が設けられていた。

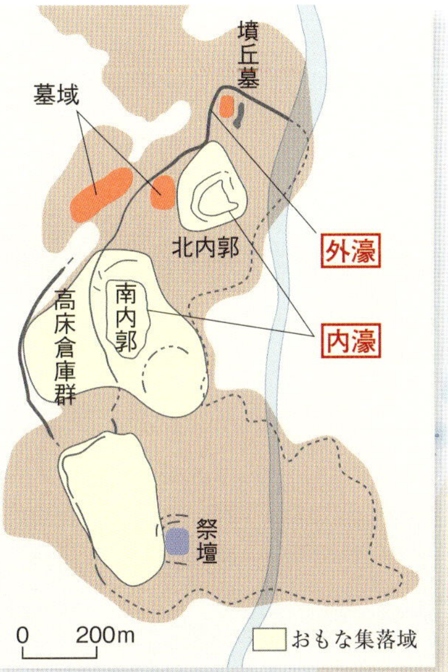

⑤吉野ヶ里遺跡（佐賀県） 南北2つの内郭をめぐる内濠とそれを囲む外濠の2重の環濠をもつ大集落遺跡。弥生時代後期に最大規模となる。内郭からは「魏志倭人伝」に記された楼観とみられる物見櫓や城柵、祭殿などの柱跡が検出されており、邪馬台国に従った弥奴国に比定する説もある。

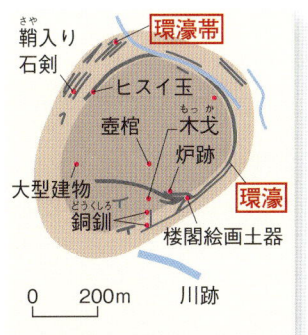

③唐古・鍵遺跡（奈良県） 弥生時代の拠点的環濠集落遺跡で、中期以降は多重の環濠帯がめぐらされ、総面積は約30万㎡に達する。青銅器の鋳型や大量の土器、農具などが出土している。

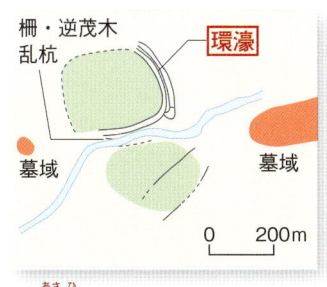

②朝日遺跡（愛知県） 弥生時代の拠点的環濠集落遺跡。中期後半には、遺跡の南北に居住区、東西には墓域が発達。とくに北居住区は4重の環濠と、乱杙や逆茂木で囲まれていた。

紀元前後の九州北部のクニ

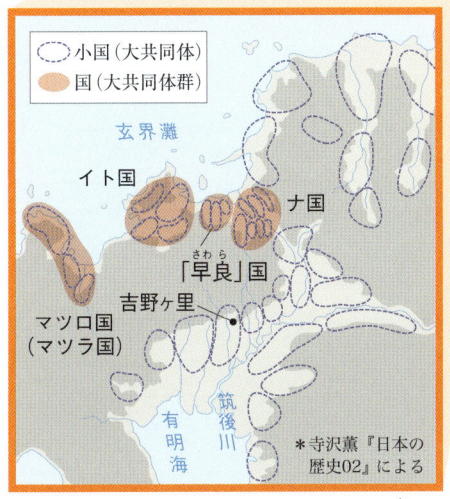

九州北部では、小国の乱立するなかから奴国・伊都国・末盧国の大共同体群が成立した。

●漢委奴国王印 江戸時代に博多湾の志賀島で発見された。紀元57年に後漢の光武帝が授けた印と推定されている。「委奴」を「わのな」と読み、奴国に比定する説、「いと」と読んで伊都国にあてる説、「奴」を「匈奴」の「奴」と同じく接尾辞とする説などがある。

弥生時代の共同体と階級構造

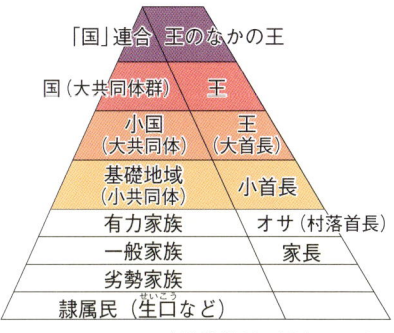

*寺沢薫『日本の歴史02』による

隷属民や各種家族の上に小首長の治める小共同体、それらの上に王の統治する大共同体が成立。その連合体に王のなかの王が君臨する。

邪馬台国と女王卑弥呼

卑弥呼は中国に使いを送り、王として認められた

3世紀の東アジア

強大な権力を誇った後漢が、220年に滅亡すると、中国では、魏・蜀・呉3国が覇権を奪いあう三国時代を迎える。倭の国々に共立された邪馬台国の女王卑弥呼は、239年魏に使いを送り、親魏倭王の称号や金印ともに、銅鏡100枚を授かったといわれている。当時の魏は、呉を最大のライバルとしており、その対抗上、倭の使いを歓待したとする説もある。

「魏志倭人伝」に記された邪馬台国

中国では、3世紀初めに後漢が滅んで、魏・蜀・呉3国が並び立つ三国時代を迎える。その歴史を伝える『三国志』のなかに「魏志倭人伝」とよばれる部分がある。そこには、2世紀後半に、当時「倭」とよばれていた日本列島の30の小国に「共立」された女王として、邪馬台国の卑弥呼が登場する。239年、卑弥呼は魏に使いを送り、あった魏の植民地・帯方郡から邪馬台「魏志倭人伝」には、朝鮮半島中部に

邪馬台国はどこにあったか

「魏志倭人伝」には、当時の倭のようすが詳しく記されているが、邪馬台国の所在地についての記述はあいまいで、「九州説」と「大和説」のあいだで論争がつづいている。

「親魏倭王」の称号を受け、印綬を賜ったとされている。

●**吉野ヶ里遺跡（復元）** 台地上に営まれた環濠集落で、2重の濠と柵で囲まれている。上図の手前は北内郭、奥が南内郭。中心となる北内郭中央に主祭殿、四方には楼観とよばれる物見櫓が建てられている。そのまわりには高床倉庫や竪穴住居などがみられる。

●卑弥呼の館（想像復元模型）　内郭・中郭・外郭に分かれていたとされている。内郭に卑弥呼の宮殿、中郭に兵舎と宿泊施設、倉庫群があり、外郭には卑弥呼に仕える女性たちの住まいや作業場などがあったと想像されている。

国までの距離と方位が示されており、末盧国から不弥国までは、九州北部にあることは異論がない。問題となるのは、不弥国から邪馬台国までの距離と方位である。南へ「水行」（船で）10日、陸行（徒歩で）1カ月」となっており、文字どおり、順にたどっていくと、邪馬台国は九州のさらに南にあることになる。九州説に「水行10日、陸行1カ月」を1000里ほどとみる説があるし、「水行10日または陸行1カ月」とみたり、不弥国以降は伊都国からの行程を示すものだといった解釈もある。

一方、大和説では「魏志倭人伝」の方位を南ではなく東の誤り（あるいは魏の人の思い込み）と解釈し、邪馬台国は大和にあったと主張している。邪馬台国が九州北部にあったか、大和にあったかで、日本の古代史の流れは大きく異なってくる。九州北部にあったとすれば、3世紀半ばの西日本はまだ統一されておらず、出雲や吉備、大和などと勢力を競いあっていたことになる。もし、大和にあったとすれば、3世紀半ばにして邪馬台国は西日本一帯を支配していたことになる。

邪馬台国へのルート

国 名	行程と方位	比定地	戸 数
① 狗邪韓国	帯方郡より水行7000余里	朝鮮半島南岸	
② 対馬国	狗邪韓国より渡海1000余里	対馬市	1,000余
③ 一支国	対馬国より渡海1000余里	壱岐市	3,000余
④ 末盧国	一支国より渡海1000余里	唐津市	4,000余
⑤ 伊都国	末盧国より東南500里	前原市	10,000余
⑥ 奴国	伊都国より東南100里	福岡市	20,000余
⑦ 不弥国	奴国より東100里※	飯塚市？	1,000余
⑧ 投馬国	不弥国より南水行20日※	？	50,000余
⑨ 邪馬台国	投馬国より南水行10日・陸行1カ月※	？	70,000余

※総行程距離＝帯方郡より1万2000余里
※「放射式読み方」では起点を伊都国とする。

邪馬台国への道程は、「魏志倭人伝」にどう書かれているのか。朝鮮半島の帯方郡を起点に、順次、途中の国までの方位と距離が記されている。その記述のとおり直線的に進むと九州を南に突き抜けてしまう。それは当時の中国の人の思い込みによるとする見方があるが、それでは実際の邪馬台国の位置は決定できない。これに対し、大和説では、「南」が「東」の誤りだと主張し、九州説は伊都国から放射状にたどるといった読み方ができるとして全体の旅程から伊都国までの旅程を引けば九州北部におさまると主張している。距離には誇張があるとする説もある。

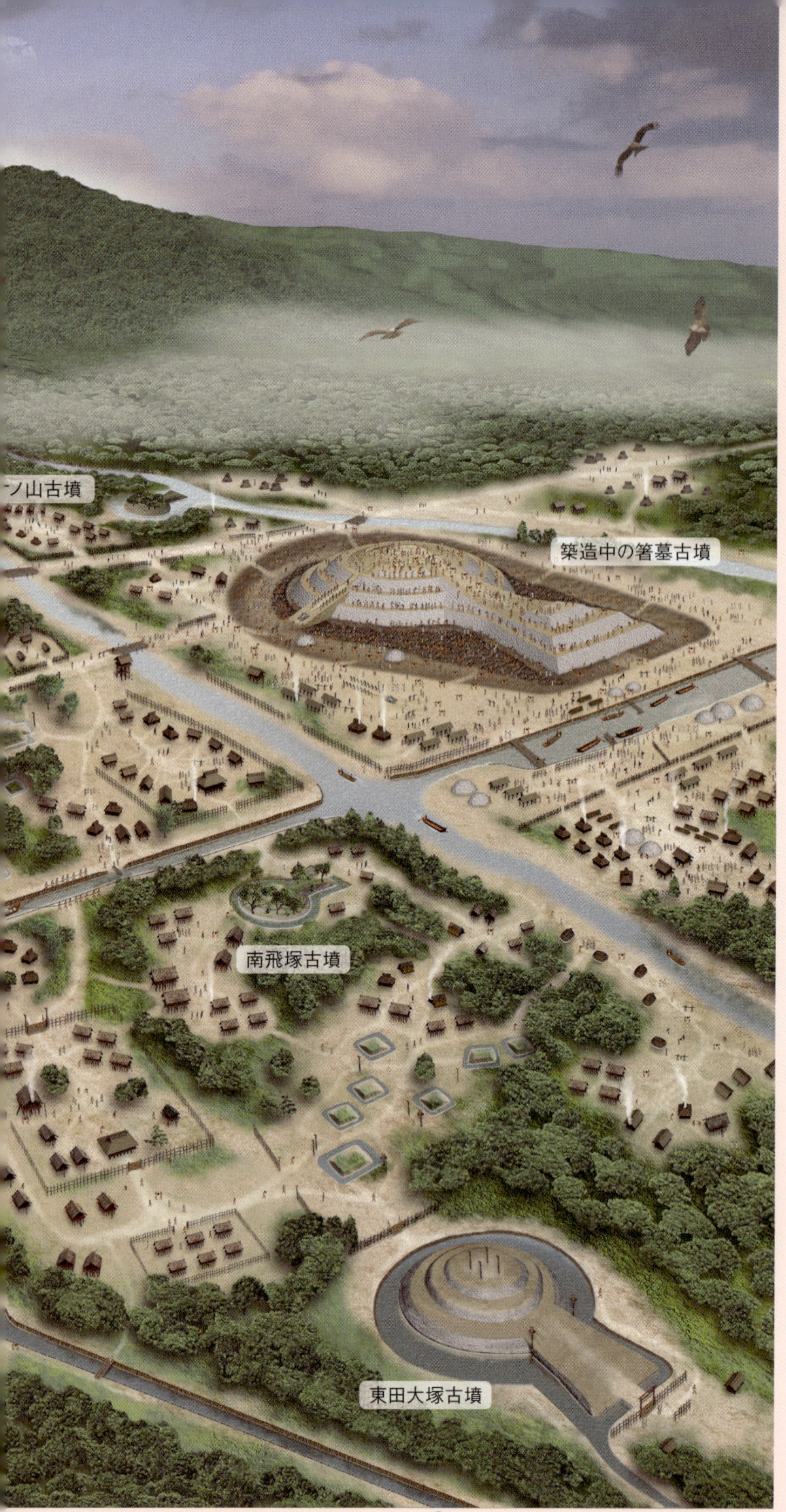

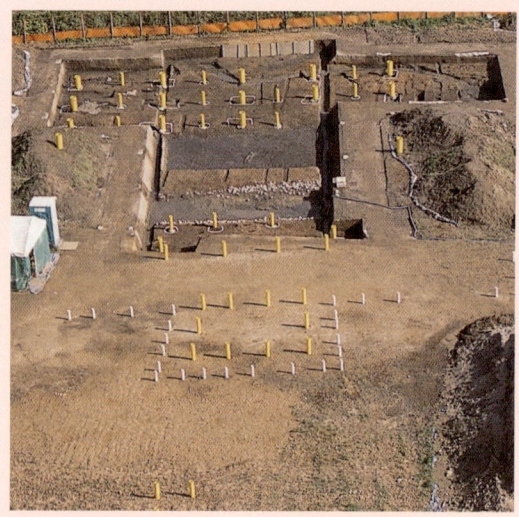

◉大型建物の発掘状況　写真は西から見たもの。一番東側の部分が、下の図面の大型建物の発掘地点。南北約19m、東西約12m、面積238㎡に達する。

正面図（東立面図）

側面図（南立面図）　0 1 2 3 4 5m

＊黒田龍二の原図による

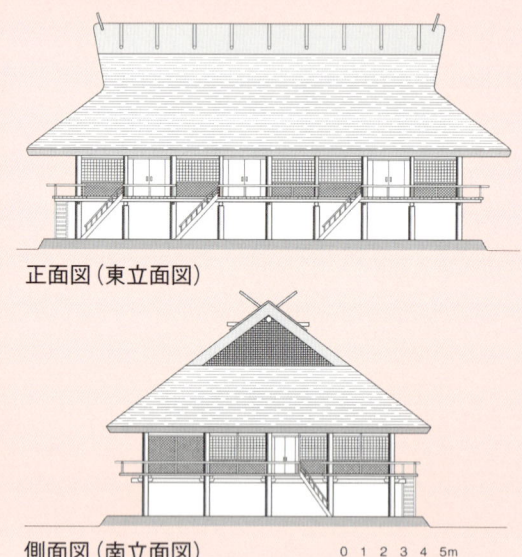

◉大型建物復元図　大型建物は卑弥呼の時代とも重なる3世紀前半のものとされ、王宮あるいは祭祀のための施設とみられる。のちの神殿（宮殿）建築のさきがけをなすものと考えられ、伊勢神宮正殿を参考に復元された。

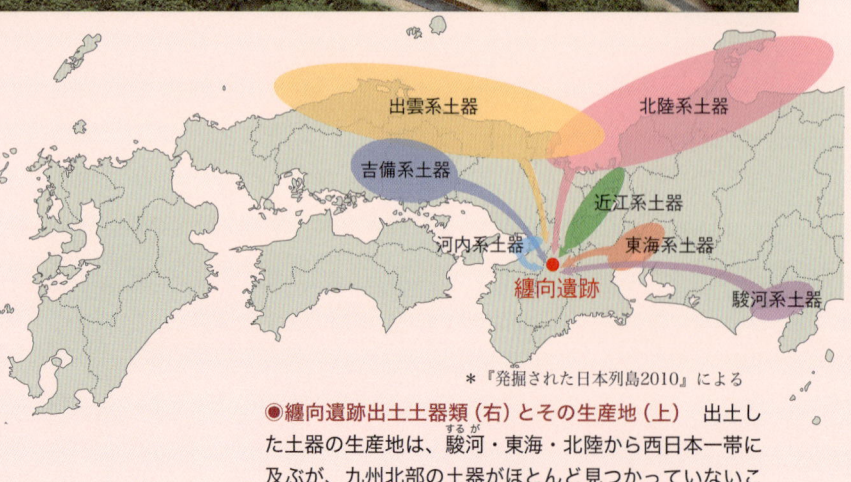

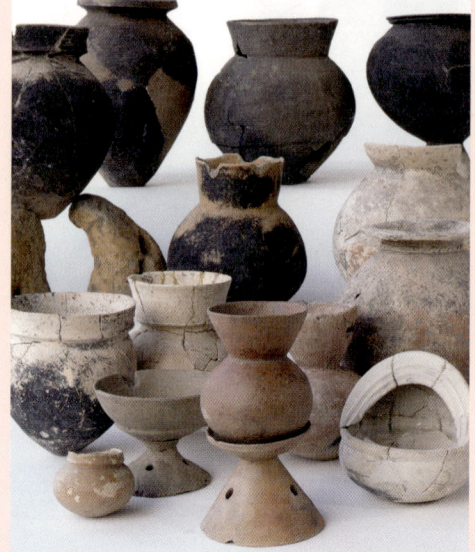

＊『発掘された日本列島2010』による

◉纏向遺跡出土土器類（右）とその生産地（上）　出土した土器の生産地は、駿河・東海・北陸から西日本一帯に及ぶが、九州北部の土器がほとんど見つかっていないことから、九州との交易関係の希薄さがうかがわれる。

纒向遺跡復元図

発掘調査等にもとづき、3世紀後半の様子を復元したもの。図の中央には王宮や市場とおぼしき建物跡が検出されている。遺跡内からは農具類がほとんど発見されず、縦横に走る河川や水路、近畿地方を中心とする各地から搬入された土器類と相まって、古代の政治都市あるいは大流通都市であったとみる説が浮上している。
原図・制作指導／寺沢薫　画／加藤愛一

ヤマト王権の都・纒向遺跡にみる
古代都市の誕生

奈良盆地南東部、三輪山北西麓に纒向遺跡が広がっている。この遺跡は、弥生時代後期にあたる3世紀初頭に始まる巨大集落遺跡である。その面積は約100万m²、吉野ヶ里遺跡の3倍あまりに達し、遺跡内には日本最古の前方後円墳や最古の大型前方後円墳の箸墓古墳が残る。最近では、大型建物跡が見つかるなど、日本最初の政治的都市としての様相が浮き彫りにされつつある。

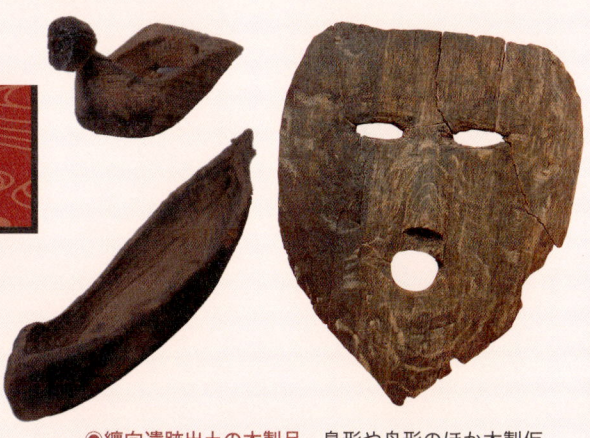

●纒向遺跡出土の木製品　鳥形や舟形のほか木製仮面も出土し、祭祀に用いられたと考えられている。

倭国の統一が進み、全国に古墳がつくられる

前方後円墳とヤマト王権

前方後円墳の登場

3世紀前半、大和に出現した前方後円墳は、しだいに大型化して全国へ広まっていった。この日本独自の形の墳墓は、どうやって生まれたのだろうか。

最初に巨大な古墳が現れるのは、奈良盆地南東部の纒向である。纒向では、3世紀初頭に全長93mの纒向石塚古墳が登場する。前方部の短い纒向型前方後円墳とよばれるもので、低くつくった前方部から後円部へと登る設計になっている。これにさきだつ弥生時代後期末には、吉備（岡山県）に円形の墳丘に参道となるでっぱりをつけた楯築墳丘墓が築かれており、纒向型古墳の源流とされる。魔よけの赤色顔料や特殊器台とよばれる祭祀用土器の出土が、纒向石塚古墳と共通している。

3世紀末には、纒向で全長276mの規模をもつ大型前方後円墳・箸墓古墳が築造された。つづいて纒向の北に接する柳本に崇神天皇陵とされる行燈山古墳、景行天皇陵とされる渋谷向山古墳などの大王の墓と考えられる大型前方後円墳があいついで築かれた。纒向は、ヤマト王権の誕生の地だったとみてよいだろう。

ヤマト王権による倭国の統一

3世紀初頭から奈良盆地南東部に大型前方後円墳が築かれる。4世紀半ばに奈良盆地北部に広まり、5世紀初頭には生駒山系を越えて、河内平野に移る。5世紀中ごろには、河内の古市（大阪府羽曳野市）に応神天皇陵とされる誉田御廟山古墳、その西の臨海地・百舌鳥（堺市）には仁徳天皇陵と伝えられる大仙陵古墳の二大前方後円墳が築かれる。これらは、ヤマト王権による倭国の統一が進み、朝鮮半島との関係に力を注ぐように なったことを物語っているといってよいだろう。

4世紀に入るころから、関東から九州南部で前方後円墳が築かれるようになる、それらはいずれもヤマト王権の大王墓より規模の劣るものであった。各地の勢力がヤマト王権に従う形で日本の統一が進んだことが推定できる。

弥生時代のおもな王墓
*『日本歴史館』などによる

① 三雲（紀元前後）
② 吉野ヶ里（前1世紀）
③ 高木（前2世紀）
④ 比恵（前1世紀）
⑤ 楯築（2世紀）
⑥ 阿弥太寺（2世紀）
⑦ 原田中（2世紀）
⑧ 寺岡（1世紀）
⑨ 加美（1世紀）
⑩ 朝日（前1世紀）

日本列島各地に王墓（首長墓）が出現するのは、紀元前後の弥生時代中期後半である。当時は方形や円形、四隅突出型など、地域色の豊かな形状が多かった。後期の3世紀以降には、ヤマト王権の勢力拡大とともに、地方の首長墓も、前方後円墳と前方後方墳に二分されていく。

301〜592年

310 この頃から、全国各地に前方後円墳がつくられる。 P.32
372 百済王が倭王に七支刀を贈る。
375 この頃、ゲルマン民族の大移動が始まる。
391 この頃、倭の軍が朝鮮半島に進出し、高句麗軍と戦う。
395 ローマ帝国が東西に分裂。
404 倭軍、高句麗軍と戦い敗退。
414 高句麗、広開土王碑を建てる。
420 中国江南に宋（劉宋）成立（南朝）。
421 倭王讃、宋に遣使（倭の五王の初め）。 P.34
439 北魏が中国北部を統一。南北朝時代が始まる。
450 この頃、前方後円墳の巨大化が頂点に。 P.32
462 倭王興、宋に遣使。
471 稲荷山古墳出土の鉄剣銘の年。
478 倭王武（雄略天皇）、宋に国書を送り「安東大将軍倭王」の称号を受ける。 P.34
480 この頃、群馬県で大規模な豪族の居館がつくられる。 P.36
481 フランク王国が興る。
502 倭王武、梁の武帝より「征東将軍」の称号を受ける。
507 大伴金村の招請を受け、継体天皇即位。 P.40
513 百済から五経博士が渡来、儒教を伝える。
527 筑紫の国造磐井が反乱し、征新羅軍を阻む。 P.40
527 物部麁鹿火、磐井の乱を鎮定。
535 この頃、諸国に屯倉が置かれる。
538 百済の聖明王から仏像と経論が贈られる（仏教公伝、552年説も）。仏像礼拝の可否をめぐって群臣が論争。 P.42
540 大伴金村、加耶（任那）4県割譲の責任を追及され、大連辞任。
554 朝鮮半島に出兵、新羅と戦う。
562 加耶（任那）の大半が滅亡。
572 敏達天皇即位。物部守屋を大連、蘇我馬子を大臣にする。
585 蘇我馬子が大野丘の北に仏塔を建て、仏教を広める。
　　この頃、前方後円墳がつくられなくなり、方墳や円墳にかわる。
587 蘇我馬子が物部守屋を滅ぼす。
589 隋が中国を統一する。
592 蘇我馬子が崇峻天皇を殺害させる。

おもな前方後円墳と前方後方墳

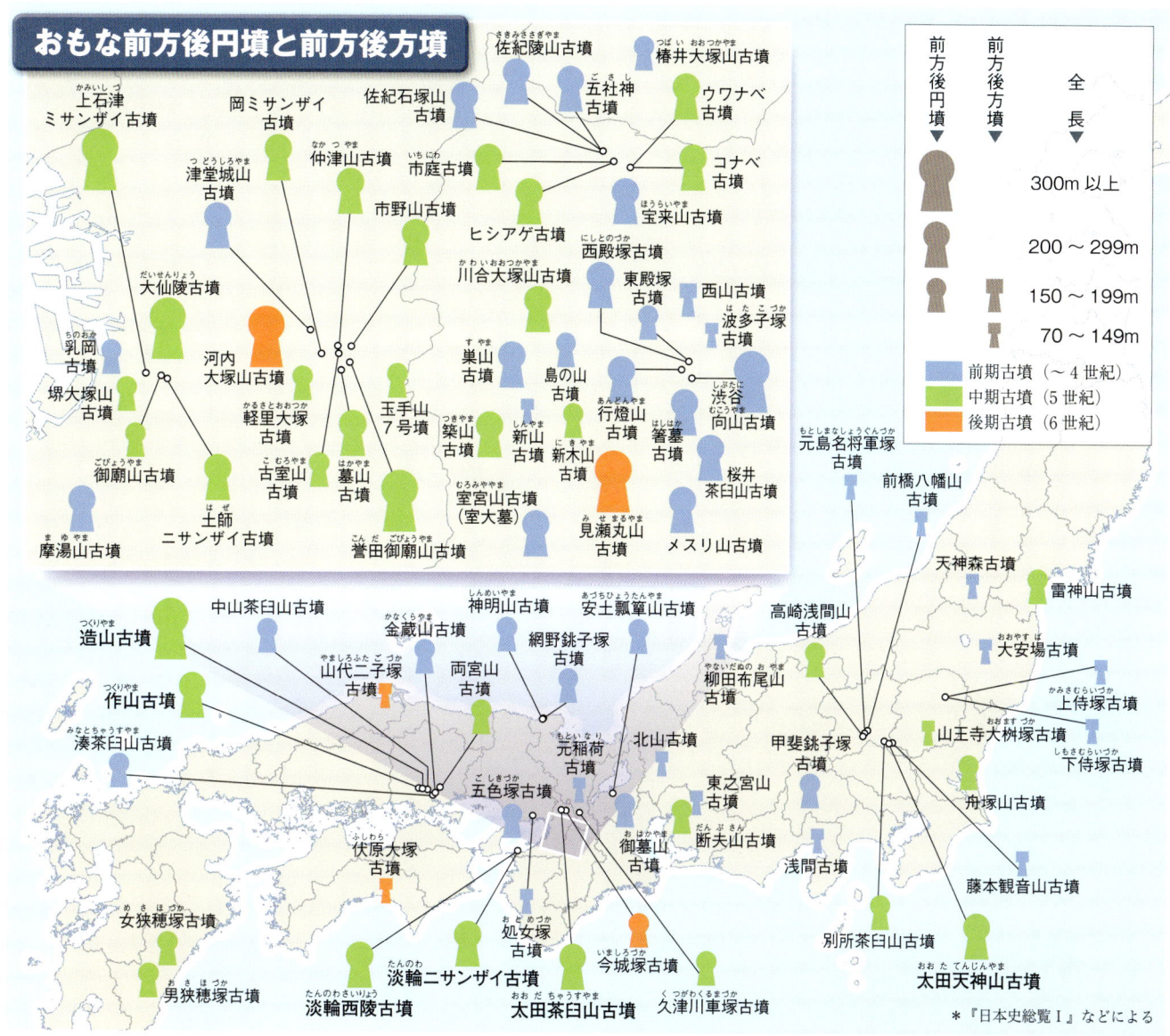

凡例：
- 前方後円墳 ▼
- 前方後方墳 ▼
- 全長 ▼
  - 300m以上
  - 200～299m
  - 150～199m
  - 70～149m
- 前期古墳（～4世紀）
- 中期古墳（5世紀）
- 後期古墳（6世紀）

*『日本史総覧Ⅰ』などによる

3世紀末以降、近畿地方を中心とする各地で大型前方後円墳がつくられるようになる。これは、ヤマト王権を盟主とする広域の政治連合が形成されたことを意味する。一方、おもに関東地方から北陸地方にかけては、規模の大きくない前方後方墳が多くつくられる。それらは、ヤマト王権に従わなかった首長らの古墳とみられる。

●特殊器台（右）と馬形埴輪（上） 特殊器台は円筒埴輪の起源とされる吉備発祥の祭祀用土器で、ヤマト王権の大王墓とされる纒向遺跡の初期前方後円墳からも出土し、両者の緊密な関係を物語る。馬形埴輪は、馬の普及する古墳時代中期以降に多くみられるようになった。

近畿地方のおもな古墳の編年

*白石太郎『古墳の造られた時代』などによる

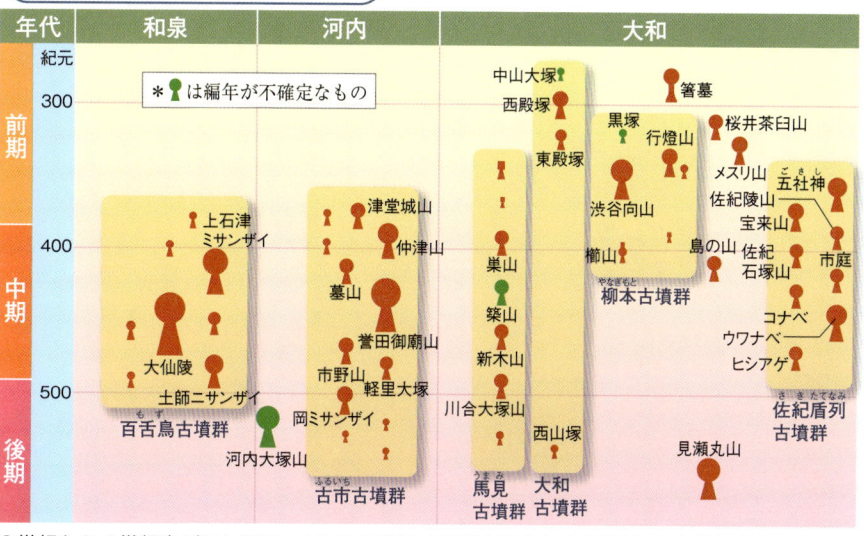

年代	時期	和泉	河内	大和
紀元300	前期			中山大塚、西殿塚、東殿塚、黒塚、行燈山、渋谷向山、櫛山、箸墓、桜井茶臼山、メスリ山、五社神、佐紀陵山、宝来山
400	中期	上石津ミサンザイ	津堂城山、仲津山、墓山、誉田御廟山、市野山、軽里大塚	巣山、築山、新木山、島の山、佐紀石塚山、市庭、コナベ、ウワナベ、ヒシアゲ
500	後期	大仙陵、土師ニサンザイ（百舌鳥古墳群）	岡ミサンザイ、河内大塚山、川合大塚山（古市古墳群）	西山塚（馬見古墳群・大和古墳群）、佐紀盾列古墳群、見瀬丸山

*🏯は編年が不確定なもの

3世紀から4世紀半ばにかけて、ヤマト王権の大王墓とみられる古墳が、奈良盆地南部に集中する。しかし、後半以降は盆地北部に多くなり、5世紀前後からは河内の古市、和泉の百舌鳥の地に巨大古墳が築造されるようになる。それを境に前方後円墳は、しだいにつくられなくなる。

倭国が朝鮮半島に進出、中国にも使いを送る

東アジア世界と倭の五王

広開土王碑にみる倭国

奈良盆地に生まれたヤマト王権(大和朝廷)は、4世紀後半にかけて、大陸への入り口である九州北部を勢力下に組み込んでいった。ヤマトタケルや神功皇后が九州に遠征したという『古事記』『日本書紀』の記述は、こうしたヤマト王権の勢力拡大を反映したものであろう。ただし、大規模な戦闘の跡は発見されておらず、ヤマト王権の倭国統一は、「征伐」というようなものではなく、平和的なものだったようだ。

さらに倭国は、朝鮮半島進出をめざした。そのころ、朝鮮半島では、北部の高句麗が中国内部の混乱に乗じて勢力を強め、313年に中国の植民地であった半島北西部の楽浪郡と帯方郡を滅ぼし、4世紀半ばには南部諸国に侵攻しはじめた。これに対し倭国は半島南端の加耶諸国に援軍を送って高句麗と戦った。高句麗の都・丸都郊外に残る*広開土王(好太王)碑には、海を渡って上陸した倭軍と400年と404年に戦い、しりぞけたと記されている。
倭国が朝鮮半島に進出した理由は、鉄器の材料を手に入れるため、南端の加耶諸国を影響下に置こうとしたのであった。

倭の五王の中国遣使

5世紀初頭に高句麗と戦って敗れた倭国は、中国の南朝にたびたび使いを送ったことが、中国の歴史書に記されている。南朝の後ろ盾を得て朝鮮半島での権威を回復し、新羅や百済を従属させようとしたのであった。これが、「倭の五王」の中国遣使である。しかし、倭国の望みがかなえられることはなかった。高句麗や百済が、すでに南朝へ朝貢していたからである。

倭の五王の最後である「武」は、「ワカタケル」という名をもつ雄略天皇だと推定されている。雄略は、関東から九州までを軍事力で支配下に入れていたようだ。地方の豪族を従えた雄略は、朝鮮半島への影響力拡大を意図していたのであった。

倭の五王と天皇

『古事記』『日本書記』

15 応神 ─ 16 仁徳 ─ 17 履中
　　　　　　　　├ 18 反正
　　　　　　　　└ 19 允恭 ─ 20 安康
　　　　　　　　　　　　　├ 21 雄略

『宋書』

珍(反正)・讃(応神／仁徳／履中)
済(允恭)
興(安康)・武(雄略)
(続柄の記載なし)

『梁書』

弥(珍) ─ 済 ─ 武／興
賛(讃)

数字は「皇統譜」による即位の順

中国の歴史書『宋書』では、倭の五王の名は「讃・珍・済・興・武」とされている。済は允恭天皇、興は安康天皇、武は雄略天皇とされているが、「讃・珍」(『梁書』では「賛・弥」)については、讃は応神天皇または仁徳天皇または履中天皇、珍は仁徳天皇あるいは反正天皇とされている。「武」が雄略天皇である可能性は、その事績のほか名前が「ワカタケル」であることから、かなり高いと考えられる。しかし、ほかの4人、とくに血縁のはっきりしない「讃・珍」については、どの天皇なのか確定できず、ヤマト王権以外の者の可能性も否定できない。

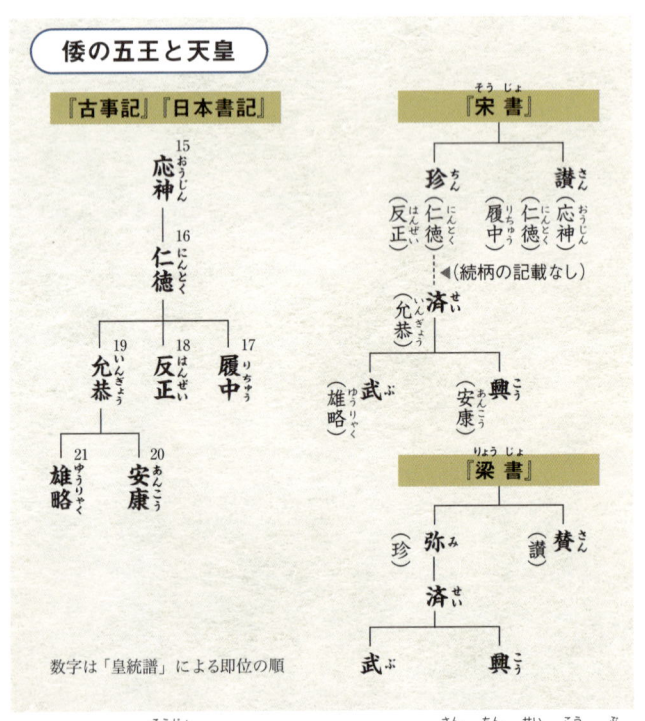

● **鉄剣にみられる銘文** 5世紀には朝鮮半島を経て、織物や金工、製陶などの新たな技術や文物が伝えられ、日本語を漢字で表す工夫も始まった。左は熊本県の江田船山古墳出土銀象嵌銘太刀で、右は埼玉県の稲荷山古墳出土金錯銘鉄剣。両方とも、雄略天皇を示すとされる「獲加多支鹵大王」の文字が刻まれており、雄略天皇の勢威が関東や九州にも及んでいたことがわかった。

稲荷山古墳
江田船山古墳

5世紀の東アジアと倭の五王の遣使

3世紀後半の中国では、魏が呉と蜀を滅ぼして国土を統一して晋(西晋)を建国するが、その後、北から遊牧民の5族・五胡が侵入して滅亡する。晋の遺臣らは、江南に逃れて東晋を建国するが、武将の劉裕がこれを滅ぼして宋を建国。華北では五胡のひとつ鮮卑が北魏を建てて南北朝時代を迎える。この時代もまた、国土を南北に二分して諸王朝が対立・交替する戦乱の時代であった。南朝の歴史書『宋書』によれば、倭の五王が、421年から478年にかけて7回以上宋に使いを出したという。遣使船は、難破を恐れて朝鮮半島を海岸沿いに北上し、山東半島沿いに南下したと推定されている。

倭国と加耶諸国

朝鮮半島南端の加耶は、小国の並び立つ状況下にあったが、その一国金官加耶国は良質の鉄の産地として知られていた。ヤマト王権は、鉄鉱石に恵まれず、精錬技術も未熟だったことから、鉄器の素材である鉄鋌を金官加耶国から入手し、軍事力や生産基盤を整備しようとした。一方、朝鮮半島南部からは近畿系の文物が多数出土しており、大和朝廷と加耶諸国との交流の深まりを感じさせる。

●兵庫県宮山古墳出土鉄鋌(右)と和歌山県大谷古墳出土馬冑(左) 鉄鋌は、古墳時代の短冊型鉄板で、鉄器の材料として加耶諸国からもたらされたと考えられている。また、馬の顔面を保護する馬冑の後部には、騎手を武器から防御する縦板がついている。これと類似した馬冑が韓国でも出土していることから、相互の密接な関係がみてとれる。

●広開土王(好太王)碑の碑文 中国吉林省集安市に建つ。高句麗の長寿王が父・広開土王の功績を称えて、414年に建立したとされている。

古墳時代の地方文化

内外との交流の影響を受け、地方独自の文化が育つ

独特な地方文化

古墳時代後期の6世紀には、各地で地方色豊かな墳形や石室、さらには神殿などが登場する。それらの地方文化は、大陸文化の地方伝播（でんぱ）や独自の死生観によって生み出されたものであった。

●角塚（つのづか）古墳（岩手県一関市）　本州最北の前方後円墳。この時期には、北は東北から南は九州南端にまで、ヤマト王権の古墳文化がゆきわたった。

●上野塚廻（こうずけつかまわ）り古墳群4号墳（群馬県太田市）出土の埴輪列　地方豪族の葬送儀礼をかたどったもので、地方有力者の権力の強まりをうかがわせる。

地図の地名：
- 須曾蝦夷穴（すそえぞあな）古墳
- 角塚（つのづか）古墳
- 上野塚廻（こうずけつかまわ）り古墳群4号墳
- 虎塚（とらづか）古墳
- 吉見百穴（よしみひゃくあな）
- 三ツ寺（みつでら）Ⅰ遺跡
- 鴨稲荷山（かもいなりやま）古墳

●吉見百穴（よしみひゃくあな）（埼玉県吉見町）　丘陵の斜面を掘り抜いた横穴墓群。関東地方に多い集団墳墓で、200基以上の横穴墓がみられる。

●虎塚（とらづか）古墳の石室内装飾（茨城県ひたちなか市）　白粘土を塗った石室内部には、呪術的幾何学模様や武器などが描かれている。九州北部の装飾古墳の影響が指摘されている。

地域性豊かな古墳と埴輪

古墳時代中期以降、ヤマト王権の勢威が地方に及んで各地に前方後円墳（ぜんぽうこうえんふん）の築造が広まっていった。ヤマト王権を頂点とする支配構造が確立されたといえるだろう。

しかしながら、古墳に飾られた＊埴輪（はにわ）などには、地域の特色がはっきりとみてとれる。たとえば、武人や馬などをかたどった埴輪は、畿内（きない）の古墳には少

●三ツ寺（みつでら）Ⅰ遺跡の復元模型　群馬県高崎市で出土した地方豪族の居館跡を復元したもの。5世紀後半の東国豪族の権力と豊かさをしのばせる。

●**古代出雲大社本殿** 古代出雲の支配者大国主命を祀る。かつては高さ約48mもあり、東大寺大仏殿をしのぐとうたわれた威容を復元した模型。

●**須曾蝦夷穴古墳（石川県七尾市）** 丘陵上にある7世紀頃の横穴式方墳。板石を積み上げた高句麗式石室は、雄室・雌室のふたつからなり、天井部はドーム状をなす。

●**日ノ岡古墳（福岡県うきは市）** 6世紀中頃の前方後円墳で、横穴式石室をもつ。割石を積み上げた石室壁面から天井にかけて、赤・緑・白の同心円文、蕨手文、三角文など魔よけとされる文様がみられる。

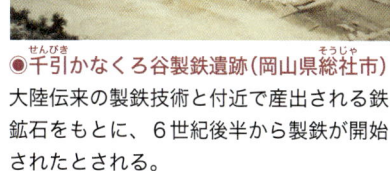

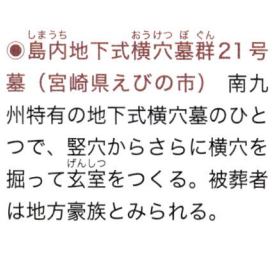

●**千引かなくろ谷製鉄遺跡（岡山県総社市）** 大陸伝来の製鉄技術と付近で産出される鉄鉱石をもとに、6世紀後半から製鉄が開始されたとされる。

●**島内地下式横穴墓群21号墓（宮崎県えびの市）** 南九州特有の地下式横穴墓のひとつで、竪穴からさらに横穴を掘って玄室をつくる。被葬者は地方豪族とみられる。

古墳に反映された大陸文化

こうした地域差には、地方の風土や産物を反映した面もあるが、大陸文化の影響もあったようだ。大陸との交流のルートも、一元的でなかったとみてよい。

毛野の首長を埋葬したとみられる群馬県の上野塚廻り古墳群4号墳からは、大陸伝来の馬をかたどった埴輪を含む葬送埴輪列が出土し、東国ではすでに牛馬の飼育が行われていたとされている。北陸地方の須曾蝦夷穴古墳の横穴式石室は、高句麗文化の影響がみられる。また、九州北部や茨城県などでは、中国伝来の死生観も持ち込まれ、石室に呪術的装飾を施す風習が生み出されるなど、古墳文化は多様化をはらみつつ、終焉に向かっていった。

なく、毛野（関東地方北部）など東国で発達したものである。

また、古墳の内部の壁に絵を描いた装飾古墳は、日本全国に600基ほどあり、その半数以上にあたる約340基が九州地方に、約100基が関東地方にあり、近畿地方には40基ほどしかない。

政治的な統一が進んだとはいえ、文化や心性の面では、豊かな多様性がはぐくまれたのであった。

●箸墓古墳（奈良県桜井市）　古墳時代初期の前方後円墳で、全長276ｍ、後円部の高さ約30ｍに達する。それまでの墳墓とは隔絶した規模をもち、卑弥呼あるいは台与、崇神天皇の墓とするなど諸説ある。

●五色塚古墳（兵庫県神戸市）　明石海峡を望む高台にある、古墳時代中期の前方後円墳で、全長194ｍ。葺石でおおわれた墳丘の上に、埴輪がめぐらされた往時の姿が復元されている。海側からのながめ（写真左）が意識されている。

●楯築遺跡墳丘墓（岡山県倉敷市）　弥生時代後期の首長墓。直径約43ｍ、高さ約4.5ｍの不整円丘の両端に方形の突出部をもつ。全長72ｍで、同時期の墳丘墓としては日本最大級。円丘頂部に5つの巨石が立ち、墳丘斜面にも20個ほどの列石がめぐる。

●吉野ヶ里遺跡北墳丘墓（佐賀県神埼市、吉野ヶ里町）　南北約40ｍ、東西約27ｍ、高さ約2.5ｍの弥生時代中期の墳丘墓。14基の成人の甕棺が発見された。

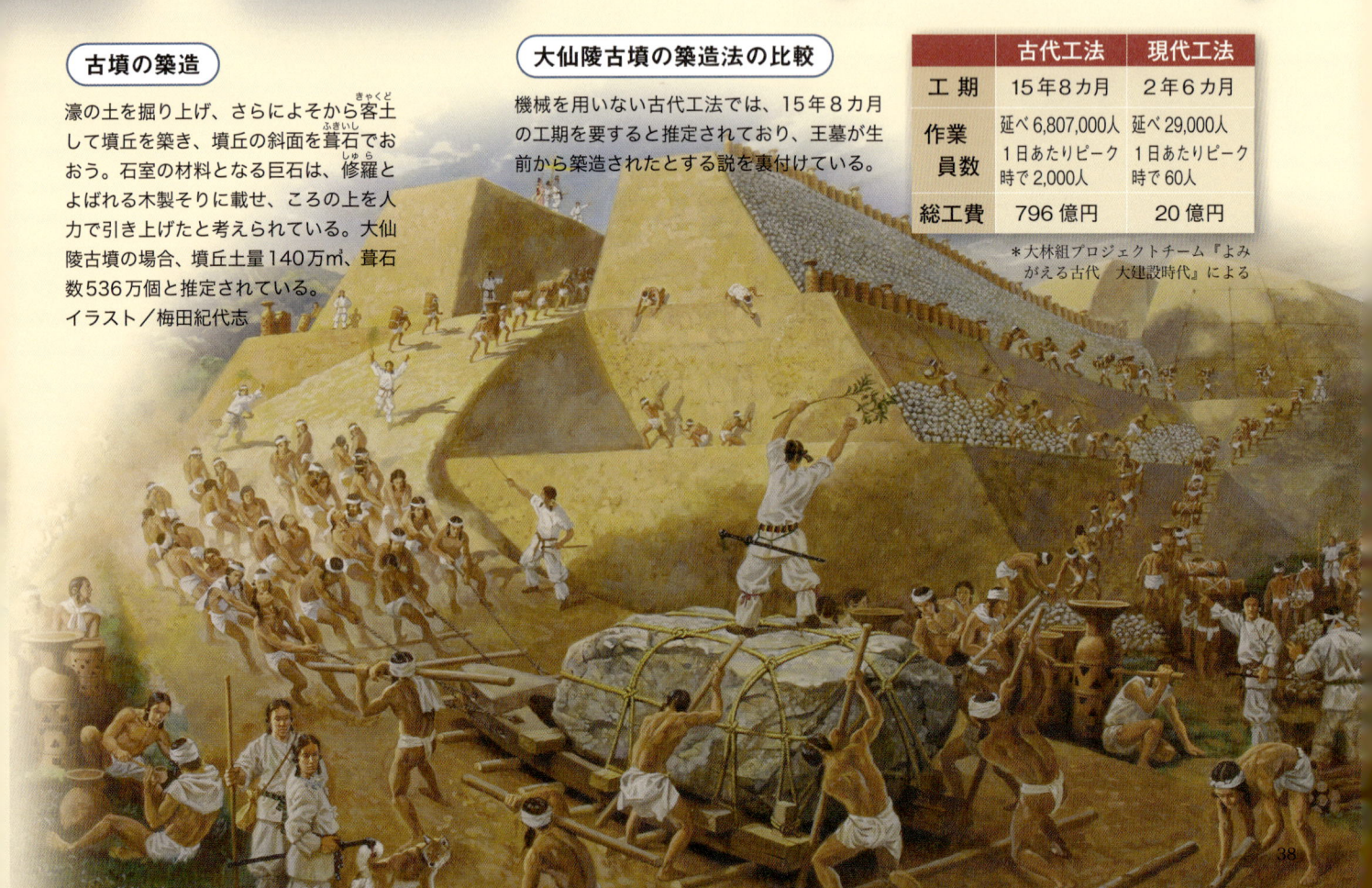

●加美遺跡墳丘墓（大阪市）　弥生時代中期の方形周溝墓。南北26ｍ、東西約15ｍ、高さ約3ｍの墳丘をもち、成人14基、小児9基の木棺が出土。

古墳の築造

濠の土を掘り上げ、さらによそから客土して墳丘を築き、墳丘の斜面を葺石でおおう。石室の材料となる巨石は、修羅とよばれる木製そりに載せ、ころの上を人力で引き上げたと考えられている。大仙陵古墳の場合、墳丘土量140万㎥、葺石数536万個と推定されている。
イラスト／梅田紀代志

大仙陵古墳の築造法の比較

機械を用いない古代工法では、15年8カ月の工期を要すると推定されており、王墓が生前から築造されたとする説を裏付けている。

	古代工法	現代工法
工期	15年8カ月	2年6カ月
作業員数	延べ6,807,000人　1日あたりピーク時で2,000人	延べ29,000人　1日あたりピーク時で60人
総工費	796億円	20億円

＊大林組プロジェクトチーム『よみがえる古代　大建設時代』による

王墓の大きさ比較

弥生時代中期から古墳時代にかけて造営された首長および大王の墓の大きさを比較した。日本の王墓は、誉田御廟山、大仙陵において最大規模に達する。

●**大仙陵古墳(大阪府堺市)**
古墳時代中期の前方後円墳で、前方部幅305m、後円部直径245m、全長486mと日本最大を誇る。3重の濠がめぐらされ、仁徳天皇陵に治定されている。

●**誉田御廟山古墳(大阪府羽曳野市)**
古墳時代中期の前方後円墳で、応神天皇陵に治定されている。全長422m、高さ36mと大仙陵古墳につぐ大きさだが、体積では日本最大。

王権の勢威を見せつける
巨大化する王墓

弥生時代の首長墓も、一般人の墓と比べれば大規模だったが、ヤマト王権の王墓とされる巨大古墳は、けた外れの規模を誇った。王墓が巨大化したのは、ピラミッドなどと同様の理由、つまり、王権の力を支配下の人々や外来の人々に見せつけるためであった。その後古墳は、しだいに小規模なものとなっていった。墓が重視されなくなったこともあるが、行政機構が整備され、目に見える形で力を示す必要性が薄れたためである。

●**クフ王のピラミッド**
クフは、紀元前26世紀に在位したとされる古代エジプト第4王朝の2代目の王。その墓は、底辺230m、高さ146mに及ぶエジプト最大のピラミッドで、高さでは世界最大。

●**秦の始皇帝陵**
始皇帝は、紀元前221年に中国史上はじめて全土を統一した王。その墓は2重の城壁をめぐらせた巨大なもので、墳丘の基底部は東西345m、南北350mのほぼ正方形をなす。

世界三大墳墓の比較

大仙陵古墳は、古代エジプトのクフ王のピラミッド、古代中国の秦の始皇帝陵とともに、世界三大墳墓のひとつに数えられている。墳丘の長さでは、486mと世界最大とされる。

●**大仙陵古墳**
墳丘の幅では、約305mと始皇帝陵にわずかに及ばないが、全長では486mとはるかにそれをしのぐ。3重の濠の内側の面積は46万㎡あまりに達する。

大和朝廷が全国支配を確立し、中央集権化を進める

継体新王朝と磐井の乱

これが継体天皇である。

継体天皇の登場

東西で軍事活動をしたといわれる雄略天皇以降、大王家は豪族たちの支持を受けて、つづいていった。6世紀の初め、暴虐な人物とされる武烈天皇が没したが、弟も男子もなく、後継者が問題となった。そこで朝廷の実力者・大伴金村は、応神天皇の5世の子孫にあたる男大迹王を探し出し、越前から河内の樟葉宮へ招いて即位させた。

血統的に遠い継体天皇は武烈天皇の妹・手白香皇女をめとったが、すべての豪族の支持をとりつけられなかったようで、河内から大和の磐余玉穂宮に移るまで19年あまりを要している。

継体天皇の子の安閑天皇の葬礼で、殯とよばれる儀式が始められた。それは大王を神として祀り、大王家の権威を超絶なものへと高めようとしたものである。

継体天皇の大和入りまでの経路

継体天皇は、507年に樟葉宮で即位したあとも、筒城宮へ、さらに弟国宮へと遷都し、大和の磐余玉穂宮に遷都するまで19年あまりの歳月を要したとされる。中央豪族らの抵抗があったことをうかがわせる。

継体天皇関連系統図

―― 血縁関係　＝＝ 婚姻関係
数字は「皇統譜」による即位の順
赤字は女性

15 応神 ― 16 仁徳 ― 稚渟毛二派皇子 ― 意富富杼王
16 仁徳 ― 17 履中 ― 市辺押磐皇子 ― 24 仁賢 ― 25 武烈
16 仁徳 ― 18 反正
16 仁徳 ― 19 允恭 ― 20 安康
16 仁徳 ― 19 允恭 ― 21 雄略 ― 22 清寧
24 仁賢 ― 23 顕宗（けんぞう）
24 仁賢 ― 手白香皇女
彦主人王 ― 26 継体
尾張草香 ― 目子媛 ＝ 26 継体
26 継体 ― 28 宣化
26 継体 ― 27 安閑
26 継体 ― 手白香皇女 ― 29 欽明

継体天皇は、王統の傍流にあたることから、前王朝を武力で倒した征服者とみる説もある。武烈天皇の妹・手白香皇女を大后（正妻）としたのも、仁徳系王家の嫡流の血筋に連なることを意識したのだろう。

磐井の乱とその後

6世紀の継体天皇の時代には、朝鮮半島では高句麗・百済・新羅の3国が戦乱を繰り広げていた。大和朝廷は、527年新羅に侵食された加耶諸国を復興させようと、近江臣毛野率いる6万の軍勢を派遣した。かねてから朝鮮出兵の前線とされてきた九州の豪族たちは、これに反発して筑紫国造磐井を指導者とする反乱を起こす。これが磐井の乱である。朝廷は、物部大連麁鹿火を派遣して反乱鎮圧にあたらせ、磐井を敗死させると、磐井の子葛子は、敗北を認めて朝廷に糟屋屯倉を献上し、

豪族の領地のなかの要地である屯倉を献上することは、その支配地を手離すに等しいものであった。反乱終結後、継体天皇は、糟屋屯倉を朝廷の直接支配とする一方、九州中北部一帯に屯倉を設けて支配下に置くようになった。以後、屯倉は全国に設けられ、王権強化の基盤が築かれた。

こうして大和朝廷は、大陸との出入り口である北九州の地を直接的に支配することに成功した。大王を中心とした朝廷の組織も整備され、国としてのまとまりが強まり、朝鮮半島への進出も再度試みられるようになる。

磐井の乱は終わった。

磐井の乱と装飾古墳

*和田萃『大系日本の歴史2』による

6世紀前半の朝鮮半島と倭国

- 高句麗の南下 →
- 百済の反撃 →
- 新羅の発展 →
- 512、513年に百済に割譲された加耶諸国の領地

6世紀頃の九州では、筑紫君・胸肩君・水沼君・葦北君といった豪族が割拠し、朝鮮半島諸国と交易を行っていたとみられる。それらの豪族によって、磐井の乱が引き起こされた。九州中北部に多い装飾古墳の絵や文様は、百済などから招かれた画工らによって描かれたとする説もある。

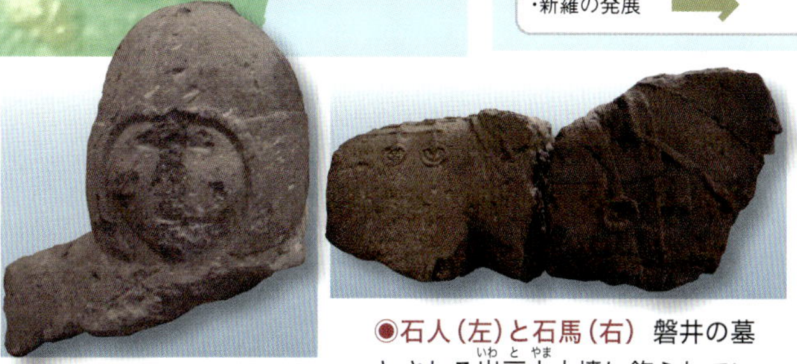

●石人（左）と石馬（右）　磐井の墓とされる岩戸山古墳に飾られていた。九州北部各地の古墳から発見されており、形象埴輪を石に置き換えたものと考えられている。

朝鮮半島では、高句麗軍の南下によって圧迫された新羅と百済両国は、活路を半島南端の加耶諸国に求めた。加耶西部は百済に割譲され、東部は新羅の侵攻を受ける。倭国は残る安羅救援のために出兵するが、磐井の乱にはばまれて身動きできず、562年に安羅は新羅にとり込まれ、加耶諸国の大半は滅亡する。

屯倉の広がり

屯倉とは、律令国家成立以前にみられた王家直属の領有地をいう。5世紀頃から近畿地方にみられるようになる。当初は朝廷みずからが田地を開墾し、収穫物を収納する倉を設けてその地の豪族たちに管理させた。6世紀以降は、磐井の子葛子が献上した糟屋屯倉のように、地方豪族の貢進による屯倉が多くなる。朝廷は、それらの地方豪族を国造に任じて屯倉を管理させた。以後、屯倉は大和朝廷の経済基盤を支えるものとして重視され、東は関東から西は九州中部まで設けられた。

●屯倉の分布

穂波　糟屋　河音　白猪　深草　緑野　宇陀　村合

*『詳説 日本史図録』などによる

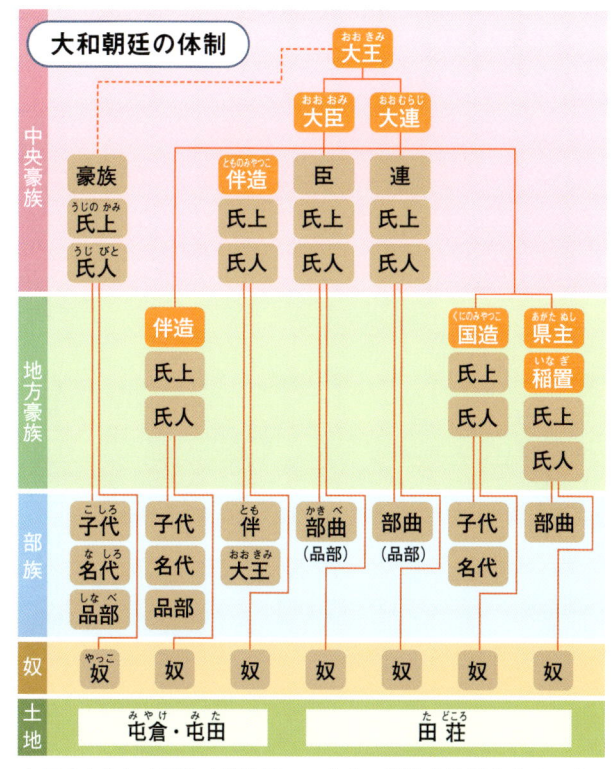

大和朝廷の体制

				大王			
			大臣		大連		
中央豪族	豪族 氏上 氏人	伴造 氏上 氏人	臣 氏上 氏人		連 氏上 氏人		
地方豪族		伴造 氏上 氏人		国造 氏上 氏人		県主 稲置 氏上 氏人	
部族	子代 名代 品部	子代 名代 品部	伴 大王	部曲 (品部)	部曲 (品部)	子代 名代	部曲
奴	奴	奴	奴	奴	奴	奴	奴
土地	屯倉・屯田			田荘			

大王のもとに大臣と大連を置いて中央の豪族を統率させる一方、地方の豪族を国造などに任じて支配下に置いた。

仏教と大陸文化の伝来

大陸の文化や思想を受けて、日本社会が発展する

●飛鳥大仏　蘇我氏の創建した法興寺（飛鳥寺）の本尊。鞍作鳥の作。現存最古の仏像で、口元の微笑は、古代ギリシャ彫刻にみられるアルカイック・スマイルの影響とされる。

仏教伝来と崇仏論争

6世紀半ばまでに、大和朝廷は大王のもとに大臣や大連を置いて中央集権化を進めたが、これを支えたのが大陸からの渡来人たちであった。5世紀末に加耶から秦氏や東漢氏らが移住し、朝廷の実務を担当する中級豪族となった。それらを従えて朝廷の財務を担当した大臣の蘇我氏は、大王家の外戚となって急速に勢力を拡大した。欽明天皇の時代、百済の聖明王より仏像と経典が朝廷に献じられ、仏教が伝来したとされている。その年代は

蘇我氏の物部氏討伐ルート

蘇我氏は奈良盆地南部を本拠としていたのに対し、物部氏は河内北方を本拠としていた。物部氏蜂起の知らせを受けた蘇我氏は、軍勢を二手に分けて河内へ進軍。衣摺の地で苦戦の末、物部軍を打ち破ったとされる。蘇我軍後方にいた聖徳太子は、「仏法を守護する四天王の御加護により勝利した暁には、寺を創建してお祀りしよう」と祈願し、蘇我軍を勝利に導いたという。これが、四天王寺創建のいわれとされている。

＊『新説 戦乱の日本史27』による

藤ノ木古墳出土金銅製鞍金具（後輪）

6世紀後半の築造とされる円墳の横穴式石室から発見された。獅子や龍、鳳凰、象など、西方の影響がうかがえる透し彫刻が施され、大陸からの伝来品あるいは大陸渡来の金工技術者の手になると考えられている。

（図中ラベル：龍、鳳凰、象、象）

大陸文化の伝来

渡来人	時代	渡来人の本国	伝えた文物
五経博士（交替で渡来）	513年以降	百済	段楊爾が儒教を伝えて以降『書経』『易経』『詩経』『春秋』『礼記』の儒教5経典の知識がもたらされる。
司馬達等	522年	中国（梁？）	鞍作氏の祖で、鞍馬具づくりを職業とするが、仏教に信心篤く、のちに仏像づくりに貢献。
観勒	602年	百済	僧侶として来日するが、暦本、天文地理書、遁甲（妖術）方術書などをもたらす。
曇徴	610年	高句麗	彩色（絵具）、紙の製法、みずうす（水力を用いた精米機）の製造法を伝える。

6世紀、高句麗軍侵攻の圧迫下にあった百済は、支援を求めて倭国にさまざまな文物をもたらした。伝来した文物の多くが、百済からのものとされるのは、そうした背景があったためだろう。

（地図ラベル：カスピ海、バーミヤン、ガンダーラ、チベット、ペルシャ、インダス川、1世紀前後、1世紀頃、ルンビニ、サーンチー、ブッダガヤ、アジャンター、インド、紀元前3世紀、アラビア海、ベンガル、シーギリヤ、スリランカ、インド洋）

仏教伝来のルート

仏教は、紀元前5世紀頃、インド北部マガタ国の王子ゴータマ・シッダールタ（釈迦）によってブッダガヤで創始されたとされている。厳しい修行と深い瞑想によって悟りを開いた釈迦は、民衆教化に努めるが、その死後、教団は、修行と戒律を重んじる上座部仏教と民衆救済を重視する大乗仏教とに分裂する。上座部仏教は、おもにアジア南方へ伝播して南伝仏教とよばれ、大乗仏教は北方のガンダーラを経て東アジアへ伝播したことから、北伝仏教とよばれている。中国や朝鮮半島を経て日本へ伝わったのは、大乗仏教のほうである。

大陸文化の導入

6世紀に入ると、5世紀に朝鮮半島から伝えられた須恵器や漢字が、広く用いられるようになる。このころには、今来漢人とよばれる人々が新たに朝鮮半島から渡来して、大陸から儒教や道教などさまざまな文物をもたらした。仏教伝来後には、百済から僧侶や尼僧らとともに、造仏工・造寺工・画工なども移り住むようになった。

513年に百済の段楊爾が儒教を伝え、中国南朝の梁からは522年に司馬達等が渡来し、馬具や仏像などの製造技術を伝えた。6世紀半ば以降には、百済から陰陽五行説・暦法・医学などが伝えられた。こうした大陸の文化を学んで国の制度を整えた大和朝廷は、いっそう大陸諸国との交流を深めていったのである。

538年とも552年ともされるが、現在では538年説が有力である。渡来人と関係の深い蘇我稲目は仏教受容を主張するが、古来の神道を重視する大連の物部尾輿は反対して崇仏論争が巻き起こる。稲目の子馬子と尾輿の子守屋の代になると両者の対立はさらに深まり、用明天皇の死とその皇位継承争いを機に戦闘が勃発。崇仏派の勝利に終わり、物部氏は滅亡した。

交易の道が文明を結ぶ

そのとき世界は①
2世紀

紀元前8000年頃から、メソポタミア文明・エジプト文明・インダス文明・黄河文明の四大文明をはじめ、各地で農耕文明が誕生した。そして、紀元後2世紀には、ローマ帝国・パルティア・後漢の3つの帝国が隆盛を迎え、シルクロードをはじめ、草原の道、海の道などによって、これらの帝国や諸地域を結ぶ交易と文化の交流が活発に行われた。

第2章

古代国家の発展

飛鳥時代～平安時代後期

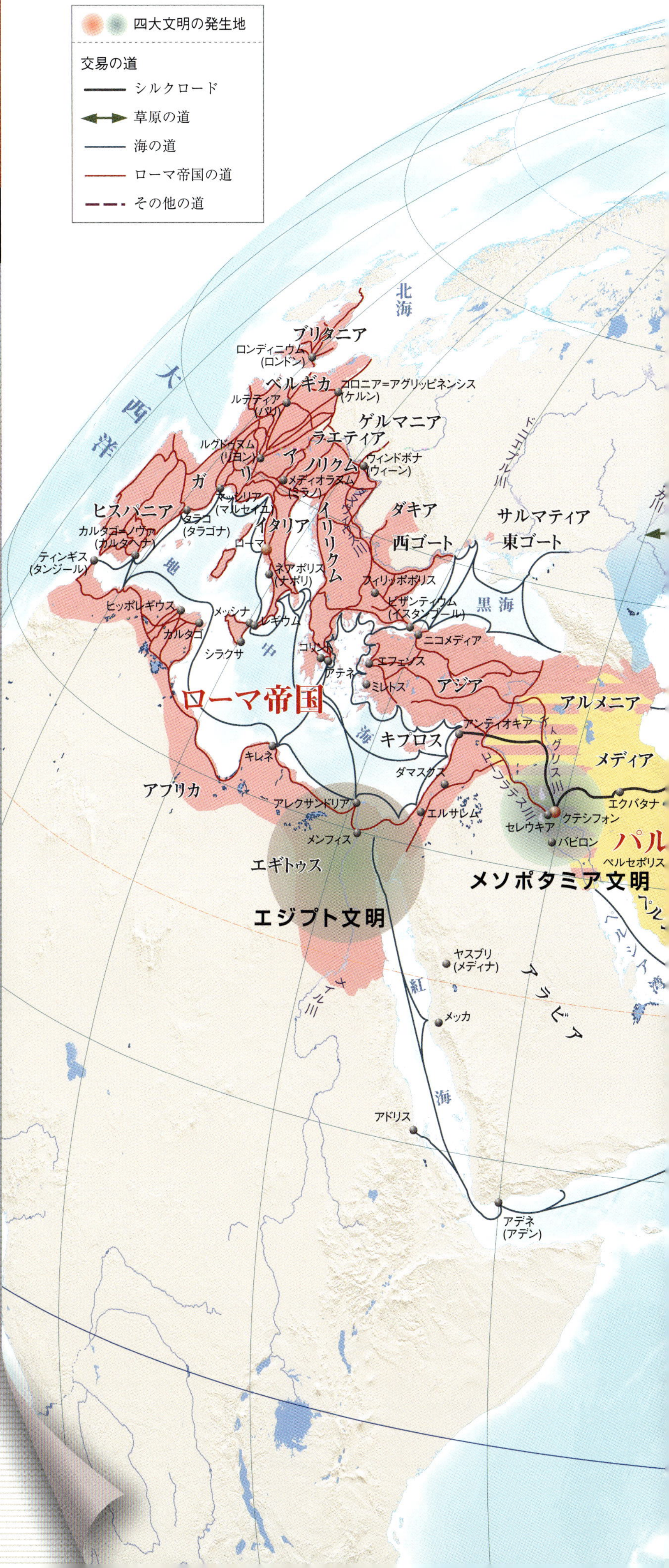

四大文明の発生地
交易の道
シルクロード
草原の道
海の道
ローマ帝国の道
その他の道
北海
大西洋
ブリタニア
ロンディニウム（ロンドン）
ベルギカ
コロニア＝アグリッピネンシス（ケルン）
ルテティア（パリ）
ゲルマニア
ラエティア
ルグドゥヌム（リヨン）
ノリクム
ウィンドボナ（ウィーン）
メディオラヌム（ミラノ）
マッシリア（マルセイユ）
ヒスパニア
タラコ（タラゴナ）
イタリア
イリリクム
ダキア
サルマティア
西ゴート
東ゴート
カルタゴ＝ノウァ（カルタヘナ）
ティンギス（タンジール）
ローマ
ネアポリス（ナポリ）
フィリッポポリス
ビザンティウム（イスタンブール）
黒海
ヒッポレギウス
メッシナ
レギウム
カルタゴ
シラクサ
ニコメディア
コリント
アテネ
エフェソス
ミレトス
アジア
ローマ帝国
アルメニア
キプロス
アンティオキア
メディア
キレネ
ダマスクス
アフリカ
アレクサンドリア
エルサレム
エクバタナ
セレウキア
クテシフォン
バビロン
パル
メンフィス
ペルセポリス
エギトゥス
メソポタミア文明
エジプト文明
ヤスブリ（メディナ）
アラビア
紅海
メッカ
アドリス
アデネ（アデン）

律令国家への道

聖徳太子の主導で、国家体制が整えられていく

聖徳太子の政治

外交
中国との対等外交
遣隋使の派遣

内政
国家組織の基礎固め
冠位十二階／憲法十七条

文化
仏教の受容と保護
四天王寺・法隆寺などの寺院建立／『三経義疏』

聖徳太子は、仏教を政治理念に天皇中心の中央集権国家をつくろうとし、外交面では自主独立路線をめざした。

冠位十二階の冠位別色

冠位		冠の色
1	大徳	徳（濃紫）
2	小徳	徳（薄紫）
3	大仁	仁（濃青）
4	小仁	仁（薄青）
5	大礼	礼（濃赤）
6	小礼	礼（薄赤）
7	大信	信（濃黄）
8	小信	信（薄黄）
9	大義	義（濃白）
10	小義	義（薄白）
11	大智	智（濃黒）
12	小智	智（薄黒）

大王との関係で官僚の位を6種の大小、計12種に分け、着用する冠の色で、位が判別できるようにした。それまで豪族の世襲制だった役職を能力によって個人に与えるようにし、豪族を律令制の官吏に組み込んでいく第一歩となった。

飛鳥の都

物部氏を滅ぼした蘇我馬子は、592年、崇峻天皇を暗殺すると、翌年推古天皇を即位させた。これ以後、奈良盆地の南部の飛鳥に、何代もつづいて王宮が営まれた。王宮の周辺に政治的な施設が整えられていき、飛鳥は都としての姿を示すようになっていった。

渡来人との関係が深く、仏教をはじめとする大陸との文化の導入に積極的だった蘇我氏が実権を握ったため、多くの寺院がつくられ、大陸ふうの飛鳥文化が花開いた。多くの僧侶が朝鮮半島から招かれたが、そのなかには、紙の製法を広めたり、暦法や天文などを伝えた者もいた。聖徳太子が建てた法隆寺には、多くの学僧が集まり、「学問寺」とよばれた。太子は、法華経・維摩経・勝鬘経の3つの経典を注釈した「三経義疏」をまとめている。

こうした活動によって、日本人がはじめて、仏教や儒教などの哲学的な営みに関心をもちはじめたといえよう。

聖徳太子の政治

589年に中国を統一した隋は拡大政策をとり、朝鮮半島北部の高句麗などに進出しはじめていた。周辺諸国は、国を強くすることが求められた。女帝である推古天皇を助けて、甥の聖徳太子が摂政となり、蘇我馬子を後ろ盾として、国づくりを進めた。外国の事情に明るかった太子は、冠位十二階の制定などの施策を実施、中国を手本とした中央集権的な官僚制をめざしたのである。「憲法十七条」にも、大王（天皇）が日本の唯一の支配者であることが記されている。さらに、小野妹子を遣隋使として隋に送って外交関係を結び、中国の先進文化を取り入れるパイプを太くした。こうして、日本は国家として発展していくことになったのである。

593〜709年

- **593** 推古天皇即位、聖徳太子、摂政となる。 P.46
- 594 仏教興隆の詔。
- 596 法興寺（飛鳥寺）完成。
- 603 冠位十二階を制定。
- 604 憲法十七条を制定。
- 607 小野妹子を遣隋使として派遣し、国書を提出。法隆寺（斑鳩寺）建立。
- **610** この頃、ムハンマドがイスラム教を興す。
- **618** 隋滅亡し、唐建国。
- 622 聖徳太子没。
- 623 鞍作止利、法隆寺金堂の釈迦三尊像をつくる。
- 630 第1回遣唐使を派遣。
- 643 蘇我入鹿、山背大兄王を滅ぼす。
- **645** 中大兄皇子ら、蘇我入鹿を殺害（乙巳の変）。皇極天皇譲位し、孝徳天皇即位。大化の改新始まる。 P.48
- 645 難波（長柄豊碕）宮へ遷都。初の年号を大化と定める。
- 646 改新の詔発布。
- 652 班田収授法施行か。
- 655 皇極上皇重祚（斉明天皇）。
- 658 阿倍比羅夫、蝦夷征討開始。
- **660** 唐と新羅に攻められ百済滅亡。
- 661 百済救援のため九州にいた斉明天皇が没し、中大兄皇子が称制。
- **663** 白村江の戦い。日本・百済連合軍、唐の水軍に大敗。 P.50
- 664 筑紫に防人と烽を置き、水城を築く。
- **667** 近江大津宮に遷都。 P.50
- 668 中大兄皇子即位（天智天皇）。近江令完成か（671年施行か）。
- 669 天智天皇、中臣鎌足に大織冠を授け、藤原姓を与える。
- 670 庚午年籍（初の全国的戸籍）。
- 671 天智天皇没。
- **672** 壬申の乱。大海人皇子、大友皇子ら近江朝廷軍を破る。 P.52
- 673 大海人皇子即位（天武天皇）。
- **676** 新羅が朝鮮半島を統一。
- 686 天武天皇没、持統皇后称制。大津皇子、謀反の嫌疑で自殺。
- 689 飛鳥浄御原令施行。
- 694 藤原京遷都。
- 697 持統天皇譲位、文武天皇即位。
- **698** 渤海建国。
- **701** 大宝律令制定。 P.52
- 708 和同開珎（銀・銅銭）鋳造。

飛鳥時代の諸宮

「宮」とは天皇の居住する建物をいう。推古天皇の豊浦宮即位から、持統天皇が中国式都城、藤原京に遷都するまでの約100年間、各天皇は、おおむね飛鳥周辺に宮を営み、その地はたびたび移った。宮を中心とした都市を「京」とよぶならば、飛鳥が最初の京だったといえよう。

貼石の基壇が発掘され、漏刻（水時計）を設置するための台であると判明。

古代の最先端技術を集めた総合工房の跡。金・銀・銅などの金属加工、玉類の生産などが行われ、わが国最古の貨幣「富本銭」も生産されていた。

- 飛鳥岡本宮
- 後飛鳥岡本宮
- 飛鳥板蓋宮
- 飛鳥浄御原宮

この一画には、宮殿遺構が重複しており、斉明、天武両天皇の時代に飛鳥京が整ったと推定されている。

■諸宮の変遷（592〜702年）

天皇が変わるごとに新しい宮が営まれるのが、通例であった。また、火災などによって宮が移されることもあった。下の表には、飛鳥時代の天皇が常住した宮をかかげた。

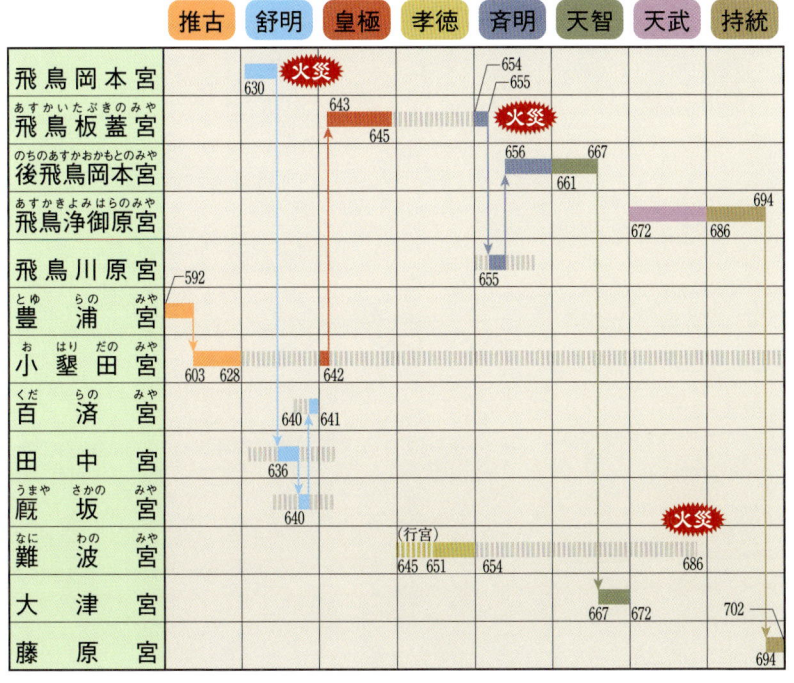

推古 / 舒明 / 皇極 / 孝徳 / 斉明 / 天智 / 天武 / 持統

宮	年代
飛鳥岡本宮	630 火災／654–655
飛鳥板蓋宮	643–645／火災
後飛鳥岡本宮	656–661／667
飛鳥浄御原宮	672–686／694
飛鳥川原宮	655
豊浦宮	592–603
小墾田宮	603–628／642
百済宮	640–641
田中宮	636
厩坂宮	640
難波宮	645 651 654／686 火災
大津宮	667–672
藤原宮	694–702

■諸宮位置図（畿内）

飛鳥時代の天皇が常住した宮に準じる以下のふたつも、上の地図に、場所を示した。

【斑鳩宮】聖徳太子が601年から営んだ宮。643年に蘇我入鹿によって焼き払われ、太子の長子はじめ一族が法隆寺で自害。739年に宮跡に東院伽藍がつくられた。

【吉野宮】656年斉明天皇によって吉野川沿いに置かれた離宮。天武・持統らの各天皇がたびたび行幸し、持統天皇のそれは33回を数える。

凡例：飛鳥時代の王宮／奈良・平安時代の王宮

大化の改新

蘇我氏を滅ぼし、中央集権的な新政が始められた

645年6月12日、飛鳥板蓋宮で蘇我入鹿を斬殺した。さらに蝦夷の邸宅を包囲して自殺に追い込み、蘇我氏の本家を滅ぼした。ついで、皇極天皇が譲位して孝徳天皇が即位した。これまで、天皇が生前に譲位することはなく、これも革新的なことであった。そして、翌646年1月、孝徳天皇は、「改新の詔」を出し、「大化の改新」とよばれる新政が始められた。

また、旧勢力の強い飛鳥を離れ、大陸文化の導入に有利な海沿いの難波に宮を移し、本格的な都城を建設しようとした。

こうした改革は、皇太子となった中大兄皇子と中臣鎌足ら蘇我氏滅亡に功績のあった者が、孝徳天皇と皇極上皇の協力のもとに進めたものであった。やがて、中大兄皇子と孝徳天皇が対立し、皇子は上皇らとともに飛鳥に戻り、孤立した天皇は病死した。そこには、なんらかの行き違いと勢力争いがあったようだが、その後も、改革の方針は変更されることなく、中央集権化が進められていった。

蘇我氏の滅亡

聖徳太子と蘇我馬子が世を去ると、政治の実権は、馬子の子の蝦夷、そしてその子の入鹿の手に握られた。蘇我入鹿は、643年に、聖徳太子の子の山背大兄王一族を滅ぼすなど、権力を集中していった。

これに危機感をいだいた中大兄皇子は、*中臣鎌足や蘇我倉山田石川麻呂らと謀り、

新政の推進

新政の根幹は、豪族が私有していた土地や従属民の実情を、国家がきっちりと把握する「公地公民制」をめざすことにあった。

そのために、地方の行政単位である「評」を設置して役人を送り込んだり、租税の基準となる田の広さを調査する「班田収授法」を実施したりした。

● 推定復元された難波宮（前期）の全景　手前は広場をもつ朝堂院で、朝廷の公式行事、重要政務を行う場。左右対称を基本に整然とした建物配置や広大な儀礼空間は、藤原京につながる特徴である。八角形の楼閣建築には、大陸の宮殿造営思想の影響がうかがえる。すべて掘立柱形式、板葺屋根。復元／大林組・画／張仁誠

改新の詔 4カ条

646年正月、孝徳天皇が難波宮で、「改新の詔」を発して、唐を手本とした改新の基本政策を示した。この詔は『日本書紀』に記されているが、その内容には大化の改新以降の改革も含まれており、この時点でどこまでめざしたかは不明。

第1条　公地公民制
土地と人民をすべて国家の支配下に置く。律令国家の基本方針。

第2条　地方行政制度の確立
中央集権に基づいて、地方の行政単位（国・評）と境界を定め、軍事・交通の制度を整える。

第3条　班田収授法
全国的に人民・田地を調査し、6歳以上の男女に口分田を与える。

第4条　統一的税制
一定基準で田地に賦課する税を定める。

天皇家と蘇我氏の関係系図

■ は天皇、赤字は女性
数字は「皇統譜」による即位の順

蘇我氏は一族の女子を后にして、天皇家との関係を強めていった。聖徳太子は父方・母方の祖母と妻が蘇我氏の出身で、結びつきが深い。

難波京の推定範囲

凡例: 海岸の砂州 / 低地 / 段丘

難波宮は、上町台地の北端に築かれた。654年に都が飛鳥に戻ってからも、副都として機能した。条坊制を伴った都への整備が天武天皇の時代に始められたが、未完に終わった。その後、聖武天皇の時代に宮の再建、京域の整備が行われた。

渡来人の居住地

中国や朝鮮半島の政変から亡命してきたり、使節として来日して定住した渡来人が、仏教、漢字、歴史書編纂、仏像鋳造、養蚕などの新しい思想や技術を伝えた。

凡例:
- 秦氏 *1
- 高句麗系（高麗氏 *2）の人々の居住地
- 新羅系の人々の居住地
- 百済系の人々（百済王氏 *3、東漢氏 *4、西文氏 *5）の居住地
- 卍 渡来系の寺院
- 鳥居 渡来系とかかわりの深い神社
- ⚓ 渡来人の上陸地

*1 楽浪郡滅亡後、朝鮮半島南部に移住した漢民族か。養蚕・機織を伝えた。
*2 高句麗の滅亡によって国王が亡命。高麗神社の神主となる。
*3 百済王の直系で持統天皇に仕える。桓武天皇の母もこの一族。
*4 製鉄・軍事・土木技術を伝える。飛鳥檜隈に本拠を構え、蘇我氏と密接な関係。
*5 漢字・儒教を伝える。記録や出納簿作成の官僚。

斉明天皇の水の祀り

飛鳥京と総称されている宮跡の東に、多武峯のほうから丘陵がのびてきている。1992年の発掘調査により、この丘陵の裾部には大きな花崗岩でできた雛壇状の3段の石垣がめぐらされ、頂上部は天理市石上周辺で産出する砂岩の切石を1m以上積んだ石垣でとりまかれていたことが判明した。丘陵の上には、酒船石とよばれる石造物があり、丘陵の北裾の谷間には、亀形と小判形のふたつの石槽を配した石敷きの広場も発掘されている。谷の上流で湧いた水が出たようで、それを石槽に導いて、禊などなんらかの祀りが行われていたと考えられる。これらは『日本書紀』斉明紀にある記述とも合致し、この丘は斉明天皇が営んだ特別な宮、「両槻宮」（別名天宮）の可能性が強い。

● 石敷き広場の石槽　水は小判形石槽から石穴を通って亀形石槽へ流れ、尾部から水路に流れるようになっていた。亀は神仙思想では霊獣。

● 酒船石　濁り酒を清酒にする施設、ゾロアスター教の薬酒をつくる施設という説もあったが、最近では庭園遺構の導水施設と考えられている。

白村江の戦いと東アジア情勢

日本の派遣軍は大敗し、新羅が朝鮮半島を統一する

新羅の朝鮮統一

668年、唐・新羅軍は高句麗を滅ぼし、676年には新羅が唐を追い出して朝鮮を統一した。

6世紀後半の朝鮮半島

南部の伽耶諸国のうち、西部4国は6世紀初め百済に割譲され、東部の大半は562年に新羅に滅ぼされた。

① 661年1月6日
斉明天皇、中大兄皇子らとともに筑紫国那大津(福岡市)へ向け、難波津を出航。

⑪ 667年3月
近江大津宮に遷都。翌年1月には中大兄が即位。

白村江の戦い

百済滅亡の知らせに、朝廷は衝撃を受けた。救援を求めてきた百済の要求に応じて、朝廷は軍を送ったが、白村江の攻防戦で唐・新羅連合軍に大敗。百済からは王族、貴族たちが多数日本に亡命してきた。日本は、いやおうなく東アジアの激動のなかに組み込まれていく。

唐の成立と朝鮮半島

5～6世紀の朝鮮半島では、高句麗・新羅・百済の3国が分立していた。倭国と密接な関係にあった南部の加耶は小国に分かれており、やがて新羅・百済の両国に侵攻され、滅亡する。

中国に強大な唐王朝ができると、朝鮮半島の情勢も大きく変わっていった。唐にならっていち早く中央集権体制を確立した新羅が力をのばし、唐とねらう唐と連合した。これに対し、高句麗は百済と、百済は倭国との連携を深め、唐・新羅と高句麗・百済・倭という対立構造が成立する。

660年、唐・新羅の連合軍の進攻を受け、百済は滅亡。百済再興をめざす遺臣たちは、倭国に救援を求めた。倭国はこれにこたえ、人質として滞在中の王子豊璋を送り返すとともに援軍の派遣を決定。斉明天皇みずからが九州まで出陣する。斉明天皇は陣中で没するが、大軍が朝鮮半島に渡った。

白村江の敗戦

倭国軍は豊璋を国王に迎えた百済復興軍と合流、663年8月28日、白村江で唐の水軍に決戦を挑んだが大敗する。百済再興は夢と散り、倭国は朝鮮半島での足がかりを失った。

倭国の敗因には、船の装備の違いや遠征の不利、百済復興軍と統一作戦がとれなかったことなどが指摘されるが、百済復興軍の内紛や、倭の派遣軍も各地で徴発した兵隊の寄せ集めで統制がとれなかったことも一因である。中央

中央集権化を急ぐ倭国

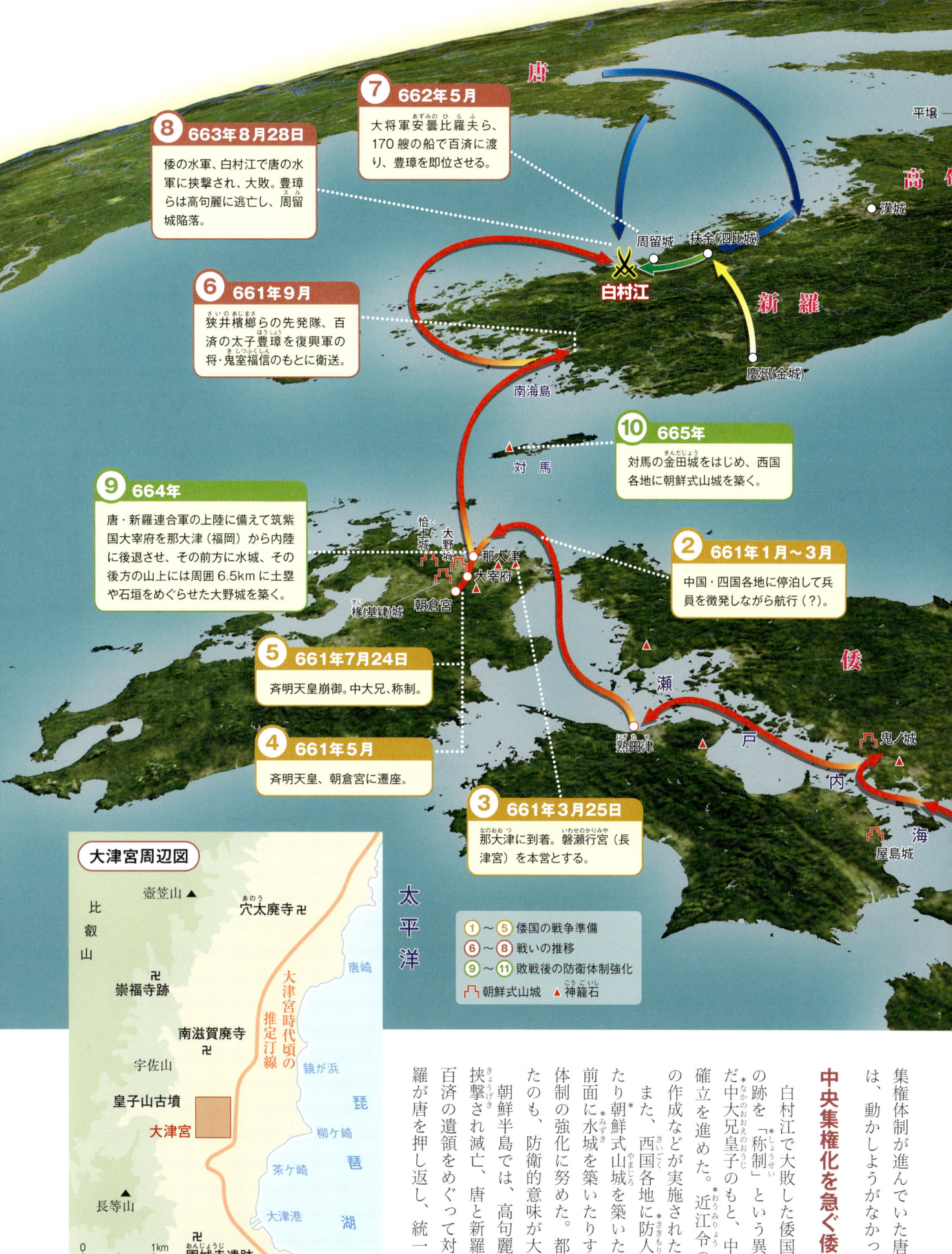

白村江で大敗した倭国は、斉明天皇の跡を「称制」という異例の形で継いだ中大兄皇子のもと、中央集権体制の確立を進めた。近江令の制定や戸籍の作成などが実施された。

また、西国各地に防人や烽を設置したり朝鮮式山城を築いたり、大宰府の前面に水城を築いたりするなど、防衛体制の強化に努めた。都を大津に移したのも、防衛的意味が大きい。

朝鮮半島では、高句麗が唐と新羅に挟撃され滅亡、唐と新羅は、高句麗と百済の遺領をめぐって対立するが、新羅が唐を押し返し、統一をなしとげる。集権体制が進んでいた唐や新羅の優位は、動かしようがなかったのである。

地図上の注記

❶〜❺ 倭国の戦争準備
❻〜❽ 戦いの推移
❾〜⓫ 敗戦後の防衛体制強化

- **❷ 661年1月〜3月** 中国・四国各地に停泊して兵員を徴発しながら航行(?)。
- **❸ 661年3月25日** 那大津に到着。磐瀬行宮(長津宮)を本営とする。
- **❹ 661年5月** 斉明天皇、朝倉宮に遷座。
- **❺ 661年7月24日** 斉明天皇崩御。中大兄、称制。
- **❻ 661年9月** 狭井檳榔らの先発隊、百済の太子豊璋を復興軍の将・鬼室福信のもとに衛送。
- **❼ 662年5月** 大将軍安曇比羅夫ら、170艘の船で百済に渡り、豊璋を即位させる。
- **❽ 663年8月28日** 倭の水軍、白村江で唐の水軍に挟撃され、大敗。豊璋らは高句麗に逃亡し、周留城陥落。
- **❾ 664年** 唐・新羅連合軍の上陸に備えて筑紫国大宰府を那大津(福岡)から内陸に後退させ、その前方に水城、その後方の山上には周囲6.5kmに土塁や石垣をめぐらせた大野城を築く。
- **❿ 665年** 対馬の金田城をはじめ、西国各地に朝鮮式山城を築く。

白村江での大敗後、中大兄皇子は都を近江に移し、天智天皇として即位した。緊迫した当時の軍事情勢のなかで、琵琶湖に面した大津は高句麗との外交ルートを確保するうえでも、交通の要衝であった。

壬申の乱と大宝律令の制定

勝利した天武天皇は、律令国家の完成をめざした

壬申の乱、交戦の推移（672年6月～7月）

近江の不穏な動きを察知した大海人皇子は、隠遁していた吉野を脱出。伊賀・伊勢・美濃の東国兵の加勢を得て、琵琶湖の東西両岸から、そして一部は大和から近江に攻め込んだ。これに耐えきれずに近江朝軍は敗北する。

凡例：
- → 大海人皇子軍の進路
- → 大友皇子軍の進路
- ✗ 主戦地

主な地名・日付：
- 野上行宮 6.27～28
- 不破関
- 息長横河 7.7
- 三尾城
- 鳥籠山 7.9
- 安河 7.13
- 瀬田 7.22
- 大津宮／大友皇子（弘文天皇）
- 粟津 7.23
- 山前（大山崎）大友皇子自殺 7.23
- 菟道
- 鈴鹿関／鈴鹿郡家
- 倉歴 7.5
- 積殖山口 6.25
- 乃楽山 7.4
- 神田 7.1
- 箸陵 7.6?
- 衛我河 7.2
- 飛鳥古京（飛鳥浄御原宮）
- 吉野宮 6.24　大海人皇子（天武天皇）
- 伊勢神宮

壬申の乱と天武天皇の政治

天智天皇が亡くなると、天智の子・大友皇子と天智の弟・大海人皇子が皇位を争い、672年に壬申の乱が起こった。東国の兵の動員に成功した大海人皇子が勝利し、翌年、大海人皇子は飛鳥浄御原宮で即位した（天武天皇）。乱の結果、大友皇子側についた豪族が没落し、強大な権力を握った天武天皇は、「八色の姓」を定めるなど、豪族たちを天皇中心の中央集権的体制に組み込んでいった。日本という国号や天皇という称号が使われるようになったのは、天武の時代だったと考えられている。ついで、天武は律令の編纂に着手し、中国の都城にならった藤原京の造営を始めたが、どちらも完成を見ずに世を去ることになった。

大宝律令と地方の支配

天武天皇の跡は、皇后が継いだ（持統天皇）。飛鳥浄御原令の施行と庚寅年籍の作成、そして、藤原京への遷都は、持統朝の事績である。697年、持統天皇は孫の文武天皇に譲位する。そして701年、刑部親王や藤原不比等らの尽力によって「大宝律令」が完成する。大宝律令のもと、地方制度も整備され、「五畿七道」の行政区分が確立していった。日本は、律令国家として統一されたのである。

天智・天武をめぐる系図

■ は天皇、赤字は女性
数字は「皇統譜」による即位の順

系図関係者：
- 蘇我倉山田石川麻呂
- 舒明 34
- 皇極・斉明 35・37
- 遠智娘
- 姪娘
- 伊賀宅子娘
- 天智（中大兄皇子）38
- 宍人橡媛娘
- 胸肩尼子娘
- 額田王
- 天武（大海人皇子）40
- 持統（鸕野讃良皇女）41
- 大田皇女
- 大伯皇女
- 大津皇子
- 草壁皇子
- 元明（阿倍皇女）43
- 忍壁皇子
- 高市皇子
- 十市皇女
- 大友皇子（弘文）39
- 葛野王
- 文武（軽皇子）42

天智天皇と大海人皇子は兄弟。当時の皇位継承は兄の跡は弟、世代を超えるときは長子である大兄が継ぐのが慣習だったが、天智は後継者として弟ではなく、わが子の大友皇子を望んだ。

●大宰府政庁復元模型（平安時代中期）
正門から入ると、2棟の脇殿が左右対称に並び、正面に正殿がある。外交の窓口でもあったので、他の地方政庁に比べて、造りも立派であった。発掘調査をもとに復元したもの。

古代の行政区分と道路網

地方統治を円滑にするために、全国は京および畿内と七道にまとめられていた。道は広域行政単位であると同時に、各道に属する諸国を最短距離で結ぶ街道の名でもあった。国の数は時により変動があるが、国名は明治の廃藩置県まで踏襲された。また、遠隔地の経営拠点として、九州に大宰府、東北に多賀城が置かれていた。なお、山背の国は平安遷都を機に山城と表記されるようになる。

多賀城
724年、東北経営の拠点、蝦夷に対する砦として設置。

771年 武蔵国を東山道から東海道に移す。

○ 国府　∩ おもな城柵　── 大路　── 小路
□ 防人の出身国　赤字＝大宝律令以降の設置国*¹

*¹ 図示した国のうち、出羽（712年）、丹後・美作・大隅（713年）、和泉（716年）、安房・能登（718年）、佐渡（752年）は設置が遅れ、最終的に加賀国が置かれたのは823年。

702年頃　行政区分としての多褹島設置。
824年　大隅国に併合。

大宰府
7世紀後半、西海道の統治、外交と防衛の拠点として設置。別名「遠の朝廷」。

奄美（大島）699年 来貢
度感（徳之島）
阿兒奈波（沖縄島）
球美（久米島）715年 来貢
西表島　宮古島
信覚（石垣島）715年 来貢

奈良の都

平城京に遷都し、奈良時代の幕が開いた

藤原京から平城京へ

710年、元明天皇によって都が奈良盆地北部の平城京に移された。唐の都・長安などを手本とした平城京は、広い大路で整然とした碁盤の目に区画される「条坊制」をもつ立派な都であった。それでも平城京に遷都したのは、古くからの豪族の勢力圏を離れた場所に都城を営むことが、天皇支配を安定的にすると考えたからである。

平城京には、大安寺・薬師寺・元興寺・興福寺などの大寺院が建てられ、南部の東西に官営の「市」が置かれた。平城京に都があったのは、中断を含めて7代70年あまりであった。

律令制と官人

平城京の人口は、7万人とも10万人ともいわれるが、官人とその家族たちがかなりの部分を占めていた。平城京の中央の北にある平城宮には、天皇が暮らす内裏と、政治を行う役所が置かれた。上級の貴族が宮に近い北側に邸宅を構えたのに対し、下級の官人の多くは南のほうから通勤した。

律令制度のもと、中央の官制は「二官八省」にまとめられ、軍備なども整えられた。左大臣・右大臣と臨時に設けられる太政大臣、そして大納言になった「公卿」とよばれる上級貴族たちの合議制によって、政治が行われた。

律令官制 律は刑罰法、令は行政法を意味する。律令制は、国家の行政制度を整えるために中国から導入されたが、祀りを行う神祇官を切り離すなど、日本の実情にあうように修正されている。

中央官制

- 神祇官（神祇・祭祀）
- 太政官（一般の政治）
  - 公卿の合議：太政大臣・左大臣・右大臣 → 大納言
    - 左弁官
      - 中務省：詔勅の作成、国史の編纂、後宮の事務
      - 式部省：役人の人事・教育
      - 治部省：儀式・外交事務
      - 民部省：戸籍・租税
    - 少納言 — 外記（書記局）
    - 右弁官
      - 兵部省：軍事・警備
      - 刑部省：裁判・刑の執行
      - 大蔵省：財政・度量衡
      - 宮内省：宮中の事務
- 弾正台：官吏の監察、風俗取締り
- 五衛府：宮城内の警備
- 左・右馬寮：中央政府の馬の飼育と調教
- 左・右兵庫：武器の保管／内兵庫：供御用の武器管理

地方官制

- 要地
  - 左・右京職：京…京の民生一般 → 坊（坊令）／東・西市司
  - 摂津職：難波…摂津国の民生、難波津の管理と外交
  - 大宰府：筑前…西海道諸国の統治、外交、防衛 → 防人司など
- 諸国：国（国司）— 郡（郡司）— 里（里長）*

*715年（あるいは717年）、里を郷として、郷長を置く。

710～783年

- **710** 平城京に都を移す。 P.54
- 711 蓄銭叙位令。
- **712** 太安万侶、『古事記』を撰上。 P.60
- 712 唐の玄宗即位（開元の治開始）。
- 713 『風土記』の編纂を命じる。
- **717** 吉備真備・玄昉ら、遣唐使として渡唐（735年帰国）。 P.62
- 718 養老律令制定。
- **720** 舎人親王ら『日本書紀』を撰上。 P.60
- 723 三世一身法施行。
- **724** 聖武天皇即位。 P.58
- 727 渤海使、はじめて来航。
- 729 長屋王の変。
  藤原不比等の子・光明子、聖武天皇の皇后となる。
- 730 悲田院・施薬院設置。
- 732 フランク王国、イスラム軍を撃退（トゥール・ポワティエの戦い）。
- 737 藤原4子（房前・麻呂・武智麻呂・宇合）あいついで病没。
- 740 藤原広嗣が筑紫で乱を起こす。
- 741 恭仁京に遷都。
  国分寺建立の詔。
- 743 墾田永年私財法施行。
  盧舎那大仏建立の詔。
- 744 聖武天皇、難波京に遷都。ついで紫香楽宮に移る。
- 745 聖武天皇、平城京に戻る。
  行基、大僧正となる。
  東大寺大仏の造立始まる。
- 749 陸奥国、はじめて黄金を献上。
  アッバース朝成立。
- 751 漢詩集『懐風藻』完成。
  唐とイスラム帝国、タラス河畔で会戦。製紙法が西方へ伝わる。
- **752** 東大寺大仏開眼供養。 P.58
- 754 唐僧・鑑真来日、律宗を伝える。
- 755 唐で安禄山・史思明の乱。
- 756 光明皇后、聖武天皇の遺品を東大寺に奉納（正倉院の始まり）。
- 757 養老律令施行。
  橘奈良麻呂の変。
- 759 鑑真、唐招提寺を建立。
- 760 藤原仲麻呂、太師（太政大臣）に。
- 764 藤原仲麻呂の乱。淳仁天皇配流、孝謙上皇重祚（称徳天皇）。
- 765 道鏡、太政大臣禅師となる。
- 768 カール大帝、フランク国王となる。
- 770 道鏡、下野国に配流。
- **771** この頃から780年代にかけて、『万葉集』成立。 P.60
- 780 蝦夷の伊治呰麻呂が蜂起。
- 781 桓武天皇即位。

平城京の官人居住地の分布

平城京には、農村を離れ、給料をもらって生活する人が集まってきた。そのうち、皇族関係者、五位以上は約百数十人。位によって支給される宅地の広さが違い、五位以上の貴族は4500坪以上、圧倒的多数の一般庶民は75～150坪。

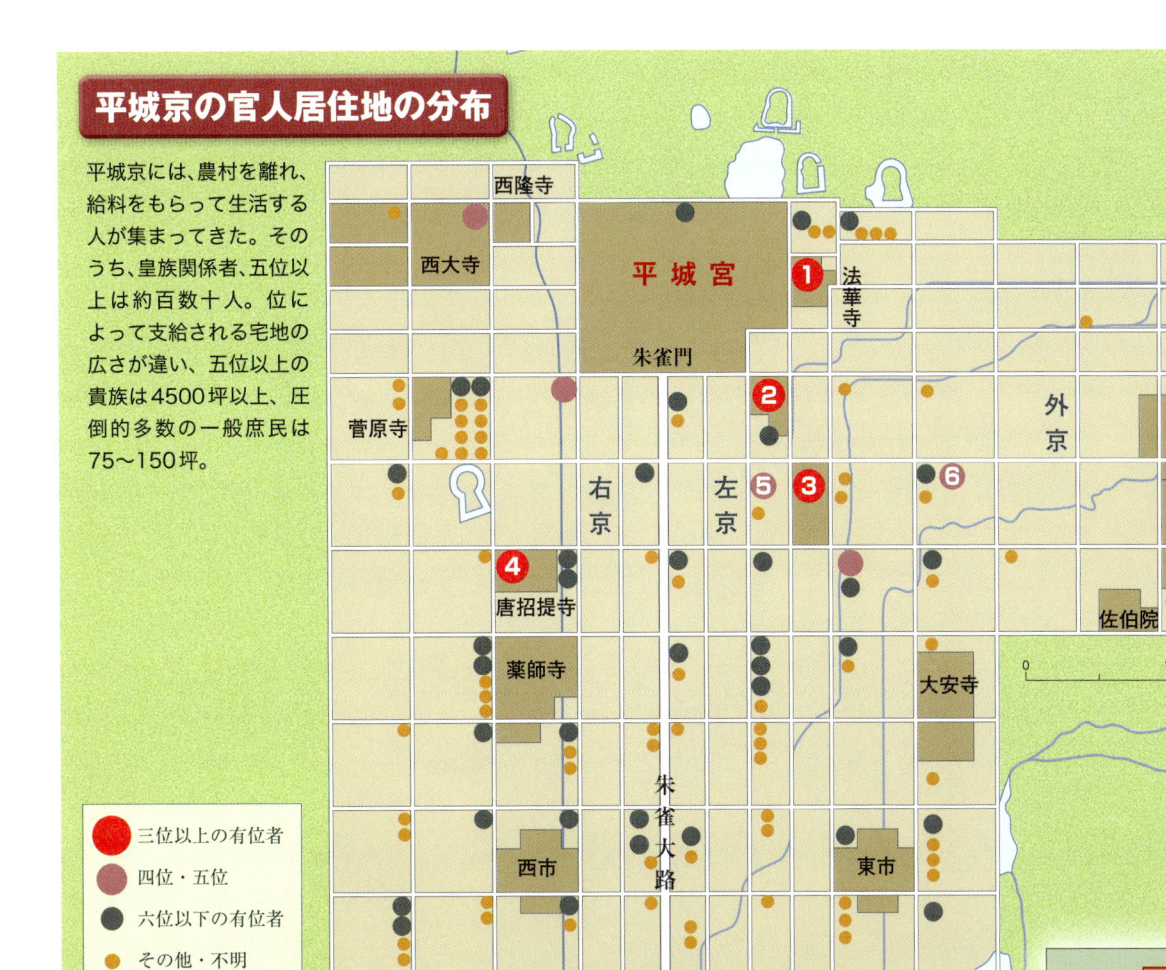

凡例:
- ● 三位以上の有位者
- ● 四位・五位
- ● 六位以下の有位者
- ● その他・不明

* 『なら平城京展'98図録』による

❶ 藤原不比等邸
鎌足の息子、光明皇后の父。平城遷都に尽力し、養老律令を完成。婚姻を利用して天皇家と密接な関係を築く。不比等の死後、邸宅地に光明皇后により法華寺が建立される。

❷ 長屋王邸
(→p56-57)
天武天皇の孫。皇族勢力を代表して権勢をふるう。藤原氏の反感を買い、謀反の意があるとして邸を囲まれ、729年一族とともに自害（長屋王の変）。

❸ 藤原仲麻呂邸（田村第）
光明皇后の信を得て、大仏造営を推進する。大仏開眼の日には、ここが天皇のご在所となった。淳仁天皇から恵美押勝の名を賜り、太政大臣になる。孝謙天皇の寵臣道鏡を除こうとして乱を起こすが、764年近江で敗死。

❹ 新田部親王邸
天武天皇の第7皇子。軍事の中枢を掌握する地位にあったが、疫病により没。邸宅の跡地は、唐招提寺になった。

❺ 市原王邸
天智天皇の子施基皇子の曾孫。大仏開眼のころまで、東大寺司の長官的地位にあった。

❻ 太安万侶邸
稗田阿礼の伝承した神話・歴史を筆録して、712年『古事記』を撰上。

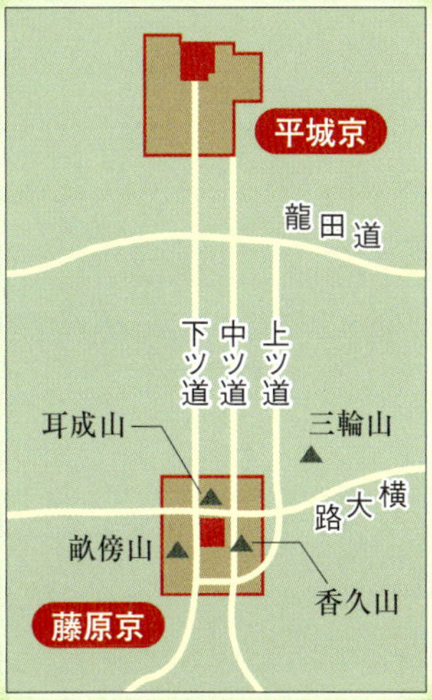

藤原京と平城京の位置関係

藤原京・平城京の造営は、東アジアの激動のさなかで、独立国家としての威信を対外的に示す必要からなされた。王宮を中心軸上に配した左右対称な区画割りなど、中国式の都城を手本としたことは明らかだが、都市城壁などの防御施設は手薄だった。

* 『平城京展』図録(1989)などによる

東アジアの都城比較

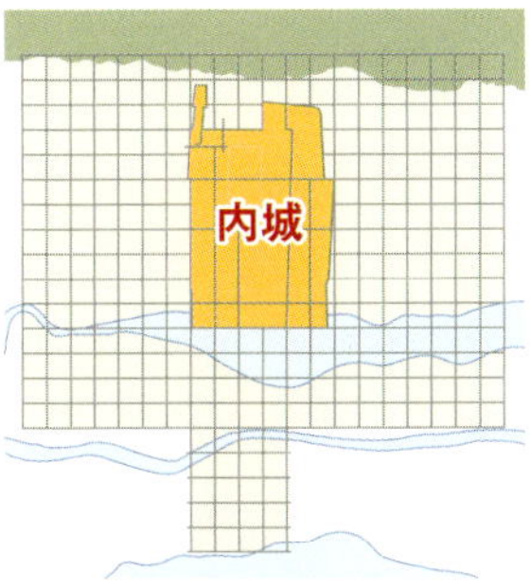

- 北魏・洛陽城（494～534年）内城
- 唐・長安城（618～904年）太極宮
- 新羅・慶州（676年統一新羅以降）王宮跡
- 藤原京（694～710年）藤原宮
- 平城京（710～784年）平城宮

客殿

瓦の出土状況から、ここにはその当時はまれであった瓦葺の、しかも住宅以外の機能をもつ建物があったと考えられることから、客殿ではないかと推測されている。

庶民の暮らし

下級役人や庶民は、役所から離れた都の南のほうに住んでいた。役所は6時半頃から開き、遅刻するとなかに入れなかったので、下級役人ほど朝早く家を出なければならなかった。非常勤勤務の役人（番上官）は給料も安かったので、敷地内の畑で農作業をしたり、寺で写経のアルバイトをする人もいた。

●**庶民の住居** 一般的な庶民の場合、間口が12〜13m、奥行き50mほどの敷地内に、掘立柱の建物（床は土間、屋根は板葺または草葺）2棟に井戸がひとつというのが通例だった。

●**庶民の食事** 主食は玄米、粟、ヒエなど。これに青菜の汁、塩などがついた粗末なもの。食器は土師器や須恵器など。

租・庸・調の納入経路

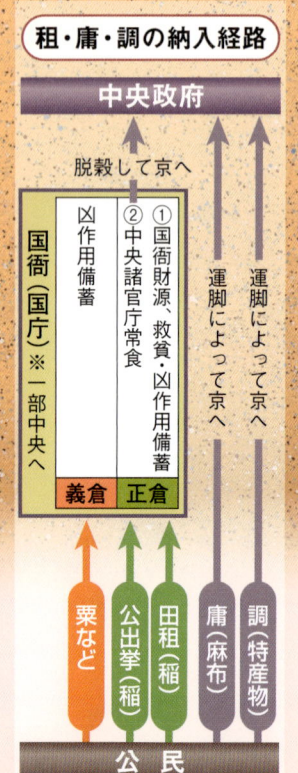

調と庸は運脚によって都に運ばれ、中央政府の財源となった。租は公出挙の利子である利稲とともに正倉に納入されて、地方政府（国衙）の主要財源となった。

木簡にみる各地の特産品と諸国からの運脚日数

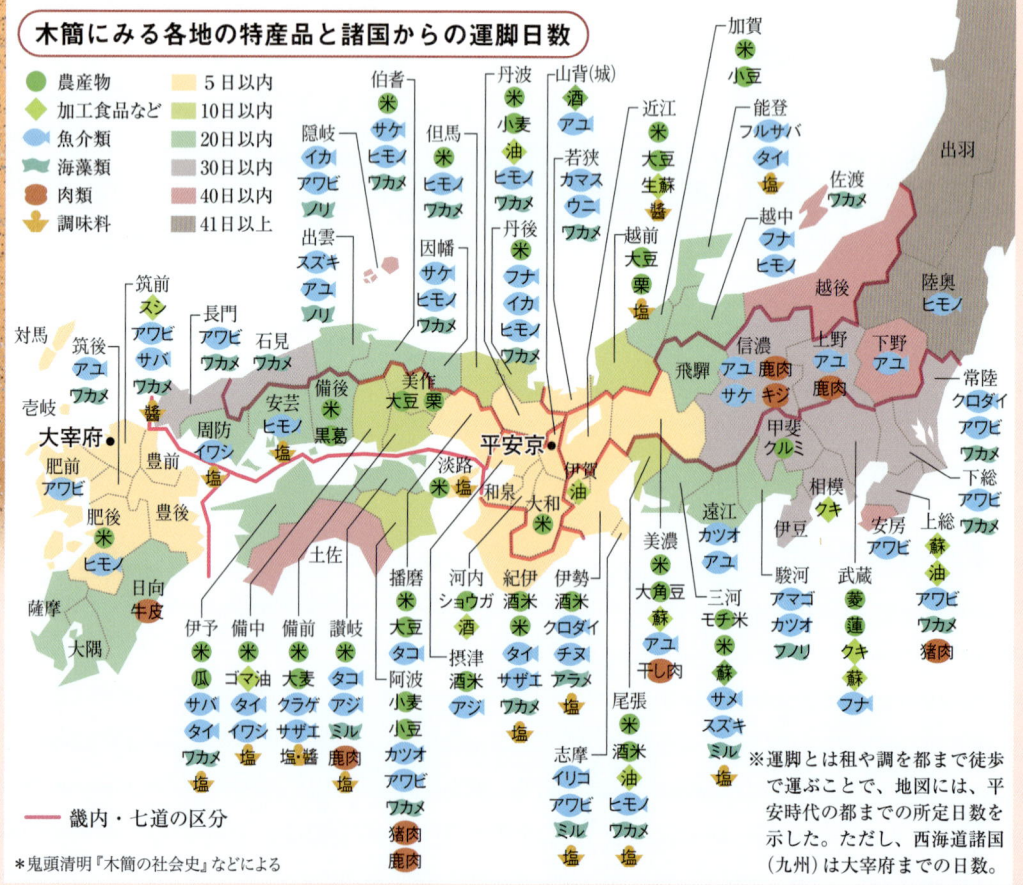

- 🟢 農産物
- 🔶 加工食品など
- 🔵 魚介類
- 🟢 海藻類
- 🟤 肉類
- 🔽 調味料

5日以内 / 10日以内 / 20日以内 / 30日以内 / 40日以内 / 41日以上

― 畿内・七道の区分

*鬼頭清明『木簡の社会史』などによる

※運脚とは租や調を都まで徒歩で運ぶことで、地図には、平安時代の都までの所要日数を示した。ただし、西海道諸国（九州）は大宰府までの日数。

調、庸の代用品として、全国各地のものが都に集まった。税には、産出地、量、日付、差出人の名前などを記した木簡の荷札がつけられていた。これによって、当時の地方の産物がわかる。本図は食関係のおもなものをまとめたもの。

正殿屋根
平城宮の内裏の屋根も檜皮葺であり、この当時の貴族は夏は涼しく、冬は暖かい檜皮葺の屋根を好んだ。

長屋
家財道具などを入れた倉庫として使われたらしい。

正殿
長屋王夫妻の寝殿。邸内でもっとも大きな建物で、正殿1棟だけでも約360㎡。当時の庶民の家の7～10倍の広さがあった。

長屋王の邸宅想像復元図

奈良時代初期に権勢をふるった長屋王の屋敷が、発掘調査によって明らかになっている。その広さは4町とも6町ともいわれ、格段の広さを誇った。敷地内にはいくつもの建物が立ち並び、ここから出土した木簡からは、椅子や琴、障子などをつくる職人をかかえ、また邸内では鶴、犬、馬などが飼われ、その世話をする部署もあったことがわかる。この図は、復元模型の長屋王夫妻の寝殿を南西から見たもの。
イラスト／飯島満

庶民からの税が支える
上級貴族の豪勢な暮らし

奈良時代の役人の給料は位階によって決められ、原則として、税として中央に上がってきたものが実物支給された。自分が必要なものとズレが生じると、市などで交易して調達した。宅地も支給され、貴族の場合は、さらに位や役職に応じて支給される水田、親から受け継いだ水田・菜園をもち、大規模な農業経営をしていた。そのため、食生活はじめ暮らしぶりには、身分によって格段の差があった。

●**貴族の食事** 品数も多く、全国各地から運ばれたカツオ、アワビ、アユなどの海産物、鹿肉、牛乳やチーズのような乳製品も食べていた。長屋王家では近在で菜園を経営していたので、野菜は新鮮なものを運んでいた。食器は特別な場合には金属器や漆器、施釉陶器が、ふだんは土師器や須恵器などが使われた。

大仏開眼と奈良時代の政治

政治的動揺と不安のなかで、大仏がつくられた

おもな貴族の出世一覧

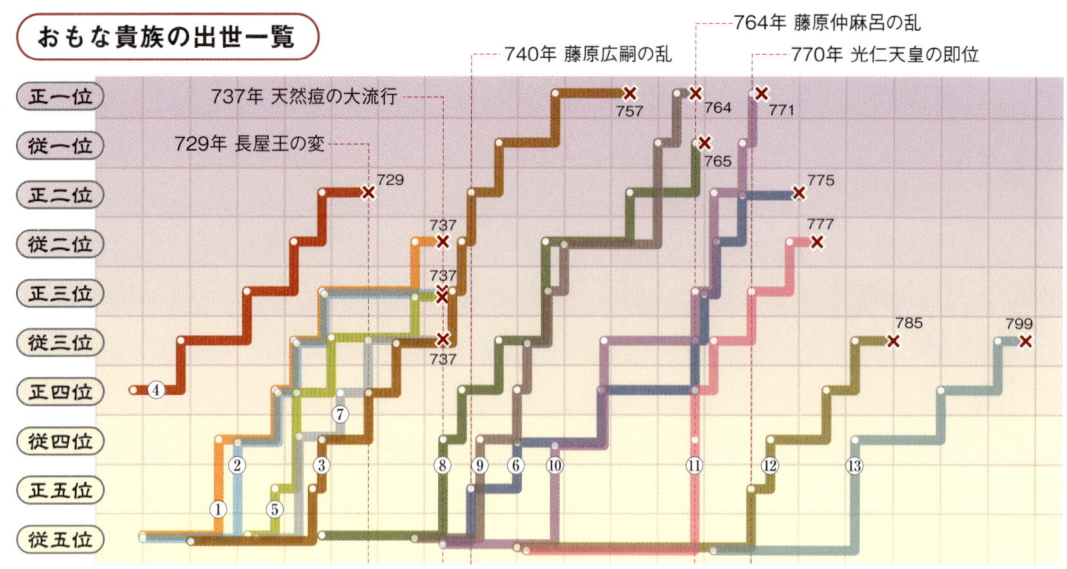

（グラフ：縦軸は位階（正一位～従五位）、横軸は年（700～800年）。主な出来事：729年 長屋王の変、737年 天然痘の大流行、740年 藤原広嗣の乱、764年 藤原仲麻呂の乱、770年 光仁天皇の即位。×は死亡年）

上の表は奈良時代のおもな貴族の出世の階段を表したもの。反乱の鎮圧に功績があったり、天皇の擁立に力を貸したことで、関係者の位が変化することが読みとれる。×は死亡年。

① **藤原武智麻呂**（680～737）藤原南家の祖。不比等の長男。
② **藤原房前**（681～737）藤原北家の祖。政敵長屋王を倒し、藤原4子政権の中心的人物。
③ **橘諸兄**（684～757）4兄弟の死後、朝廷のトップになる。生前に正一位。
④ **長屋王**（684～729）皇親勢力の実力者。対立していた藤原氏の陰謀とされる長屋王の変で自害。
⑤ **藤原宇合**（694～737）藤原式家の祖。難波宮造営の責任者。
⑥ **吉備真備**（695～775）地方豪族の出身。2度遣唐使をつとめる。学者から立身して右大臣にまで出世した。
⑦ **藤原麻呂**（695～737）藤原京家の祖。陸奥国から出羽国への直通路開削事業を行う。
⑧ **藤原豊成**（704～765）武智麻呂の長男。4兄弟死後、氏上となる。
⑨ **藤原仲麻呂**（706～764）橘諸兄の勢力を圧倒、淳仁天皇を擁立して政界を牛耳る。760年皇族以外ではじめて太政大臣となる。孝謙上皇・道鏡組との対立が深まり、挙兵して近江に散る。
⑩ **藤原永手**（714～771）藤原仲麻呂の乱では孝謙上皇・道鏡側についた。光仁天皇の擁立に尽力し、死後に太政大臣を追贈される。
⑪ **藤原良継**（716～777）兄の広嗣の反乱に連座して伊豆に流刑。仲麻呂の乱で、仲麻呂を討ちとる。光仁天皇の擁立に尽力し、永手の死後、藤原氏一門の中心的存在になる。
⑫ **大伴家持**（718?～785）『万葉集』の編纂にかかわった歌人で、越中、上総、伊勢などの守を歴任する高級官僚。
⑬ **和気清麻呂**（733～799）道鏡の皇位継承の件で大隅国に流罪。道鏡失脚後に復帰して、平安遷都の進言をする。

天皇家と藤原氏の関係系図

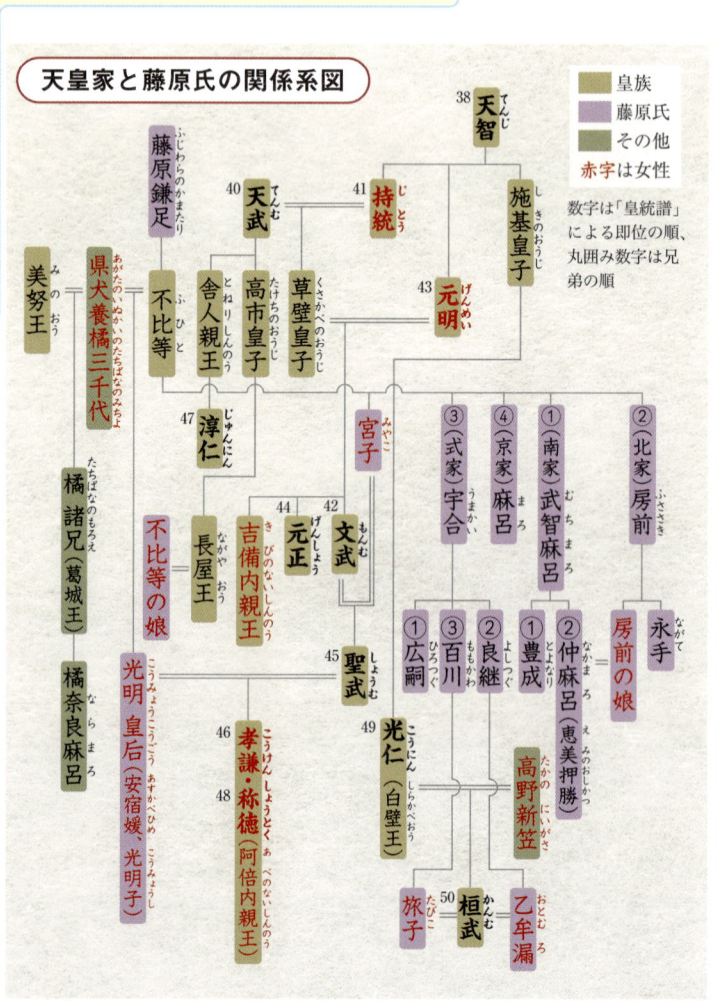

（系図：天智天皇を祖とし、藤原鎌足の系統と合わせて記載。皇族（黄）、藤原氏（紫）、その他（緑）、赤字は女性。数字は「皇統譜」による即位の順、丸囲み数字は兄弟の順）

聖武天皇の放浪

→ 740年10月末～12月末までの、聖武天皇の足どり

744年、難波に遷都。ここから紫香楽宮に行宮して大仏建立の指揮をとったが、結局、平城京に戻ることになる。

743年、この地で大仏造立の詔を発し、工事も始まったが、地震や火災が頻発したため、ここでの建立を断念する。

745年帰還し、現在の東大寺の地で大仏造営が始まる。

平城京を出てから約2カ月の放浪を経て、740年末にこの地に入り、遷都。平城京から大極殿、回廊などを移築。

（地図：琵琶湖、不破関、紫香楽宮、鈴鹿関、恭仁京、東大寺、難波宮、平城京、伊勢神宮などを示す）

大仏の鋳造

大仏の実際の鋳造方法については不明だが、次のように推測されている。まず堅固な地盤の上に大仏の木組みをつくり、これに粘土を塗って塑像をつくる。大仏を数段に分けて、下から1段ずつ鋳型をつくって、塑像と鋳型のあいだに溶かした銅を流し込む。鋳型の外側は大量の土で押さえた。1回の鋳造が終わると次の盛土をして、同じことを繰り返す。ついには大仏は土のなかに埋まってしまうが、次は土を順に崩して、同時に鋳型も崩し、全形が現れたところで最後に鍍金を施す。イラスト／梅田紀代志

■ 金属資源産出地図

『日本書紀』『続日本紀』『風土記』「正倉院文書」に記載された奈良時代の金属関係の産地を、地図上に落としたもの。

● 銅　■ 錫　● 金　■ 水銀

＊『図説 日本文化の歴史3 奈良』による

■ 東大寺用の主用材と瓦の産地

＊『図説 日本文化の歴史3 奈良』による

大仏建立の材料はどこから

大仏の鋳造には銅約500トン、錫8.5トン、鍍金のための金は440kg、水銀は2.5トンが必要だった。これらの産出地は遠近にかかわらず鉱物を提供し、朝廷も鉱山の開発に力を入れた。また、木材使用量も莫大で、採材地から河川を利用して筏などにして流され、泉津で陸揚げしたのち、地車かコロで奈良まで運ばれた。

政権をめぐる争い

奈良時代の初め、政治を動かしたのは、藤原不比等であった。不比等は藤原（中臣）鎌足の息子で、娘・宮子を文武天皇に嫁がせ、次に皇太子（のちの聖武天皇）にも娘の光明子を嫁がせて天皇家と密接な関係を築いた。

720年、不比等が世を去ると、天武天皇の孫・長屋王が政治の中心となった。724年、聖武天皇が即位する。天武天皇—草壁皇子—文武天皇につづく直系の天皇であった。

不比等の子の武智麻呂・房前・宇合・麻呂の4兄弟は、策謀をしかけ、長屋王を自殺させ、政権を奪還し、光明子を皇后にした。ところが、4兄弟は疫病のため、あいついで死去した。そこで、皇族出身の橘諸兄が政府のトップになった。しかし、疫病や飢饉があいつぎ、世情不安のなか、藤原宇合の子の広嗣が九州で乱を起こした。乱は平定されたが、聖武天皇は不安をつのらせ、短期間のうちに、恭仁・紫香楽・難波と都を移した。

大仏造立と聖武後の政治

光明皇后の影響もあって、深く仏教に帰依した聖武は、仏の力にすがって国を救おうとした。742年に、全国に国分寺の建立を命じる詔が、翌年には大仏造立の詔が出された。

752年、大仏開眼供養が東大寺で盛大に行われた。このとき、聖武は、光明皇后とのあいだの娘・孝謙天皇に位を譲って上皇となっていた。

孝謙天皇の時代には、藤原武智麻呂の次男・仲麻呂（恵美押勝）が権力を握り、乱を起こした橘諸兄の子の奈良麻呂を処刑し、独裁的な政治を行った。しかし、孝謙上皇と対立が起こり、仲麻呂は挙兵するが敗死する。上皇は、仲麻呂に近かった淳仁天皇を廃して重祚して称徳天皇になると、朝廷の仏教熱が最高潮に達し、信頼された僧・道鏡が権力の座にのぼりつめる。

しかし、道鏡も称徳天皇が世を去ると失脚し、新しく天皇になった光仁天皇のもとで、政治の刷新が進められていく。

人々の記憶や思いが、文字に残されるようになった

記紀と万葉の舞台

神話から歴史へ

712年、『古事記』が編纂された。それまで口伝えにとなえられてきたこの国と天皇家の歴史と神話が、はじめて記録されたのである。ついで、720年には、中国の史書を手本とした編年体の歴史書『日本書紀』が編纂された。

日本の神話は、イザナギ・イザナミの夫婦の神が、日本の国土である大八島を生むところから始まっている。そして、彼らの娘のアマテラスが天上を支配し、アマテラスの子孫が地上に降りて日本の支配者になっていったことが書かれている。天皇家は、その子孫として、日本を支配する正統性があることを示している。

天皇家の初代とされる神武天皇は、南九州を船で出て、吉備で勢力を蓄えたあと、ヤマトに入って王となったと書かれている。この「神武東征」の記

大伴家持 718?〜785 大伴旅人の子。万葉集の編者とされる。越中守として4年在越。

朝床に 聞けば遙けし 射水川
朝漕ぎしつつ 唱ふ舟人

（巻一九・四一五〇） 〔高岡〕

東歌・武蔵国の歌

多摩川に さらす手作り さらさらに
なにそこの児の ここだかなしき

（巻一四・三三七三） 〔武蔵国〕

宮城県 2
新潟県 3
福島県 6
長野県 18
栃木県 16
群馬県 40
茨城県 73
埼玉県 18
山梨県 3
京都 東 8
田子の浦 武蔵
千葉県 59
神奈川県 41
静岡県 76

『古事記』の舞台

- → 倭建命の遠征ルート
- → 神武の東征ルート
- ①〜⑧ 国生みの島々

『古事記』は国生みの神代の時代から始まり、天孫降臨後、初代天皇とされる神武が日向からヤマトに入って建国する話に進み、その後推古天皇までの統治が語られる。しかし、実在が確実とされるのは10代目崇神天皇以降で、それ以前の神武の東征はもちろん、12代景行天皇の子、倭建命の遠征も、史実というよりは伝承とする説が有力である。

⑪ **伊吹山** 山の神を侮ったので、大粒の雹が降る。

⑦ **佐度島**

⑥⑩ **熱田** 美夜受比売と結婚の約束し、帰途に結ばれる。草薙剣を比売のもとに置いて伊吹山へ。

③ **隠伎之三子島**

①④ **大和（地域）** 父・景行天皇の日代宮を出発。

⑥ **宇陀・忍坂** 地元の豪族と戦う。

⑨ **足柄峠** 白い鹿となって顕れた峠の神を討つ。亡き妻を偲ぶ。

③ **出雲** 出雲建を斬り殺す。

⑥ **津島**

② **速吸門** 亀の甲羅に乗った国つ神を道案内に。

⑤ **伊岐島**

④ **筑紫島**

② **伊予之二名島**

② **血沼海** ナガスネビコの矢を受けて、兄の五瀬命が負傷。太陽に向かって闘ったからと反省し、熊野にまわることに。

① **淡路之穂之狭別島**

② **熊曾国（地域）** 女装して熊曾建兄弟を討ち、倭建を名のる。

① **高千穂宮** 神武、東征を決意。宮崎県高千穂町、宮崎市などが候補地。

④ **男之水門** 五瀬命が死去。

⑦ **橿原宮** 宮を建て、天皇に即位する。

⑤ **熊野** 熊に遭遇し意識を失う。高倉下が大太刀をもって現れ、目覚める。

⑧ **大倭豊秋津島**

⑤ **伊勢神宮** おばの倭比売を訪ね、父の仕打ちを嘆く。草薙剣と火打石を賜る。

⑫ **能煩野** 病が重くなり、大和を偲ぶ歌をつくって亡くなる。

⑦ **焼津** おばにもらった火打石と草薙剣で、地元の豪族の攻撃を逃れ、逆襲する。

⑧ **走水海** 荒波に后の弟橘比売が身を投げて海を鎮める。

＊『地図と写真から見える！ 古事記・日本書紀』による

万葉集の作者

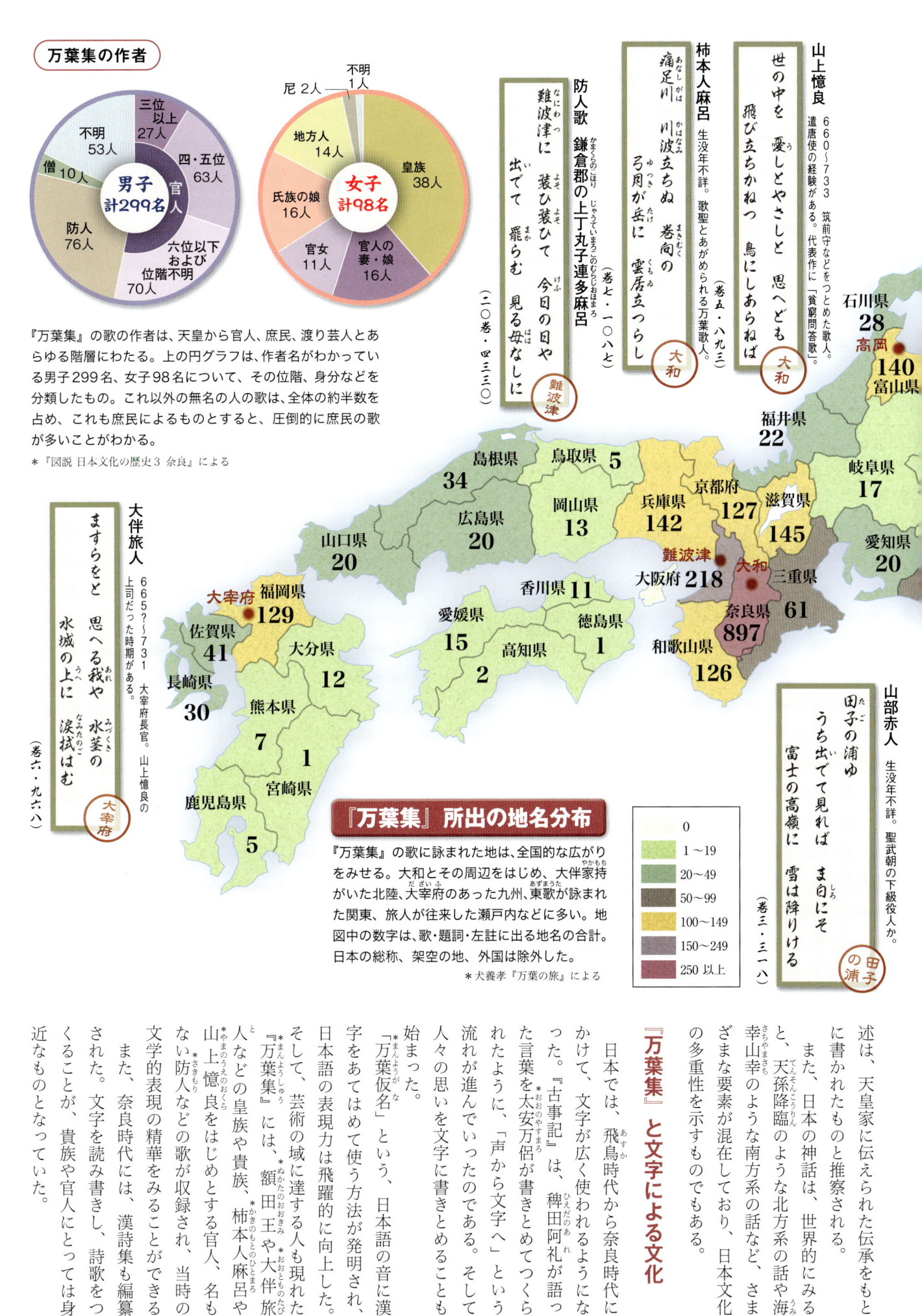

男子 計299名
- 不明 53人
- 三位以上 27人
- 四・五位 官人 63人
- 六位以下および位階不明 70人
- 防人 76人
- 僧 10人

女子 計98名
- 不明 1人
- 尼 2人
- 地方人 14人
- 皇族 38人
- 氏族の娘 16人
- 官人の妻・娘 16人
- 官女 11人

『万葉集』の歌の作者は、天皇から官人、庶民、渡り芸人とあらゆる階層にわたる。上の円グラフは、作者名がわかっている男子299名、女子98名について、その位階、身分などを分類したもの。これ以外の無名の人の歌は、全体の約半数を占め、これも庶民によるものとすると、圧倒的に庶民の歌が多いことがわかる。

*『図説 日本文化の歴史3 奈良』による

山上憶良（660〜733 遣唐使の経験がある。筑前守などをつとめた歌人。代表作に「貧窮問答歌」。）

世の中を 愛しとやさしと 思へども 飛び立ちかねつ 鳥にしあらねば
（巻五・八九三）〔大和〕

柿本人麻呂（生没年不詳。歌聖とあがめられる万葉歌人。）

痛足川 川波立ちぬ 巻向の 弓月が岳に 雲居立つらし
（巻七・一〇八七）〔大和〕

防人歌 鎌倉郡の上丁丸子連多麻呂

難波津に 装ひ装ひて 今日の日や 出でて罷らむ 見る母なしに
（二〇巻・四三三〇）〔難波津〕

大伴旅人（665?〜731 大宰府長官。山上憶良の上司だった時期がある。）

ますらをと 思へる我や 水茎の 水城の上に 涙拭はむ
（巻六・九六八）〔大宰府〕

山部赤人（生没年不詳。聖武朝の下級役人か。）

田子の浦ゆ うち出でて見れば ま白にそ 富士の高嶺に 雪は降りける
（巻三・三一八）〔田子の浦〕

『万葉集』所出の地名分布

県	歌数
石川県	28（高岡 140）
富山県	140
福井県	22
岐阜県	17
愛知県	20
島根県	34
鳥取県	5
岡山県	13
広島県	20
山口県	20
京都府	127
兵庫県	142
滋賀県	145
三重県	61
大阪府	218
奈良県	897
和歌山県	126
香川県	11
愛媛県	15
徳島県	1
高知県	2
福岡県	129（大宰府）
佐賀県	41
長崎県	30
大分県	12
熊本県	7
宮崎県	1
鹿児島県	5

凡例：0／1〜19／20〜49／50〜99／100〜149／150〜249／250以上

『万葉集』の歌に詠まれた地は、全国的な広がりをみせる。大和とその周辺をはじめ、大伴家持がいた北陸、大宰府のあった九州、東歌が詠まれた関東、旅人が往来した瀬戸内などに多い。地図中の数字は、歌・題詞・左註に出る地名の合計。日本の総称、架空の地、外国は除外した。

*犬養孝『万葉の旅』による

『万葉集』と文字による文化

日本では、飛鳥時代から奈良時代にかけて、文字が広く使われるようになった。『古事記』は、稗田阿礼が語った言葉を太安万侶が書きとめてつくられたように、「声から文字へ」という流れが進んでいったのである。そして、人々の思いを文字に書きとめることも始まった。

「*万葉仮名」という、日本語の音に漢字をあてはめて使う方法が発明され、日本語の表現力は飛躍的に向上した。そして、芸術の域に達する人も現れた。『*万葉集』には、額田王や大伴旅人などの皇族や貴族、柿本人麻呂や山上憶良をはじめとする官人、名もない防人などの歌が収録され、当時の文学的表現の精華をみることができる。

また、奈良時代には、漢詩集も編纂された。文字を読み書きし、詩歌をつくることが、貴族や官人にとっては身近なものとなっていた。

述は、天皇家に伝えられた伝承をもとに書かれたものと推察される。

また、日本の神話は、世界的にみる天孫降臨のような北方系の話や海幸山幸のような南方系の話など、さまざまな要素が混在しており、日本文化の多重性を示すものでもある。

遣唐使と8世紀の東アジア

中国の制度やシルクロードの文物が日本に伝来する

●遣唐使船（想定復元図）多くは安芸で造船された木造船で、帆は竹と筵でつくられた網代帆。航海技術の未発達などから、出航船の3割が遭難した。

この時代の東アジアでは、中国がもっとも強国で、約70の周辺国や民族が、貢物によって政治的安定を得る関係を築いていた。日本・新羅・渤海もそれぞれ中国と朝貢関係を結んでいたが、同時に3国間で互いに使節を派遣しあい、その交流は、対中国よりも活発なこともあった。

8〜9世紀の東アジアの交流

渤海（698〜926）	728〜811年／13回 **遣渤海使** →	日本 平城京（710〜784）平安京（794〜）
朝貢（渤海→唐）使者派遣	絹、糸、絁、金、水銀、椿油、漆など	
	← 727〜919年／33回 **渤海使**	
	毛皮、昆布、朝鮮人参、干魚、蜜など	
唐 長安（618〜907）		
新羅（676朝鮮半島統一〜935）	668〜836年／27回 **遣新羅使** →	
朝貢（新羅→唐）使者派遣	錦、絁、絹、真綿、美濃絁、金など	
	← 668〜779年／約50回 **新羅使**	
	佐波利（銅・錫・鉛の合金）製食器、朝鮮人参、絨毯、アラビア産香辛料など	
朝貢	← 630〜894年／20回任命、うち4回発遣中止 **遣唐使**	

＊交換物には、貢献物、贈り物、買物、返答品など含む。

唐の隆盛と国際関係の安定

618年に、隋にかわって中国を統一した唐は、領土を広げて大帝国を築いた。シルクロードとの交流を通じた中央アジア・西アジアとの交流も盛んになり、唐の都・長安は、世界的な大都市として国際的な文化が開花した。8世紀に入ると、東アジアの国際秩序も安定し、日本・新羅・渤海などの東アジア諸国は、唐と通交し、進んだ文化を共有することになった。

遣唐使も頻繁に送られ、さらに、日本と渤海、日本と新羅のあいだにも使節が交わされた。

遣唐使がもたらしたもの

遣唐使に従って、多くの留学生や留学僧が唐で学んだ。彼らのなかには、*吉備真備や玄昉のように、帰国後に政治にかかわって大きな役割を果たす者もいた。*阿倍仲麻呂のように、唐の官人となった者もいた。仲麻呂は、帰国を許されたが、帰りの船が難破したため帰国を果たせず、唐で亡くなった。また、唐僧の*鑑真は、苦難の末に日本に渡り、日本仏教の発展に大きく寄与した。遣唐使によって、中国の学問や制度が伝えられたのと同様に、ガラス器や陶磁器、香辛料など、さまざ

シルクロードと遣唐使（8世紀）

唐の都長安は、東アジア最大の国際都市であり、ここには西アジア・ペルシャ・インドなどの各地から、草原の道・砂漠の道・海の道などを通して、人や物が集まってきた。これらは、遣唐使などの使節や留学生、僧などによって、東の果ての日本にももたらされた。遣唐使船の航路は、当初は朝鮮半島沿いの「北路」がとられたが、新羅との関係が悪化してからは、直接中国へ向かう「南路」がとられた。「南島路」は悪天候のときの避難ルートとみるべきだろう。

凡例
- 遣唐使北路
- 遣唐使南路
- 遣唐使南島路
- 渤海路
- 陸路
- 海路（遣唐使、渤海使のルート以外）

●瑠璃杯　西アジアから伝えられた、瑠璃色のガラスの杯。台座には装飾された金属が使われている。正倉院御物。

●唐三彩の駱駝　交易品を入れた荷袋（獅噛の造形）を縄で結んで背に積み、隊商を組んだ駱駝が、シルクロードを行き交った。

遣唐使一覧

次数	出発年	おもな使節	航路	舟数	帰国年	備考
1	630	犬上御田鍬	北路？		632	唐使高表仁、来日
2	653	吉士長丹	北路？	2	654	第2船、往路で遭難
3	654	高向玄理	北路	2	655	高向玄理、唐で病死
4	659	坂合部石布	北路	2	661	第1船、往路で遭難
5	665	守大石	北路		667	▲唐使劉徳高を百済に送り、唐使法聡来日
6	667	伊吉博徳	北路		668	▲唐使法聡を百済に送る
7	669	河内鯨	北路？		？	
8	702	粟田真人／山上憶良	南路		704	
9	717	多治比県守／藤原馬養	南路？		718	玄昉、阿倍仲麻呂、吉備真備、井真成らが留学
10	733	多治比広成	南路？	4	734／736／739	玄昉、真備ら帰国、菩提僊那来日、第4船難破
11	746	石上乙麻呂				×停止
12	752	藤原清河／吉備真備	南路	4	753／754	鑑真来日。帰路、第1船安南に漂着、藤原清河、阿倍仲麻呂唐に戻る
13	759	高元度	渤海路	1	761	藤原清河を迎えるため、帰国の渤海使に同行。帰路は南路
14	761	仲石伴		4		×船が破損したため停止
15	762	中臣鷹主		2		×風波なく停止
16	777	藤原鷹取／小野石根	南路	4	778	大使、病と称して渡海せず。藤原清河の娘来日
17	779	布勢清直	南路	2	781	▲唐使孫興進を送る
18	804	藤原葛野麻呂	南路	4	806／805	第3船、往路で遭難。最澄、空海ら留学して帰国
19	838	藤原常嗣	南路	4	839／840	小野篁、副使に任命されるが病と称して渡海せず。帰路、新羅船を雇って帰る。僧円仁は唐にとどまる
20	894	菅原道真				×菅原道真の上奏により停止

＊注　出発年は、停止、不明の場合は任命年。空欄は不明。東野治之『遣唐使』による。
＊注　×停止　▲入唐しなかったもの。入唐したのは計13回。

な文物が日本に運ばれた。聖武天皇と孝謙天皇の時代に花開いた天平文化は、仏教を基盤に据えたものであるが、遣唐使が将来した文物の影響を受けて、国際色豊かなものになっていた。

聖武天皇の遺品を収めた正倉院の宝物には、中国や朝鮮半島からもたらされたものも多かった。さらに、ペルシャをはじめ東南アジアやインド、遠くはローマ帝国まで、ユーラシア各地から伝来した珍しい文物もあった。奈良の都は、シルクロードの東の端ともいえたのである。

平安の新政

桓武天皇は平城京から遷都し、新しい政治を推進する

●長岡京出土の人面墨書土器　呪術的な意味をもつものと考えられている。

長岡京から平安京へ

781年に即位した桓武天皇は、3年後、長岡京に遷都する。貴族や寺院などの旧勢力の強い平城京を離れ、政治の刷新を主導しようとしたのである。長岡京の造営は、推進役であった藤原種継の暗殺をはじめ不吉なできごとがつづき、中断される。そこで、桓武天皇はあらためて新都の造営にとりかかり、794年、平安京に遷都する。

令制の改革と東北進攻

都の造営とともに、貴族の力を押さえるために進められたのが、令制の改革であった。嵯峨天皇の代には、天皇の秘書官である蔵人頭や京内の警察・司法をつかさどる検非違使など、令の規定にない役職が設置された。

東北地方への侵攻も、桓武天皇の政策の柱のひとつだった。坂上田村麻呂の活躍などにより成果をあげるが、民の負担を増すものとして批判もされた。

仏教の刷新と唐風の文化の隆盛

着任が問題であった。これに対し、唐に渡った最澄と空海が当時最先端だった密教を学び、新しい仏教、天台宗と真言宗を開いた。

文化の面でも密教の影響は大きく、仏画や曼荼羅が発達した。また、唐風の文化が重んじられ、漢文体の史書や勅撰の漢詩文集が編纂された。平安時代最初の約100年間は、唐の先進文化の咀嚼に努めた時代であった。

奈良時代末には、仏教界と政治の癒着が問題であった。

桓武天皇関係系図

桓武天皇の母の父和乙継は、百済の武寧王の末裔である。天武の血を引く井上内親王の子の他戸親王が皇太子を廃され、桓武が皇位を継ぐことになった。

×政治的に失脚した人物
■は天皇、赤字は女性
数字は「皇統譜」による即位の順

784〜883年

- 784 長岡京に遷都。
- 785 藤原種継没。早良親王、種継暗殺関与の疑いで捕らえられ、淡路移送中に死亡。
- 788 最澄、比叡山寺（のちの延暦寺）を創建。
- 792 諸国に健児を置く。
- **794 平安京に遷都。** P.64
- 797 『続日本紀』撰進。
  - 坂上田村麻呂、征夷大将軍に。
  - 空海、『三教指帰』を著す。
- 796 京に、東寺と西寺創建。
- **800 フランク王国のカール大帝、西ローマ皇帝となる。**
- 802 坂上田村麻呂、胆沢城築造。
- **802 蝦夷の首長阿弖流為、投降。** P.66
- 804 能登国に渤海使のための客院を建設。
  - 遣唐使船出発。空海ら乗船。
- **805 最澄帰国。天台宗を創始。** P.68
  - 徳政論争の結果、平安京の造営を停止。
- 806 桓武天皇没、平城天皇即位。
- **806 空海帰国。真言宗を創始。** P.68
- **806 白楽天「長恨歌」成立。**
- 809 平城天皇譲位、嵯峨天皇即位。
- 810 蔵人所を創設、藤原冬嗣が蔵人頭となる。
  - 薬子の変。藤原薬子自害、平城上皇出家。
- 814 漢詩集『凌雲集』撰上。
- 816 この頃、京に検非違使を置く。
  - この頃、最澄と徳一の論争が始まったか。
- 818 漢詩集『文華秀麗集』撰上。
- 819 空海、金剛峯寺を創建。
- 820 『弘仁格』『弘仁式』撰進。
- 822 この頃『日本霊異記』なる。
- 838 最後となる遣唐使船出発。円仁ら乗船。
- 842 承和の変。伴健岑・橘逸勢ら失脚。
- **843 フランク王国3分割。**
- 857 藤原良房、太政大臣となる。
- 858 清和天皇即位（初の幼帝）。
- 861 宣明暦の使用開始。
- 863 神泉苑で初の御霊会。
- 866 藤原良房、事実上の摂政となる。
  - 応天門の変、伴善男ら配流。
- 873 清和天皇の孫・経基王に源姓を賜う（清和源氏の始まり）。
- **875 唐で黄巣の乱起こる。**
- 879 畿内諸国で50年ぶりに班田を実施、官田を設置。

長岡京と平安京

ともに淀川水系の水運に恵まれた土地である。長岡京は中央を流れる小畑川が氾濫しがちなのが難点であった。平安京は山に囲まれ北が高くなっているなど、都の地にふさわしいとされた。さらに、渡来人の勢力が強い土地だったことも、桓武天皇がこの地を選んだ理由といわれる。遷都にあたって鴨川の流路が変えられたとの説もあるが、詳細は不明。

● 羅城門の模型　羅城門は都の南の正面にあり、ここから朱雀大路が大内裏の入り口の朱雀門までのびる。古代中国の都は城壁で囲まれたが、平城京も平安京も城壁はなく、羅城門の両側に、形だけの城壁がつくられたのみであった。

大和朝廷の東北攻略

坂上田村麻呂らが、蝦夷が活動する東北地方を平定

奈良時代までの東北遠征

大和朝廷の東北地方攻略は、まず先進地域だった日本海側から進められた。

7世紀の半ばに、越後国北部に蝦夷攻略の前線基地として淳足柵と磐舟柵を築き、阿倍比羅夫を派遣して服属しない蝦夷の平定にのりだす。比羅夫は、齶田（秋田）や淳代（能代）の蝦夷を服属させ、北海道へと渡って戦果をあげたと伝えられる。

そして8世紀初期には、日本海側に出羽柵、太平洋側に多賀城が進出の拠点として築かれた。

坂上田村麻呂らの活躍

桓武天皇は東北攻略に積極的で、大伴弟麻呂・坂上田村麻呂らの率いる征夷軍を派遣した。なかでも北上川沿いに北上した田村麻呂は、802年に蝦夷の首長阿弖流為を降伏させるなど、大きな成果をあげた。

その後、9世紀初頭には、現在の岩手県・秋田県と青森県の一部までが大和朝廷の版図となった。

服属した蝦夷たちは「俘囚」とよばれた。関東地方などの農民が屯田のために陸奥国や出羽国に送り込まれ、それと入れ替わりに、かなりの数の俘囚たちが全国に移住させられた。

年表

- **724年** このころ、東北経営の拠点として多賀城を設置。
- **780年** 俘囚出身の伊治呰麻呂が反乱を起こし、按察使の紀広純を殺害。南下して多賀城を焼き打ち。
- **789年** 胆沢地方の蝦夷の族長阿弖流為軍、紀古佐美率いる5万余の征夷軍を撃破。
- **794年** 大伴弟麻呂の軍勢10万人が胆沢地方をほぼ平定。
- **801年** 坂上田村麻呂の率いる征討軍4万が、胆沢以北を制圧。翌年胆沢城を築いて多賀城から鎮守府を移す。阿弖流為軍、投降。
- **5世紀前半** 蝦夷対策として設けられた。太平洋側の菊多関（のちの勿来関）、日本海側の念珠関と並ぶ奥州3関のひとつ。（白河関）

征夷大将軍とは何か

征夷大将軍とは、本来は陸奥の蝦夷を征討する派遣軍の総指揮官の呼称である。史料にみる初出は大伴弟麻呂である。次に任ぜられた坂上田村麻呂が東北攻略に大きな成果をあげたことから、武家政権の長がつく官職と見なされるようになった。なお、源義仲がついた官職は、征東大将軍であったとする説が有力である。

そして、1192年に源頼朝が征夷大将軍となり、以後世襲していったことから、武家にとってきわめて重要な官職と認識されるようになった。

征夷大将軍（平安時代まで）

名前	就任期間	名称
多治比縣守	720〜721年	征夷将軍
大伴家持	784〜785年	征東将軍
紀古佐美	788〜789年	征東大将軍
大伴弟麻呂	793〜794年	征夷大将軍
坂上田村麻呂	797〜808年	征夷大将軍
文室綿麻呂	811〜816年	征夷将軍
藤原忠文	940年	征東大将軍
源義仲	1184年	征東大将軍

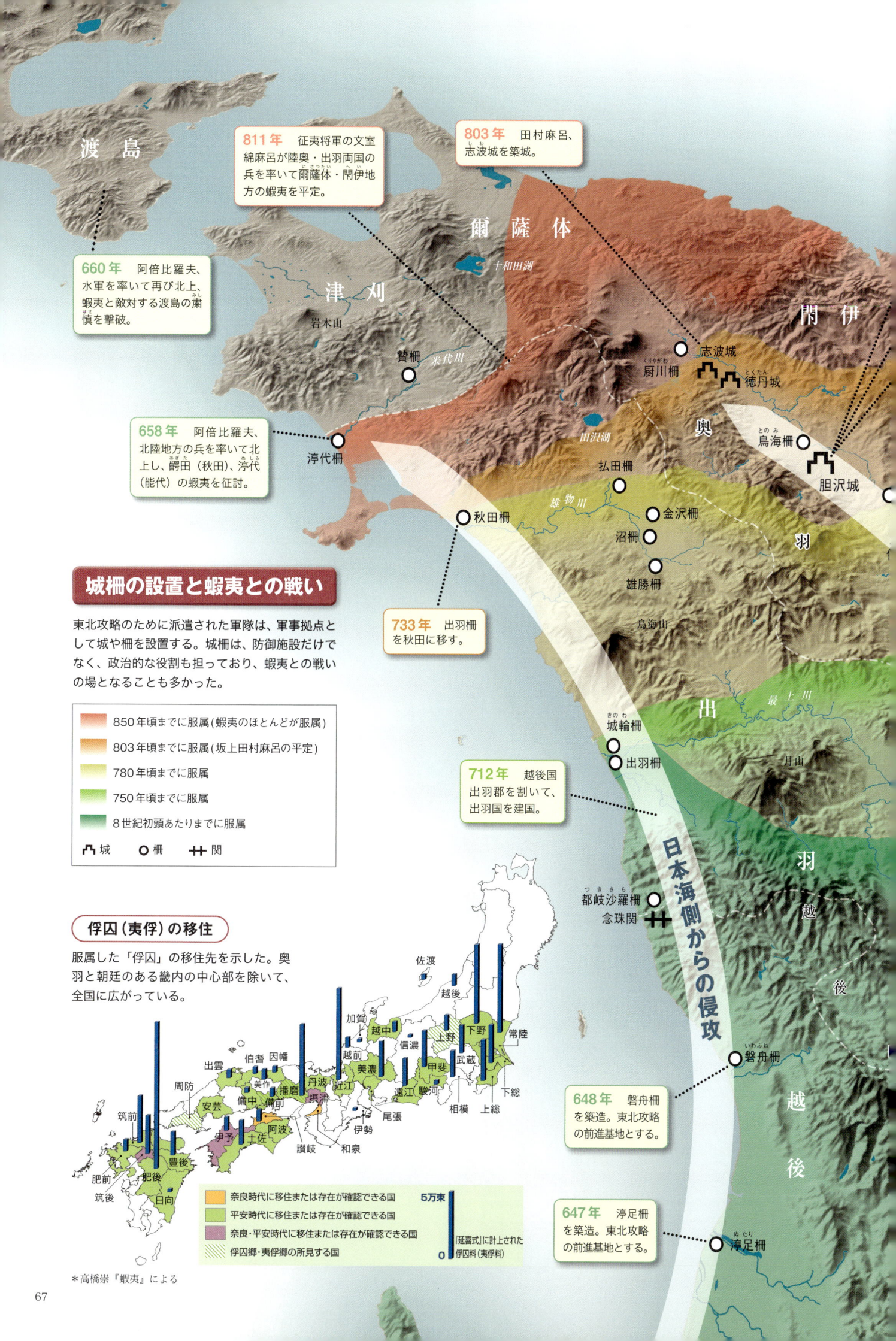

811年 征夷将軍の文室綿麻呂が陸奥・出羽両国の兵を率いて爾薩体・閇伊地方の蝦夷を平定。

803年 田村麻呂、志波城を築城。

渡島

爾薩体

津刈

閇伊

岩木山

贄柵

米代川

志波城
厨川柵
徳丹城

奥

660年 阿倍比羅夫、水軍を率いて再び北上、蝦夷と敵対する渡島の粛慎を撃破。

淳代柵

田沢湖

鳥海柵
胆沢城

658年 阿倍比羅夫、北陸地方の兵を率いて北上し、齶田（秋田）、淳代（能代）の蝦夷を征討。

払田柵

雄物川

金沢柵
沼柵

秋田柵

雄勝柵

羽

鳥海山

城柵の設置と蝦夷との戦い

東北攻略のために派遣された軍隊は、軍事拠点として城や柵を設置する。城柵は、防御施設だけでなく、政治的な役割も担っており、蝦夷との戦いの場となることも多かった。

733年 出羽柵を秋田に移す。

最上川

城輪柵

出

出羽柵

月山

- 850年頃までに服属（蝦夷のほとんどが服属）
- 803年頃までに服属（坂上田村麻呂の平定）
- 780年頃までに服属
- 750年頃までに服属
- 8世紀初頭あたりまでに服属
- 城　〇 柵　╬ 関

712年 越後国出羽郡を割いて、出羽国を建国。

羽越

都岐沙羅柵
念珠関

日本海側からの侵攻

俘囚（夷俘）の移住

服属した「俘囚」の移住先を示した。奥羽と朝廷のある畿内の中心部を除いて、全国に広がっている。

佐渡　越後　下野　常陸
加賀　越中　上野
出雲　伯耆　因幡　越前　信濃　武蔵
周防　美作　丹波　美濃　甲斐　下総
　　播磨　近江　遠江　駿河
安芸　備中　備前　摂津　　　相模　上総
筑前　　　伊予　阿波　　伊勢
　　　　　土佐　讃岐　和泉
肥前　豊後　　　　尾張
肥後
筑後　日向

磐舟柵

648年 磐舟柵を築造。東北攻略の前進基地とする。

越後

- 奈良時代に移住または存在が確認できる国
- 平安時代に移住または存在が確認できる国
- 奈良・平安時代に移住または存在が確認できる国
- 俘囚郷・夷俘郷の所見する国

5万束

「延喜式」に計上された俘囚料（夷俘料）

0

647年 淳足柵を築造。東北攻略の前進基地とする。

淳足柵

＊高橋崇『蝦夷』による

最澄と空海が南都仏教にかわる新時代の仏教を創始

平安仏教布教の足跡

唐に学んだ最澄と空海

804年の遣唐使一行に、南都仏教に疑問をいだいていた最澄と空海が加わっていた。

最澄は、天台山に学び、密教にふれるとともに、多くの経典を写し取り、在唐8カ月で帰国する。

長期留学僧であった空海は、密教を学ぶことを目的としていた。密教を、インド仏教のさまざまな教えを包摂する総合的なもので、秘密の教義と儀礼を師から弟子へ伝えていく秘伝の仏教である。空海は、真言密教の大成者恵果に学んで、わずか3カ月のあいだに密教の大法を学びとる。そして、在唐2年で帰国する。こうして、ふたりの英才により、唐から最新の仏教が伝えられたのである。

その後、最澄の弟子円仁は838年の最後となる遣唐使に従って入唐し、在唐9年で853年に帰国した。その後も、円珍が海を渡るが853年に入唐するなど、海を渡る者がつづき、最先端の仏教の教えをもたらした。

天台宗と真言宗

帰国した最澄は、桓武天皇の支持を得て、比叡山を拠点に天台宗を開く。遅れて帰国した空海は、嵯峨天皇に重んじられ、高野山を修行の地として、真言宗を開く。貴族と癒着した南都仏教を批判していた最澄と空海は、都を離れた山中を本拠にしたのであるが、朝廷との結びつきは強かった。

最澄は、一切衆生の平等を主張し、南都の法相宗と激しく論争した。比叡山は教学の中心となり、円仁・円珍から法然・親鸞まで、多くの高僧を輩出することになる。

東寺を下賜された空海は、ここを密教の道場とし、密教の儀式を貴族たちに広めた。その一方で、故郷の讃岐に満濃池を築き、東寺の隣に庶民が学ぶ綜芸種智院を開設するなど、社会・文化面でも活躍し、弘法大師として庶民の尊崇を集めるようになる。

最澄と論戦した徳一

最澄は「法華経」を根幹に、誰でも修行を積めば悟りを得られると主張したのに対し、南都仏教は選ばれた者だけが最高の境地に達するという考えから、批判を行った。なかでも法相宗の徳一とは、最澄が亡くなるまで鋭い論戦を繰り広げた。どちらが釈迦の教えにちかいか、どちらが本質的でどちらが方便にすぎないかという論点で、非難合戦となったのである。

徳一は、興福寺に学び、若くして東国へ下り、会津や筑波山などを拠点に布教に努めた高僧と伝えられる寺院が多く残っており、庶民の尊崇を集めていたことが推察できる。厳しい修行を求める最澄の教えに対し、徳一の考えは、地方での布教活動に基づいたものであり、地に足が着いたものだったのかもしれない。しかし、徳一は名家の出身だったようで、貴族的なエリート主義的側面は否定できず、最澄の主張のほうが大衆的であるとの見方もできる。

入唐求法僧の旅程

最澄と空海が遣唐使船で往復したのに対し、円仁は、次の遣唐使が行われず、苦難の末、新羅の商船で帰国する。円仁は唐の仏教弾圧も経験しており、そのようすは『入唐求法巡礼行記』に記されている。

入唐僧一覧

名前	渡航年次	帰国年次
永忠	777年 ●	805年 ●
最澄	804年 ●	805年 ●
空海	804年 ●	806年 ●
常暁	838年 ●	839年 ●
円行	838年 ●	839年 ●
円仁	838年 ●	847年 ●
恵運	842年 ●	847年 ●
円珍	853年 ●	858年 ●
真如	862年 ●	865年 ● 客死
宗叡	862年 ●	865年 ●
中瓘	877年頃 ●	帰国したかどうか不明

● …遣唐使船
● …商船等による渡航・帰航

*瀧浪貞子『集英社版日本の歴史⑤』による

●護国の修法を行う空海　空海にとっては、仏教は学問ではなく実修・実践すべきものであり、加持祈禱もその一環としてなされたのである。しかしながら、真言密教はやがて、霊験を競う加持祈禱に終始するようになっていった。

畿内とその周辺の霊山と寺社

密教は、古来の山岳信仰や修験道と密接なつながりをもった。最澄が拠点とした比叡山、空海が開いた高野山をはじめ、各地の山々が霊山として信仰を受けるとともに、修行の場となった。

●高野山　空海が山野をまわって見いだしたとされる霊場で、816年に嵯峨天皇より下賜された。

●比叡山　都の鬼門に位置する。823年、嵯峨天皇から、桓武天皇時代の年号にちなむ「延暦寺」の名を勅賜された。

藤原氏の栄華と荘園制

権力を握った摂関家の繁栄を、荘園制が後押しした

藤原北家の台頭と摂関政治

藤原冬嗣・良房の父子のころから藤原北家は、自家と天皇家との姻戚関係を結ぶのに力を入れ、承和の変で他氏と藤原氏の他系統の者を排斥し、独裁的権力を握っていった。

そして良房は、みずからの外孫である清和天皇を9歳で即位させ、はじめて摂政となった。良房の養子の基経は事実上の関白の地位についた。これ以降、藤原北家が天皇の外戚となり、摂関として政治を動かすようになる。

その後、宇多・醍醐天皇は文人の菅原道真を登用して藤原時平を抑えようとしたが、901年藤原時平の陰謀で道真は大宰府に左遷された。ついで、藤原実頼らは、安和の変で皇族出身の源高明を失脚させ、藤原氏が摂関を独占する体制を確立した。

荘園制の仕組み

すでに奈良時代に「墾田永年私財法」が出され、新たに開墾した土地は永久に私有できるようになった。そのため、貴族や東大寺などの大寺院は、大規模な土地開発を行った。こうして開かれた土地を「初期荘園」(平安時代は荘園)とよぶ。

一方、地方で実際に開発を行った領主たちのなかに、国司の干渉と税負担をなくすために、所領を摂関家など中央の権力者に寄進する者が増えていった。国司と対立する荘園領主のなかには、荘園への課税を認めない(不輸)権利や、立ち入らせない(不入)権利を認めさせた者もいた。

初期荘園を所有して経済力をつけていった貴族や有力寺院は、寄進によってさらに多くの荘園を獲得していったのである。これが、摂関家の栄華を支える基盤となったのである。

寄進地系荘園の仕組み

鹿子木荘(肥後国)の場合

884～1027年

- **884** 光孝天皇即位、藤原基経、事実上の関白に。 P.70
- **889** 桓武天皇の曾孫・高望王らに平姓を授ける(桓武平氏)。
- **894** 菅原道真の建議で、遣唐使派遣を中止。
- **899** この頃『竹取物語』『伊勢物語』なる。
- **901** 菅原道真、大宰権帥に左遷。
- **902** 延喜の荘園整理令。
- **905** 紀貫之ら『古今和歌集』編纂。
- **907** 唐が滅亡。
- **914** 三善清行「意見封事十二箇条」を奏上。
- **926** 渤海滅亡。
- **927** 延喜式完成(967年施行)。
- **935** 平将門の乱が起こる(～940)。 P.72
- **935** この頃、紀貫之『土佐日記』を執筆。 新羅滅亡。
- **936** 高麗、朝鮮半島を統一。
- **938** この頃、空也、京都で念仏を唱える。
- **939** 藤原純友の乱が起こる(～941)。 P.72
- **958** 乾元大宝鋳造(最後の皇朝十二銭)。
- **960** 宋建国(979 中国統一)。
- **962** 神聖ローマ帝国成立。
- **967** 冷泉天皇即位。藤原実頼関白となる。以後、摂関常置。
- **969** 安和の変。源高明失脚(藤原氏の他氏排斥の最後)。 P.70
- **970** はじめて官祭として御霊会(祇園会)を行う。
- **974** 藤原道綱の母『蜻蛉日記』完成。
- **985** 源信『往生要集』を著す。 P.76
- **988** 尾張国郡司・百姓ら、国守藤原元命の苛政を訴える。
- **990** 藤原道隆関白になり、道隆の娘定子、一条天皇の中宮となる。
- **995** 藤原道隆・道兼没。道長内覧に。
- **996** 道隆の子の伊周・隆家左遷。
- **1000** 定子が皇后に、道長の娘彰子が中宮となる。
- **1001** この頃、清少納言『枕草子』を著す。 P.76
- **1007** この頃、紫式部『源氏物語』を著す。 P.76
- **1018** この頃『和漢朗詠集』完成。
- **1019** 刀伊(女真族)に九州北部を襲われるが撃退する。
- **1027** 藤原道長没。

地方豪族や耕作請負を通じて力をつけた者たちは、山林原野や荒地をさかんに開発した。11世紀にはそれを貴族などに寄進し、みずからは荘官となり、所領を実質的に支配するようになった。

藤原北家の台頭と公卿数の推移

藤原北家は9世紀初めごろから、陰謀と天皇家との婚姻で徐々に一族内の他家、他氏排斥を進めた。当時、皇子の養育は母方の家で行われたので、皇子の母方の祖父は、皇子に大きな影響力をもった。この仕組みを巧妙に利用して、11世紀には道長が、その次の頼通も、意のままに国政を左右し、この世の栄華を誇った。

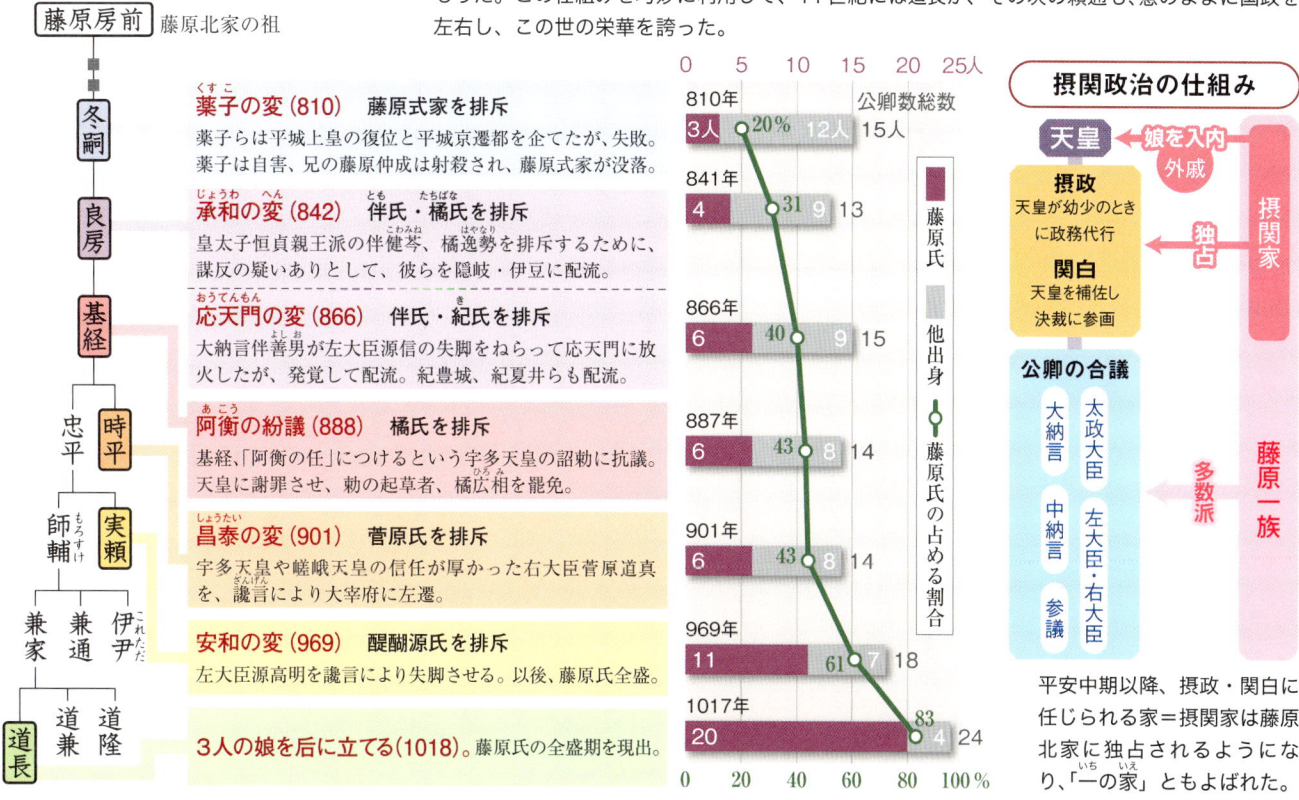

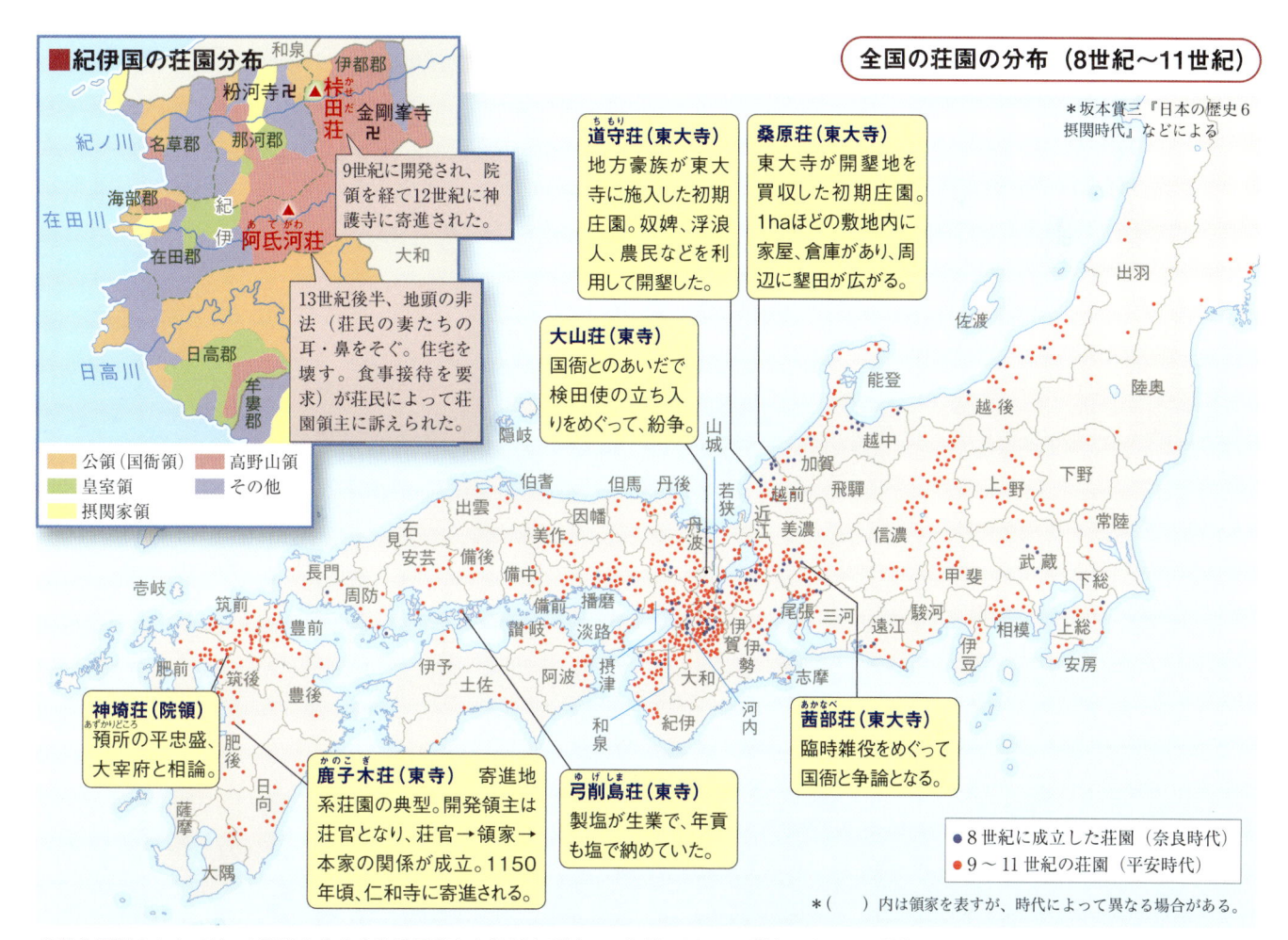

藤原北家系図

藤原房前（藤原北家の祖）
├ 冬嗣
　├ 良房
　　├ 基経
　　　├ 時平
　　　├ 忠平
　　　　├ 実頼
　　　　├ 師輔
　　　　　├ 伊尹
　　　　　├ 兼通
　　　　　├ 兼家
　　　　　　├ 道隆
　　　　　　├ 道兼
　　　　　　├ 道長

主要事件

- **薬子の変(810)** 藤原式家を排斥
  薬子らは平城上皇の復位と平城京遷都を企てたが、失敗。薬子は自害、兄の藤原仲成は射殺され、藤原式家が没落。

- **承和の変(842)** 伴氏・橘氏を排斥
  皇太子恒貞親王派の伴健岑、橘逸勢を排斥するために、謀反の疑いありとして、彼らを隠岐・伊豆に配流。

- **応天門の変(866)** 伴氏・紀氏を排斥
  大納言伴善男が左大臣源信の失脚をねらって応天門に放火したが、発覚して配流。紀豊城、紀夏井らも配流。

- **阿衡の紛議(888)** 橘氏を排斥
  基経、「阿衡の任」につけるという宇多天皇の詔勅に抗議。天皇に謝罪させ、勅の起草者、橘広相を罷免。

- **昌泰の変(901)** 菅原氏を排斥
  宇多天皇や嵯峨天皇の信任が厚かった右大臣菅原道真を、讒言により大宰府に左遷。

- **安和の変(969)** 醍醐源氏を排斥
  左大臣源高明を讒言により失脚させる。以後、藤原氏全盛。

- **3人の娘を后に立てる(1018)**。藤原氏の全盛期を現出。

公卿数の推移

年	藤原氏	他出身	公卿数総数	藤原氏の占める割合
810年	3人	12人	15人	20%
841年	4	9	13	31
866年	6	9	15	40
887年	6	8	14	43
901年	6	8	14	43
969年	11	7	18	61
1017年	20	4	24	83

摂関政治の仕組み

- 摂関家が娘を入内（外戚） → 天皇
- 摂政：天皇が幼少のときに政務代行
- 関白：天皇を補佐し決裁に参画
- 摂政・関白は摂関家が独占

公卿の合議
- 太政大臣
- 左大臣・右大臣
- 大納言
- 中納言
- 参議

藤原一族が多数派を占める。

平安中期以降、摂政・関白に任じられる家＝摂関家は藤原北家に独占されるようになり、「一の家」ともよばれた。

紀伊国の荘園分布

凡例：
- 公領（国衙領）
- 皇室領
- 摂関家領
- 高野山領
- その他

主な荘園：
- 粉河寺
- 桛田荘：9世紀に開発され、院領を経て12世紀に神護寺に寄進された。
- 金剛峯寺
- 阿氐河荘：13世紀後半、地頭の非法（荘民の妻たちの耳・鼻をそぐ。住宅を壊す。食事接待を要求）が荘民によって荘園領主に訴えられた。

全国の荘園の分布（8世紀～11世紀）

*坂本賞三『日本の歴史6 摂関時代』などによる

- **道守荘（東大寺）** 地方豪族が東大寺に施入した初期庄園。奴婢、浮浪人、農民などを利用して開墾した。
- **桑原荘（東大寺）** 東大寺が開墾地を買収した初期庄園。1haほどの敷地内に家屋、倉庫があり、周辺に墾田が広がる。
- **大山荘（東寺）** 国衙とのあいだで検田使の立ち入りをめぐって、紛争。
- **茜部荘（東大寺）** 臨時雑役をめぐって国衙と争論となる。
- **神埼荘（院領）** 預所の平忠盛、大宰府と相論。
- **鹿子木荘（東寺）** 寄進地系荘園の典型。開発領主は荘官となり、荘官→領家→本家の関係が成立。1150年頃、仁和寺に寄進される。
- **弓削島荘（東寺）** 製塩が生業で、年貢も塩で納めていた。

凡例：
- 8世紀に成立した荘園（奈良時代）
- 9～11世紀の荘園（平安時代）

*( )内は領家を表すが、時代によって異なる場合がある。

公地公民制のもとでは、上流貴族や大寺社は国家から給付を受けていたが、10～11世紀になると、税収入が減ったため、政府は支払いができなくなった。そこで未払い分を土地で与えるようになり、やがて、公のものだった土地は上流貴族や大寺社の荘園となっていった。さらに寄進によって多くの荘園が貴族や大寺社のもとに流れた。紀伊国では、平安時代末の荘園と公領の比率は6対4ぐらいとなっている。

将門の乱と純友の乱

地方の大乱が、武士の実力を都の貴族に見せつけた

各地の武士団と反乱

有力な地方豪族のなかには、配下の者を率いて武装し、勢力拡大をはかるものも出てきた。朝廷や貴族は、かれらを宮中の警護役や諸国の追捕使などに任命して、治安維持にあたらせた。武士団は皇族出身の貴族らを統率者として仰ぎ、さらに組織を拡大する。武力をもった勢力の朝廷への不満は、反逆を引き起こした。

多田源氏
源満仲を祖とする。摂津国多田荘が本拠地。満仲は安和の変で源高明の謀反を密告、摂関家に接近した。

伊勢平氏
平将門を倒した平貞盛の子、維衡に始まる。桓武平氏の嫡流。伊勢・伊賀を地盤に、正盛、忠盛、清盛が出る。

武士団
- 清和源氏（赤）
- 桓武平氏（緑）
- 藤原系諸氏（薄灰）
- 在地豪族などその他諸氏（濃灰）
- 僧兵（橙）
- 武士の反乱（茶）

平忠常の乱（1028〜31）
上総介、武蔵押領使を歴任した平忠常が房総半島一帯で反乱を起こす。河内の源頼信が平定して、源氏の東国進出のきっかけとなった。

平将門の乱（935〜940）
平一族の内紛がつづいていた下総で、将門が反乱。

武蔵七党
武蔵国を中心に勢力を拡大していった同族的武士団。横山党、西党、村山党、児玉党、猪俣党、丹党、私市党の七党をいう。

河内源氏
源満仲の3男頼信が河内の石川に形成した武士団。平忠常の乱を手はじめに、頼信以降3代が東国の乱の平定に功をあげ、源氏武士団の主流になる。

地図注記：奥州藤原、城、村上、富樫、白山、木曾、延暦寺、多田、石川、東大寺、興福寺、湯浅、度会、丹党、猪俣党、児玉党、武蔵七党、私市党、新田、足利、佐竹、村山党、横山党、西党、千葉、上総、武田、土肥、北条、三浦

平将門の乱の経緯

桓武天皇の5代の孫、平将門は、9世紀末に上総の国司として下って以来、土着化した一族の出である。当初、将門は親族と私領争いをしていたが、土地や租税をめぐって国司と対立すると、同じく国司の圧制に抵抗する豪族と手を結んで、反国府の反乱を起こした。

拡大図：下野押領使 藤原秀郷（俵藤太）、常陸掾 平貞盛、前常陸大掾 平国香、常陸の土豪 藤原玄明、武蔵権守 興世王、武蔵介 源経基、平良兼
- 常陸・上野・下野の国府を占領（939.11〜12）
- みずからを新皇と称して下総の猿島を内裏としたが、押領使藤原秀郷らに討たれる（940.2）
- 将門の本拠地、将門の最大勢力範囲、内紛の敵、将門側、朝廷側、国府
- 上野、上野国府、下野、下野国府、信濃、甲斐、武蔵、常陸、常陸国府、鹿島神社、香取神社、下総、上総、安房

武士団の誕生

10世紀頃になると、「田堵」とよばれる有力農民が力をのばし、武装して下層の武士となった。一方、この時期には、藤原氏などの貴族や大寺社の荘園の拡大も進んだ。そこで、田堵はその配下に入って荘園村落を治める武士となり、地位を向上させた。この動きをみて、清和源氏・桓武平氏らの中流貴族が、みずからすすんで地方に下り、多くの田堵を支配下に組み込んで、武士団を形成していった。

東西の大乱とその結果

武士たちは、国司のトップである受領との軋轢を強めていたが、それが大乱となったのが、10世紀半ばの平将門の乱と藤原純友の乱である。将門の乱と藤原純友の乱は、桓武平氏の内部抗争が拡大したものであったが、将門は受領

平将門一族の系図

桓武天皇 — 高望王
高望王の子：良文、良正、良兼、良香、国香、良将（良持）
- 良文 — 忠頼 — 忠常
- 良将（良持）— 将門
- 国香 — 貞盛 — 維衡

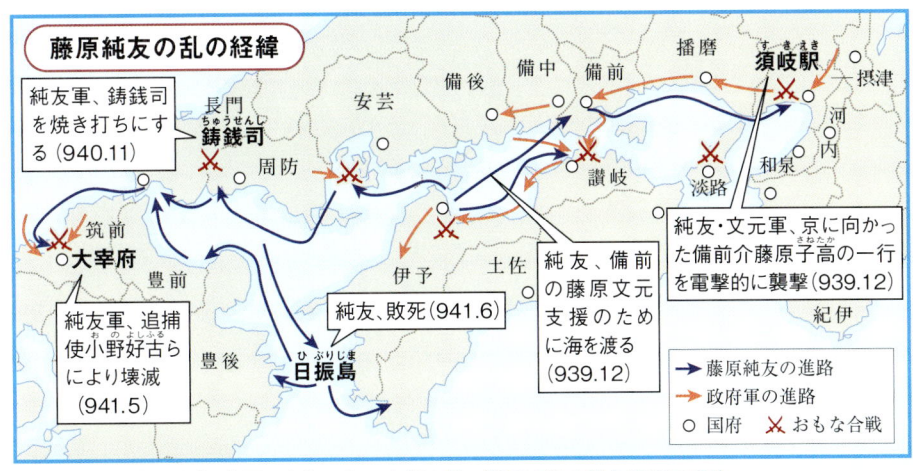

藤原純友の乱の経緯

- 純友軍、鋳銭司を焼き打ちにする（940.11）
- 純友軍、追捕使小野好古らにより壊滅（941.5）
- 純友、敗死（941.6）
- 純友、備前の藤原文元支援のために海を渡る（939.12）
- 純友・文元軍、京に向かった備前介藤原子高の一行を電撃的に襲撃（939.12）

凡例：
→ 藤原純友の進路
→ 政府軍の進路
○ 国府
✗ おもな合戦

藤原純友の系図

藤原冬嗣 ─ 長良 ─ 遠経 ─ 良範 ─ **純友**
藤原冬嗣 ─ 長良 ─ 基経 ─ 忠平 ─ 師輔 ─ 兼家 ─ 道長
藤原冬嗣 ─ 良房（養子）─ 基経

藤原純友は、藤原北家、忠平のまたいとこ良範の子。瀬戸内海の紛争調停に成功して以来、そのまま伊予国に土着していた。純友の乱は、将門の乱と同時期に、備前国司の圧制に反対して、国司襲撃という形で幕を開けた。純友は瀬戸内海のつわものを率いて沿岸諸国を襲い、一時は大宰府をも攻め落とした。

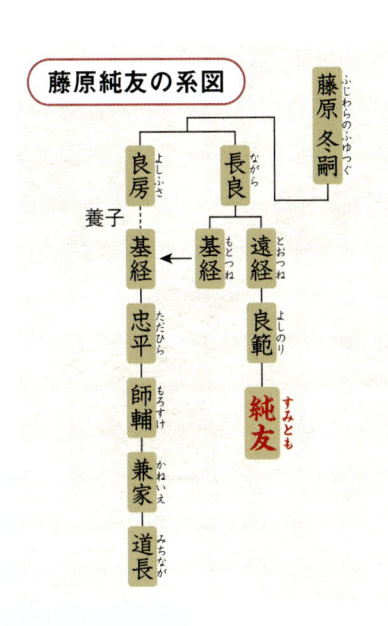

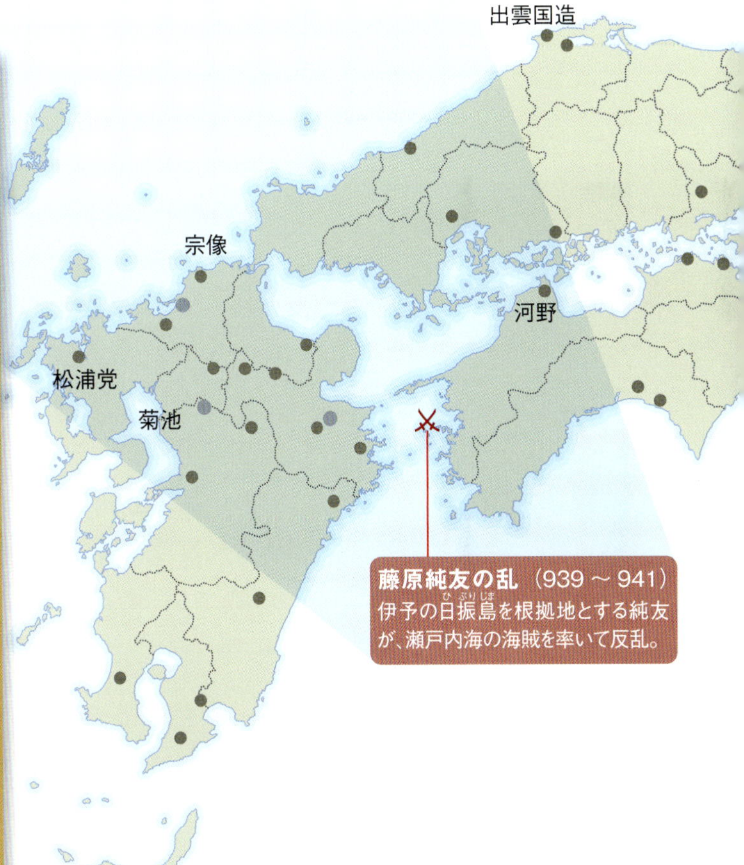

藤原純友の乱（939〜941）
伊予の日振島を根拠地とする純友が、瀬戸内海の海賊を率いて反乱。

牛牧・馬牧にみる東国と西国

東国と西国は縄文の昔から、異なった文化圏をもっていた。西国は温暖な気候で、灌漑や水運などに利用しやすい中小河川が多く、早くから開けていた。一方、東国では大河が多く、低湿地帯が広がり、原野の開発は容易ではなかった。この環境の差によって、東国は鎌倉幕府の成立まで、西国政府の支配下に置かれ、防人はじめ軍事力を提供する存在だった。

未開地の多い東国には、おもに馬を飼育する馬牧が置かれ、馬は陸上交通の手段として、また軍馬として利用された。これが騎馬武者の精鋭を育て、東国武士団を生んだ。一方、早くから荘園が発達した西国では、牛馬は農業生産に利用されることが多く、家畜の利用などにより、鎌倉時代には畿内や山陽道で米と麦の二毛作も行われるようになる。

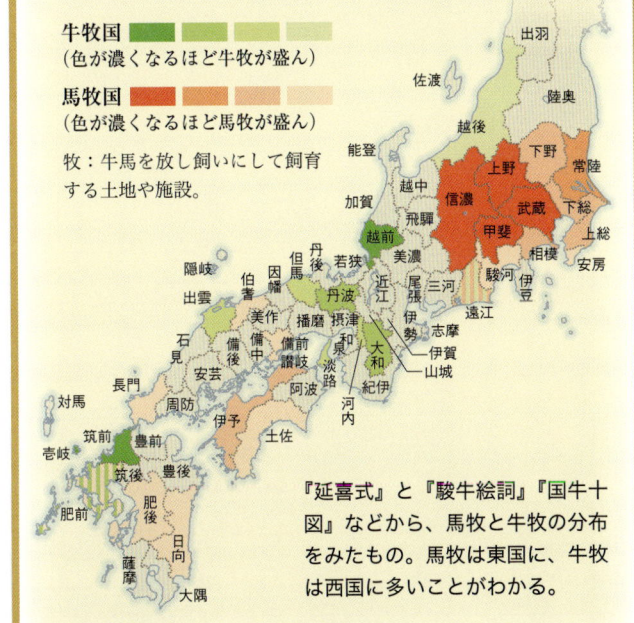

牛牧国（色が濃くなるほど牛牧が盛ん）
馬牧国（色が濃くなるほど馬牧が盛ん）
牧：牛馬を放し飼いにして飼育する土地や施設。

『延喜式』と『駿牛絵詞』『国牛十図』などから、馬牧と牛牧の分布をみたもの。馬牧は東国に、牛牧は西国に多いことがわかる。

＊『原色図解大事典6　日本の歴史』などによる

と日常的に対立していた武士たちを組織して大きな勢力となった。

西国の武士のなかには、船舶の警護をもって通行料をとり、ときには武力をもって海賊行為をする者があり、かれらが、伊予国の役人だった藤原純友のもとに団結して、受領支配に反抗したのが、藤原純友の乱である。

ふたつの乱を鎮圧するのに、朝廷は他の武士たちの力を借りた。その結果、有力な武士団の存在感が高まった。

一方、武士団と中央の上級貴族の関係も強まり、受領の任免権をもつ上流貴族、なかでもそのトップである摂関家に権力が集中していった。

東三条殿に見る
平安貴族の暮らし

平安時代の貴族たちは、それぞれの位階に応じた屋敷地を与えられ、寝殿造という形式の邸宅を構えて暮らしていた。屋敷地の中央に寝殿とよばれる建物を置き、その左右には家族の生活する各種の建物を配した構成となっていた。寝殿は、主人の生活の場であるとともに、来客の供応、儀式や行事の場でもあった。

●御帳台 邸宅の主の寝所。今でいう畳敷きのベッドだが、当時はまだ布団はなく、高級貴族といえども、衾とよばれる綿入りの夜着を掛けて寝るのが常だった。

●貴族の邸宅の室内 簾や布製の壁代で内部を間仕切りし、その一部を几帳で区切って使用することが多かったため、通気はよいが冬には不向きな造りであった。京都の厳冬期には、貴族たちは蔀戸(板製窓)を下ろして寒気を遮り、灯をともして火鉢にかじりついていたことだろう。

役人の勤務時間

大内裏の諸門は、日の出とともに開門され、日の入りとともに閉門された。役人の勤務時間は、夏には午前4時半頃から9時半頃まで、冬には午前7時頃から11時半頃までとなっていた。しかし、藤原道長の日記『御堂関白記』によれば、退出時間は深夜あるいは翌日となることがあり、物忌や方違えにあたる日には出勤を控えることも多かったという。

官人の勤務時間

（夏／冬）
- 諸門開門（日の出）
- 大門開門
- 退庁
- 諸門閉門（日の入り）

道長の出勤状態

1日	内裏へ出仕
2日	内裏へ出仕
3日	枇杷殿で左大臣家をもてなす
4日	物忌（外出せず）
5日	内裏へ出仕
6日	内裏へ出仕
7日	内裏へ出仕
8日	物忌（御斎会に欠席）
9日	内裏へ出仕
10日	内裏へ出仕
11日	物忌（外出せず）
12日	物忌（外出せず）
13日	内裏へ出仕
14日	八省院・内裏へ出仕（御斎会に出席）
15日	物忌（外出せず）
16日	物忌（外出せず）
17日	内裏へ出仕
18日	内裏へ出仕
19日	内裏へ出仕
20日	内裏から帰邸
21日	内裏へ出仕
22日	内裏へ出仕
23日	内裏へ出仕
24日	内裏へ出仕
25日	内裏から帰邸
26日	物忌（外出せず）
27日	内裏へ出仕
28日	東三条殿の建造のようすを調べる
29日	（記述なし）

東三条殿復原図

東三条殿は11世紀中ごろ、摂関家・藤原氏の氏の長者の邸宅として建てられた代表的寝殿造の建物で、天皇の仮の内裏である里内裏としても用いられた。寝殿造は左右対称が理想とされたが、完全に左右対称のものはなく、東三条殿も家族の住まいのひとつとなる西対を欠く構成となっていた。イラスト／奈良島知行

1. **寝殿** 主人の居室であり、各種儀式や行事、宴の場となった。
2. **東対屋** 寝殿の東あるいは東北に位置する子どもや娘夫婦の居室。
3. **北対屋** 寝殿の北に位置する夫人の居室。
4. **北西渡殿** 寝殿と中門廊とを結ぶ屋根付き廊下。
5. **蔵人所廊** 蔵人所（蔵や経理事務室）に通じる廊下。
6. **東北渡殿** 寝殿と東対屋とを結ぶ屋根付き廊下。
7. **西中門廊** 玄関である中門に通じる廊下。東中門廊の外に正門にあたる東門、西中門廊の外に西門があった。
8. **西北渡殿** 寝殿と西中門廊を結ぶ廊下だが、儀式や行事に使われることもあった。

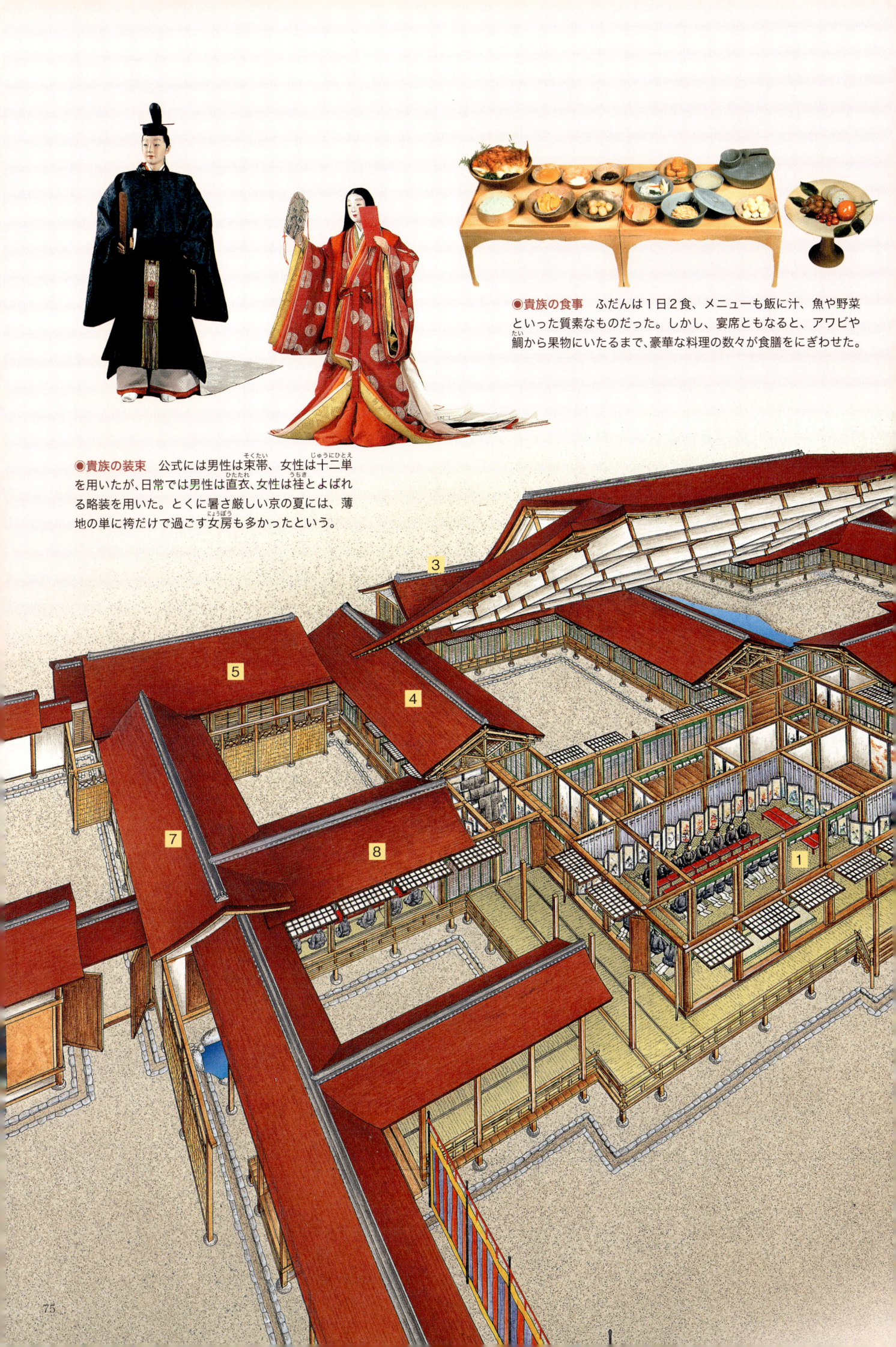

●貴族の食事　ふだんは1日2食、メニューも飯に汁、魚や野菜といった質素なものだった。しかし、宴席ともなると、アワビや鯛(たい)から果物にいたるまで、豪華な料理の数々が食膳をにぎわせた。

●貴族の装束　公式には男性は束帯(そくたい)、女性は十二単(じゅうにひとえ)を用いたが、日常では男性は直衣(のうし)、女性は袿(うちき)とよばれる略装を用いた。とくに暑さ厳しい京の夏には、薄地の単に袴だけで過ごす女房(にょうぼう)も多かったという。

国風文化と浄土信仰

貴族の世が生んだ日本的な文化と信仰の世界

仮名の発明と女流文学の隆盛

894年に菅原道真の建議で遣唐使の派遣が中止された。そのころから、日本独自の文化も尊重されるようになった。11世紀の初めに、平仮名と片仮名の字形が一定のものになった。

この時期の貴族社会では、表だった争い事がなくなり、教養を競うようになっていた。和歌が流行し、初の勅撰集として『古今和歌集』が編纂された。「日記」を著す者も増えた。摂関家などの有力者は、娘の家庭教師を求め、中流の文人貴族の家で育った女性たちが活躍の機会を得た。『源氏物語』を著した紫式部は藤原道長の娘彰子に仕え、『枕草子』を書いた清少納言は道長の兄・道隆の娘定子に仕え、宮中で活動した。

無常観と浄土へのあこがれ

栄華をきわめた藤原道長が、わが身を満月にたとえた「望月の歌」を詠んだのは、たんに絶頂にある喜びを表したものではなく、世の中の無常を感じてのものだったと思われる。

阿弥陀仏を信仰して来世の救いを求める浄土教が、貴族たちのあいだに広まっていた。「市聖」とよばれた空也、『往生要集』を著した源信らが教えを広め、極楽往生を願って造寺造仏に努めたり、浄土とされた熊野へ詣でたりする上級貴族も多かった。

女流文学の作家たち

摂関時代には、上流貴族が娘の入内を積極的に進めたことから、女房とよばれるたくさんの女官が採用された。彼女たちは当時のトップクラスの才媛であった。清少納言は一条天皇の皇后定子に仕えたが、定子も才女であり、彼女と清少納言らの女房がメンバーとなったサロンは、才気と文学的雰囲気に満ちていた。また、紫式部は同じく一条天皇の中宮彰子に仕え、式部は彰子に漢文学を教えるほどの教養の持ち主だった。『蜻蛉日記』『更級日記』などの女流の日記は、男性の日記が子孫に朝廷の政務の記録を伝えるものだったのに対して、みずからの人生を振り返って書く回想録となっている。女流作家たちは、いずれも中流貴族の出身で、学者や文人の家筋であり、生活環境は似ていた。しかも互いに遠縁にあたるくらいの、狭い世界に生きていたのだ。

凡例:
- 『土佐日記』の旅
- 『更級日記』の旅
- 『古今和歌集』歌枕
- ※畿内については、都の近郊のものは省いた

■ 著者・作品
赤字 は女性

地図上の地名: 佐渡、出羽、最上川、塩釜の浦、末の松山、宮城野、名取川、籠の島、信夫、阿武隈川、安達、佐間の沼、陸奥、越後、越中、更級の姨捨山、信濃、浅間の山、伊香保の沼、上野、下野、筑波山(筑波嶺)、常陸、甲斐が嶺、富士の山(富士の嶺)、甲斐、武蔵野、武蔵、隅田川、下総、上総、安房、相模、こよろぎの磯、伊豆、田子の浦、駿河、遠江、佐夜の中山、上総国府

系図: 橘則光 — 清原元輔 — 清少納言『枕草子』、藤原文範 — 為信・為雅 — 女・女、藤原倫寧 — 理能・女 — 藤原兼家 — 道綱 — 女『蜻蛉日記』、菅原孝標 — 橘俊通 — 女『更級日記』、藤原為時 — 惟規・紫式部『源氏物語』『紫式部日記』 — 藤原宣孝 — 賢子

● 『源氏物語絵巻』第44帖竹河から
蔵人少将が、玉鬘の邸で囲碁に興じる姫君たちをのぞき見している場面。『源氏物語絵巻』は、『源氏物語』のなかから興味深い場面を絵にして、本文の一部を詞書としてそえたもの。制作時期は12世紀前半、制作者は不明。

『土佐日記』『更級日記』と『古今和歌集』の足跡

中級貴族は、地方官として任国へ下ることが多かった。初の勅撰和歌集『古今和歌集』の撰者のひとりでもあった紀貫之は『土佐日記』で、上総の国司菅原孝標の娘は『更級日記』で、帰任上洛の旅を描いた。初瀬、石山詣でなども、和歌や日記文学の題材となった。

＊『新編日本古典文学全集11 古今和歌集』、『原色図解大事典6 日本の歴史』などによる

阿弥陀堂と阿弥陀仏の分布（10〜12世紀建立）

末法思想の広がりとともに、死後の世界に浄土を求める浄土信仰が流行した。なかでも阿弥陀信仰が盛んになり、貴族たちは、浄土庭園を伴った阿弥陀堂を建立し、阿弥陀仏、阿弥陀来迎図などがつくられた。浄土信仰は地方へも広がった。

● 平等院鳳凰堂　1053年、藤原頼通により建立。極楽浄土を表している。

熊野参詣道とおもな王子社

本宮・新宮・那智の熊野三山に詣で、往生の証をしてもらうことが、上皇や貴族たちのあいだで盛んになった。早くは宇多上皇、花山上皇が、後年の後白河上皇の御幸は34回を数えた。王子社の前では歌会が催された。

武士の台頭

実力を示した源氏と平氏が、中央政界へ進出していく

源氏・平氏の略系図と勢力争い

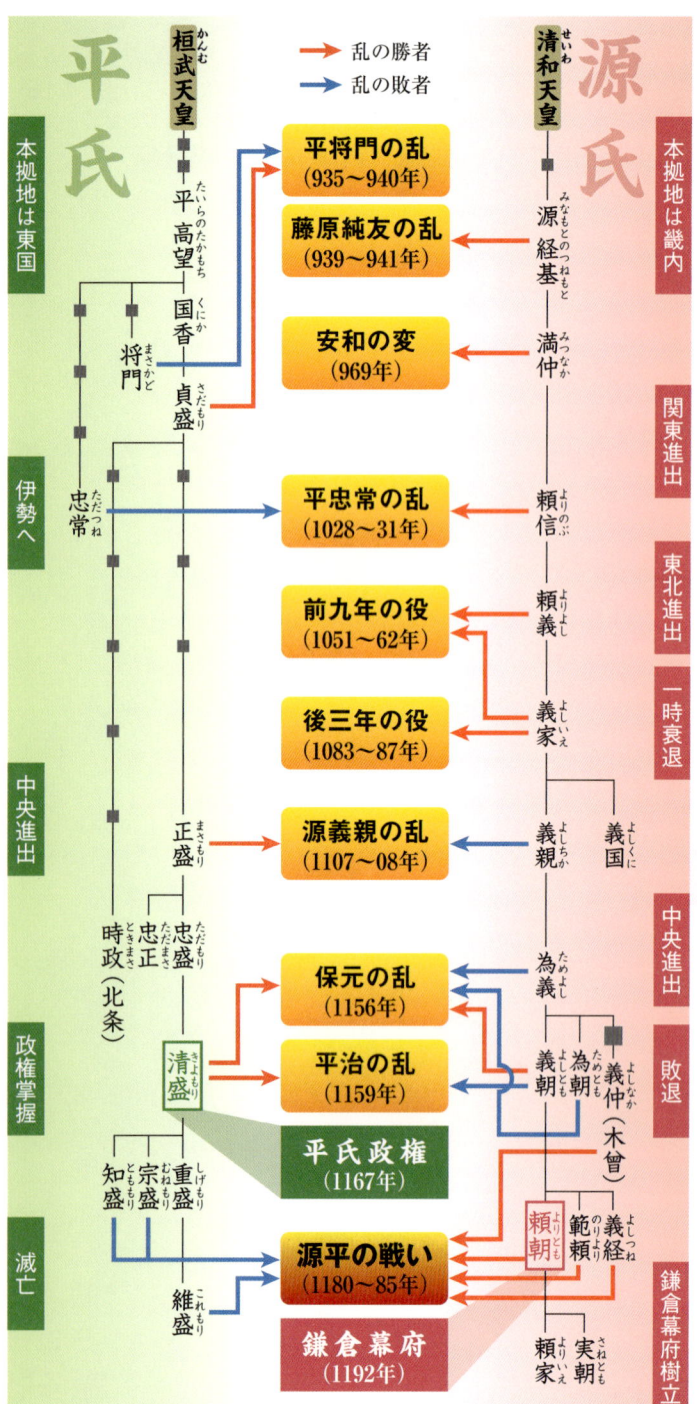

平氏（桓武天皇系）
- 本拠地は東国
- 平高望 — 国香 — 貞盛 — 維衡 — 正盛 — 忠盛 — 清盛
- 将門 → 平将門の乱（935〜940年）
- 忠常 → 平忠常の乱（1028〜31年）→ 伊勢へ
- 正盛 → 源義親の乱（1107〜08年）→ 中央進出
- 忠正、時政（北条）
- 清盛 → 保元の乱（1156年）、平治の乱（1159年）→ 平氏政権（1167年）→ 政権掌握
- 重盛、宗盛、知盛、維盛 → 源平の戦い（1180〜85年）→ 滅亡

源氏（清和天皇系）
- 本拠地は畿内
- 源経基 — 満仲 — 頼信 — 頼義 — 義家 — 義親 — 為義 — 義朝 — 頼朝
- 経基 → 藤原純友の乱（939〜941年）
- 満仲 → 安和の変（969年）→ 関東進出
- 頼信 → 平忠常の乱 → 東北進出
- 頼義 → 前九年の役（1051〜62年）
- 義家 → 後三年の役（1083〜87年）→ 一時衰退
- 義国、義光、義忠、為義 → 中央進出
- 為義、義朝、義仲（木曾）、範頼、義経 → 敗退
- 頼朝、実朝、頼家 → 鎌倉幕府（1192年）→ 鎌倉幕府樹立

凡例：→ 乱の勝者　→ 乱の敗者

10世紀以降の地方豪族の反乱鎮圧に大きく貢献したのが、武士団である。なかでも源氏は、前九年・後三年の役を通じて、東国の武士団をまとめあげ、棟梁の地位を固めた。一方の平氏は、伊勢・伊賀、瀬戸内海を基盤として、西国の海の武士団を組織していった。紛争を武力で解決する動きは京都にも及び、保元・平治の乱となって爆発した。

実力をつける武士

12世紀になると、地方の武士団は一国または半国単位でまとまり、勢力をのばした。それらの有力武士団は、さらに団結していき、清和源氏と桓武平氏を棟梁としてまとまった。

武士団と朝廷の有力者との結びつきは、平将門の乱・藤原純友の乱の平定を経て強まっており、清和源氏も桓武平氏も、摂関家などとのつながりによって武士団をまとめあげていった。源頼光・頼信兄弟は、摂関家に近づいて受領として財産を形成した。そして、頼信が平忠常の乱を平定し、東国に地盤を築いた。

一方、桓武平氏は、平将門の乱以後、関東を離れて伊勢・伊賀を本拠としていたが、平正盛・忠盛父子が院政を行って権力をのばしていた白河上皇・鳥羽上皇らの寵臣となったことにより、勢力をのばした。

1028〜1159年

- **1028** 平忠常、東国で反乱（〜1031）。
- **1045** 寛徳の荘園整理令。
- **1051** 奥州で、前九年の役始まる。
- **1052** この年を「末法元年」とする末法思想が流行。
- **1053** 藤原頼通、宇治に平等院鳳凰堂を建立。
- **1060** 菅原孝標女『更級日記』執筆。
- **1062** 前九年の役終結。清原氏と源頼義・義家が安倍氏を滅ぼす。 P.78
- **1063** 源頼義、鶴岡八幡宮を創建。
- **1068** 後冷泉天皇没。後三条天皇即位。藤原氏の外戚の伝統中断。
- **1069** 延久の荘園整理令。記録荘園券契所設置。
- **1072** 後三条天皇譲位、白河天皇即位。
- **1077** 白河に法勝寺建立（六勝寺の初め）。
- **1083** 奥州で、後三年の役始まる。
- **1086** 白河上皇、院政を開始。 P.80
- **1087** 後三年の役終結。源義家が平定。清原氏が滅び、藤原清衡が遺領を受け継ぐ。 P.78
- **1093** 興福寺の僧徒、春日社の神木を奉じて入京。
- **1095** 延暦寺の僧徒、日吉社の神輿を奉じて入京。
- **1096** 京都で田楽が大流行。
- **第1回十字軍開始。**
- **1098** 源義家、院の昇殿を許される。
- **1105** 藤原清衡、平泉に中尊寺を創建する。
- 宋の商人李充ら、博多に来航。
- **1108** 平正盛、源義親を討つ。
- **1113** 興福寺と延暦寺の僧徒が争う。源平両氏がこれを防ぐ。
- **1115** 女真族、金を建国。
- **1124** 良忍、融通念仏を始める。中尊寺金色堂完成。
- **1126** 金が宋を亡ぼす。江南に逃れた宋の王族、南宋を建国。
- **1129** 平忠盛、西国の海賊を追討。白河法皇没。鳥羽上皇院政開始。
- **1132** 平忠盛、院の内昇殿を許される。
- **1141** 崇徳天皇譲位、近衛天皇即位。
- **1156** 保元の乱。平清盛・源義朝ら、後白河天皇方が勝利。 P.82
- **1158** 後白河天皇譲位し、院政開始。
- **1159** 平治の乱。平清盛、源義朝らを倒す。 P.82

前九年・後三年の役の経緯

■前九年の役（1051～62年）

安倍頼時（陸奥の豪族）─貞任／宗任／女＝藤原経清　×　源頼義・義家（陸奥守・鎮守府将軍）　⬅加担　清原武則（出羽の豪族）

結果
- 清原武則が鎮守府将軍になる。
- 源頼義・義家父子は東国武士団の棟梁になる。

■後三年の役（1083～87年）

清原氏の内乱
真衡 × 家衡・清衡 → 家衡 × 清衡　←介入　源義家（陸奥守・鎮守府将軍）

結果
- 藤原（清原）清衡が陸奥・出羽押領使になる。平泉を拠点に東北全域支配。
- 源義家は東国武士との関係強化。

■安倍・清原・奥州藤原氏の関係系図

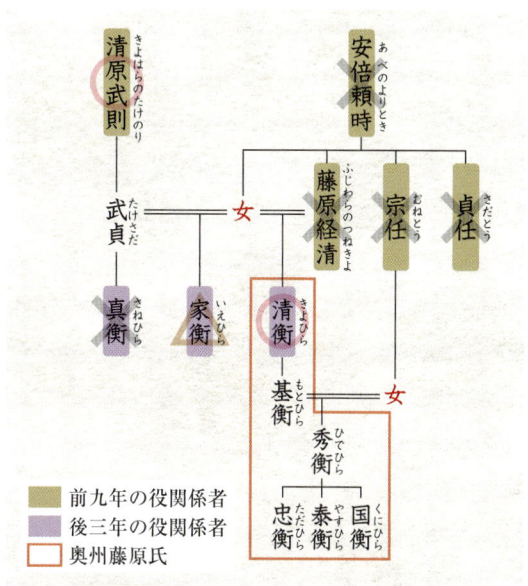

凡例：
- 前九年の役関係者
- 後三年の役関係者
- 奥州藤原氏

前九年の役で殺された藤原経清の妻は清原武貞と再婚。経清の息子・清衡も清原家に養われたが、清原家直系の兄弟らと内紛。最後は清衡が勝ち抜き、奥州藤原氏の礎を築く。

地図凡例：
- × おもな合戦場
- 【前九年の役　1051～62年】
  - 合戦前の安倍氏の勢力範囲
  - 源頼義軍の進路（推定）
- 【後三年の役　1083～87年】
  - 合戦前の清原家衡の勢力範囲
  - 合戦前の清原清衡の勢力範囲
  - 源義家・清原清衡軍の進路（推定）

安倍氏が滅んだ前九年の役、清原氏が滅んだ後三年の役を、両方あわせて、十二年合戦ともよぶ。

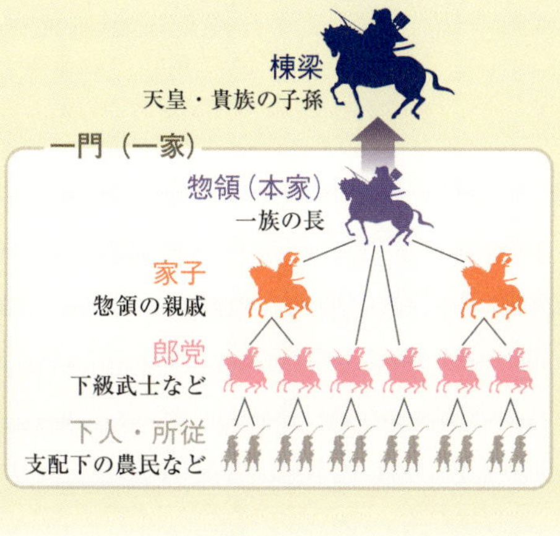

東北の戦乱と源氏の台頭

奥羽地方の有力豪族である安倍氏や清原氏の争いから、前九年・後三年の役とよばれる長期にわたる戦乱が起こった。戦乱の結果、勝ち残った藤原清衡が平泉を拠点として、3代つづく栄華の基礎を築いた。

その一方で、この戦乱に活躍した源頼義・義家父子は、東国の武士団との主従関係を強め、基盤を固めた。

また、延暦寺や興福寺などの僧兵が源氏・平氏と並ぶ第三の勢力を形成するようになった。そして、その鎮圧に武士を用いたため、院や朝廷や平氏が力をのばすことになった。

武士団の仕組み

武士団は一族の長である惣領のもとに、惣領家一族や分家・庶子などの血縁者を中心とする家子、その配下に非血縁的集団の郎党（郎等）、そして彼らに隷属する下人・所従というピラミッド型の力関係を築いていた。武士団の統率者を棟梁とよんだ。合戦を通じて武士団の組織化が進み、天皇の血脈を棟梁とする清和源氏、桓武平氏の2大武士団が台頭し、覇権を争った。

棟梁　天皇・貴族の子孫

一門（一家）
- 惣領（本家）　一族の長
- 家子　惣領の親戚
- 郎党　下級武士など
- 下人・所従　支配下の農民など

院政の始まり

摂関政治にかわって、「治天の君」が政権を握る

後三条親政と摂関家の衰退

1068年に即位した後三条天皇は、宇多天皇以来170年ぶりの、藤原氏を外戚にもたない天皇であった。後三条は積極的に政治に関与し、荘園整理令を出すなど、摂関家の勢力を抑えようとした。彼は、1072年に皇子の白河天皇に譲位後も政治にかかわろうとしたが、翌年死去した。

跡を継いだ白河天皇は、天皇家の勢力拡大に努めた。幼少の堀河天皇に譲位し、後三条が構想した「治天の君」とよばれる院（上皇・法皇）が天皇家の家長の資格で天皇を後見する方式を確立した。これを「院政」とよぶ。

院政を支えた力

院政の成立後は、天皇ではなく、「治天の君」が院庁を設けて、そこで政治を動かした。院は、「北面の武士」とよばれる院の警備隊を設置して武士勢力を取り込むとともに、受領を支持勢力に組み込んでいった。多くの荘園が寄進され、経済的に院政を支えた。院庁が組織した中級貴族や武士たちに政治の実権が移り、摂関や公卿の会議は飾りものになった。そして、白河や鳥羽などの開発が進められ、六勝寺など多くの寺院が創建された。

摂関政治から院政への推移

〔 〕は上皇になったときの年齢
〈 〉は即位時の年齢
丸囲み数字は「皇統譜」による即位の順

天皇	年	摂関・上皇	
一条 ⑥⑥	986	995	
三条 ⑥⑦	1011	⑥⑥	道長
後一条 ⑥⑧	1016	1017 ⑥⑦	
後朱雀 ⑥⑨	1036	⑥⑧	頼通
後冷泉 ⑦⑩	1045		
後三条 ⑦①	1068	⑦⑩ 1067	摂関家勢力失墜
	1072	⑦① (72)	
白河 ⑦②	1086	1086	院政 1083〜87 後三年の役
堀河 ⑦③〈8歳〉		⑦③	
鳥羽 ⑦④〈5歳〉	1107	(74)	白河上皇〔34歳〕
崇徳〈5歳〉	1123	1129	鳥羽上皇〔21歳〕
近衛〈3歳〉	1141	⑦⑤ ⑦⑥	
後白河 ⑦⑦〈29歳〉	1155	(77) 1156	1156 保元の乱
二条〈16歳〉	1158	1158	1159 平治の乱
六条〈2歳〉	1164	⑦⑧ ⑦⑨	後白河上皇〔32歳〕 平清盛 太政大臣
高倉〈8歳〉	1168		
安徳〈3歳〉	1180	⑧⑩ ⑧①	
後鳥羽 ⑧②〈4歳〉	1183	(82)	1192 源頼朝 征夷大将軍
土御門	1198	1198 ⑧③	後鳥羽上皇〔18歳〕
順徳〈14歳〉		⑧④	
	1210	1221	承久の乱

平清盛 — 徳子（建礼門院）

*『週刊朝日百科 日本の歴史65』などによる

八条院領の所在地

八条院は鳥羽上皇の皇女。八条院のもとに集積された荘園は、父母から伝領したものと八条院が建立した蓮華心院に寄進された荘園からなる。その数全国230カ所といわれるが、地図上には、八条院領目録（1176年2月付）から、所在地の確定が可能なもののみ示した。院政の経済基盤は、こうした荘園の集積にあった。のちに亀山上皇に伝えられ、大覚寺統の経済的基盤となった。

白河の市街

12世紀半ばの新市街地、白河。法勝寺・円勝寺・成勝寺・延勝寺・尊勝寺・最勝寺の六勝寺はじめ、白河殿が並ぶ。法勝寺の八角九重の塔が、院政権力を誇示していた。図は東から見たもので、鴨川の向こうに京の町が広がる。イラスト／飯島満

労働画像内ラベル：鴨川、延勝寺、成勝寺、円勝寺、法勝寺、白河南殿、白河北殿、尊勝寺、最勝寺

院政期の離宮位置図

白河上皇らによって、交通の要衝である、洛東の白河や洛南の鳥羽の開発が進み、院政権力の拠点となった。後白河上皇は、白河の南の法住寺殿を御所とした。

（図中ラベル：北野神社、法成寺、大内裏、白河北殿、六勝寺、二条大路、朱雀大路、白河南殿、法住寺殿、蓮華王院、平安京、羅城門、桂川、鳥羽の作道、鳥羽殿、巨椋池）

公領と荘園

平安時代に入ると、開発領主から摂関家などの有力貴族や大寺社への荘園の寄進がつづき、山野や荒地の開発と荘園化が進んだ。しかし院政の時代になっても、公領も健在だった。

この時代の土地所有の形態を下図に示したが、公領は国衙の直接支配地と、「別名」に分けられる。別名は、在庁官人でもある地方豪族が、開発した土地の管理・運営権を得るかわりに、その地域の年貢を納めるもので、朝廷はこれらを郡・郷・保といった新たな行政区画に分けて公認した。

別名でも荘園でも、土地の支配権は重層的で、支配のあり方も多様で流動的だった。

（図：公領…保・保司、郷・別名・郡、在庁官人（郡司・郷司・保司）、国衙、中央諸司、国衙直轄地／荘園…荘園領主、荘官、荘園）

＊『原色図解大事典6　日本の歴史』などによる

院政の機構

（図中ラベル：国家小事―朝廷（天皇・摂政・関白・公卿会議）←院宣（国家大事）―院（上皇・法皇）／院庁―院近臣（上皇側近・受領層・武士）・院司（別当・年預・判官代）・武力（源氏・平氏）（北面の武士（白河）・西面の武士（後鳥羽））／太政官制―詔勅・宣旨・官符→諸国（国司・国衙領）／院庁下文→皇室領（院の知行国・院領荘園）／鎮圧→南都北嶺勢力）

天皇の母方による摂関政治に対し、院政では天皇の父方にあたる院（＝上皇、出家すると法皇）が統治した。院宣の影響下にあった天皇は、名ばかりで実権はまるでなかった。

都での戦乱が、武士の世の到来を促した

保元・平治の乱

後白河天皇と崇徳上皇の対立

1156年、鳥羽法皇が亡くなると、皇位継承をめぐって法皇と対立していた崇徳上皇が挙兵した。鳥羽法皇がたてた後白河天皇を廃して、息子の重仁親王を即位させて院政をしこうとしたのである。

摂関家の相続争いで、兄の藤原忠通と対立していた藤原頼長が崇徳上皇に同調した。これに、源氏の勢力挽回をはかる源為義が加わり、さらに平清盛に反感をもつ叔父の忠正も崇徳方についていた。これに対し、後白河天皇方では、畿内に大兵力をもつ平清盛が主力となり、源為義の長男の義朝が加わった。

こうして、血を分けた者が敵味方に分かれて戦う保元の乱になった。崇徳方が夜襲を躊躇したのに対し、夜襲をしかけた後白河方が機先を制し、兵力に勝っていたこともあって完勝した。乱の結果、崇徳上皇は讃岐に流され、急遽、都に戻った清盛は、上皇らを迎え、義朝らを敗走させた。

乱の結果、勝ち残った平清盛は、後白河の近臣の第一人者となった。平治の乱の背景には、後白河上皇と二条天皇とのあいだの対立があったといわれるが、清盛は後白河と二条方を抑えて、武力で二条を擁立すると、武力で二条を擁立すると、清盛は政権の頂点にのぼりつめていく。武力が第一とされる「武者の世」が始まろうとしていた。

平忠正・源為義らは処刑された。公式の死罪は、薬子の変以来346年ぶりであった。やがて、後白河は位を二条天皇に譲り、院政をしくことになった。

勝ち残った平清盛

保元の乱のあと、後白河上皇の近臣のあいだに対立が生じた。1159年、藤原信頼が源義朝と結んで、平清盛が都を離れたすきに挙兵した(平治の乱)。

信頼らは信西を殺すことに成功したが、後白河上皇と二条天皇の逃亡を許した。急遽、都に戻った清盛は、上皇らを迎え、義朝らを敗走させた。

こうしてライバルのいなくなった平清盛は、政権の頂点にのぼりつめていく。武力が第一とされる「武者の世」が始まろうとしていた。

保元の乱対立関係

河内源氏・伊勢平氏・天皇家・摂関家の系図

崇徳と後白河は鳥羽と待賢門院を両親とする兄弟だが、鳥羽は、崇徳が白河上皇の子であるといううわさを信じて疎んじたともされる。

赤字は後白河天皇方
青字は崇徳上皇・藤原頼長方
数字は「皇統譜」による即位の順

保元の乱(1156年)の結果

勝 天皇方		負 上皇方	
後白河(弟)	天皇家	崇徳(兄)	讃岐に配流
関白忠通(兄)	藤原氏	左大臣頼長(弟)	傷死
清盛(甥)	平氏	忠正(叔父)	斬首
義朝(子・兄)	源氏	為義(父)	斬首
(足利)義康(義朝の遠縁)		為朝(弟)	伊豆大島配流

血縁者が敵味方に分かれた戦いは、天皇方の圧勝で終わった。讃岐に流された崇徳上皇は戦死者の供養に専念し、讃岐で生涯を終えた。

保元の乱合戦の経緯

7月11日、夜襲により4時間で決着。白河北殿炎上。

義康勢 100
義朝勢 200
清盛勢 300
→白河北殿

後白河天皇、高松殿御所から摂関家の正邸東三条殿に移動。

六波羅蜜寺
六波羅邸(平清盛邸)

上皇側は白河北殿、天皇側は高松殿を拠点としていたが、天皇側の軍勢が鴨川を渡ると数時間で勝負はつき、白河北殿は炎上した。長年の悶着が一瞬のうちに決着し、武士の力があらためて見直された。

●燃える三条殿　1159年12月19日夜半、藤原信頼の指図のもと、源義朝率いる軍勢は後白河上皇の院御所、三条殿に攻め入り、後白河らを拘束後に火を放った。その臨場感あふれる戦闘場面が描かれている。『平治物語絵巻』三条殿夜討巻より。

Fenollosa-Weld Collection 11.4000/ Photograph © 2011 Museum of Finearts, Boston. All rights reserved. c/o DNP artcom

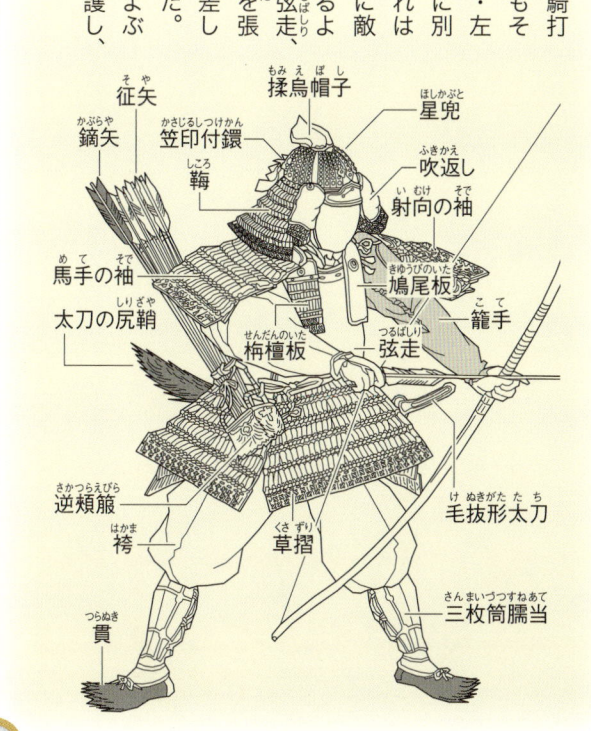

院政期の武士のいでたち

このころは、弓矢を携えた一騎打ちの騎馬戦が主流だった。防具もそれに適したもので、鎧は胴の前・左脇・後ろがひとつづきで、右脇に別に脇楯という防具をあてた。これは右利きが前提で、右脇を前に敵に向ける左側を重点的に防御するようにしたものだ。胸の正面には弦走、胸のすき間には栴檀板、鳩尾板を張って、防護しつつも弓の操作に障りがないように工夫されていた。腰には草摺、頭には鉄板を星とよぶ鋲で留めた星兜、肩は大袖で防護し、総重量は20～30kgにもなった。

（武士の装束の図：征矢、揉烏帽子、星兜、鏑矢、笠印付鐶、吹返し、錣、射向の袖、馬手の袖、鳩尾板、太刀の尻鞘、籠手、栴檀板、弦走、逆頬籃、毛抜形太刀、袴、草摺、貫、つらぬき、三枚筒臑当）

平治の乱（1159年）の結果

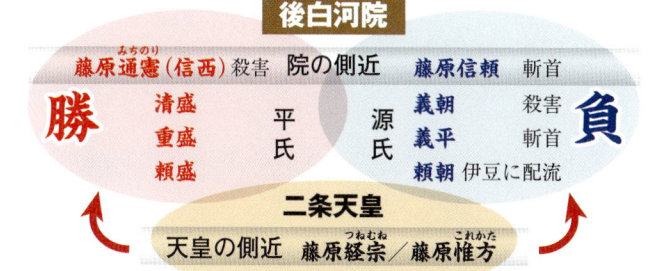

後白河院

勝			負
藤原通憲（信西）殺害	院の側近	藤原信頼	斬首
清盛	平氏	源氏	義朝	殺害
重盛			義平	斬首
頼盛			頼朝	伊豆に配流

二条天皇

天皇の側近　藤原経宗／藤原惟方

保元の乱後の平清盛と源義朝の勢力争いに、院・天皇の側近である藤原氏一族の対立がからんで起こった内乱。清盛が政権を握る。

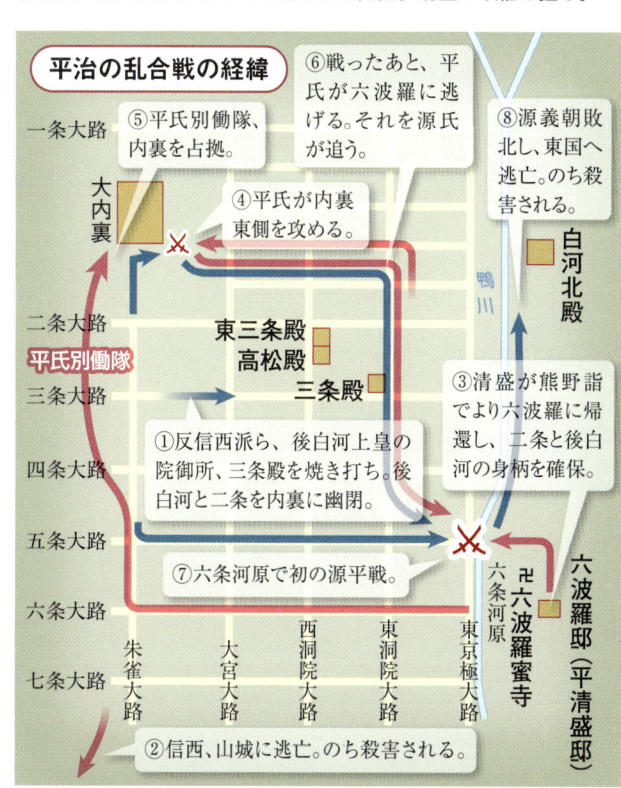

平治の乱合戦の経緯

①反信西派から、後白河上皇の院御所、三条殿を焼き打ち。後白河と二条を内裏に幽閉。
②信西、山城に逃亡。のち殺害される。
③清盛が熊野詣でより六波羅に帰還し、二条と後白河の身柄を確保。
④平氏が内裏東側を攻める。
⑤平氏別働隊、内裏を占拠。
⑥戦ったあと、平氏が六波羅に逃げる。それを源氏が追う。
⑦六条河原で初の源平戦。
⑧源義朝敗北し、東国へ逃亡。のち殺害される。

（地図：一条大路、二条大路、三条大路、四条大路、五条大路、六条大路、七条大路／朱雀大路、大宮大路、西洞院大路、東洞院大路、東京極大路／大内裏、東三条殿、高松殿、三条殿、六条河原、六波羅蜜寺、六波羅邸（平清盛邸）、白河北殿、鴨川）

唐の隆盛とイスラムの発展

そのとき世界は ②
8世紀後半

8世紀になると、中国を統一した唐が隆盛を迎えた。西アジアではイスラム帝国が勃興し、勢力を拡げる。イスラム世界は、唐ともヨーロッパとも境を接するようになり、文化的な交流が進み、バグダードは唐の都長安と並ぶ国際都市となった。イスラム商人は北欧のバイキングや東アジアの海浜の商人まで、広い地域の商人と交易を行った。

第3章

武家政権の確立

平安時代末期〜室町時代

イスラムの拡大
- ムハンマド時代の征服地
- 正統カリフ時代の征服地
- ウマイヤ朝時代の征服地
- イスラム商人の進出
- イスラム教徒の通商路
- イスラム商人の主要交易圏

その他の活動
- 遣唐使
- 渤海使
- バイキング居住地
- バイキング征服地
- バイキング植民地
- バイキングの進出

732年 トゥール・ポワティエ間の戦い
622年 ヒジュラ（聖遷）
642年 ニハ

アストゥリアス王国、後ウマイヤ朝、フランク王国、ローマ教皇領、ランゴバルド王国、アングロ＝サクソン王国、（バイキング）、アバール、ハザール、ブルガル、東ローマ帝国、アルメニア、イスラム帝国（アッバース朝）、マグリブ、イドリース朝、イフリーキーヤ、エジプト、シリア、イラク、アラビア、ヒジャーズ、イエメン、ヌビア、アクスム王国、ガーナ王国、アドリス

ロンドン、パリ、ケルン、トゥールーズ、バルセロナ、コルドバ、ファーズ（フェズ）、ティーハルト、カルタゴ、トリポリ、ローマ、パビア、コンスタンティノープル（イスタンブール）、ケルソネソス、キエフ、ラドガ、ノヴゴロド、イティル、ハマダン（エクバタナ）、バグダード、クーファ、バスラ、ダマスクス、エルサレム、アレクサンドリア、フスタート、メッカ、メディナ、アデン

大ブリテン、北海、大西洋、地中海、黒海、紅海、ペルシア湾

東アフリカ海岸・島嶼

平氏の栄華

武力と経済力によって平清盛が政権の座にのぼる

清盛の栄進

保元・平治の乱に勝利した平清盛は、後白河法皇と協調し、朝廷内で栄進をつづけ、武士としてはじめて政権を握る。1167年に太政大臣となった清盛は翌年出家し、家督を嫡子重盛に譲り、自由な立場で政治を動かすようになる。内大臣となった重盛をはじめ子弟たちも公卿に進み、平家一門の知行国は全国半分ちかくに達し、「平氏にあらずんば、人にあらず」といわれた。

栄華を支えた日宋貿易

平氏の栄華を経済的に支えたのが、宋との貿易であった。清盛は摂津大輪田泊（神戸市）の港を修築して水運の拠点とした。清盛につづいて弟の頼盛が大宰大弐（大宰府の実質的長官＝海外への公式な窓口である）になるなど、貿易ルートの要所を平家一門で固めていった。厳島神社に莫大な寄進をしたのも、瀬戸内海における平氏の威勢を示す意味があった。

1179年11月、清盛はクーデターを起こして後白河法皇を幽閉、孫の安徳天皇を即位させ、反対派を一掃して独裁的権力を握ると、大輪田泊の改修を進め、さらにはそれに隣接する福原に都を移すことになる。清盛は、未曾有の海洋国家を夢見ていたのであった。なお、平泉を拠点に栄えた奥州藤原

氏も、馬や金の産出とともに、北方世界との交易を経済的基盤にしていた。

源平の権力争い

福原遷都は半年間で挫折する。つづく1181年には清盛が世を去り、平氏の栄華にも陰りが生じる。80年には後白河法皇の皇子以仁王が出した令旨に呼応して、鎌倉の源頼朝と木曾の源義仲が挙兵していた。83年に義仲軍が京に攻め上り、平氏は安徳天皇を連れて都落ちする。ついで頼朝の弟義経らが率いる頼朝軍が京に攻め上り、義仲を破り、根拠地である西国に逃げていた平氏を追撃する。

この大戦乱は、平氏の滅亡、そして奥州藤原氏の滅亡により、頼朝を盟主と仰ぐ武家政権の誕生までつづく。

平氏系図

平正盛―忠盛―
- 忠度（薩摩守）
- 頼盛（池大納言）
- 教盛
- 経盛
- 家盛
- 清盛＝時子（平大納言時信の女）
  - 教経（能登守）
  - 通盛
  - 忠快
  - 敦盛
  - 経正
  - 重衡
  - 知盛（新中納言）
  - 宗盛
  - 基盛
  - 盛子（白河殿）＝関白藤原基実（六条殿）
  - 徳子（建礼門院）＝80 高倉
  - 清房
  - 行盛
  - 忠房
  - 師盛
  - 有盛
  - 資盛
  - 維盛
  - 知章
- 滋子（建春門院）＝77 後白河

81 安徳

関白藤原基通（近衛殿）

青字は1183年都落ちの同行者
数字は「皇統譜」による即位の順
赤字は女性

平清盛の嫡男重盛が父に先立って1179年に世を去ったため、清盛の跡は宗盛が平家一門の総帥となった。清盛の弟頼盛は、宗盛に従わず、1183年の都落ちの際にも都に残り、のちに鎌倉で源頼朝に歓待される。

1160～1189年

- **1160** 源頼朝、伊豆へ配流。
  - 平清盛、公卿になる。
- **1164** 平清盛、厳島神社に法華経などの写経を奉納。
- **1167** 平清盛、太政大臣に。 P.86
- **1168** 平清盛、出家。
  - 栄西、宋より帰国。
- **1169** 後白河上皇、出家。
- **1169** エジプトにアイユーブ朝成立。
- **1170** 藤原秀衡、鎮守府将軍に就任。 P.88
- **1171** 平清盛の娘徳子、高倉天皇に入内。
- **1172** 宋使、後白河法皇と清盛に贈り物をする。
- **1175** 法然、専修念仏を唱える。
- **1177** 平清盛暗殺計画の鹿ヶ谷の陰謀、発覚。
- **1179** 平清盛、後白河法皇を鳥羽殿に幽閉、院政を停止。
- **1180** 清盛、大輪田泊修築。
  - 以仁王、平氏追討の令旨を発する。
  - 福原京遷都。
  - 源頼朝挙兵。石橋山合戦で敗北。鎌倉に入る。侍所を設置。富士川の合戦に勝利。
  - 源義仲、木曾で挙兵。
  - 平重衡、南都焼き打ちを行う。
- **1181** 平清盛没。
  - 重源、東大寺勧進職となり、再建に着手する。
  - 養和の飢饉（～83）。
- **1183** 源義仲、砺波山の戦いに勝利。平氏を退け、京に入る。
  - 陳和卿、東大寺大仏を鋳造。
  - 「寿永二年十月宣旨」で、源頼朝の東国支配権を承認。
- **1184** 義経・範頼軍、宇治川の合戦で、義仲軍を破って入京。義仲、近江で敗死。
  - 一ノ谷の合戦で、義経ら平氏を破る。
  - 源頼朝、平家没官領を与えられる。
  - 頼朝、公文所・問注所を設置。
- **1185** 屋島の合戦・壇ノ浦の合戦に敗れ、平氏滅亡。 P.92
- **1185** 源頼朝、守護・地頭を設置。
- **1187** 源義経、平泉の藤原秀衡のもとに逃れる。
  - 『千載和歌集』成立。
- **1189** 藤原泰衡、義経を襲撃して自害させる。
  - 頼朝、泰衡を討ち、奥州藤原氏滅亡。
- **1189** 第3回十字軍開始。

12世紀の東アジアと日宋貿易

中国の北方では、遼にかわって女真族が建てた金が力をつけた。1126年に北宋の都開封が、金によって攻略され、北宋は滅亡。南に逃れた王族が1127年に南宋を建国し、金と対峙することになる。朝鮮半島は、10世紀に新羅を倒した高麗王朝がつづいていた。南宋は、軍事面では金に押されていたが、産業・交易は発達し、高麗と日本を含めた3国の貿易が盛んになっていた。平氏は、南宋との貿易ルートを押さえ、その利益を独占しようとしたのであった。日宋貿易におけるおもな輸入品は、宋銭と景徳鎮などでつくられた陶磁器であった。日本からは、銅や硫黄、日本刀などが輸出された。

金（女真）（1115～1234年）
女真族による王朝。中国北部を支配した。

開封（汴京）
北宋の都だったが、1126年に金に滅ぼされた。

南宋（1127～1279年）
開封を追われた宋の皇族が南遷して建国。

音戸の瀬戸
宋船を畿内に引き入れるために清盛が開削した。

― 日宋貿易の航路

福原京造営計画の推定案
*『週刊朝日百科 日本の歴史1』による

福原では、清盛の別邸が天皇の内裏とされ、高倉上皇は頼盛邸に、後白河法皇は教盛邸に住んだ。新京造営は計画だけで終わる。山陽道を軸線とする説もあるが、大輪田泊をとりこむ形で南北に設計したという説が有力。

平氏の知行国
*本郷恵子『全集 日本の歴史6』による

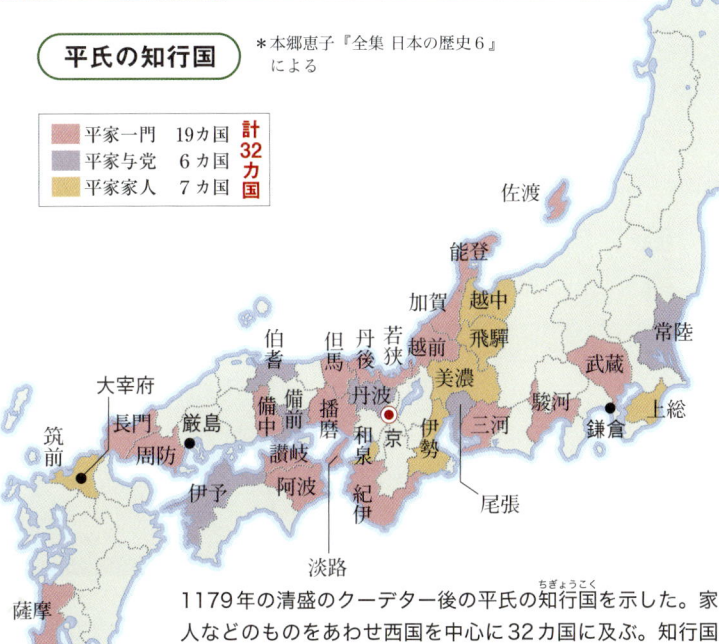

平家一門	19ヵ国
平家与党	6ヵ国
平家家人	7ヵ国
計	**32ヵ国**

1179年の清盛のクーデター後の平氏の知行国を示した。家人などのものをあわせ西国を中心に32ヵ国に及ぶ。知行国とは、貴族や寺院などが、国司を推薦する権利や税収を得る権利を認められた国のこと。

奥州藤原氏の繁栄

平泉を本拠に奥州藤原氏が一大王国を築く

平泉の栄華

前九年・後三年とつづく奥州の戦乱は、源義家が清原氏を滅ぼしたことによって閉幕する。しかし、義家は都によび戻され、実際の勝利者となったのは、藤原清衡であった。

将門の乱の鎮圧で名をあげた藤原秀郷の子孫とされる藤原経清の子として生まれた清衡は、安倍氏に味方した父が前九年の役で敗死すると、母が敵将清原武則の嫡子の武貞に再嫁したことによって救われ、後三年の役では、義家と協力して異父弟の清原家衡を破ったのであった。

清衡は、安倍氏・清原氏の遺領である奥六郡・山北三郡の支配者となった。

競争相手のなくなった清衡は、北方世界と中央の支配が確立した南奥羽との境とされた衣川の南岸の平泉に本拠を構え、都の文化をとりいれ、中尊寺を創建するなど繁栄を示した。

こうした栄華を支えた経済基盤は、金と馬の産出、それに北方世界との交易であった。平泉の地は、北方の蝦夷の交易圏と北上川水運から都へつながる通商ルートの結節点に位置していたのである。

秀衡・義経と繁栄の終わり

清衡の子基衡は毛越寺を、その子秀衡は無量光院を建立するなど、奥州藤原氏の繁栄は、3代100年ちかくつづいた。1170年、秀衡は、都の貴族以外ではじめて、鎮守府将軍となる。陸奥守も兼任した秀衡の権威は、朝廷の認めるところとなったのである。栄華をきわめた平氏も、奥州を支配下に置くことはできなかった。

1187年、兄頼朝と対立した源義経が、秀衡の庇護を求め平泉に入る。義経は、少年期に秀衡のもとにいたことがあった。しかし、秀衡はまもなく亡くなり、跡を継いだ泰衡は、89年、頼朝の圧力を受けて義経を襲撃して自害に追い込んだ。それに対して、頼朝はみずから奥州攻めを行い、奥州藤原氏を滅ぼした。

ジパングの黄金

13世紀に元を訪れたマルコ・ポーロは『東方見聞録』に、日本を「黄金の国ジパング」と記している。これは、中尊寺金色堂にみられるような奥州の黄金文化が大陸に伝わっていたためではないかとする説がある。奥州藤原氏の時代、京都は院政の最盛期で、寺院の建立や仏像の造立が盛んで金箔の需要が増大しており、

金の産地を押さえる奥州藤原氏の経済力・政治力は、いっそう強まったのである。

清衡は、宋版の一切経を求めるに、現在の価値で数十億円にのぼる大量の砂金を使っている。日宋貿易でも日本は金の輸出国で、その大半は奥州の砂金がもとであった。藤原氏は、北方経由でも大陸と交易しており、「黄金の国」として伝えられても不思議ではないだろう。

◉ **中尊寺金色堂内陣** 阿弥陀如来を本尊とする。清衡・基衡・秀衡のミイラが納められている。

◉ **金塊** 清衡のミイラのかたわらに収められていたもの。重さ32g。

11〜12世紀の北方世界

藤原氏が奥州の覇者になったころには、北奥州も日本の行政区画にとりこまれていた。蝦夷地との往来もあり、北方の物産が日本国の北端、外が浜から奥大道を通って平泉に運ばれた。

無量光院

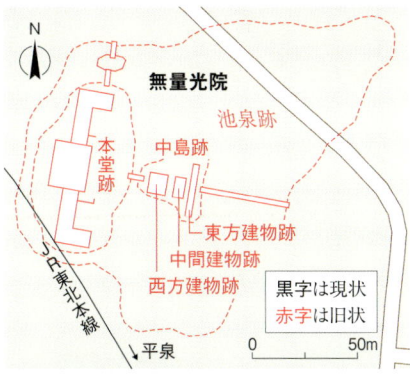

3代秀衡が建てた阿弥陀堂で、藤原頼通が建てた宇治の平等院鳳凰堂を模したものだが、左右の翼廊は平等院より長い。浄土を現世に表現したものである。
＊復元設計・監修／藤島亥治郎東京大学名誉教授

毛越寺

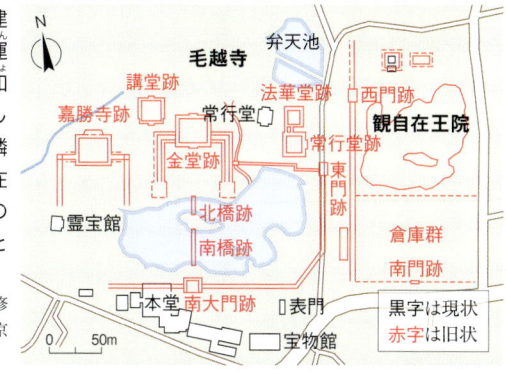

2代基衡が建てたもので、運慶作の薬師如来を本尊としたという。隣接する観自在王院は、基衡の妻が建てたと伝えられる。
＊復元設計・監修／藤島亥治郎東京大学名誉教授

12世紀の都市平泉

当時の平泉は、鎌倉をしのぐ東日本最大の都市であった。北上川水運と本州北辺までつづく奥大道の陸運によって、中国陶磁をはじめ各地の文物がもたらされた。中央右寄りの濠に囲まれた一角が秀衡の政庁とされる平泉館。戦国の城下町に通じるような武士の都の姿を示している。イラスト／板垣真誠

おもな地震と噴火

*『理科年表』、寒川旭『地震の日本史』ほかによる

火山活動によって生まれた日本列島では、有史以前から多くの火山が噴火を繰り返してきた。また、4つのプレートが接する日本列島一帯は、世界的にみても地震の多発地帯である。日本に被害をもたらす地震は、沖合いの深い海底で起きる海溝型地震と内陸の浅いところで起きる断層型地震に分けられる。前者はプレートの衝突や潜り込みによって起きるもので、図でわかるように、規模は大きく、三陸沖や東海・南海沖など同じような場所で繰り返し起こっている。内陸の断層型地震は規模こそ小さいが、生活圏の直下で起こるため、大きな被害をもたらすこともあった。

北海道南西沖地震 1993.7.12 M7.8（Mw7.7）
樽前山（支笏カルデラ） 1667
有珠山 1663 / 1944〜45／2000
北海道駒ヶ岳 1640／1856／1929
十勝沖地震 1952.3.4 M8.2
十勝沖地震 2003.9.26 M8.0（Mw8.3）
日本海中部地震 1983.5.26 M7.7（Mw7.7）
十和田カルデラ 915
善光寺地震 1847.3.24 M7.4
越中・越後地震 1751.4.26 M7.0〜7.4
鳥海山 871
三陸地震津波 1896.6.15 M8.25
慶長三陸地震 1611.10.28 M8.1
三陸沖地震 1933.3.3 M8.1
鳥取地震 1943.9.10 M7.2
福井地震 1948.6.28 M7.1
新潟地震 1964.6.16 M7.5
慶長会津地震 1611.8.21 M6.9
貞観地震★ 869.5.26 M8.3
陸奥地震 1793.1.7 M8.0〜8.4
北丹後地震 1927.3.7 M7.3
濃尾地震 1891.10.28 M8.0
磐梯山 1888.7.15
那須岳 1410.1.21
東日本大震災 2011.3.11 M8.4（Mw9.0）
畿内地震 1596.閏7.13
淡路大震災 1995.1.17 M7.25 (Mw6.9)
美濃地震 1585.11.29
焼岳 1915.6.6
浅間山 1108.7.21／1783.7.8
美濃地震 745.4.27 M7.9
関東大震災 1923.9.1 M7.9
富士山
大和地震★ 599.4.27 M7.0
東海地震★ 1096.11.24 M8.0〜8.5
安政江戸地震 1855.10.2 M7.0〜7.1
紀伊水道沖地震★ 1084.10.14 M8.25
関東南部地震 1257.8.23 M7.0〜7.5
東南海地震 1944.12.7 M7.9
東南海地震 1498.8.25 M8.2〜8.4
元禄地震 1703.11.23 M7.9〜8.2
宝永地震 1707.10.4 M8.6
慶長東海地震 1604.12.16 M7.9
相模湾地震 878.9.29 M7.4
南海地震 1946.12.21 M8.0
安政東海地震 1854.11.4 M8.4
三原山・伊豆大島 1684〜90／1777〜1779／1986.11.21
三宅島・雄山 1940／1983.10.3／2000〜2002
明神礁 1952〜53
伊豆鳥島 1902
喜界島地震 1911.6.15 M8.0

ユーラシアプレート
北米プレート
太平洋プレート
フィリピン海プレート
奄美大島

富士山
延暦の大噴火 800.3.14
貞観の大噴火 864〜866
宝永の大噴火 1707.11.23

凡例
地震・噴火の名称と発生時期（年.月.日）
- 紀元前（噴火）
- 平安時代まで
- 鎌倉〜安土・桃山時代
- 江戸時代
- 明治時代以降
- ● 震源地
- M マグニチュード
- Mw モーメントマグニチュード（近年、使用される地震の規模を表す単位）
- ★ 正確な震源地の特定できない地震
- 噴火したおもな火山

自然の力が社会をゆるがす
気候変動と災害

人類の文明は、地球環境に規定されて進んできた。とくに気候変動は、社会変動の原動力になることがあった。また、太平洋をめぐる火山帯によって生まれた日本は、地震国・火山国であり、台風の通り道に存在している。そのため、しばしば大きな災害が起こり、それが日本の社会全体をゆり動かすこともあった。

気温の変化

*北川浩之・松本英二「屋久杉年輪の炭素同位対比変動から推定される過去2000年間の気候変動」『気象研究ノート 191号』、高橋浩一郎・朝倉正『気候変動は歴史を変える』による

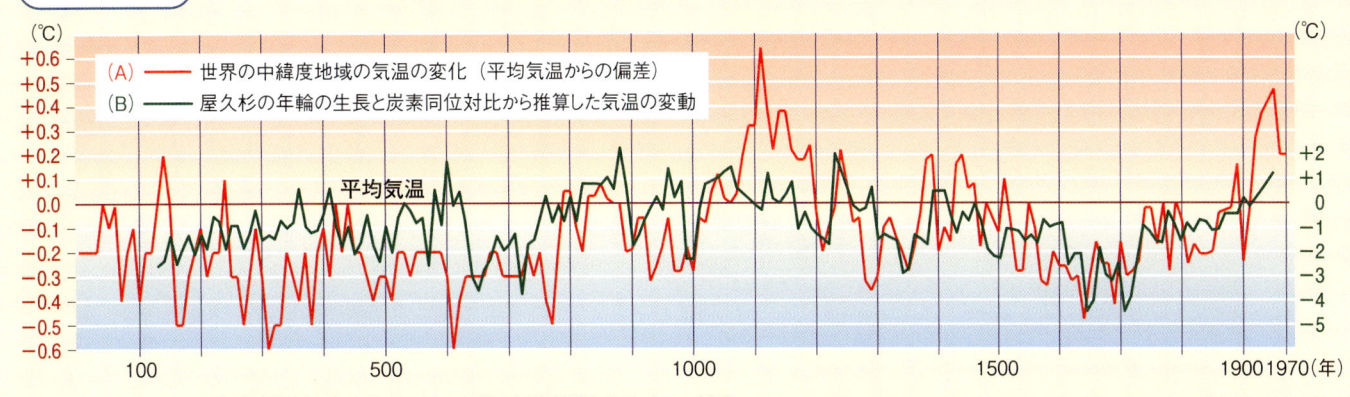

- (A) 世界の中緯度地域の気温の変化（平均気温からの偏差）
- (B) 屋久杉の年輪の生長と炭素同位対比から推算した気温の変動

（A）は、さまざまな要素を盛り込んで出した数字なので、変動幅が抑えられており、（B）より目盛り幅を小さくしてある。それでも、11世紀半ばから13世紀中ごろまでは温暖だったこと、江戸時代の中ごろの17世紀から18世紀前半が寒冷だったこと、そして近年は温暖化が進んでいることが推察できよう。日本では温暖な時期には東日本、寒冷な時期には西日本が環境面では快適で優位になる。平氏が源氏に滅ぼされたのも、薩摩・長州藩が江戸幕府を倒すことができたのも、こうした環境の影響があったとも考えられる。

おもな大火

木造建築が中心の日本では、火災の被害が拡大しやすい。被害と社会的影響の大きかったものを中心に示した。

時期※	場所	名称	内容
635年6月	飛鳥	岡本宮の火災	岡本宮が全焼、舒明天皇は田中宮へ移る。
670年4月	斑鳩	法隆寺全焼	創建時の「若草伽藍」が全焼。
686年1月	大坂	難波宮の火災	大蔵省の失火から難波宮が全焼。
866年閏3月10日	京都	応天門の変の火災	火災を機に大納言伴善男が失脚させられる。
960年9月23日	京都	天徳の大火	はじめて内裏が焼失。
1177年4月28日	京都	安元の大火	別名「太郎焼亡」。大極殿など2万余戸焼失。
1178年4月24日	京都	治承の大火	別名「次郎焼亡」。左京の人口密集地を焼く。
1180年12月28日	奈良	南都焼き打ち	平重衡が、興福寺・東大寺などに火をかける。
1467年5〜6月	京都	応仁の乱の兵火	たび重なる火災で、都全体が焼野原になる。
1657年1月18〜19日	江戸	明暦の大火	別名「振袖火事」。死者10万人以上。
1708年3月8日	京都	宝永の大火	100余の寺社、1万4000戸の町家が焼失。
1724年3月20〜23日	大坂	妙知焼け	淀川を越え、市街の約3分の2が焼失。
1730年6月20日	京都	西陣焼け	西陣を中心に108町を焼く。
1772年2月29日	江戸	行人坂の大火	大名屋敷169が焼失。死者約1万4700人。
1782年1月14日	名古屋	天明の大火	約1万2000戸が焼失。
1788年1月30日〜2月2日	京都	天明の大火	焼失戸数3万余、焼死者は1800人以上。
1806年3月4日	江戸	丙寅の大火	大名屋敷80余が焼失。死者約1200人。
1837年2月19日	大坂	大塩平八郎の乱	武家屋敷など169戸、町家3389戸を焼く。
1864年7月19日	京都	蛤御門の兵火	「鉄砲焼」「どんどん焼け」ともいう。
1934年3月21日	函館	函館大火	焼失家屋2万3633戸、死者2165人。

おもな風水害

台風によるものと長雨によるものがある。五十里洪水では、以前に堰止め湖ができたのも地震も関係している。

時期※	名称	内容
567年	諸国大水	『日本書紀』にある最初の水害の記録。
989年8月13日	京都大雨	鴨川が決壊し洪水。延暦寺の堂舎が多数吹き飛ばされる。
1228年10月7日	諸国暴風雨	鎌倉では、多くの建物が倒壊。台風によるものだろう。
1723年8月10日	五十里洪水	土砂崩れでできた堰止め湖が決壊、下流の下野国に洪水。
1742年7〜8月	寛保の洪水	「戌の満水」ともいう。長雨で関東一帯に被害。
1828年8月9日	子年の大風	九州北部の暴風雨。台風によるものだろう。
1934年9月21日	室戸台風	近畿から中国四国地方を襲う。死者・行方不明3036人。
1945年9月17〜18日	枕崎台風	西日本一帯に被害をもたらす。死者・行方不明3756人。
1959年9月26日	伊勢湾台風	中部・近畿地方を中心に、死者・行方不明5041人。

おもな飢饉

温暖期には旱魃が、寒冷期には冷害が原因となることが多い。二次的な自然災害で、対応によって被害が拡大することがある。

時期※	場所	原因	内容
1180〜81年	治承・養和の飢饉	旱魃	平氏滅亡の一因ともいわれる。
1230〜32年	寛喜の飢饉	旱魃	西日本だけでなく関東でも大凶作。
1420〜21年	応永の飢饉	旱魃	1424年、28年にも飢饉。
1459〜61年	長禄・寛正の飢饉	旱魃・台風	中国地方を中心に大凶作。
1539〜40年	天文の飢饉	風水害	疫病も流行し、全国に被害。
1641〜43年	寛永の大飢饉	旱魃・長雨・冷害	異常気象がつづき、各地で大凶作。
1732〜33年	享保の大飢饉	旱魃・蝗害	西日本を中心に被害。
1783〜84年	天明の大飢饉	冷夏・長雨	浅間山噴火もあり、北日本で大被害。
1833〜39年	天保の大飢饉	冷害	東北地方を中心に大凶作。
1930〜34年	昭和東北大飢饉	冷害	恐慌で疲弊した農村に大きな被害。

※時期の色分けは右図凡例の時代分けに準ずる
*『日本史小百科 災害』『江戸時代館』ほかによる

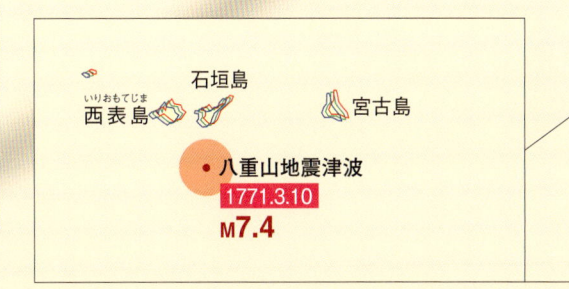

出雲地震 880.10.14 M7.0

筑紫地震★ 679.12 M6.5〜7.5

九重山黒岳 3世紀頃

豊後地震 1596.閏7.9 M7.0

雲仙普賢岳 1792.4.1 / 1990〜96

阿蘇カルデラ 紀元前8〜9万年頃

阿蘇山 796.7 867.5 / 1979

姶良カルデラ 紀元前2万5000年頃

霧島山（御鉢） 1235

慶長南海地震 1604.12.16 M7.9

桜島 1471〜76 / 1779 / 1914.1.12

仁和南海地震 887.7.30 M8.0〜8.5

鬼界カルデラ 紀元前5300年頃

正平南海地震 1361.6.24 M8.25〜

安政南海地震 1854.11.5 M8.4

石垣島 / 西表島 / 宮古島

八重山地震津波 1771.3.10 M7.4

沖縄本

源平の合戦

壇ノ浦で平氏は滅び、源頼朝が政権を握る

1183年6月～7月

勢いにのる義仲軍は、敗走する平氏軍を追って京に迫る。畿内各地の反平氏勢力もいっせいに蜂起する。

- 1181年6月13日 横田河原の戦いで、源義仲、城助職を破る
- 城助職
- 1183年5月11日 ②砺波山の戦いで義仲軍が維盛らの遠征軍に大勝
- 7月、義仲と結んだ行家、伊賀から大和へ進む
- 7月22日 義仲、坂本へ
- 7月22日 多田行綱、源氏につく
- 7月9日、吉野・多武峯決起

1180年12月～83年5月

木曾の義仲は、越後の城助職を破り、北陸道に進出する。さらに、平氏の遠征軍を砺波山で戦い、敗走させる。

- 1180年12月12日 平盛俊、三井寺を焼く
- 1181年3月10日 墨俣の戦いで頼朝に呼応した源行家が平氏に敗退
- 1180年12月28日 平重衡、南都を焼く
- 1182年9月 源希義討たれる
- 1180年冬 河野通清討たれる
- 1182年4月 平貞能ら、菊池・松浦氏らを服属させる
- 1181年2月 緒方惟能、平氏にそむく

1180年8月～12月

頼朝は石橋山の敗戦後、南関東の武士の支持を集めて鎌倉に入る。平氏の遠征軍を富士川で退け、基盤を固める。

- 11月5日 頼朝、佐竹氏を討つ
- 10月6日 頼朝鎌倉へ
- 10月 武田信義ら、甲斐源氏決起
- 8月29日 頼朝安房へ
- 9月3日 源義仲挙兵
- 11月 美濃源氏・近江源氏などが蜂起
- 8月23日 ①石橋山の戦いで、源頼朝敗走
- 11月23日 比叡山・三井寺の軍勢が平氏と交戦
- 10月20日 富士川の戦いで頼朝軍が維盛らの遠征軍に大勝
- 9月29日 平維盛ら京都を出発
- 福原
- 12月 南都の衆徒らが蜂起
- 河野通清、反平氏の挙兵
- 11月 菊池隆直、平氏にそむく

居所と支配権・進路
- 源頼朝 → 甲斐源氏
- 源義仲 →
- 平氏(清盛・宗盛) → 反平氏
- 奥州藤原氏

頼朝と義仲の挙兵

1180年（治承4）、後白河法皇の皇子以仁王が出した平氏追討の令旨にこたえて、鎌倉の源頼朝と木曾にいた義仲が挙兵し、戦乱の世となった。

平氏軍は、富士川で頼朝軍に、砺波山（倶利伽羅峠）で義仲に敗れる。頼朝は鎌倉に戻り、関東一帯に基盤を固める。一方、義仲は京に攻め上り、平家は福原に都落ちした。

平氏の滅亡と頼朝の政権樹立

これに対し頼朝は、弟の範頼・義経率いる軍勢を送った。京に進軍した範頼・義経軍は、義仲軍を撃破する。さらに、西国に勢力を保つ平氏を攻め、一ノ谷・屋島・壇ノ浦と追撃して戦勝し、滅亡させる。

さらに頼朝は、義経を追い落とし、義経が身を寄せた奥州藤原氏を滅ぼす。こうして頼朝は、鎌倉に武家政権を樹立したのであった。

①石橋山の戦い

- 大庭景親（3000騎）
- 三浦氏一党（300騎）
- 石橋山×
- 源頼朝（300騎）
- 安房に向かう
- 堀口×
- 鵐滝
- 日金峠
- 平井
- 韮山
- 山木館
- 石橋山に向かう
- 伊東祐親（300騎）
- 駿河
- 相模
- 伊豆

頼朝方の軍勢 →
平氏方の軍勢 →

●①石橋山の戦い　1180年8月、蛭ヶ小島に流されていた頼朝が挙兵するが、石橋山で大敗する。海路安房に逃れた頼朝は、三浦・千葉・上総氏などを味方につけて勢力をのばす。

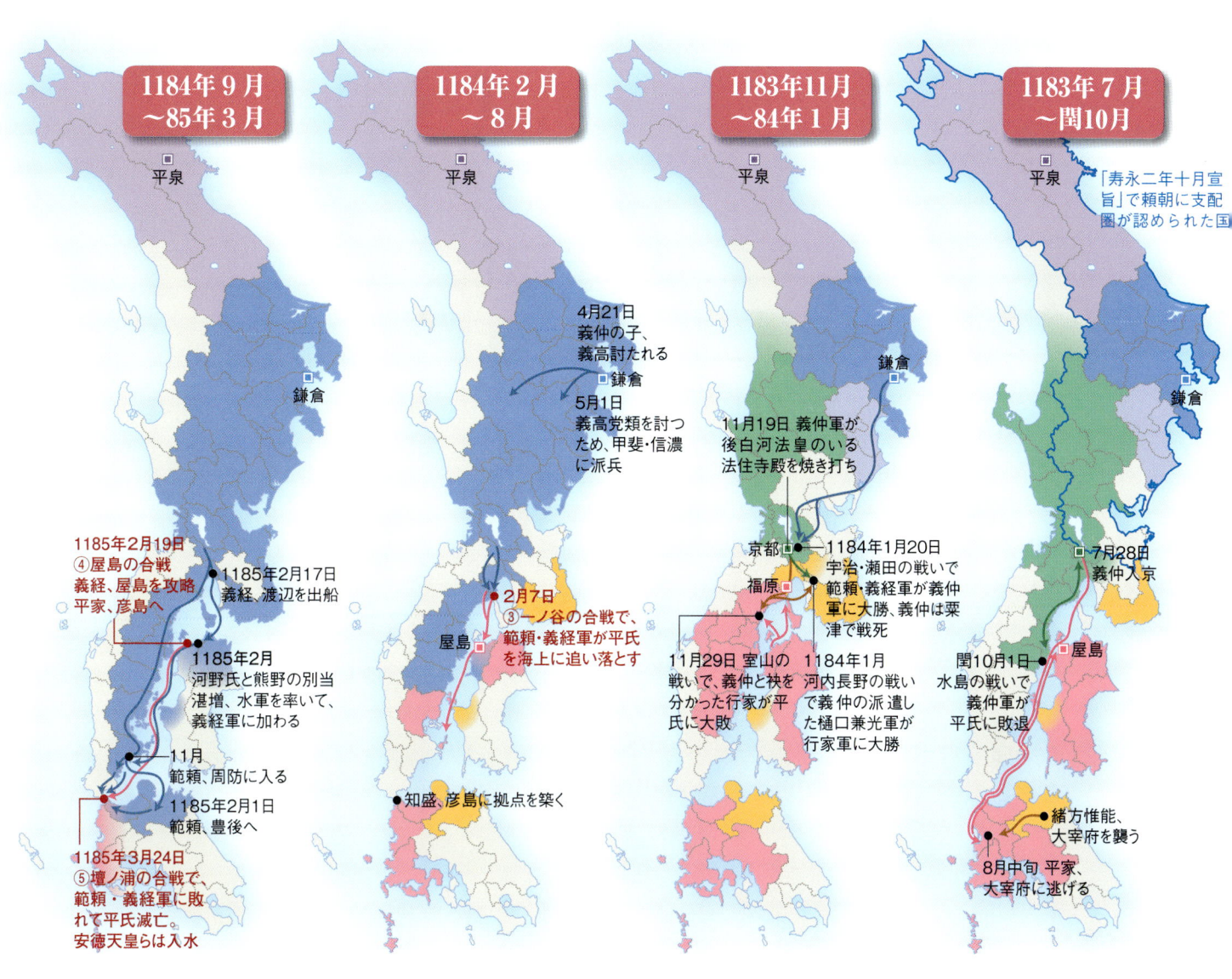

1183年7月～閏10月

「寿永二年十月宣旨」で頼朝に支配圏が認められた国

7月28日 義仲入京

閏10月1日 水島の戦いで義仲軍が平氏に敗退

緒方惟能、大宰府を襲う

8月中旬 平家、大宰府に逃げる

平家は都落ちし、義仲は京に入った。義仲の専横を嫌った朝廷は、頼朝に東国の支配を認める宣旨を出す。

1183年11月～84年1月

11月19日 義仲軍が後白河法皇のいる法住寺殿を焼き打ち

1184年1月20日 宇治・瀬田の戦いで範頼・義経軍が義仲軍に大勝、義仲は粟津で戦死

11月29日 室山の戦いで、義仲と袂を分かった行家が平氏に大敗

1184年1月 河内長野の戦いで義仲の派遣した樋口兼光軍が行家軍に大勝

義仲は政治的に孤立。範頼・義経軍が京に上り、義仲を敗死させる。平氏も勢力を回復し、屋島から福原に進出した。

1184年2月～8月

4月21日 義仲の子、義高討たれる

5月1日 義高党類を討つため、甲斐・信濃に派兵

2月7日 ③一ノ谷の合戦で、範頼・義経軍が平氏を海上に追い落とす

知盛、彦島に拠点を築く

範頼・義経軍は福原の平氏を強襲、平氏は海上に逃れる。頼朝は同盟関係にあった甲斐源氏を服属させる。

1184年9月～85年3月

1185年2月17日 義経、渡辺を出船

1185年2月19日 ④屋島の合戦 義経、屋島を攻略 平家、彦島へ

1185年2月 河野氏と熊野の別当湛増、水軍を率いて、義経軍に加わる

11月 範頼、周防に入る

1185年2月1日 範頼、豊後へ

1185年3月24日 ⑤壇ノ浦の合戦で、範頼・義経軍に敗れて平氏滅亡。安徳天皇らは入水

義経は屋島の平氏を背後から襲い、平氏は海上を西へ逃れた。壇ノ浦に追い詰められた平氏は海戦に敗れ滅亡する。

● ②砺波山の戦い　1183年5月、義仲が平氏の遠征軍に大勝する。松明を牛の角につけて坂下の平氏軍を壊走させたという「倶利伽羅峠の戦い」の逸話で知られる。

● ③一ノ谷の合戦　1184年2月、源氏軍は、福原に居を構える平氏を3方から強襲する。『平家物語』の「鵯越の坂落とし」の話で知られる。

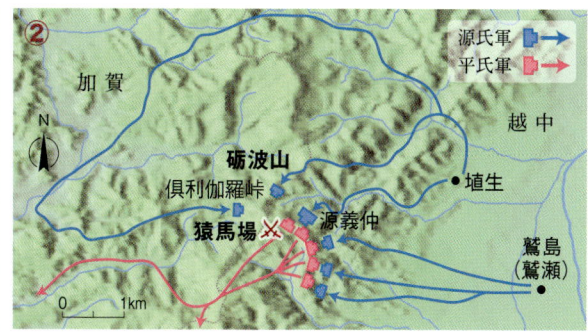

● ④屋島の合戦　1185年2月、嵐をついて四国に渡った義経軍は、平氏の拠点屋島を襲撃。平氏はあわてて海上に逃れる。

● ⑤壇ノ浦の合戦　1185年3月、追い詰められた平氏は、壇ノ浦の合戦で滅亡する。海戦は苦手だった源氏だが、熊野や瀬戸内の水軍を味方につけており、安徳天皇や女官などの非戦闘員を多くかかえる平氏には勝ち目がなかったといえる。

武家政権の始まり

源頼朝が鎌倉に幕府を開き、武士の時代が到来する

鎌倉幕府の成立

源頼朝が派遣した頼朝の弟の範頼・義経率いる軍勢が、木曾義仲を倒し、さらに平家を滅亡させた。戦乱の勝者となった頼朝は、勝手に官位をもらったことなどを理由に義経を排斥した。1185年、頼朝の権力の強大化を恐れた後白河法皇が義経に頼朝追討を命じると、頼朝は軍勢を京に送って後白河法皇に迫り、義経追討を口実に、諸国に守護を、荘園や公領に地頭を任命する権利を認めさせた。これは、実質的に幕府支配の成立といえる。頼朝が征夷大将軍となるのは、その7年後の1192年のことである。

また、1189年には、義経をかくまったことを理由に、奥州藤原氏を滅ぼしている。

将軍と御家人

鎌倉幕府は、個々の武士がもつ荘園村落に対する支配権を尊重する方針をとった。東国の武士たちは幕府に仕える御家人となる一方、自立した領主である御家人どうしの土地争いの裁判や朝廷との交渉などを受け持つ。このような新しい形の政権であり、頼朝のもとには、効率のよい政治機構がつくられた。そして、幕府は武士どうしは御家人に対し、先祖伝来の所領の支配を保障したり、新たな所領を与えたりした。この御恩に対し、戦時には軍役を、平時にも「京都大番役」や「鎌倉番役」などをつとめて、奉公したのである。将軍と個々の御家人たちは、「御恩と奉公」の関係で結ばれていた。将軍

頼朝の時代は将軍独裁であったが、その没後は、北条時政（2代と3代の将軍になる源頼家・実朝の外祖父）・三浦義澄・和田義盛・比企能員（頼家の妻の父）ら、有力御家人の合議政治が行われるようになっていく。

源頼朝の挙兵と東国武士の動向

*『日本歴史館』による

佐竹秀義
上野　下野
新田義重　足利俊綱
　　　小山（結城）朝光
畠山重忠　熊谷直実
　　　　　常陸
　下河辺行平　志田義広
河越重頼
　足立遠元
甲斐　武蔵
大庭景義
大庭景親　　千葉常胤
　　　　　上総介広常
相模　　　上総
　　鎌倉　三浦義澄
曾我祐信　　三浦義明
駿河　石橋山
北条時政　梶原景時
　　土肥実平　和田義盛　安房
　　　伊東祐親
伊豆　山木兼隆

→ 頼朝の進路
× 主戦場
● 頼朝側勢力
■ 反頼朝勢力
▲ のちに頼朝側勢力

1180年、諸国の源氏に平氏追討を命じる以仁王の令旨が出される。平治の乱で破れ、伊豆に流されていた源頼朝は、東国武士たちに朝廷の否認を訴えて伊豆で挙兵するが、石橋山の戦いで大敗。海上を安房へ逃れ、湾岸をほぼ1周する形で鎌倉に入り、ここに本拠地を定めた。

1190〜1332年

- 1190 源頼朝、権大納言・右近衛大将に就任。
- 1191 栄西帰国、臨済宗を伝える。　P.98
- 1192 源頼朝、征夷大将軍就任。　P.94
- 1199 源頼朝没。頼家、家督を継ぐ。
- 1202 源頼家、征夷大将軍に就任。
- 1203 北条時政、比企能員を殺害し、実権を握る（執権の始まり）。
　源実朝、将軍に就任。頼家を伊豆修善寺に幽閉。
- 1204 源頼家、殺害される。
- 1205 『新古今和歌集』編纂。
- 1206 チンギス・ハン、モンゴル統一。
- 1207 専修念仏の禁止。法然を讃岐に、親鸞を越後に配流。　P.98
- 1212 鴨長明『方丈記』成立。
- 1213 和田合戦で和田義盛敗死。
- 1215 イギリスで「マグナ・カルタ（大憲章）」できる。
- 1219 源実朝暗殺、源氏将軍断絶。
- 1221 承久の乱。鎌倉軍、朝廷軍に大勝。後鳥羽上皇ら配流。　P.96
- 1223 諸国に大田文作成を命じる。
- 1227 道元帰国、曹洞宗を伝える。　P.98
- 1231 寛喜の大飢饉、起こる。
- 1232 「御成敗式目」成立。
- 1247 宝治合戦で三浦泰村敗死。北条氏の専制が確立。
- 1253 日蓮、日蓮宗を広める。　P.98
- 1274 モンゴル軍、北九州に上陸するが撤退（文永の役）。　P.102
- 1274 この頃、一遍が時宗を開く。　P.98
- 1279 モンゴル（元）、南宋を滅ぼす。
- 1281 モンゴル軍、北九州に襲来。暴風雨もあって撤退（弘安の役）。　P.102
- 1285 霜月騒動で安達泰盛ら滅亡。
- 1293 北条貞時、平頼綱を殺害。
- 1297 永仁の徳政令、出される。
- 1299 オスマン帝国建国。
　この頃、マルコ・ポーロ『東方見聞録』成立。
- 1317 幕府、大覚寺統と持明院統の両統迭立を提案（文保の和談）。
- 1324 後醍醐天皇の倒幕計画が露顕（正中の変）。
- 1330 この頃、『徒然草』成立か。
- 1331 後醍醐天皇、挙兵（元弘の変）。
- 1332 後醍醐天皇、隠岐に流される。

要害の地、鎌倉

地図ラベル：建長寺、鶴岡八幡宮、大倉幕府、若宮幕府、宇津宮辻子幕府、六浦路、名越の切通し、若宮大路、鎌倉大仏、極楽寺、滑川、和賀江島

鎌倉は、源頼義・義家以来源氏ゆかりの地で、周囲を山に囲まれた要害であった。ここに本拠を定めた頼朝は、義家が創建した鶴岡八幡宮を中心とした都市づくりをした。海岸から広い若宮大路が八幡宮まで貫かれた。また、鎌倉は海上交通の要衝で、南東側に和賀江島が築かれて良港をつくっていた。イラスト／マカベアキオ

御家人制度

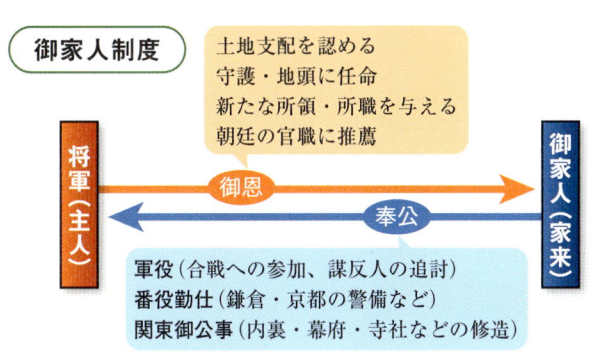

将軍（主人） ← 御恩 → 御家人（家来）

御恩（将軍→御家人）
- 土地支配を認める
- 守護・地頭に任命
- 新たな所領・所職を与える
- 朝廷の官職に推薦

奉公（御家人→将軍）
- 軍役（合戦への参加、謀反人の追討）
- 番役勤仕（鎌倉・京都の警備など）
- 関東御公事（内裏・幕府・寺社などの修造）

御家人とは将軍と主従関係を結んだ武士のことをいう。将軍は御家人を地頭職に補任したりすることで御家人に対して御恩を与え、一方、御家人は幕府に対して軍役や京都・鎌倉の警固役などの義務を負って、奉公に励んだ。

朝廷と幕府の土地支配

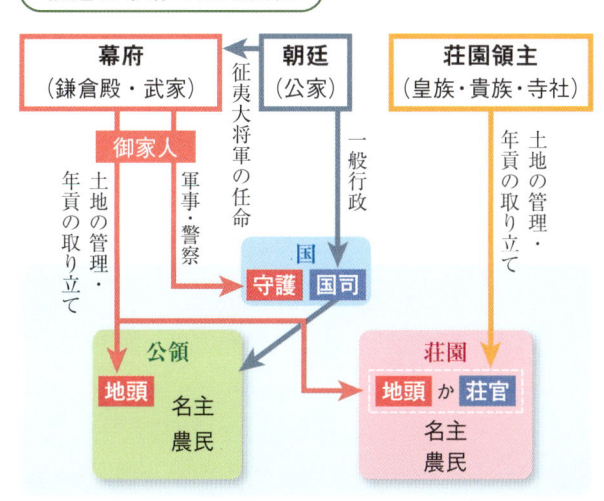

- 幕府（鎌倉殿・武家）─ 征夷大将軍の任命 ← 朝廷（公家）
- 荘園領主（皇族・貴族・寺社）
- 御家人
- 朝廷：一般行政 → 国（守護・国司）
- 幕府：軍事・警察、土地の管理・年貢の取り立て
- 公領：地頭、名主・農民
- 荘園：地頭か荘官、名主・農民
- 荘園領主：土地の管理・年貢の取り立て

諸国に守護、荘園・公領に地頭を置く権利を得た頼朝は、敵方所領から没収した地に、自分の配下に入った御家人を地頭として補任した。地頭が置かれた荘園・公領では、二元的支配が行われることになり、紛争が多発した。

鎌倉幕府組織図

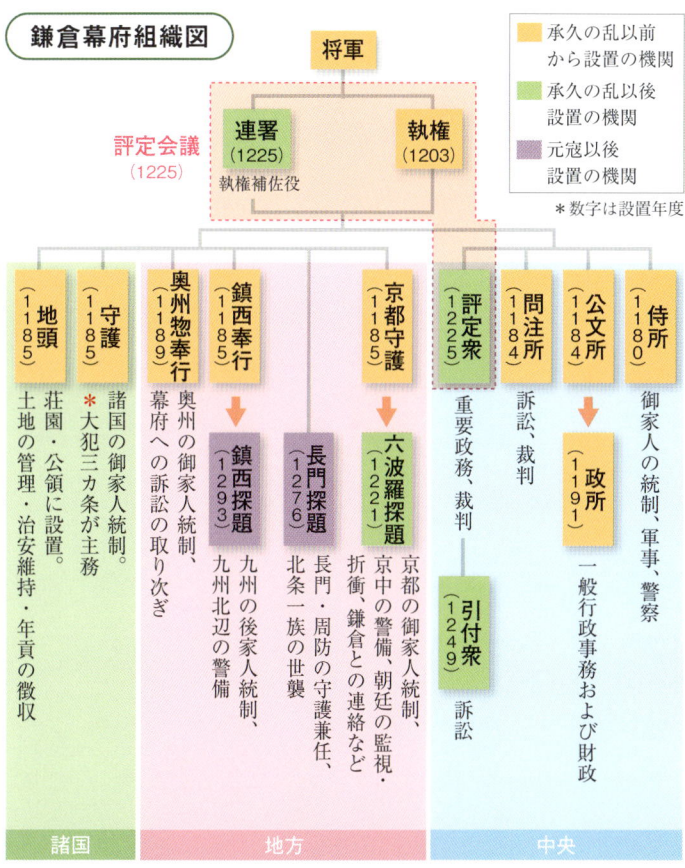

凡例：
- 承久の乱以前から設置の機関
- 承久の乱以後設置の機関
- 元寇以後設置の機関

*数字は設置年度

将軍
├ 連署（1225）執権補佐役
├ 執権（1203）
└ 評定会議（1225）

諸国
- 地頭（1185）：土地の管理・治安維持・年貢の徴収
- 守護（1185）：＊諸国の御家人統制。大犯三カ条が主務

地方
- 奥州物奉行（1189）：奥州の御家人統制、幕府への訴訟の取り次ぎ
- 鎮西奉行（1185）
- 鎮西探題（1293）：九州の御家人統制、九州北辺の警備
- 京都守護（1185）
- 長門探題（1276）：長門・周防の守護兼任、北条一族の世襲
- 六波羅探題（1221）：京都の御家人統制、京中の警備、朝廷の監視・折衝、鎌倉との連絡など

中央
- 評定衆（1225）：重要政務、裁判
- 問注所（1184）：訴訟、裁判
- 公文所（1184）
- 政所（1191）：一般行政事務および財政
- 侍所（1180）：御家人の統制、軍事、警察
- 引付衆（1249）：訴訟

＊大番役（京都の警備）の催促、謀反人の逮捕、殺害人の逮捕

政務運営組織として侍所・政所・問注所が設置され、初代トップは、侍所は和田義盛、政所は大江広元、問注所は三善康信と有力御家人や京下り官人がつとめた。頼朝の死後、将軍は形骸化、執権・連署・評定衆による合議で政務が決定されるようになる。

承久の乱

幕府軍が上皇軍を圧倒、全国に幕府の支配が及ぶ

源氏3代から執権政治へ

鎌倉時代には、幕府と朝廷の2つの政権が東西に並び立っていた。武士たちは、朝廷側の荘園領主や国衙の支配と、幕府が任命した守護の支配の両方を受けていた。実際には、東国は幕府の支配地域であり、西国は朝廷の力が強かった。

幕府では、源頼朝が没すると、有力御家人どうしの争いが強まり、北条氏が、畠山重忠や和田義盛を倒して勢力を拡大していった。頼朝の妻で頼家・実朝の母・政子の父親である北条時政は、2代将軍頼家を廃して実朝を将軍にしたときに、初代の執権となった。これは、政所と侍所の長官を兼ねたものであった。

和歌などの京都の文化に傾倒していた実朝が、頼家の子の公暁に殺害されて源氏の嫡流が途絶えると、朝廷との関係が疎遠になった。時政の子の義時は、皇族を将軍に迎えようとしたがうまくいかず、摂関家から飾りものの将軍を迎え、執権として政治を支配するようになった。

後鳥羽上皇の挙兵と敗北

朝廷のトップは、『新古今和歌集』の編者でもある後鳥羽上皇で、実朝とは和歌を介して親交があった。武芸にも通じた後鳥羽は、それまでの北面の武士に加えて西面の武士を設置して軍事力の強化を行っていた。後鳥羽は広大な荘園を領していたが、そこに地頭が置かれると、地頭と近臣などのあいだでしばしば諍いが起こっていた。

そして1221年、幕府が弱体化しているとみた後鳥羽は、自派の武士たちを組織するとともに、各地の武士たちに呼びかけて、北条義時追討の挙兵に踏み切った。承久の乱の勃発である。

しかし、上皇方に加わる武士は少なかった。幕府側の大軍が京都に向かって攻め上ると、上皇方の軍勢は大敗する。東国の武士団の結束は強く、後鳥羽が期待したような離反者はほとんど出なかったのであった。

京都に入った幕府軍は、乱に関係した3人の上皇を流罪にし、仲恭天皇を退位させた。幕府は、この後、六波羅探題を置いて、朝廷を監視することにした。ついに、幕府が朝廷の上に立つようになったのである。

そして、上皇方についた貴族や武士の所領を没収して、東国の武士たちを地頭として送り込んだ。これは、もとからの「本補地頭」に対し「新補地頭」とよばれる。これによって、西国も幕府の支配下に入ったのである。

鎌倉幕府関係系図

凡例：天皇家／源氏／北条得宗家／赤字は女性

〔天皇家〕高倉80 ― 後鳥羽82 ― 土御門83 ― 後嵯峨88
後鳥羽 ― 順徳84 ― 仲恭85
守貞親王 ― 後堀河86 ― 四条87
忠成王

〔北家〕藤原忠通 ― 慈円
九条兼実 ― 九条良経 ― 九条道家 ― 教実／頼経④／頼嗣⑤

〔源氏〕源義朝 ― 義経／頼朝① ― 頼家②／実朝③／女
頼家 ― 一幡／公暁／竹御所
頼経21歳／実朝12歳／頼嗣6歳／頼経9歳

〔北条氏〕北条時政①＝牧の方 ― 義時②／政子／女＝平賀朝雅
義時 ― 泰時③／朝時（名越）／重時／政村⑦／時房
泰時 ― 時氏／時実
時氏 ― 経時④／時頼⑤
時頼 ― 時宗⑧／宗政
時宗 ― 貞時⑨
貞時 ― 高時⑭
朝時 ― 光時（赤橋）長時⑥／時兼／業時／宣時
重時 ― 長時⑥／義政／業時
政村 ― 時村／顕時
（ほか）時輔／宗頼／宗宣⑪／師時⑩／熙時⑫／基時⑬／貞顕⑮／守時⑯

〔安達氏〕安達景盛 ― 義景 ― 泰盛／松下禅尼 ― 覚山尼

西園寺公経 ― 比企能員 ― 若狭局

80〜88は「皇統譜」による即位の順
①〜⑤は将軍、❶〜⓰は執権、将軍の年齢は就任時のもの

承久の乱の経過と結果

凡例:
- → 幕府軍の進路
- ● 新補地頭が置かれた土地
- ○ 上皇配流地
- 乱前から北条一門の守護分国
- 乱後に北条一門が守護になった国

配流地:
- 後鳥羽上皇配流地（隠岐）
- 順徳上皇配流地（佐渡）
- 土御門上皇配流地（土佐）

幕府軍:
- 北条朝時軍（4万）
- 武田信光軍（5万）
- 北条泰時・時房軍（10万）

後鳥羽上皇が出した北条義時追討宣旨に対して、幕府側は頼朝未亡人の北条政子が大演説をぶって御家人をまとめ、京都に向かわせた。約1カ月後、上皇側はあえなく敗退。後鳥羽・土御門・順徳の3上皇は配流、上皇の近臣らも厳罰処分となった。東国の御家人たちが新補地頭として西国に送り込まれ、北条一門の守護分国も増えた。

六波羅探題と篝屋の設置

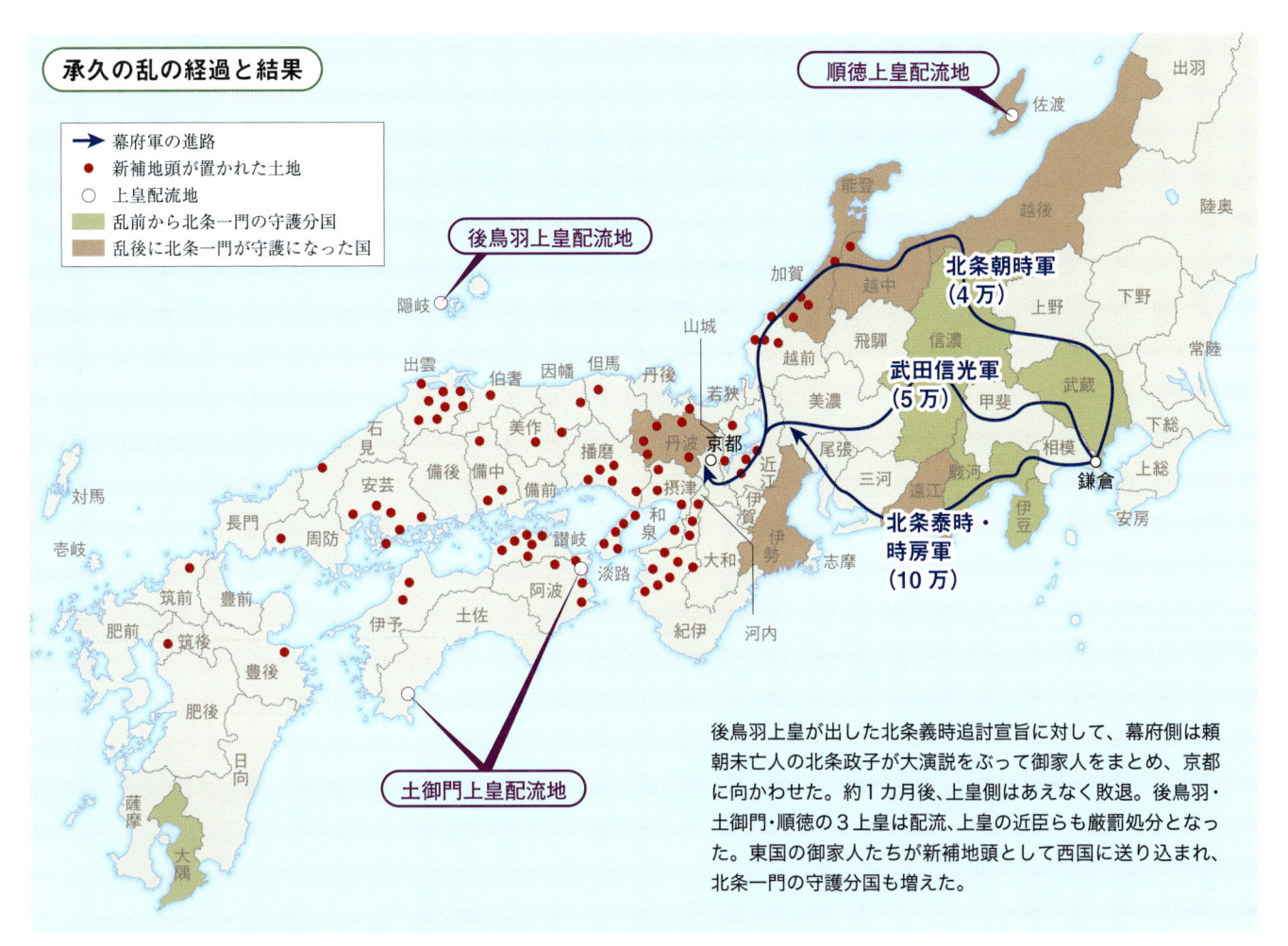

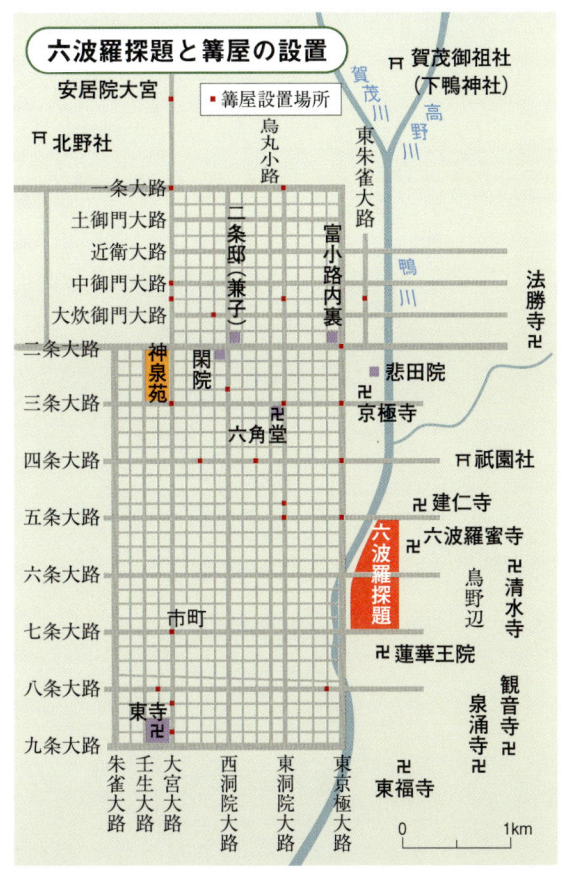

■ 篝屋設置場所

六波羅はもとは平氏一門の邸宅地であったが、平氏滅亡後は頼朝側の拠点となっていた。承久の乱後、朝廷の監視、西国の行政・裁判を行う機関として、六波羅探題が置かれ、要所の辻には篝屋とよばれる分署が設置された。

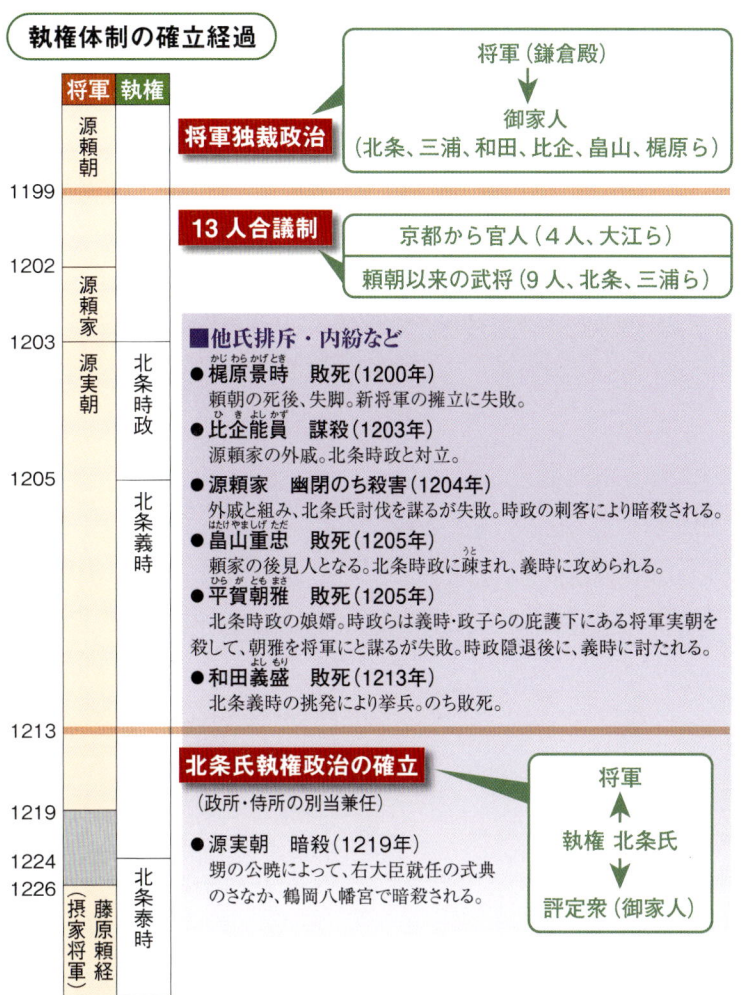

＊塚本とも子氏の論文による

執権体制の確立経過

年	将軍	執権	事項
	源頼朝		**将軍独裁政治**　将軍（鎌倉殿）→御家人（北条、三浦、和田、比企、畠山、梶原ら）
1199			
1202	源頼家		**13人合議制**　京都から官人（4人、大江ら）／頼朝以来の武将（9人、北条、三浦ら）
1203	源実朝	北条時政	■ 他氏排斥・内紛など
1205		北条義時	● 梶原景時　敗死（1200年）頼朝の死後、失脚。新将軍の擁立に失敗。
			● 比企能員　謀殺（1203年）源頼家の外戚。北条時政と対立。
			● 源頼家　幽閉のち殺害（1204年）外戚と組み、北条氏討伐を謀るが失敗。時政の刺客により暗殺される。
			● 畠山重忠　敗死（1205年）頼家の後見人となる。北条時政に疎まれ、義時に攻められる。
			● 平賀朝雅　敗死（1205年）北条時政の娘婿。時政らは義時・政子らの庇護下にある将軍実朝を殺して、朝雅を将軍にと謀るが失敗。時政隠退後に、義時に討たれる。
1213			● 和田義盛　敗死（1213年）北条義時の挑発により挙兵。のち敗死。
1219			**北条氏執権政治の確立**（政所・侍所の別当兼任）
1224	（摂家将軍）藤原頼経	北条泰時	● 源実朝　暗殺（1219年）甥の公暁によって、右大臣就任の式典のさなか、鶴岡八幡宮で暗殺される。
1226			

将軍 → 執権 北条氏 → 評定衆（御家人）

鎌倉仏教の広がり

新仏教が誕生し、武士や庶民の信仰を集めていく

民衆に普及した新仏教

鎌倉時代は、都の貴族が独占していた文化が、地方の武士や庶民のあいだにも広まりはじめた時期でもあった。

そうした流れをうけて、源平争乱のころから、仏教界にも新しい動きが起こってきた。それは、わかりやすい教えを、武士や民衆に広く布教しようとしたものであった。

こうして、法然・親鸞・一遍・栄西・道元・日蓮らによって、浄土宗・浄土真宗・時宗・臨済宗・曹洞宗・日蓮宗という新しい宗派がつくられた。

念仏と禅

浄土宗や浄土真宗は、阿弥陀仏の力を信じて念仏を唱えるだけで極楽往生できるという「他力の思想」で、庶民のあいだに広まった。時宗も、踊念仏を布教の手段とした。

臨済宗や曹洞宗は、禅によって悟りを得るというもので、新しく支配階級となった武士たちの信仰を集めた。

これに対し、旧仏教の側でも、社会事業に尽力した叡尊や忍性のような革新の動きが起こっている。

また、鎌倉後期に幕府政治を批判した日蓮は、他の宗派や商工民などのあいだに広まっていった。

栄西と道元の足跡

延暦寺に学んだ栄西は、宋に渡って最先端の「禅」にふれ、帰国後は、九州各地に禅宗寺院を建立したのち、鎌倉を訪れ、源頼家や実朝、ふたりの母の北条政子に歓迎される。その後、京都で建仁寺を開創する。

京都の貴族出身の道元は、延暦寺で学んだのち、中国に渡り、座禅修行につとめた。帰国後は建仁寺に入るが、そののち京都にとどまらず、永平寺を拠点にした。

- 道元没 1253年
- 建仁寺創設 1202年
- 寿福寺の住職となる 1200年
- 栄西没 1215年
- 道元誕生 1200年

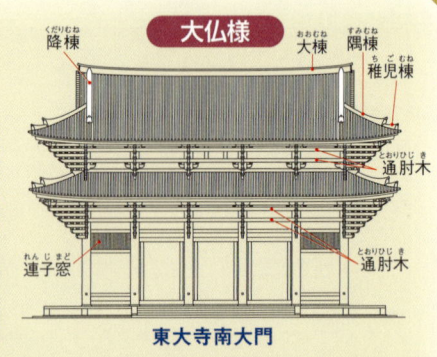

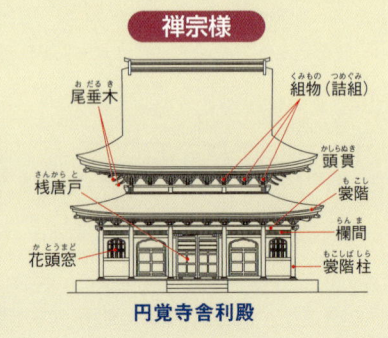

── 道元の足跡
── 栄西の足跡

新しい建築様式の登場

仏教の革新と時を同じくして、寺院建築にも中国にならった新しい様式が広まった。それが「大仏様（天竺様）」と「禅宗様（唐様）」である。

大仏様は、1180年に平氏の手で焼かれた東大寺の再興のときに用いられた様式である。このとき再建の指揮をとった民間僧の俊乗坊重源は宋に留学していた経験があったようで、中国南部の様式をとりいれて大仏殿を再建した。大仏殿は室町時代に再び焼失したため、重源が再建したもので現存するのは、南大門と鐘楼などだけである。大仏様は、大材がいっぽう、鎌倉の円覚寺の舎利殿に代表される禅宗様は、その名のとおり、禅宗寺院に用いられた様式である。武士得にくいことなどから廃れていくが、和様や折衷様（和様に大仏様や禅宗様を加えたもの）にとりいれられていった。

の都・鎌倉では旧仏教の影響も少なく、宋の禅寺の伽藍配置や建築様式がそのまま導入されたのであった。

太く長い木が横に貫く大仏様は豪壮な印象なのに対し、細めの木を細かく組み合わせた禅宗様は曲線的な花頭窓などの効果もあって緻密な印象をもつ。しかしどちらの様式も、柱に貫を通したり、隅の軒を放射状の垂木で支えるなど、工学的に堅固で合理的な構造だった。

禅宗様は和様と影響しあいながら、宗派を超えて広まっていった。

大仏様・禅宗様・和様の各部名称:
降棟、大棟、隅棟、稚児棟、通肘木、連子窓、通肘木（東大寺南大門）

組物（詰組）、尾垂木、頭貫、桟唐戸、裳階、花頭窓、欄間、裳階柱（円覚寺舎利殿）

法然と親鸞の足跡

武士の子に生まれた法然は、9歳のときに敵の夜襲を受けて父を失い、比叡山延暦寺に入る。旧来の教えに疑問をいだいて山を下り、京都東山に住んで「専修念仏」の教えを創始する。中級貴族の日野氏に生まれた親鸞は、延暦寺で修行ののち、山を下りて京都の六角堂にこもって悟りを開く。親鸞は法然の門弟となるが、ふたりは大寺院の圧力を受け、流罪にされる。

凡例：
— 法然の足跡
— 親鸞の足跡

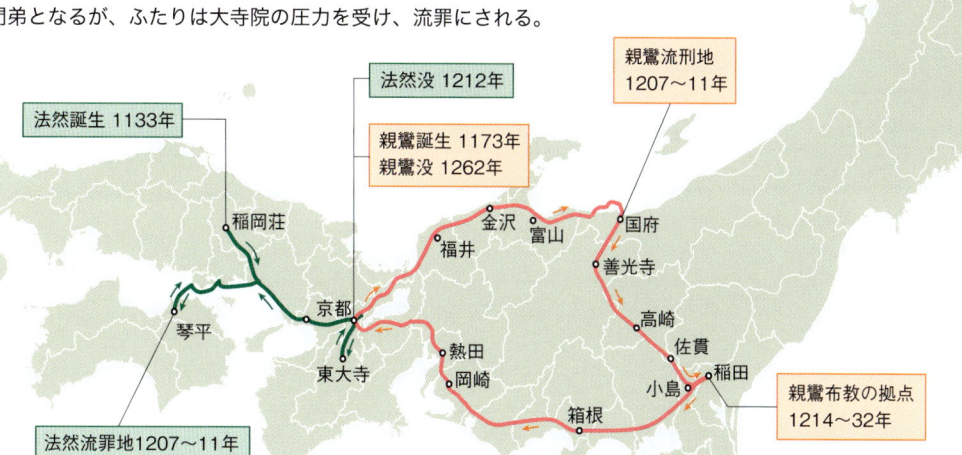

地図ラベル：
- 法然誕生 1133年
- 法然没 1212年
- 親鸞誕生 1173年　親鸞没 1262年
- 親鸞流刑地 1207～11年
- 法然流罪地 1207～11年
- 親鸞布教の拠点 1214～32年

地名：稲岡荘、琴平、京都、東大寺、福井、金沢、富山、国府、善光寺、高崎、佐貫、稲田、小島、箱根、熱田、岡崎

鎌倉新仏教の祖師たち

名前	生没年／○開宗の年　宗派	おもな著作	宗派の中心寺院
法然	1133 ― 1212　1175 浄土宗	「選択本願念仏集」	知恩院（京都）
親鸞	1173 ― 1262　1224 浄土真宗	「教行信証」	本願寺（京都）
栄西	1141 ― 1215　1191 臨済宗	「興禅護国論」	建仁寺（京都）
道元	1200 ― 1253　1227 曹洞宗	「正法眼蔵」	永平寺（越前）
日蓮	1222 ― 1282　1253 日蓮宗	「立正安国論」	久遠寺（甲斐）
一遍	1239 ― 1289　1274 時宗	「一遍上人語録」	清浄光寺（相模）

栄西関連地図

- 入宋 1223～27年
- 1回目入宋 1168年4～9月
- 2回目入宋 1187～91年
- 2回目の帰国後、九州各地に寺院建設
- 栄西誕生 1141年

地名：博多、宇佐八幡

日蓮と一遍の足跡

漁師の子に生まれた日蓮は、清澄山で修行したのち、鎌倉や比叡山、高野山などで学ぶ。その後、鎌倉を拠点に活動し、前執権の北条時頼に『立正安国論』を差しだしている。蒙古襲来の国難を予言して的中させるが、幕府に危険視され流罪となった。
地方豪族の河野氏に生まれた一遍は、九州で浄土宗の僧として修行したのち、いっさいにこだわらない「捨聖」となり、全国を遊行してまわった。

凡例：
— 日蓮の足跡
— 一遍の足跡

地図ラベル：
- 一遍没 1289年
- 日蓮流罪地 1271～74年
- 日蓮、晩年の活動拠点
- 一遍踊念仏創始 1279年
- 日蓮没 1282年
- 一遍誕生 1239年
- 日蓮流罪地 1261～63年
- 日蓮誕生 1222年

地名：大宰府、筑前の武士の館、厳島、稲岡荘、吉備津神社、津山、大三島、道後、善通寺、兵庫、四天王寺、高野山、熊野本宮、那智大社、新宮、伊勢、京都、延暦寺、甚目寺、伴野、吉田、善光寺、国府、寺泊、柏崎、塚原、一ヶ谷、江刺、久遠寺、池上、三島、鎌倉、伊東、片海、清澄、大隅八幡宮

中世の農村の構造

定田（課税の対象となる田地）
除田（課税を免除された田地）
＊名主の屋敷地は免税扱い

村の中心は在地の領主の館（荘官屋敷）で、その周辺に年貢・公事のかからない直営田があった。村の神社の祭りなどの経費をまかなう社田、荘官の支払いにあてる荘官給田などの除田を一定確保し、残りの定田はいくつかの名田に分かれていた。

図中の地名：槌丸城、慈眼院、大井関大明神、無辺光院、丹生大明神、八王子、禅林寺、上ノ郷、意賀美神社、樫井川、禅興寺

円図中：山林、寺田、社田、荒廃地、領主佃、荘官屋敷、荘官給田、直営田（門田、佃、用作、正作など）、名田、新田、原野

● 日根野村（日根荘）の絵図　1316年制作。この絵図はかなり克明で、現存している寺社、ため池、水路などが、この当時からあったことがわかる。

九条家領日根荘にみる
中世の農村社会

和泉国日根荘は鎌倉後期の1234年、前関白九条道家の申請で成立し、16世紀中頃まで約300年存続した。現在の大阪湾に面する海岸部から和泉山脈の山間部にいたる広大なものだった。最初は未開発の荒野が広がっていたが、ため池や用水路を開いて、徐々に開発が進んだ。この絵は、右下の1316年に描かれた絵図や明治末年の地形図などを勘案して、中世日根荘の風景を再現したもの。イラスト／中西立太

市場
壇波羅密寺
熊野大道
蟻通神社

淡路国の荘園と公領の分布

＊『週刊朝日百科 日本の歴史2』による

1223年の淡路国の大田文（土地台帳）を図にしたもの。公領・荘園を問わず、ひとつを除いてすべてで地頭が任命されている。ここでは表示できなかったが、大田文からは、皇室領では新熊野社、寺社領では石清水八幡宮の所領が比較的多いことがわかる。

蒙古襲来

モンゴル帝国が大軍を派遣し、日本を襲った

日本をねらうモンゴル帝国

13世紀初めにモンゴル（蒙古）を統一したチンギス・ハンの孫フビライは、中国北部を支配下に入れ、元朝を建てた。南宋にも攻撃を加え、朝鮮半島の高麗も従属させた。そして、日本にも従うことを求めた。

しかし、当時の日本の政治のトップにあった執権・北条時宗は、元の要求に屈しなかった。

●元軍の新兵器「てつはう」　火薬を使った新兵器で、殺傷力よりも馬を驚かす効果が大きく、日本側は手を焼いた。（『蒙古襲来絵詞』）

元寇の撃退と幕府の動揺

そこで元は、1274年、高麗の軍勢とあわせた約3万の兵で、壱岐・対馬を攻撃、さらに博多湾に上陸した（文永の役）。最初の「元寇」である。

幕府は、九州に所領をもつ御家人を動員して迎え撃ったが、元軍の集団戦法やすぐれた兵器に苦戦した。元軍は、損害を受けて撤退した。本気で日本占領を考えていたわけではなく、脅しの効果があればよいとみていたようだ。

幕府は、再度の襲来に備えて、博多湾沿いに防塁を築くなど、防備を固めた。元は、南宋を滅ぼすと、日本を従えようとした。屈服を迫る元の使者を、幕府は斬り殺し、再度の蒙古襲来となった（弘安の役）。

元は、朝鮮半島からの「東路軍」と南宋の降伏軍を主体とする「江南軍」をあわせて14万という大軍を送った。

しかし、幕府軍の頑強な抵抗と暴風雨にあって、多くの船が難破、退却を余儀なくされた。

元軍の敗因は、暴風雨のほか、海戦に不慣れだったことと、日本側の団結が強かったことなどがあげられる。幕府は、元寇の撃退に成功したものの獲得したものはなく、奮闘した御家人たちに十分な恩賞を与えられず、信頼を失うことになった。3度目の襲来への防備も、幕府の負担となった。

その一方で、北条氏、なかでも家督を継ぐ「得宗」に権力が集中した。そして、得宗の家臣である「御内人」と本来の御家人が対立するようになる。

海洋国家としてのモンゴル

2度目の元寇のときに江南から繰り出された船団は3500隻。南宋時代の船か、造船技術を習得して新たに建造された船が使われたにあった。日本と元との交流は活発につづいていたのである。

フビライ治世末期には、東シナ海から東南アジアを経てペルシャにいたる海上ルートは、モンゴルの手中にあり、海洋貿易の活況時代に入っていた。元寇には、海上経済圏の拡大という一面もあったのである。

この大船団には、日本への移住を希望して鋤や鍬を積んだ10万人の旧南宋兵、華北出身者やモンゴル直属兵からなる監視部隊が乗っていた。

フビライは対外貿易振興策をとり、2度の元寇のあいだにも、またその後も日本からの貿易船に上陸許可を出し、巡礼僧の往来も毎年のようにあった。

得宗専制政治への移行

```
                    任免権
         ┌──────────────────┐
政権主導  得宗              →将軍    執権    評
        （北条本家）                  連署    定
寄合  ↕                任免介入      評定衆   会
        内管領                      （北条一門）議
        （御内人代表）                        形
                                            骸
         御内人              御家人    化
```

北条一門の守護職独占の進行

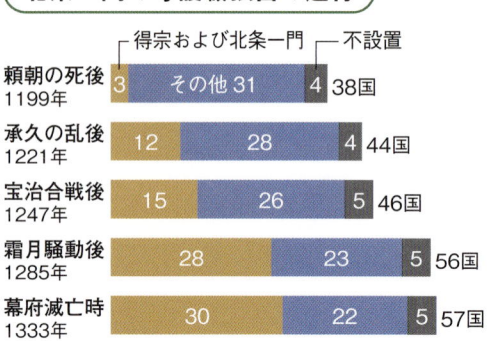

	得宗および北条一門	その他	不設置	
頼朝の死後 1199年	3	31	4	38国
承久の乱後 1221年	12	28	4	44国
宝治合戦後 1247年	15	26	5	46国
霜月騒動後 1285年	28	23	5	56国
幕府滅亡時 1333年	30	22	5	57国

＊佐藤進一『鎌倉幕府守護制度の研究』などによる

三浦氏を滅ぼした宝治合戦、安達氏を滅ぼした霜月騒動後、得宗専制がきわまり、守護や地頭、幕府の重要な役職の北条氏による独占が進む。御家人の要求は見捨てられがちで、中小御家人の生活は困窮していった。

モンゴルの東アジア侵攻

元の東アジアでの標的はまず南宋にあり、その戦略上、高麗、安南を手中におさめ、日本にも手を出した。1279年に豊かな経済力と膨大な人口をもつ南宋を獲得すると、日本、インドシナ方面が矢面に立たされた。

文永の役（1274年）の背景
高麗への元寇は1231年から始まり、三別抄の乱（1270～73）の制圧後に、高麗軍を加えて日本遠征が行われた。

弘安の役（1281年）の背景
1279年に南宋を滅ぼすと、蒙漢軍はじめ、高麗人、南宋人からなる東路軍、江南軍の2大隊により、2度目の日本遠征が行われた。

地図上の主な地名・年代：
- 樺太 1264年／1284～86年まで3次
- ブルカン山、カラコルム（和林）
- 1260年 フビライ即位
- 1264年 遷都／1270年 元と改める
- 上都（開平）、大都（燕京）、遼陽
- 高麗：開城、江華島、珍島、耽羅（済州島）、合浦
- 日本：鎌倉、京都、博多
- 慶元（寧波）、臨安（杭州）
- 1276年 元軍、占領
- 7年
- 1279年 元、南宋を滅ぼす　崖山
- 太原、光慶府、西涼、襄陽、成都、河水（黄河）、江水（長江）
- 吐蕃、チャタガイ・ウルス
- 緬（パガン朝）、安南、チャンパ（占城）、瑠求
- ジャワ遠征（1292～93年）
- 南シナ海、太平洋、日本海

凡例：
- → フビライ・ハンの進路
- → 第1回元寇の進路（文永の役）
- → 第2回元寇の進路（弘安の役）
- ― 現代の国境

文永・弘安の役、元軍の侵攻ルート

- 1274.10.3 合浦出発
- 1281.5.3 合浦出発
- 元軍
- 東路軍
- 江南軍
- 対馬：小茂田 1274.10.5、国府、豆酘 1281.5.21
- 壱岐：勝本 74.10.14
- 志賀島・能古島 81.6.6／81.6下旬
- 長門、赤間関 81.6初旬
- 宗像神社、多多良、筥崎宮、博多、大宰府、姪浜 74.10.20
- 81.7.30、81.7月初旬、平戸、平戸島、鷹島、松浦、伊万里
- 肥前、筑前、豊前

凡例：
- 文永の役の元軍進路
- 弘安の役・東路軍の進路
- 弘安の役・江南軍の進路
- 防塁
- 数字は年・月・日

文永の役では、元軍は博多に上陸したが、弘安の役では博多周辺の防塁を見て、志賀島・能古島に上陸するにとどまった。壱岐・対馬は2度とも襲われ、大被害をこうむった。

文永の役 1274年
元・高麗軍	約2万8000人（船舶約900隻）
日本軍	総指揮官／北条実政　兵力約1万人（騎兵含む）

弘安の役 1281年
東路軍	約4万人（船舶約900隻）
江南軍	約10万人（船舶約3500隻）
日本軍	総指揮官／北条実政　兵力約4万人

鎌倉から室町へ

後醍醐天皇が幕府を倒し、新政を開始する

鎌倉幕府の滅亡

二毛作や牛馬耕による農業生産の伸びや流通の発達、それがもたらした社会の変動のなかで、鎌倉幕府の権威はゆらいだ。

幕府は窮乏する御家人たちを救済するために、1297年、永仁の徳政令を出した。売却した御家人の所領を無償でとり戻させるなどを定めたものだが、効果は一時的だった。北条得宗家とその御内人が政治を専断することに反感をいだく御家人も多く、幕府の動揺は強まっていった。

一方、朝廷では後深草天皇の系統を継ぐ持明院統と亀山天皇の跡を継ぐ大覚寺統の対立がつづいていた。

1318年、大覚寺統の後醍醐天皇が31歳で即位した。後醍醐は宋学の大義名分論を学んで、討幕を意図した。しかし、正中の変と元弘の変は失敗に終わり、最後は隠岐に流された。

このとき、鎌倉幕府は持明院統の光厳天皇を立てて争乱を鎮めようとしたが、後醍醐の一連の動きが、幕府に反感をいだく武士たちを刺激した。足利高氏(のちに尊氏)や新田義貞は、北条氏が武士たちを統制していることに不満をもっていた。

幕府軍と粘り強く戦った。そして、後醍醐が隠岐を脱け出して討幕を呼びかけると、それに、悪党などを中心に呼応する者が増えていった。

それらを討伐するために京都に上った足利高氏は、幕府にそむいて六波羅探題を攻め落とし、関東で挙兵した新田義貞は、鎌倉を攻撃して得宗の北条高時らを滅ぼした。こうして1333年、鎌倉幕府は滅亡した。

後醍醐天皇と建武の新政

京都に入った後醍醐天皇は、光厳天皇を廃して、みずから政治を行った。翌1334年、年号を建武と改めたので、この後醍醐による政治を「建武の新政」とよぶ。後醍醐は、幕府も院政も摂関も否定して、権力と権限を一手に握ろうとした。その政治手法に、不満をもつ者も増えていった。

新田・足利氏略系図
①〜③は室町将軍就任順
赤字は女性

源義家 — 義親 — 為義 — 義朝 — 頼朝
源義家 — 義国 — 新田義重(6代略) — 義貞
源義家 — 義国 — 足利義康(4代略) — 家時 — 貞氏 — ①尊氏/直義(高氏)、②義詮、③義満、基氏、直冬(養子)
上杉頼重 — 清子
赤橋(北条久時) — 登子、守時(16代執権)

新田氏は、源義家の孫の義重が、上野国新田荘に土着した豪族。足利氏は、同じく源義家の孫の義康が、下野国足利荘に土着した豪族であった。

1333〜1427年

- **1333** 新田義貞、鎌倉を攻略し、北条高時ら自害。鎌倉幕府滅亡。 P.104
- **1334** 後醍醐天皇、建武の新政を進める。 P.104
- 1335 北条高時の遺児・時行、鎌倉に攻め入る(中先代の乱)。足利直義、護良親王を殺害。
- 1336 湊川の戦いで楠木正成敗死。勝利した足利尊氏入京し、光明天皇を立てる。
- **1336** 後醍醐天皇、吉野に逃れる(南北朝分立)。 P.106
- 1338 北畠顕家敗死。新田義貞敗死。
- **1338** 足利尊氏、征夷大将軍就任(室町幕府成立)。 P.106
- 1339 イギリスとフランスで百年戦争始まる(〜1453)。
- 1339 後醍醐天皇没。
- 1341 幕府、天竜寺船を元に派遣。
- 1342 五山十刹の制を定める。
- 1349 尊氏の次子基氏、鎌倉公方に。
- 1350 足利尊氏・高師直と尊氏の弟直義が対立(観応の擾乱、〜52)。
- 1352 近江・美濃・尾張の本所領の半分を兵粮料所に(観応の半済令)。
- 1358 足利尊氏没。嫡子の義詮、2代将軍に就任。
- 1361 南朝、京都を一時占領。
- 1368 足利義満、3代将軍に就任。朱元璋、明を建国。元を北方へ追いやる。
- 1370 ティムール帝国建国。
- 1371 この頃までに『太平記』完成。
- **1378** 足利義満、花の御所に移る(室町幕府隆盛)。 P.108
- 1383 義満、准三后になる。
- 1391 義満、山名氏清を討つ(明徳の乱)。
- **1392** 南北朝合一。 P.106
- 1392 李成桂、朝鮮建国。
- 1393 土倉・酒屋役を制定。
- 1397 義満、北山に金閣を建てる。
- 1399 義満、大内義弘を討つ(応永の乱)。
- 1400 この頃、世阿弥『風姿花伝』1〜3巻を著す。
- 1401 義満、明に使者を送る。
- 1402 遣明使帰国。義満、明の国書を受け、「日本国王」に任命される。
- **1404** 勘合貿易始まる。 P.110
- 1405 明の鄭和、南海遠征へ出航。
- 1408 足利義満没。
- 1416 上杉禅秀ら、鎌倉府を襲う。
- 1419 対馬を襲撃した朝鮮軍を撃退(応永の外寇)。

討幕の戦い

大覚寺統の後醍醐天皇は、皇室中心の政治の復活をめざして2度の討幕を計画するが失敗。足利氏は北条氏と姻戚関係を結ぶなど、有力御家人として遇されていたが、尊氏が寝返って京都を攻め、幕府から冷遇されていた新田義貞が鎌倉を攻めて、鎌倉幕府を滅ぼした。

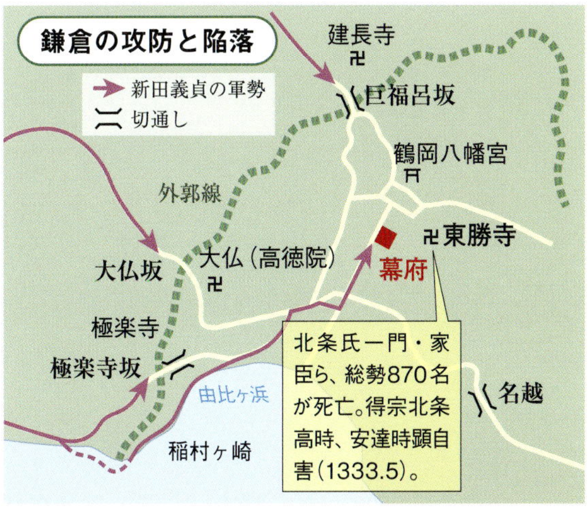

凡例：
- → 後醍醐天皇の脱出路
- → 足利尊氏の六波羅攻め
- → 新田義貞の鎌倉攻め

①正中の変（1324年）
後醍醐天皇は側近の日野資朝、俊基と討幕を計画したが、密告により露顕。日野資朝が佐渡に配流。

②元弘の変（1331年）
後醍醐天皇の2度目の討幕計画。近臣の密告で露顕し、天皇は神器を携えて笠置山にこもるが、捕らえられて隠岐に配流。

③ 護良親王が吉野で挙兵。楠木正成も前年来の攻防地、赤坂城についで千早城で挙兵（1332.11）。

④ 赤松則村（円心）、播磨で挙兵（1333.1）。

⑤ 後醍醐天皇、隠岐を脱出、伯耆の船上山に立てこもる（1333.2）。

⑥ 菊池武時、鎮西探題を攻めたが敗死（1333.3）。5月に幕府滅亡とともに鎮西探題陥落。

⑦ 足利尊氏、丹波篠村で後醍醐側に転じ、六波羅探題を落とす（1333.5）。

⑧ 新田義貞、足利千寿王（のちの義詮）ら鎌倉攻略。北条氏滅ぶ（1333.5）。

⑨ 後醍醐天皇、京都還幸（1333.6）。

鎌倉の攻防と陥落

新田義貞は上野生品で挙兵し、鎌倉まで一挙南下。幕府軍は、巨福呂坂・極楽寺坂などの切通しで防戦するが、義貞は稲村ヶ崎の海を渡って上陸、得宗家を追い詰めた。

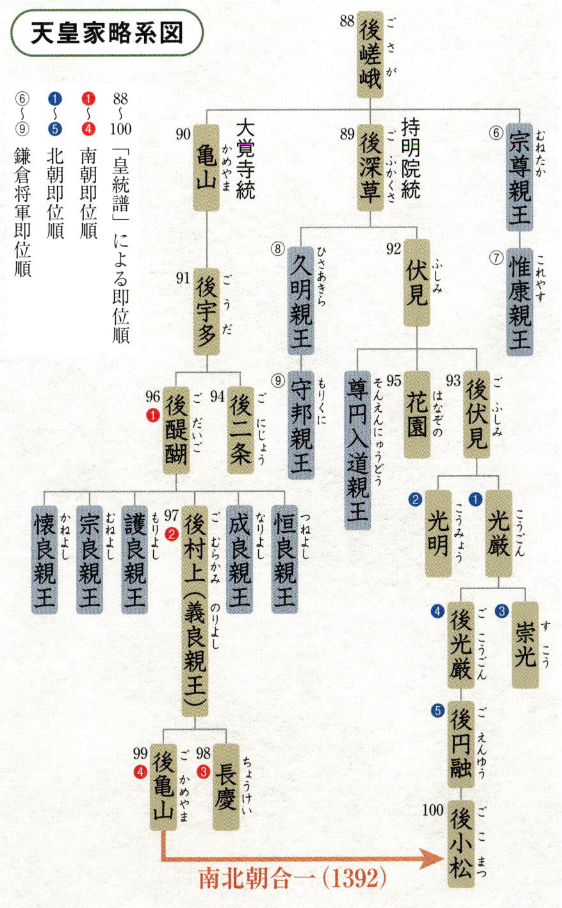

北条氏一門・家臣ら、総勢870名が死亡。得宗北条高時、安達時顕自害（1333.5）。

天皇家略系図

凡例：
- ⑥〜⑨ 鎌倉将軍即位順
- ❶〜❹ 南朝即位順
- １〜５ 北朝即位順
- 88〜100「皇統譜」による即位順

後嵯峨88 ― 亀山90(大覚寺統) ― 後宇多91 ― 後醍醐96❶ ― 懐良親王／宗良親王／護良親王97❷／成良親王／恒良親王／後村上（義良親王）― 長慶98❸／後亀山99❹
後嵯峨88 ― 後深草89(持明院統) ― 伏見92／久明親王⑧ ― 後伏見93／花園95／守邦親王⑨／尊円入道親王
後伏見93 ― 光厳１／光明２
光厳１ ― 崇光３／後光厳４ ― 後円融５ ― 後小松100
⑥宗尊親王／⑦惟康親王

南北朝合一（1392）

後嵯峨上皇の死後、皇統をめぐって、後深草を支持する持明院統と同母弟の亀山を支持する大覚寺統のあいだで対立が生じた。以後、両統迭立が確立するが、争いは絶えなかった。

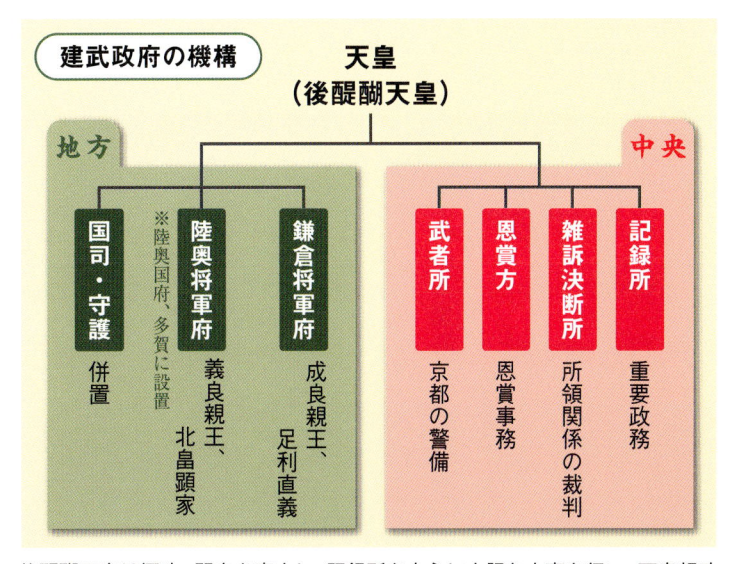

建武政府の機構

天皇（後醍醐天皇）

地方
- 国司・守護（併置）
- 陸奥将軍府（※陸奥国府、多賀に設置）：義良親王、北畠顕家
- 鎌倉将軍府：成良親王、足利直義

中央
- 武者所：京都の警備
- 恩賞方：恩賞事務
- 雑訴決断所：所領関係の裁判
- 記録所：重要政務

後醍醐天皇は摂政・関白を廃止し、記録所を中心に大胆な人事を行い、天皇親政を復活させた。しかし、その機構は、幕府の引付衆を継承した雑訴決断所、国司と守護の併置など、公武両政治を折衷したものだった。

南北朝の動乱

日本をふたつに分ける内乱が、長くつづいていく

中先代の乱
1335年7月～10月

新田義貞によって幕府が倒された鎌倉で、東国武士たちを率いたのは足利氏だった。足利尊氏の弟直義は、後醍醐の皇子成良親王を擁して相模守として関東に赴いていた。建武新政権の征夷大将軍だった護良親王も、尊氏と対立して、鎌倉に幽閉されていた。そんなとき、中先代の乱が起こる。これを制圧した尊氏は、鎌倉奪還後も鎌倉にとどまり、建武政権からの離脱意思を明確に示した。

室町幕府の成立と南北朝の分離
1335年12月～36年11月

鎌倉から京都、九州を経て、入京を果たした尊氏は、光明天皇を立てる。しばらく比叡山に抵抗した後醍醐は下山して光明に三種の神器を渡す。ついで施政方針が発表され、新幕府は京都でスタートを切った。これに対して後醍醐は吉野に逃れ、光明に渡した神器は偽物だったとして、皇位の正統性を主張した。以降、吉野と京都のふたつの朝廷が、約60年にわたって、抗争を繰り広げる。

凡例
→ 足利尊氏軍
→ 北畠顕家軍
→ 後醍醐天皇

⑦1336.6 光厳上皇を奉じて再入京し、11月に室町幕府成立。

⑥1336.5 4月に博多を出たのち、湊川の戦いで楠木正成を破る。

①1335.12 鎌倉を出発し、箱根・竹の下で、新田義貞軍を破る。

竹の下の戦い・鎌倉

②1335.12～36.1 北畠親房の息子、陸奥守である顕家、尊氏追討のため、第1回上洛。

湊川の戦い・京都・吉野

⑧1336.12 後醍醐、吉野に逃れ、南朝を建てる。

鞆

③1336.1 尊氏、入京するが、あとから追ってきた奥州の北畠顕家らに京都を追い出され、西に向かう。

多々良浜の戦い・大宰府

④1336.2 鞆の浦にて、新田義貞追討の院宣を光厳上皇から得る。

⑤1336.3 福岡・多々良浜にて後醍醐方に勝ち、大宰府に入る。

凡例
→ 北条時行軍
→ 足利直義軍
→ 足利尊氏軍

②1335.7.23 北条時行に攻められた足利直義は、7月23日幽閉していた護良親王を殺害して、鎌倉脱出。西に向かう。

①1335.7.14 北条高時の子・時行、1335年7月14日、信濃で挙兵。7月25日に鎌倉に入る（中先代の乱）。

京都・矢作・鎌倉

③1335.8.2 8月2日京都を出た足利尊氏は、三河の矢作にいた直義と合流し、東海道を勝ち進む。8月19日、鎌倉奪回。10月、鎌倉将軍邸跡に居を移す。

足利尊氏と後醍醐天皇の対立

後醍醐の新政は、武士たちの期待にこたえたものではなかった。多くの武士たちは幕府政治を望み、足利尊氏のもとに集まった。後醍醐の政治手法は、先例を無視するもので、公家のあいだでも反対者が多かった。そして、後醍醐と尊氏は全面対決することになった。

京を追われた尊氏は九州に逃れて態勢を立て直し、反攻に出る。そして、湊川の戦いで、新田義貞・楠木正成らを打ち破り、京都に入った。

1336年、尊氏は光明天皇を即位させた。「建武式目」を定めた尊氏は、その2年後に征夷大将軍になる。これに対し、吉野に逃れた後醍醐は、自分が正統な天皇だと主張した。こうして、南北朝の対立が始まったのである。

南朝の抵抗と観応の擾乱

有力な武士のほとんどが北朝方についていたため、北畠親房・顕家父子の活躍などはあったが南朝方は劣勢だった。

ところが、北朝方の内部で、尊氏の執事の高師直と尊氏の弟の直義の対立が激化、武力衝突にいたった。これが、観応の擾乱である。劣勢になったほうが南朝との連合を試みたりしたため、事態はさらに混迷した。直義の敗死後も10年以上にわたって、尊氏派と直義の養子の直冬らの直義派と南朝の3者が、離合集散を繰り返した。

しかし、足利義満が3代将軍になるころには、北朝方の優勢は動かしがたいものとなった。南朝の後亀山天皇が京都に帰り、北朝の後小松天皇に位を譲る形で、南北朝の合一がなされたのである。

南朝の抵抗と南北朝合一
1355年10月～92年閏10月

南朝	おもな関係事項 (20 40 60 80%)	北朝
正平	1355.10 懐良親王、博多に攻め入り、一色範氏・直氏親子を長門に追いやる。	文和 / 延文
	1358.4 足利尊氏が病死。12月、義詮が征夷大将軍に就任。	
	1358.10 南朝方の新田義興、多摩川・矢口の渡で謀略により自害。関東の南朝方、急速に衰える。	康安 / 貞治
	1361.8 懐良親王、大宰府を制圧し、征西府を開く。	
	1361.12 楠木正儀らが京都に侵攻。義詮は後光厳天皇を奉じて、近江に逃れる。年末には京都奪還。	
	1363春 足利直冬方の大内弘世が幕府方に転じる。長門・周防両国の守護に就任。	
	1363.9 足利直冬方の山名時氏が幕府方に転じる。山陰・山陽の所領、安堵。	応安
	1368.12 足利義満、征夷大将軍就任。	
	1369.1 南朝方の楠木正儀、幕府方に転じる。	
建徳	1371 明が懐良親王を「日本国王」に封じる。	
文中	1372.8 九州探題の今川了俊、懐良親王から大宰府を奪う。	
天授		永和
		康暦
弘和	1381.6 今川了俊・今川仲秋らが、菊池氏の本拠地・隈部城を落とす。	永徳
元中	1382.閏1 楠木正儀が再度南朝に帰順、河内・平尾で山名氏清に敗れる。	
		至徳
		嘉慶
		康応
		明徳
	1392.1 南朝方の楠木正勝の河内・千早城、畠山基国により落城。	
	1392.閏10 後亀山天皇、北朝の後小松天皇に三種の神器を譲り、南北朝合一。	

上の表は、九州地方の年号使用の状況によって、南朝・北朝の勢力比率を表したもの。
- 南朝方の年号を使用した古文書の割合
- 北朝方の年号を使用した古文書の割合

*『原色図解事典6 日本の歴史』による

観応の擾乱
1349年8月～55年3月

尊氏が弟の直義を殺害して観応の擾乱は決着したが、尊氏の庶子で直義の養子となっていた直冬が尊氏との対立を継承。両派とも状況に応じて南朝を利用したので、争いは長引いた。

凡例:
- 足利尊氏軍［尊氏、義詮、高師直、高師泰］
- 足利直義軍
- 足利直冬軍

おもな関係事項

- 1349.8 京都で、高師直が足利直義を襲撃。
- 1350.10 足利直冬、大宰府に入る。
- 1350.10 尊氏・師直、九州の直冬を討つために、京都を出発。
- 1350.11 直義は南朝方と連絡をとりつつ、河内・石川城で挙兵。京都を制圧。
- 1350.12 尊氏、京都の急を聞き、備前福岡から兵を引き返す。
- 1351.2 尊氏軍が摂津・打出浜で直義軍に敗れ、和議成立。師直・師泰兄弟、殺害。
- 1351.7 直義、尊氏方の攻撃を察知。北陸に逃れる。
- 1351.10 尊氏・義詮が画策した和睦を南朝方が認め、直義追討を命じる。
- 1351.11 南朝軍が入洛。後村上天皇、北朝を廃止し、年号を正平に（正平の一統）。
- 1351.11 直義、鎌倉に入る。
- 1352.1 尊氏、鎌倉制圧後、直義を毒殺。
- 1352.2 足利義詮、南朝軍に京都から追われ、近江に逃れる。北朝方の3上皇ら、南朝方に拉致される。正平の一統崩れる。
- 1352.11 直冬が長門・豊田城で幕府軍に敗れ、南朝に帰順。
- 1353.7 義詮が京都を回復。9月に尊氏、後光厳天皇を奉じて京都に戻る。
- 1354.12 直冬・桃井直常らが京都に迫り、尊氏は後光厳天皇を奉じて近江に。
- 1355.3 尊氏・義詮、直冬らの南朝軍を破って、京都を奪還する。

南朝の皇子たちの下向
1337年3月～48年2月（懐良親王のみ、1372年まで）

後醍醐は皇子たちを自分の分身として各地に派遣し、地方に南朝の拠点を築こうとした。そのもくろみはほとんど失敗。ある程度成功したのは九州に下った懐良親王で、20年ちかく九州の要地を押さえた。

凡例:
- 新田義貞＋恒良親王
- 北畠顕家＋義良親王
- 北畠親房＋義良親王・宗良親王
- 懐良親王

① 1337.3 新田義貞の金崎城、高師泰により陥落。捕縛された恒良親王、翌年京都で殺害。
② 1337.8 北畠顕家、義良親王を奉じて、霊山城から西上を開始。
③ 1337.12 鎌倉に入る。
④ 1338.5 高師直と堺・石津で戦い、敗死。
⑤ 1338.閏7 義貞、斯波高経の藤島城攻撃の援軍に向かう途中、戦死。
⑥ 1338.9 後醍醐天皇、幼い懐良親王を九州に派遣。
⑦ 1338.9 北畠親房、義良・宗良両親王を奉じて、海路で東国に向かう途中、難破。義良親王は吉野に戻り、のちに後村上天皇に。宗良親王は遠江の井伊谷を経て、のちに信濃で病死。
⑧ 1339.8.16 後醍醐天皇、賀名生の行宮で死去。
⑨ 1339.秋 北畠親房、常陸の小田城に入り、『神皇正統記』を著す。
⑩ 1341 ? 忽那諸島(現・松山市)に、約3年滞在。
⑪ 1342.5～47.11 薩摩・谷山氏のもとに5年半滞在。
⑫ 1348.1 高師直・師泰が、楠木正行・正時兄弟と河内・四条畷で戦って勝つ。
⑬ 1348.2 肥後・菊池氏の館（隈部城）に落ち着く。
⑭ 1361～72 大宰府を制圧、征西府に君臨。

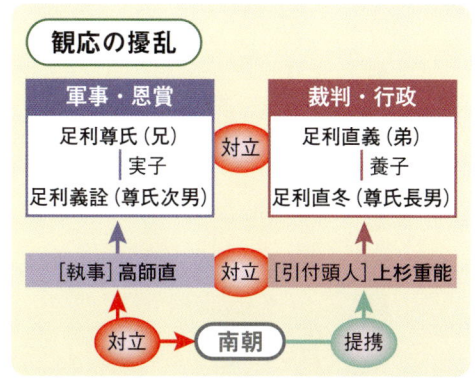

観応の擾乱

軍事・恩賞		裁判・行政
足利尊氏（兄）	対立	足利直義（弟）
実子		養子
足利義詮（尊氏次男）		足利直冬（尊氏長男）
[執事]高師直	対立	[引付頭人]上杉重能
対立 → 南朝 ← 提携		

尊氏は軍事面を、弟直義は裁判面を担い、協力して政権を運営していたが、武士の荘園侵略を容認する高師直と、荘園領主の訴えを受ける上杉重能の実務担当者どうしが衝突し、足利兄弟の反目へと発展した。

室町幕府の隆盛

足利義満が絶大な権力を握り、北山文化が花開く

足利義満の天下

3代将軍義満のときに、室町幕府は絶頂期を迎えた。義満は太政大臣にのぼり、妻を天皇の准母にした。義満の死後には、「太上天皇」の称号を与えようとする動きもあり、義満は皇位を奪おうとしていたとする見方もある。しかし経済面では、室町幕府は山城国1国の守護であったにすぎず、朝廷から奪いとった、京都の町に対する警察権・裁判権や、酒屋・土倉（金融業者）に対する課税権などを経済的基盤としていた。

数カ国の守護を兼ねる山名氏や大内氏のような有力な守護大名もおり、幕府の威光は、地方には行きわたらなかった。そこで、守護大名どうしの争いに幕府が介入したり、将軍と守護大名が対立したりする争乱も起きた。

また、鎌倉には足利氏の一族が「鎌倉公方」として、なかば独立的な力をもち、ときには、京の将軍家と対立することもあった。

北山文化とその特徴

幕府が京都に置かれたため、文化の面でも、公家の主導から武家主導へ移行した。

武家の信仰を集めた禅宗は、「五山」とされた京都と鎌倉の大寺院を中心に、幕府の支援もあっておおいに栄えた。五山の禅僧には中国からの渡来僧や中国帰りの留学僧も多かった。かれらは幕府の外交に携わるとともに、漢詩文や水墨画など、中国文化の導入に力を尽くす者もいた。

かれらの活動もあって、禅宗の影響を強く受けた「北山文化」が花開いた。黄金に輝く金閣は、室町幕府の栄華を示すものであるが、和風の建築と禅宗の建築を折衷したもので、当時の文化のあり方をみることもできる。

民衆と支配層たちとの交流も盛んで、世阿弥が大成した能や、滑稽味あふれる狂言などは、公家・武家・庶民の別なく愛好された。

金閣の建築様式

京都・北山の地に建つ金閣寺は、室町幕府3代将軍・足利義満が別荘とした北山殿の建物のひとつである。かつては寝殿、会所、舎利殿すなわち金閣からなる絢爛豪華な構えであったが、現在は鏡湖池に面した金閣のみが残る。現在の建物は1955年に再建されたものだが、1397年の創建時の姿が忠実に再現されている。

3層からなり、宝形造の屋根中央には金銅製鳳凰を頂く。上2・3層が金箔でおおわれていることから金閣寺と通称されるが、正式には鹿苑寺金閣という。第1層は寝殿造風住宅で、第2層は和様仏堂風、第3層は禅宗様仏堂風の部屋を用い、床は板敷きとなっている。3層の床は黒漆塗り

とし、壁面と天井に金箔をはりめぐらせた室内に仏像を安置する。こうした造りからもわかるように、金閣は、仏の世界を再現し供養する舎利殿であった。その一方では、鏡湖池をめぐる庭園を眺望する遊興の場でもあったといえよう。

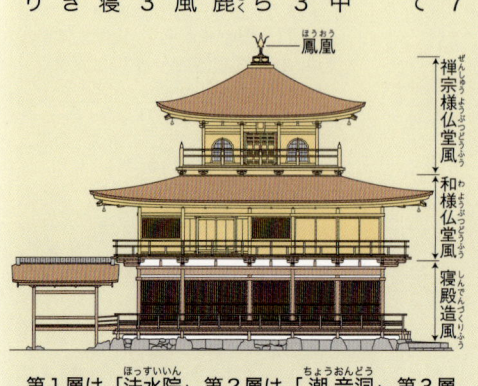

第1層は「法水院」、第2層は「潮音洞」、第3層は「究竟頂」と、よび分けられている。

足利氏略系図

- 直義（等持院）
  - 直義
- ①尊氏
  - 直冬
    - 直冬（直義の養子となる）
  - ②義詮（鹿苑院）
    - ③義満（鹿苑院）
      - ④義持
        - ⑤義量
      - ⑥義教（普広院）
        - ⑦義勝
        - ⑧義政（慈照院）
          - ⑨義尚
          - ⑩義視
            - ⑪義稙
            - 政知（堀越公方）
              - 茶々丸
              - ⑪義澄
                - ⑫義晴
                  - ⑬義輝
                  - ⑮義昭
                  - ⑭義栄
- 鎌倉公方
  - ①基氏
    - ②氏満
      - ③満兼
        - ④持氏
          - ⑤成氏（古河公方）
            - ⑥政氏

①〜⑮は将軍職就任順
❶〜❻は鎌倉公方就任順

守護の反乱と統制

■ 鎌倉府の管轄国（出羽、陸奥は1392年以降）

南北朝の動乱のなかで、守護の権限が拡大していき、軍事費調達のために年貢の半分を徴発する権利が認められるなど、守護は1国を支配する大名に成長していった。義満は、朝廷や寺社勢力への支配を強め、それを背景にひとりで数カ国の守護を兼ねる有力守護大名の勢力削減にのりだし、政権の地盤強化をはかった。右図の守護の配置は1400年頃のもの。

②明徳の乱（1391年）
11カ国の守護を兼任した山名氏の一族、山名氏清は、義満の挑発を受けて京都に出兵したが敗死。一時はその領国が日本66国の6分の1にあたるので「六分一殿」とよばれたが、この乱のあと、一族の領国は但馬、伯耆、因幡の3国となった。

①土岐康行の乱（1390年）
土岐康行は美濃、尾張、伊勢の守護を兼ねて強勢を誇ったが、内紛を機に義満に討たれて、衰えた。

③今川了俊を罷免（1395年）
九州探題の今川了俊は、南朝勢力の攻略に功績があったが、南北朝合一後は、義満に警戒され、罷免。1400年には義満の討伐を受ける。

⑦嘉吉の乱（1441年）
播磨国守護・赤松満祐は、私怨によって将軍義教を自邸にて暗殺。満祐は山名氏らの幕府軍に討たれて敗死、赤松家は衰退。

④応永の乱（1399年）
6カ国の守護を兼ね、朝鮮交易を独占した大内義弘は、義満の挑発を受けて、堺に籠城するが、義満に討伐されて敗死。

⑤上杉禅秀の乱（1416〜17年）
関東管領上杉禅秀と鎌倉公方足利持氏が対立。挙兵した禅秀を持氏と幕府援軍が討伐。

⑥永享の乱（1438〜39年）
独立志向をみせた鎌倉公方足利持氏を、将軍義教が追討。持氏の自殺で終焉。以降、関東管領上杉氏の力が増大。

不明（1394〜95年今川、1404年〜島津）

室町幕府の財政

*1 五山住持補任の謝礼金　*2 五山の金融活動に対する課税
*3 通りに面した間口別に課された宅地税　*4 明皇帝から下賜された銅銭など
*5 徳政令で債務の破棄を認めるかわりに、債務の1割を幕府に納めること

室町幕府は各守護の領国支配のうえに築かれていたので、幕府直轄領はきわめて少なく、財政基盤が弱かった。それを補うために、段銭・棟別銭・関銭などを徴収したほか、京都で高利貸しを営む土倉や酒屋にも課税した。また、外国との貿易による利益も重要な財源であった。

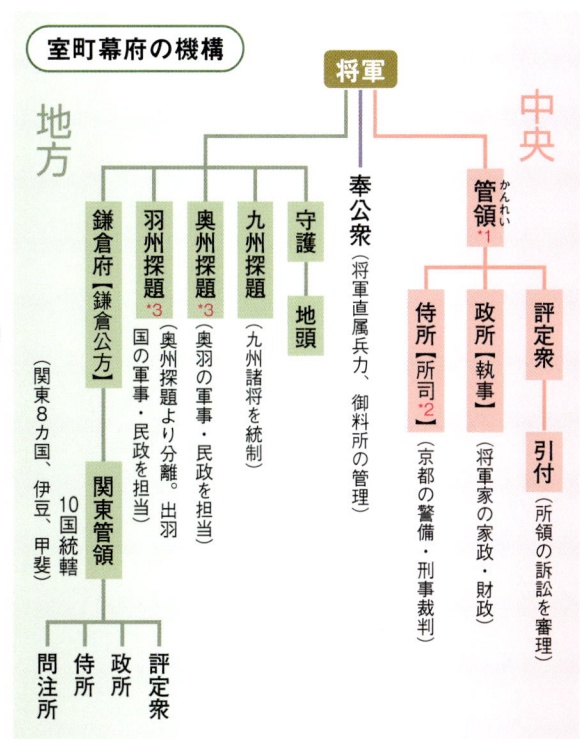

室町幕府の機構

*1 細川、斯波、畠山氏の三管領が交替で将軍を補佐
*2 赤松、京極、山名、一色の四職が務めた
*3 陸奥・出羽は1392年に鎌倉府管轄に入る

日明貿易と倭寇

貨幣経済が発達し、公・私の貿易が盛んになる

日明貿易の仕組み

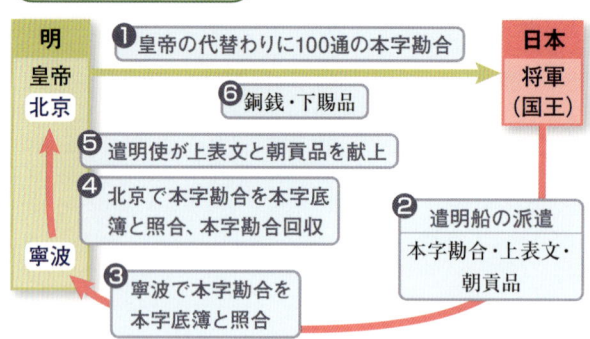

明 皇帝 北京 ⇄ 日本 将軍（国王）

1. 皇帝の代替わりに100通の本字勘合
2. 遣明船の派遣　本字勘合・上表文・朝貢品
3. 寧波で本字勘合を本字底簿と照合
4. 北京で本字勘合を本字底簿と照合、本字勘合回収
5. 遣明使が上表文と朝貢品を献上
6. 銅銭・下賜品

倭寇の活動を恐れた明は、私貿易を禁止。公私の船を区分するため、合札（あいふだ）を用いる勘合貿易を行った。

● **遣明船の復元模型**　遣明船には、国内の大型商船を改造して使用した。当初は幕府の直営貿易だったが、のちには守護や寺社もスポンサーとなって船団を仕立てた。

● **中国商船の積み荷**　朝鮮半島南西部の新安（シナン）沖の沈没船から引き上げられた中国陶磁器。14世紀前半の船で、日本の瀬戸焼も積まれていた。

日明関係と勘合貿易

遣唐使の廃止以後、日本と中国の国交は途絶えた形となったが、日本と東アジア諸国との私貿易は、しだいに盛んになり、室町時代に入ると、日本と明との経済交流が活発になった。明から大量の銭貨が輸入され、日本での商取引は明銭でなされるようになった。

足利義満は、1401年、明に使者を派遣し、正式に国交を開いた。義満は「日本国王」に封じられ、明を中心とする「冊封体制」に組み込まれたのである。その結果、貿易も、日本国王が明の皇帝に朝貢し、その返礼として品物を下賜されるという形式をとらなければならなかった。また、遣明船は明から交付された証票「勘合」とよばれる証票を持参することが求められた。

その後、貿易は細川家と大内家が主導するようになり、両家の使臣が争った寧波の乱以降は大内家が貿易を独占した。大内義隆が陶晴賢に討たれたことにより、勘合貿易は中止されたが、その後も私貿易は盛んに行われた。

倭寇の活動

南北朝の動乱のころから、対馬（つしま）・壱岐・肥前などの住人を中心とする海賊集団が、朝鮮半島や中国の沿岸を襲い、「倭寇」とよばれて恐れられた。倭寇に苦しめられた高麗（こうらい）を倒し、朝鮮を建国することになる。倭寇の活動はいったん衰えるが、勘合貿易が途絶した16世紀半ば以降、再び活発になる。かれらは後期倭寇とよばれ、鉄砲伝来に関与した王直など中国や朝鮮の人も多く、豊臣秀吉にとりしまられるまで勢威をふるった。

中世出土銭の出土状況

一般の人々の暮らしにお金が入ってくるのは、鎌倉から室町時代にかけてだが、この当時のお金が幕府が発行したものではなく、宋銭や明銭などの輸入銭貨だった。これは独自に銭貨を発行できるほど幕府が強権をもっていなかったためでもあるが、それは日本各地の地中から出土する銭貨の多さからも推測できる。中世の埋蔵金ともいうべき出土銭は、頑丈な木箱や甕（かめ）に入って、いちどに数千～十数万枚が発掘されている。銀行がなかった時代の防御策だったのだろうか。最近では、これらの銭貨は境界地から見つかることが多く、なんらかの儀礼的な意味があるとして「埋納銭」という呼び方もなされている。

遺跡略名	所在地	調査枚数	埋蔵時期
志海苔	北海道函館市	37万4436枚	14世紀
石白	新潟県湯沢町	27万1784枚（1次・2次合計）	15世紀
堂坂	兵庫県宝塚市	19万4825枚	15世紀
掛馬	茨城県阿見町	11万7009枚	14世紀
大安寺	福井県福井市	約11万5000枚	1500年
白子	埼玉県和光市	11万4368枚	15世紀

＊埋蔵時期は、埋蔵銭貨の最新銭による。大安寺のみ埋蔵年を記した木簡が発見されており、それによる。『中世出土銭の分類図版』（永井久美男著）のデータに、若干の変更を加えた。

東アジアとの交易と倭寇

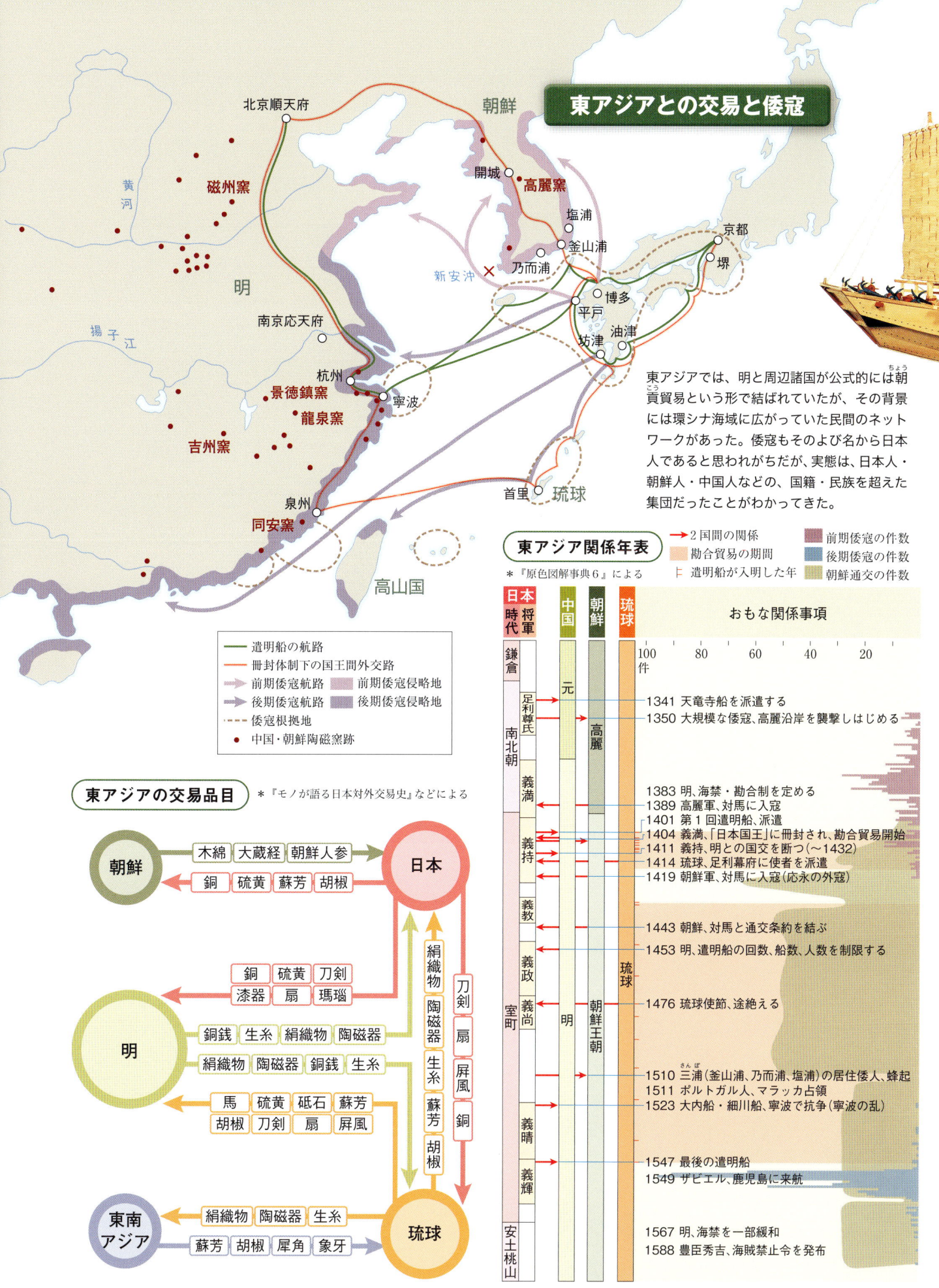

東アジアでは、明と周辺諸国が公式的には朝貢貿易という形で結ばれていたが、その背景には環シナ海域に広がっていた民間のネットワークがあった。倭寇もそのよび名から日本人であると思われがちだが、実態は、日本人・朝鮮人・中国人などの、国籍・民族を超えた集団だったことがわかってきた。

凡例（地図）
- 遣明船の航路
- 冊封体制下の国王間外交路
- 前期倭寇航路／前期倭寇侵略地
- 後期倭寇航路／後期倭寇侵略地
- 倭寇根拠地
- 中国・朝鮮陶磁器窯跡

東アジアの交易品目
*『モノが語る日本対外交易史』などによる

朝鮮 → 日本：木綿、大蔵経、朝鮮人参
日本 → 朝鮮：銅、硫黄、蘇芳、胡椒

明 → 日本：銅銭、生糸、絹織物、陶磁器
日本 → 明：銅、硫黄、刀剣、漆器、扇、瑪瑙

明 → 琉球：絹織物、陶磁器、銅銭、生糸
琉球 → 明：馬、硫黄、砥石、蘇芳、胡椒、刀剣、扇、屏風

日本 → 琉球：刀剣、扇、屏風、銅
琉球 → 日本：絹織物、陶磁器、生糸、蘇芳、胡椒

琉球 → 東南アジア：絹織物、陶磁器、生糸
東南アジア → 琉球：蘇芳、胡椒、犀角、象牙

東アジア関係年表
*『原色図解事典6』による

凡例：2国間の関係／勘合貿易の期間／遣明船が入明した年／前期倭寇の件数／後期倭寇の件数／朝鮮通交の件数

年	おもな関係事項
1341	天竜寺船を派遣する
1350	大規模な倭寇、高麗沿岸を襲撃しはじめる
1383	明、海禁・勘合制を定める
1389	高麗軍、対馬に入寇
1401	第1回遣明船、派遣
1404	義満、「日本国王」に冊封され、勘合貿易開始
1411	義持、明との国交を断つ（〜1432）
1414	琉球、足利幕府に使者を派遣
1419	朝鮮軍、対馬に入寇（応永の外寇）
1443	朝鮮、対馬と通交条約を結ぶ
1453	明、遣明船の回数、船数、人数を制限する
1476	琉球使節、途絶える
1510	三浦（釜山浦、乃而浦、塩浦）の居住倭人、蜂起
1511	ポルトガル人、マラッカ占領
1523	大内船・細川船、寧波で抗争（寧波の乱）
1547	最後の遣明船
1549	ザビエル、鹿児島に来航
1567	明、海禁を一部緩和
1588	豊臣秀吉、海賊禁止令を発布

日本で発明された扇は、平安末期から輸出されており、その品質の高さは中国でも絶賛され、羨望の的だった。輸入品では、武士のあいだで茶会がはやったため、中国・朝鮮の陶磁器や中国絵画が唐物として愛好された。とくに中国青磁は各地の有力者が競って求めた。

動乱の時代を経て、新しい国際秩序の成立とともに、前期倭寇は終息に向かう。15世紀に入ると日明勘合貿易が始まる。建国されたばかりの朝鮮とも正式な外交を開き、日朝間の通交も激増する。後期倭寇は遣明船の終了ごろから盛んになり、明では、民間貿易を禁じた海禁政策が緩む。

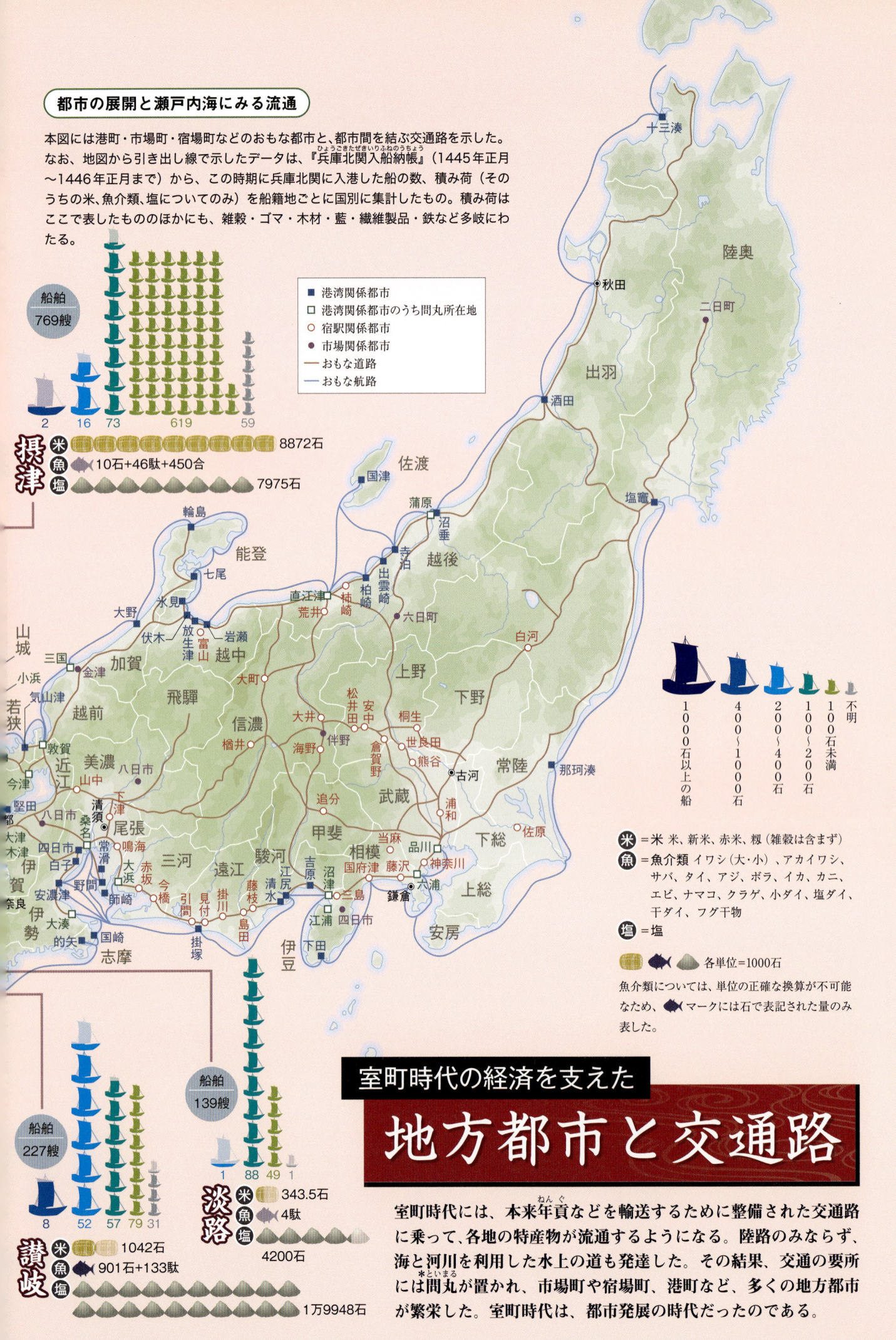

都市の展開と瀬戸内海にみる流通

本図には港町・市場町・宿場町などのおもな都市と、都市間を結ぶ交通路を示した。なお、地図から引き出し線で示したデータは、『兵庫北関入船納帳』(1445年正月～1446年正月まで)から、この時期に兵庫北関に入港した船の数、積み荷(そのうちの米、魚介類、塩についてのみ)を船籍地ごとに国別に集計したもの。積み荷はここで表したもののほかにも、雑穀・ゴマ・木材・藍・繊維製品・鉄など多岐にわたる。

凡例
- ■ 港湾関係都市
- □ 港湾関係都市のうち問丸所在地
- ○ 宿駅関係都市
- ● 市場関係都市
- ― おもな道路
- ― おもな航路

摂津 船舶 769艘
2, 16, 73, 619, 59
- 米 8872石
- 魚 10石+46駄+450合
- 塩 7975石

讃岐 船舶 227艘
8, 52, 57, 79, 31
- 米 1042石
- 魚 901石+133駄
- 塩 1万9948石

淡路 船舶 139艘
1, 88, 49, 1
- 米 343.5石
- 魚 4駄
- 塩 4200石

船の大きさ
- 1000石以上の船
- 400〜1000石
- 200〜400石
- 100〜200石
- 100石未満
- 不明

積み荷の種類
- 米 = 米、新米、赤米、籾(雑穀は含まず)
- 魚 = 魚介類 イワシ(大・小)、アカイワシ、サバ、タイ、アジ、ボラ、イカ、カニ、エビ、ナマコ、クラゲ、小ダイ、塩ダイ、干ダイ、フグ干物
- 塩 = 塩

各単位=1000石

魚介類については、単位の正確な換算が不可能なため、🐟マークには石で表記された量のみ表した。

地図上の地名（抜粋）
陸奥、出羽、越後、佐渡、能登、加賀、越中、飛驒、信濃、上野、下野、常陸、武蔵、甲斐、相模、下総、上総、安房、遠江、駿河、三河、尾張、美濃、若狭、山城、伊賀、伊勢、志摩

十三湊、秋田、二日町、酒田、塩竈、国津、蒲原、沼垂、寺泊、出雲崎、柏崎、荒井、六日町、白河、那珂湊、古河、佐原、浦和、当麻、品川、神奈川、六浦、鎌倉、藤沢、国府津、三島、沼津、吉原、江尻、藤枝、島田、掛川、見付、引間、今橋、赤坂、御油、岡崎、鳴海、清須、桑名、四日市、百子、安濃津、大湊、的矢、国崎、下田、四日市、江浦、輪島、七尾、氷見、伏木、放生津、岩瀬、富山、大野、金津、三国、小浜、気山津、今津、敦賀、近江、堅田、大津、木津、奈良、八日市、山中、下津、大町、松井田、安中、大井、海野、伴野、桜井、倉賀野、世良田、熊谷、桐生、追分

室町時代の経済を支えた
地方都市と交通路

室町時代には、本来年貢などを輸送するために整備された交通路に乗って、各地の特産物が流通するようになる。陸路のみならず、海と河川を利用した水上の道も発達した。その結果、交通の要所には問丸が置かれ、市場町や宿場町、港町など、多くの地方都市が繁栄した。室町時代は、都市発展の時代だったのである。

草戸千軒復元図

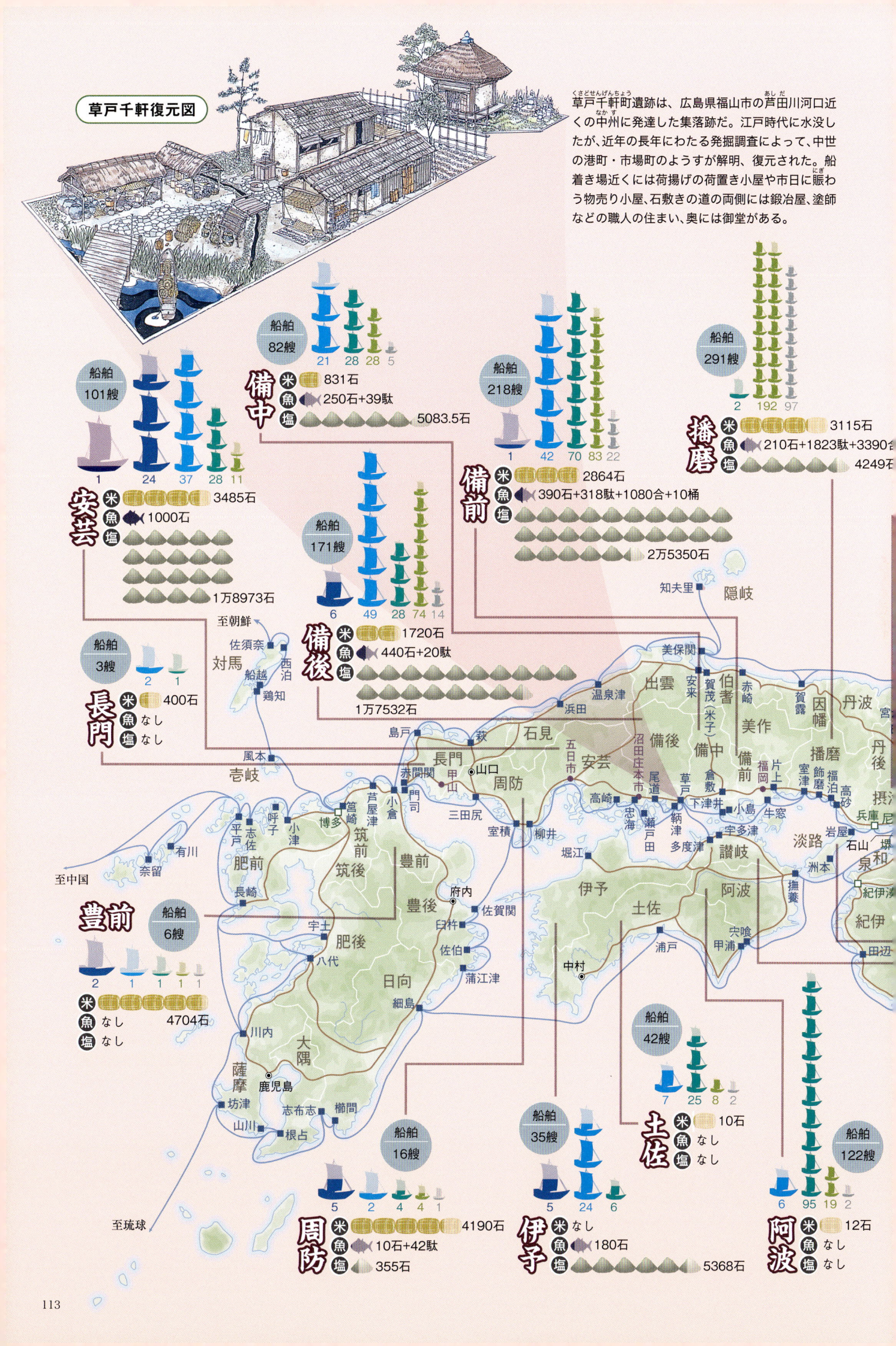

草戸千軒町遺跡は、広島県福山市の芦田川河口近くの中州に発達した集落跡だ。江戸時代に水没したが、近年の長年にわたる発掘調査によって、中世の港町・市場町のようすが解明、復元された。船着き場近くには荷揚げの荷置き小屋や市日に賑わう物売り小屋、石敷きの道の両側には鍛冶屋、塗師などの職人の住まい、奥には御堂がある。

備中
船舶 82艘
21　28　28　5
米 831石
魚 250石+39駄
塩 5083.5石

備前
船舶 218艘
1　42　70　83　22
米 2864石
魚 390石+318駄+1080合+10桶
塩 2万5350石

播磨
船舶 291艘
2　192　97
米 3115石
魚 210石+1823駄+3390合
塩 4249石

安芸
船舶 101艘
1　24　37　28　11
米 3485石
魚 1000石
塩 1万8973石

備後
船舶 171艘
6　49　28　74　14
米 1720石
魚 440石+20駄
塩 1万7532石

長門
船舶 3艘
2　1
米 400石
魚 なし
塩 なし

豊前
船舶 6艘
2　1　1　1　1
米 4704石
魚 なし
塩 なし

周防
船舶 16艘
5　2　4　4　1
米 4190石
魚 10石+42駄
塩 355石

伊予
船舶 35艘
5　24　6
米 なし
魚 180石
塩 5368石

土佐
船舶 42艘
7　25　8　2
米 10石
魚 なし
塩 なし

阿波
船舶 122艘
6　95　19　2
米 12石
魚 なし
塩 なし

下剋上の世の始まり

一揆が続発し、旧来の支配体制が大きくゆらぐ

法華一揆（1532～36年）

凡例：
- ✕ 法華一揆の激戦地あるいは焼き打ちした集落
- → 一向一揆の進路
- → 法華一揆の進路
- → 丹波勢の進路
- → 土一揆の進路

京都の町衆を中心とした法華宗徒（日蓮宗徒）は、管領細川晴元と組んで、越前から戻った蓮如が建立した山科本願寺を1532年に襲撃。このあと、京都の町中では法華一揆が町の運営権をほぼ掌握する。しかし、法華宗徒と延暦寺との対立が始まり、法華宗徒は1536年、延暦寺宗徒、近江守護六角氏、三井寺などの旧仏教勢力による大弾圧をこうむり、法華宗の多くの寺院が焼かれた。

惣村の誕生と一揆の続発

農業生産がのびた結果、畿内をはじめとする先進的地域では、南北朝の争乱のなかで、農業の共同作業や戦乱に対する自衛などを通して、団結を深めていった。惣村は、農民の共同的な村が生まれた。惣村とよばれる自立的な村が生まれた。

これに対し、京都に暮らしはじめた有力武士たちは、平安貴族にならった贅沢な暮らしをするようになり、それが重税となって農民を圧迫した。

その結果、惣村の農民たちは領主に対して、強訴や逃散などで対抗した。一帯の村落が連合して、大規模な土一揆を起こすこともあった。「一揆」とは、心をともにした人たちが、その集団の掟に従って団結して行動するという意味で、弱者の武力闘争などを指す。1428年に起きた正長の土一揆は、幕府に大きな動揺を与えた。1441年の嘉吉の徳政一揆は、幕府と一揆を結んで町政を自治的に運営した。

国人一揆と一向一揆

在地の武士である「国人」たちも一揆を行った。1485年、山城の国一揆は、農民も加わり、南山城地方で2派に分かれて戦っていた畠山氏の軍勢を国外に退去させ、8年間にわたって自治的な支配を実現した。

浄土真宗（一向宗）は、蓮如の精力的な布教活動によって、北陸・東海・近畿地方に広まり、地域ごとに結束し、強大化した。農村支配を強めつつあった大名に対抗し、各地で一向一揆が起こった。なかでも、1488年に起きた加賀の一向一揆は、守護の富樫政親を倒して、一国を支配するにいたった。1532年、京都の商工民を中心とする日蓮宗（法華宗）の信者が法華一揆を結んで町政を自治的に運営した。

下の者が力をつけて上の者にかわっていく「下剋上」の世が始まったのである。

1428～1492年

- **1428** 将軍足利義持没。
- **1428** 正長の土一揆。　P.114
- **1429** 尚巴志、琉球を統一し、琉球王国建国。　P.116
- 1432 勘合貿易再開。
- 1438 将軍足利義教、鎌倉公方足利持氏を討つ（永享の乱）。
- 1439 上杉憲実、足利学校を再興。
- 1440 結城氏朝が足利持氏の遺児を擁して挙兵（結城合戦）。
- この頃、グーテンベルクが活版印刷術を始める。
- **1441** 赤松満祐、将軍義教を暗殺（嘉吉の乱）。　P.108
- 1441 山名持豊ら、赤松満祐を殺害。
- 1443 対馬の宗貞盛、朝鮮と癸亥条約を結ぶ。
- 世阿弥没。
- **1453 東ローマ帝国滅亡。**
- 1454 山城国で徳政一揆。
- 鎌倉公方足利成氏が上杉憲忠を謀殺（享徳の乱の始まり）。
- 1455 足利成氏、古河に逃れる（古河公方の始め）。
- 1457 太田道灌、江戸城を築城。
- **1457 アイヌの首長、コシャマインが蜂起。**　P.116
- 1457 足利義政、弟・政知を東国へ派遣（堀越公方の始め）。
- 1459 京都の七口に新たに関所を設けて、関銭を徴収。
- 1460 畠山義就と政長の争い激化。
- 1465 義政夫人の日野富子、長男義尚を出産。
- **1467 応仁の乱起こる（～77）。**　P.118
- 1471 古河公方・足利成氏と堀越公方・足利政知が交戦。
- 蓮如、越前吉崎に坊舎建立。
- 1473 山名持豊没。細川勝元没。
- 足利義尚、将軍就任。
- **1479 スペイン王国成立。**
- 1480 島津武久に琉球入貢を督促させる。
- 1482 足利義政、銀閣を建てる。
- **1485 山城の国一揆起こる（～93）。**　P.114
- 1486 雪舟『山水長巻』完成。
- 1487 山内上杉氏と扇谷上杉氏が交戦（長享の乱）。
- **1488 加賀の一向一揆起こる（～1580）。**　P.114
- 1490 足利義政没。
- 1491 北条早雲、堀越公方・足利茶々丸を滅ぼす。
- **1492 コロンブス、新大陸到達。**

吉崎御坊復元図

●**吉崎御坊復元図** 蓮如の一向宗布教の本拠地。当初、近江で布教活動をしていた蓮如は、延暦寺に本願寺を焼き打ちされたあと、越前の吉崎御坊を本拠地に定め、御文を通じて熱心に布教活動を展開した。

室町時代のおもな一揆

15世紀は、庶民が支配層にみずからの要求を突きつけたはじめての時代で、惣村を基盤にした土一揆、債権破棄を求める徳政一揆、国人・地侍などが起こした国人一揆などが頻発した。

加賀の一向一揆（1488〜1580年）
加賀国を事実上支配していた本願寺門徒（一向宗徒）による一揆。かれらは20万ともいわれる圧倒的大軍勢を集めて守護の富樫政親を攻め、倒した。一向宗徒による加賀国の支配は、柴田勝家に滅ぼされるまで90年以上もつづいた。

嘉吉の徳政一揆（1441年）
将軍義教が赤松満祐に殺される（嘉吉の乱）という政情不安のなか、次の将軍義勝の就任にあたって、京都で地侍に先導された土民が「代始めの徳政」を要求して一揆を起こし、数万人規模に膨れあがった。幕府ははじめて徳政令を出し、鎮静化。

正長の土一揆（1428年）
山城から畿内一円に広がった徳政一揆。百姓、町衆、馬借らが土倉・酒屋などの高利貸しを襲撃する。幕府は徳政令を出さず、畿内諸国で私徳政が行われた。日本で最初の土民蜂起といわれた。

播磨の土一揆（1429年）
播磨1国の土民が蜂起して、国中から武士を追放し、農民による自治をめざしたが、守護赤松満祐が鎮圧した。

山城の国一揆（1485〜1493年）
南山城の国人・土民らが、応仁の乱後もなお対陣中の畠山政長・義就両軍の撤退を要求し、成功した。地域の平和・自治・流通の保障をうたった「国の掟法」を決議し、幕府が任命した守護を現地に入れないなど、8年間に及ぶ自治を貫いた。

近江坂本の馬借一揆（1426年）
近江坂本の馬借（運送業者）が、徳政（債権・債務の破棄）を要求して京都に乱入し、北野社に放火を企てた。

地方に広がる都の文化

応仁の乱以前、守護大名や家臣たちは京都に住んでいたので、伝統的公家文化や武家が好んだ禅宗、羨望の的だった唐物などが渾然一体となった新しい文化とは無関係ではいられなかった。すでに連歌は、鎌倉時代末期から武士のあいだで大流行しており、京都では武士たちが連歌師について指導を受けたり、和歌や古典文学の素養を身につける努力もしていた。

都が戦乱によってすさんでくると、戦乱を避けて地方に下る都人もいた

し、また乱後には、武士たちは自分の領地に戻った。この人の動きにつれて、都の文化が地方にもちこまれ、また、地方にも学識ある貴族や僧たちを招いたので、文化のパトロンとなる大名も現れ、たとえば、大内氏は、朝鮮・明との貿易や石見銀山からの収益を文化面に注いだので、山口には雪舟らの文化人が集い、「西の京」ともいわれた。領内では印刷がさかんに行われ、ここで刊行された書物群を大内版とよぶ。

飯尾宗祇 連歌師。和歌、歌学、古典、連歌を先達に学び、武士をはじめ、貴族も指導した。旅をしながら全国に連歌を広めた。

雪舟 幼時に出家して相国寺に入る。35歳のときに山口に下向し、大内船にて入明。3年間の画業修業を経て帰国し、豊後、天橋立、出羽などを遊歴後、山口の雲谷庵を拠点に、独自の水墨画を確立した。

出身地不明

立石寺
春日山
七尾
白河
日光
一乗谷
江戸
京都
鎌倉
堺
稲葉山

清原宣賢（儒学者）
万里集九（相国寺漢詩僧）
一条教房（関白）
桂庵玄樹（南禅寺僧侶）

赤間関
山口
博多
大宰府
隈府
中村
鹿児島

― 雪舟の足跡
― 飯尾宗祇の足跡
□ おもな文化人

琉球王国と蝦夷が島

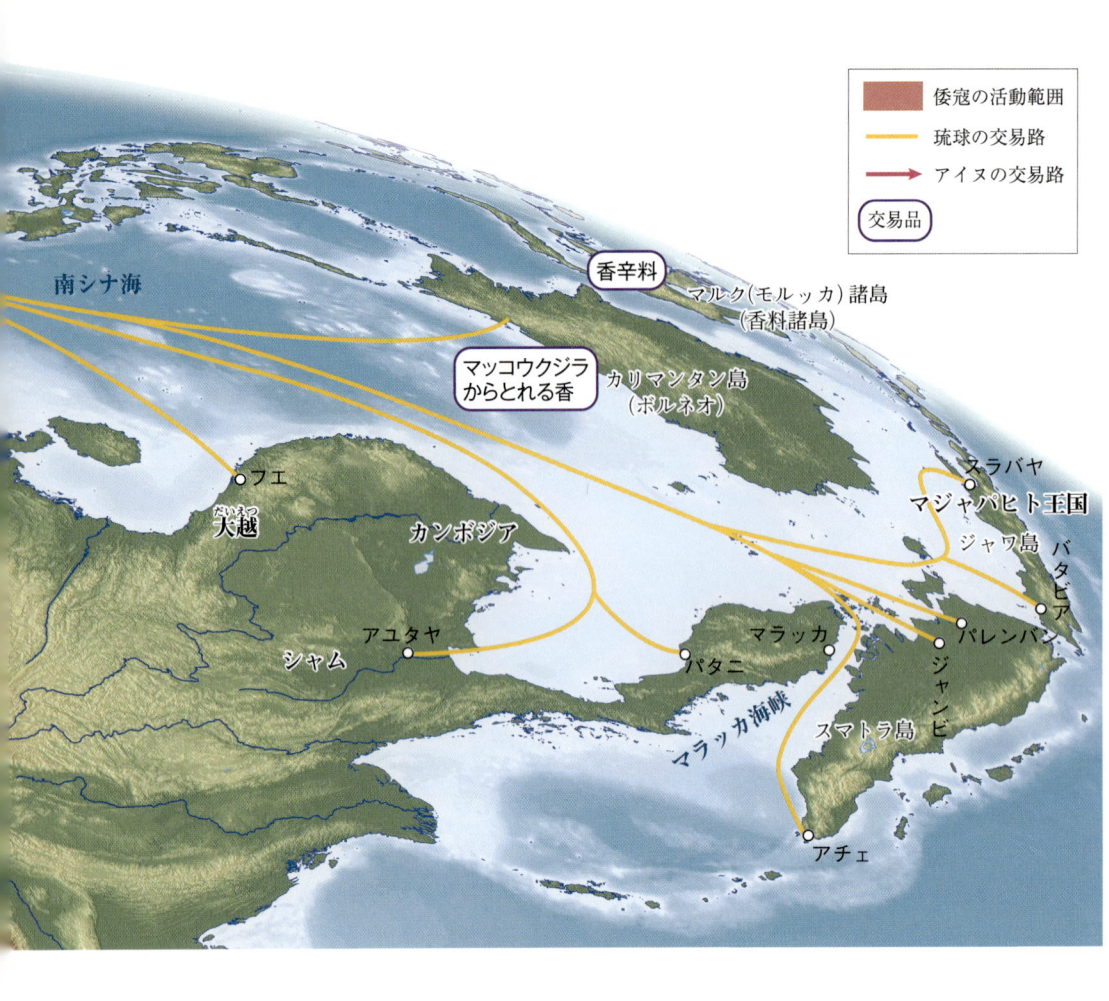

北と南でも交易が盛んになり、琉球王国が繁栄する

凡例:
- 倭寇の活動範囲
- 琉球の交易路
- アイヌの交易路
- 交易品

地図中の地名: 南シナ海、マルク（モルッカ）諸島（香料諸島）、香辛料、マッコウクジラからとれる香、カリマンタン島（ボルネオ）、フエ、大越、カンボジア、スラバヤ、マジャパヒト王国、ジャワ島、バタビア、アユタヤ、シャム、マラッカ、パレンバン、パタニ、ジャンビ、マラッカ海峡、スマトラ島、アチェ

琉球王国の統一と環シナ海世界

沖縄では、北山・中山・南山の3つの勢力が争っていたが、1429年、中山王の尚巴志が三山を統一し、琉球王国をつくった。

琉球王国は明の冊封体制に入って朝貢をするとともに、海上貿易をさかんに行った。琉球の船は、北は日本や朝鮮から、南はジャワ島・スマトラ島・インドシナ半島・マレー半島まで、環シナ海世界で広く中継貿易を行い、王国の都・首里の外港である那覇は、国際港として繁栄した。

1470年、第一尚氏王朝にかわり、尚円王が王位につき、第二尚氏王朝が成立した。その後、尚真王の治世に中央集権化に成功して、1571年には奄美諸島北部まで支配を広げた。

しかし、江戸時代初めの1609年、薩摩の島津氏の侵攻を受けて屈服、薩摩藩に従属することとなった。その後、明を滅ぼした清にも朝貢をつづけ、薩摩藩と清への両属の立場をとりながら

三山の支配地域とおもなグスク

沖縄では12世紀前後から、グスクとよばれる城塞が各地につくられ、群雄割拠の時代に入った。やがて3つの小王国が形成され、各王たちはそれぞれに競って明に入貢し、交易を行った。今帰仁城をはじめ、各地のグスクから出土する膨大な量の陶磁器類がその交易の活発さを物語っている。

★は世界遺産

●首里城　尚氏によって統一された琉球王国の政治・祭礼・外交の拠点。正殿ほか数々の宮殿をもつ堂々とした構えを誇った。1945年の沖縄戦で消滅。現在の首里城は、1992年に復元されたもの。

南山の佐敷に興った尚巴志が、中山王武寧を討って中山王となった。北山、南山を次々に制圧し、1429年に三山を統一した。

北山の版図は圧倒的に大きく、都城の今帰仁城は難攻不落を誇ったが、1416年攀安知王のとき、尚巴志に滅ぼされた。

島添大里城を都城とする。1429年他魯毎のとき、尚巴志に滅ぼされた。

北山: ★今帰仁城
中山: ★座喜味城、★中城城、★勝連城、★首里城、島添大里城
南山: 玉城城

琉球とアイヌの対外交易

琉球から明への進貢回数は171回、日本の13回を大きく上まわる。琉球は、日本・朝鮮・ベトナムなどから輸入した物資に琉球産物資を加えて中国に輸出する中継貿易で利益をあげた。一方、北海道のアイヌも樺太を経由して、大陸と活発に交易を行っていた。

地図ラベル：
- 琉球：馬・硫黄（那覇）
- 日本：扇・屛風・銅・砂金・日本刀（堺・兵庫・坊津）
- 明：銅銭・経典・生糸・絹織物・陶磁器（寧波・蘇州・徽州・南京・福州・北京・天津）
- 朝鮮（釜山）
- アイヌ文化圏：ラッコの毛皮・さけ・こんぶ・すずり（十三湊）
- 東シナ海・日本海・黄海

北海道・本州・沖縄の時代区分②

年代	北海道（蝦夷）	本州	沖縄（琉球）
700年 800年 1000年	オホーツク文化 擦文文化 アイヌ文化	奈良時代 平安時代 鎌倉時代 南北朝時代 室町時代 戦国時代 安土・桃山時代 江戸時代	貝塚時代（後期） グスク時代（古琉球） 第一尚氏王朝（古琉球） 第二尚氏王朝 前期／後期（近世琉球）
1600年	松前藩支配 （1799〜1821、江戸幕府直轄）		

十二館とコシャマインの反乱

地図ラベル：
- 道南十二館：蝦夷館チャシ、花沢館、茂別館、中野館、箱館、志苔館、汐泊チャシ、ワシリチャシ、比石館、脇本館、原口館、穏内館、大館、覃部館、禰保田館
- 松前、上之国、下之国、蠣崎城、福島城、陸奥湾、津軽海峡、十三湊
- 凡例：道南十二館／コシャマインの蜂起で陥落した館／チャシ（アイヌの砦）／コシャマイン軍／蠣崎軍

1本のマキリ（小刀）の価値、価格をめぐるアイヌと和人の口論に端を発するコシャマインの蜂起には、沿海州・樺太からの明の勢力後退が関係しているともいわれるが、その後、北海道が日本の版図に組み込まれていく契機となった。

蝦夷が島とアイヌ

日本の北方でも、通商活動が活発化した。13世紀には、津軽半島の十三湊と畿内を結ぶ日本海交易のルートが確立し、鮭や昆布などの北海の産物が京都にももたらされるようになった。

やがて、商人たちは本州から「蝦夷が島」とよばれる北海道の南部に進出し、海岸部に港や「道南十二館」をはじめとする館を中心にした居住地をつくった。かれらは「和人」とよばれ、十三湊を支配する津軽の安東氏とさかんに交易して勢力をのばした。

その結果、琉球王国は独立国家の体裁を保ち、独自の文化を維持していく。

古くから北海道に住み、漁労や狩猟、交易などを生業としていたアイヌは、和人とも交易するようになった。

こうした和人の進出は、アイヌを圧迫することになった。そしてアイヌは、1457年、コシャマインを中心に蜂起した。一時は、和人の拠点である館のほとんどを攻め落としたが、上之国の領主・蠣崎氏によって鎮圧された。

それ以後、蠣崎氏は和人居住地全体の支配者となり、江戸時代になると松前氏と名のって蝦夷が島を排他的に支配する大名となる。

応仁の乱

室町幕府の権威が失墜し、戦乱の時代へ向かう

足利義政と日野富子

室町時代には、将軍の権力が不安定だったため、将軍と有力守護大名間や有力守護大名どうしの争いがしばしば起こり、武力衝突にいたることもあった。その最大のものが応仁の乱で、幕府の屋台骨をゆるがすことになる。

8代将軍足利義政は、政治に情熱を失い、東山に銀閣を建てるなど、文化面に心を傾けていた。義政の妻日野富子は、自分の産んだ義尚を将軍にしようとして、政治的活動を熱心に行った。

応仁の乱は、義政の弟・義視と子の義尚による将軍家の相続争いと畠山家・斯波家の相続争いに、幕府内の主導権争いをしていた細川勝元と山名宗全（持豊）が介入し、日本をふたつに割る争乱となったものである。

はてしない争乱

応仁の乱は、1467年から足かけ11年にわたったが、東軍と西軍の全面対決は起こらずに、京内での陣取り合戦や敵方の拠点に対する焼き打ちが繰り返された。そのため、京都は焼け野原になって荒廃した。

乱は、両軍のリーダー格の細川勝元と山名宗全があいついで死去し、戦いに疲れた西軍が和議申し入れをしたことによっておさまった。

このあと、そのころには、細川家が幕府の実権を握ったが、全国各地で下剋上が盛んになっており、幕府の権威は失墜、守護大名の多くも領国を抑える力を失っていた。

また、応仁の乱以前から、関東では鎌倉公方と関東管領の上杉氏とのあいだで対立が激化、結局、古河と堀越に鎌倉公方が並立する事態となっていた。

守護大名は、京都と領国を行ったり来たりし、争いは地方へも波及した。有力守護大名が在京して政治を動かす室町幕府の体制は崩壊し、戦国の乱世が始まろうとしていた。

応仁の乱のころの京都

応仁の乱の主戦場となった京都は上京・下京・西京はじめ、鴨川の東の寺社も焼け、貴重な文化財を失った。ある歌人は「汝ヤシル都ハ野辺ノタ雲雀　アガルヲ見テモ　落ツル涙ハ」と詠んだ。しかし、乱を逃れた人々はしたたかに生きのび、この乱で西軍の本陣があった地は、のちに西陣織の産地として復興する。

＊『Jr.日本の歴史③ 武士の世の幕あけ』による

関東における対立と戦乱

1454年、鎌倉公方足利成氏が関東管領上杉憲忠を謀殺。幕府が軍を派遣すると、成氏は古河に逃れた。義政の弟政知が幕府から鎌倉公方に任命されるが、鎌倉に入れず堀越にとどまり、ふたりの公方が関東を二分することになった。

応仁の乱と東西守護大名の領国

応仁の乱の初期には、東西両軍が主力部隊を投じて戦略拠点の争奪に奔走したため、洛中洛外のいたるところで市街戦が繰り広げられた。やがてそれは周辺に波及していくが、11年間にわたる内乱の末に、幕府ははっきりと政権としての衰弱ぶりを示した。この乱のあとは、1世紀にわたる戦国の世に突入していく。

凡例：
- 西軍
- 東軍
- 両勢力の伯仲地域
- 領国内で対立している武士

図は1467年頃を示す

地図上の守護大名（国別）：
- 大内政弘（長門・周防・安芸）
- 山名政清（石見）
- 武田信賢（若狭）
- 京極持清（出雲・隠岐）
- 山名是豊（伯耆）
- 細川勝久（備後）
- 山名教之（因幡）
- 山名豊氏（但馬）
- 山名宗全（持豊）（播磨）
- 一色義直（丹後）
- 細川勝元（丹波）
- 武田信賢（若狭）
- 京極持清（越前）
- 六角高頼（近江）
- 土岐成頼（美濃）
- 斯波義廉（越前）
- 富樫政親（加賀）
- 赤松政則
- 畠山義統（能登）
- 畠山政長（越中）
- 細川勝元（讃岐）
- 細川成之（阿波）
- 山名教之（伊予）
- 細川持久・細川常有・畠山政長・畠山義就（河内・大和・紀伊）
- 山名持豊（和泉）
- 一色義直（伊勢）
- 細川成之（尾張）
- 斯波義廉（遠江）
- 京極持清（三河）

*『Jr.日本の歴史③ 武士の世の幕あけ』などによる

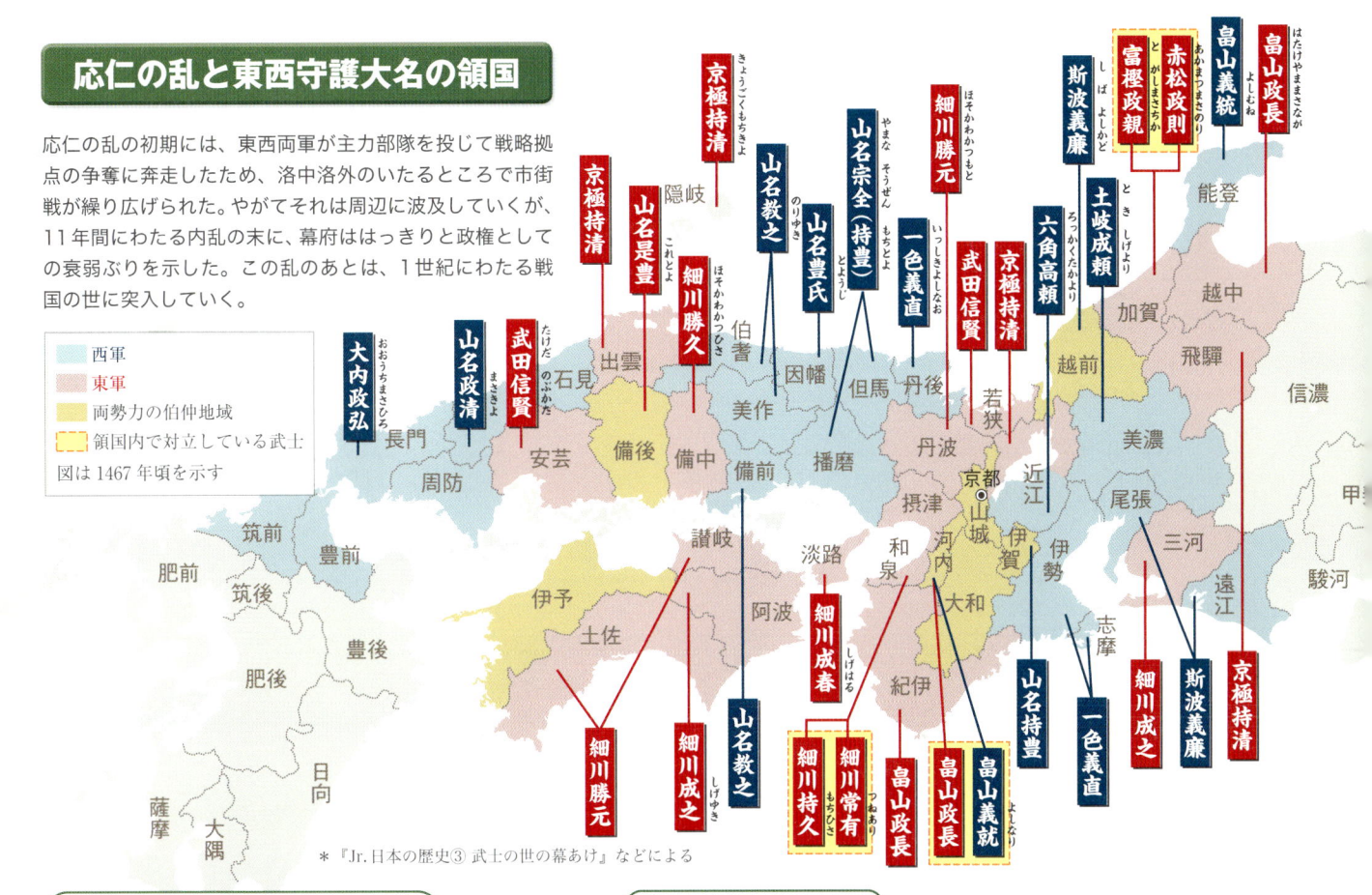

応仁の乱の経過年表 1460〜77年

将軍	管領	年	出来事
義政	細川勝元	1460	畠山義就と政長の家督争いが始まる。
	畠山政長	1464	足利義政、弟の義視を還俗させ、後継者に指名。
		1465	義政と富子のあいだに義尚誕生。
		1466	斯波義敏と義廉の家督争いに義政が介入。
	斯波義廉	1467	畠山義就と政長の争いが本格化。上御霊社で武力衝突（応仁の乱の勃発）。
			細川勝元、花の御所（室町第）に陣を構える（東軍本陣）。山名宗全（持豊）、堀川の西に陣を構える（西軍本陣）。大内政弘、西軍方で入京。
		1468	京都とその周辺が戦場となり、社寺が炎上。（軽装の歩兵、足軽が大活躍する）義視、義政と不仲になり、義視が西軍に寝返る。（西軍の義視、東軍の義尚とふたりの足利氏の当主が立つ）
義視	細川勝元	1469	戦いが地方に波及するようになる。
		1473	山名宗全、細川勝元、あいつぎ死亡。義尚、9代将軍に就任。
義尚	畠山政長	1474	山名政豊と細川政元は和睦、畠山義就、大内政弘は交戦続行。
		1477	畠山義就、河内へ撤兵。大内氏らも領国に帰る。義視、土岐氏を頼って美濃に下る。応仁の乱が一応終焉。

応仁の乱の対立関係

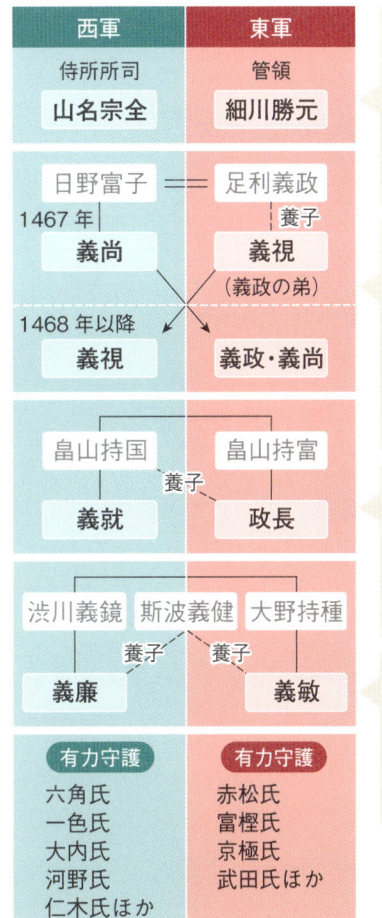

西軍	東軍
侍所所司 山名宗全	管領 細川勝元
日野富子 ＝＝ 足利義政（1467年）	
義尚	養子 義視（義政の弟）
1468年以降 義視 →	義政・義尚
畠山持国	畠山持富
義就	養子 政長
渋川義鏡　斯波義健　大野持種	
義廉（養子）	義敏（養子）

有力守護（西軍）：六角氏、一色氏、大内氏、河野氏、仁木氏ほか

有力守護（東軍）：赤松氏、富樫氏、京極氏、武田氏ほか

山名氏と細川氏の争い
細川勝元は山名宗全の娘婿で、しだいに幕府内の主導権争いをするようになる。これに畠山・斯波両氏、将軍家の家督争いが加わり、全国の武士は山名派と細川派に二分された。

将軍家の家督争い
足利義政には跡継ぎがおらず、次期将軍に弟の義視を指名したが、その後、妻の日野富子とのあいだに、義尚が生まれる。富子は義尚を将軍にしようと画策、将軍家の家督争いが激化。

畠山氏の家督争い
畠山持国には跡継ぎがなかったので、甥の政長を養子にしたが、その後、実子の義就が誕生し、家督争いとなる。

斯波氏の家督争い
斯波義健の養子、義敏が重臣と対立して領国を取り上げられた。ついで義廉が新しく斯波家の養子となると、家督争いに発展した。

この乱は山城国の守護職である畠山政長と義就の家督争いから始まるが、内乱が一応の終息をみた1477年後もこの争いはつづき、山城の国一揆（→p115）の国人・土民らの抗議によって、やっと終止符を打つ。

モンゴル帝国の拡大

そのとき世界は③
13世紀末

13世紀初頭にモンゴルを統一したチンギス・ハンとその息子たちは、活発な征服活動をつづけ、孫たちの時代には、ユーラシア大陸の大半をおさえる大帝国となった。地域間のネットワークが統一され、マルコ・ポーロやイブン・バトゥータのように、大陸を行きかう人も増えた。「モンゴルの平和」のもと、旧大陸がひとつになったのである。

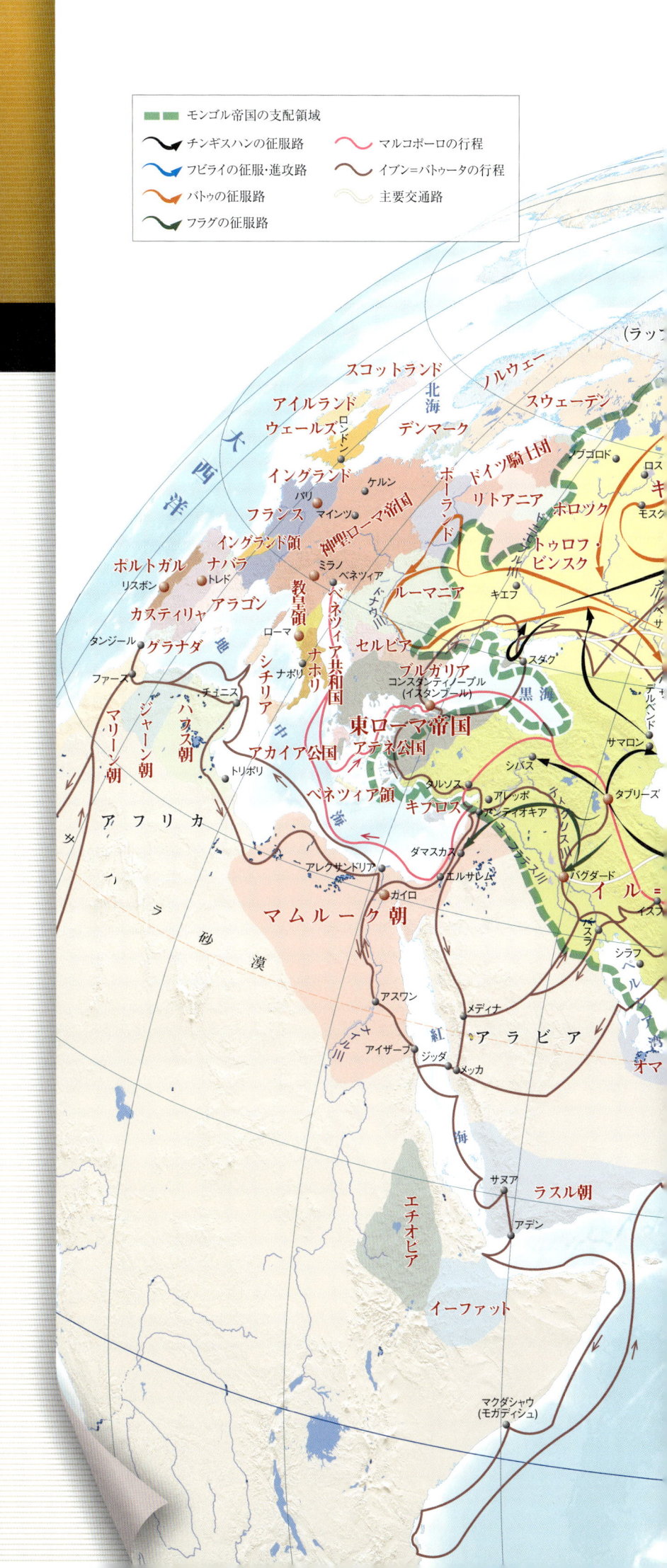

第4章
動乱から統一へ
戦国時代～安土・桃山時代

凡例:
- モンゴル帝国の支配領域
- チンギスハンの征服路
- フビライの征服・進攻路
- バトゥの征服路
- フラグの征服路
- マルコポーロの行程
- イブン=バトゥータの行程
- 主要交通路

戦国の群雄

各地に有力な戦国大名が登場し、領国経営に努めた

戦国大名の登場

室町時代の守護大名は、幕府に仕える者であり、京都にいることが多かった。京都で将軍に認められることが、みずからの地位の維持・向上に重要だったのである。これに対し、戦国大名はそれぞれの領国の本拠地にいて、地域的にまとまった領国の経営に努めた。将軍の権威が衰えていたこともあり、京都に出ることよりも領国内を安定させることが重要だった。

では、こうした戦国大名には、どういう者がなったのか。駿河の今川氏のように守護大名が定着して戦国大名になった者や、尾張の織田氏のように、守護大名に領国の支配を任されていた守護代からなった者、また、毛利氏のように、国人とよばれる地域の領主である武士が勢力をのばしてなった者などがいた。土岐氏を破り美濃の戦国大名になった斎藤道三は、商家の出身だったと伝えられている。小田原城を攻略し伊豆・相模を支配した北条早雲は、将軍の家臣の家系から出たという説が有力である。

領国支配の特徴

戦国大名は、多くの武士たちを従え、領国の支配を安定させて富国強兵を実現するために体制を整えていった。国人を服属させるとともに、地侍を着して戦国大名になった者や、尾張の今川氏のように守護大名が定着して戦国大名になった者や、尾張として家臣としてかかえていくことにより、軍事力を増強していった。国人や地侍らの地位と収入を保障するかわりに、それに見合った軍役を負担させたのである。

戦国大名は、商工業者の統制や、鉱山の開発などを行い、経済力をのばした。城下町を建設し、それを中心とした経済圏にするため、領国内の交通を整えた。「*分国法」の制定は、こうした領国支配の基本を明文化したもので、戦国大名たちの支配の特徴がみてとれる。

おもな戦国大名

戦国大名は、基本的に領国内に居住した。幕府の権威に依存しない戦国大名は、武力だけでなく家臣や領民からの支持を得なければ勢力を維持することはできず、在地経営に取り組みながら、土地や領民を直接支配し、領国の発展をはかった。左図は1550年代の勢力分布を示す。

上杉謙信(長尾景虎)
関東管領上杉氏の後継となり、関東にも進出。信玄とたびたび合戦した。

伊達稙宗
陸奥国守護となり、伊達家発展の基礎を築く。政宗の曾祖父。

北条氏康
早雲の孫。武田・今川と同盟して、上杉氏に対抗。

浪岡氏・秋田氏・南部氏・最上氏・葛西氏・本間氏・蘆名氏・畠山氏・佐野氏・相馬氏・宇都宮氏・足利氏・佐竹氏・千葉氏・里見氏
陸奥・出羽・越後・下野・常陸・下総・上総

1493〜1573年

- **1493** 将軍の廃立をめぐる明応の政変。下剋上の時代となる。
- **1494** 各地の大名が、ふたりの将軍(足利義材・義高)を立てて争う。
- **1495** 北条早雲、小田原城を奪取。 P.122
- **1496** 蓮如、石山に御坊をつくる。
- **1498** バスコ・ダ・ガマ、インド到達。
- **1510** 朝鮮・三浦の日本人、対馬の宗氏の援助で反乱(三浦の乱)。
- **1517** ルター、宗教改革をとなえる。
- **1519** マゼラン、世界一周に出発。
- **1523** 大内義興と細川高国の使臣、明の寧波で争う(寧波の乱)。
- **1532** 法華一揆起こる。
- **1536** 法華衆徒と延暦寺衆徒が戦う(天文法華の乱)。
- **1542** 斎藤道三、主家の土岐氏を追い、美濃を支配下に置く。 P.122
- **1543** ポルトガル人が種子島に鉄砲を伝える。 P.128
- **1543** コペルニクス、地動説を発表。
- **1547** 大内義隆、遣明船派遣(最後の勘合貿易)。
- **1549** ザビエル、鹿児島にキリスト教を伝える。 P.128
- **1551** 陶晴賢、大内義隆を自殺に追い込む。
- **1554** 北条氏康、古河城を落とす(古河公方、事実上滅亡)。
- **1555** 毛利元就、陶晴賢を討つ(厳島の戦い)。 P.124
- **1560** 織田信長、今川義元を倒す(桶狭間の戦い)。 P.124
- **1561** 武田信玄と上杉謙信、川中島で4度目の戦い。 P.124
- **1562** 徳川家康、織田信長と同盟。
- **1565** 松永久秀ら、足利義輝を殺害。
- **1567** 信長、斎藤氏を滅ぼし、美濃に進出する。
  - 信長、岐阜の加納に楽市・楽座令を出す。
- **1568** 信長、足利義昭を奉じて入京。
- **1569** 信長、ルイス・フロイスの京都宣教を認める。 P.128
- **1570** 姉川の戦い。信長・家康連合軍が浅井・朝倉連合軍を撃破。
  - 本願寺、信長に敵対。石山合戦始まる(〜80)。
- **1571** 信長、延暦寺を焼き打ち。
- **1572** 三方ヶ原の戦い。徳川家康、武田信玄に大敗。
- **1573** 室町幕府滅亡。
  - 信長、浅井・朝倉氏を滅ぼす。

おもな戦国大名

出自	名前	生没年 (1500 / 1550 / 1600)	分国法(成立年)
守護大名	尼子晴久	1514〜1562	
守護大名	今川義元	1519〜1560	今川仮名目録(1526)
守護大名	大内義隆	1507〜1551	大内氏壁書(1495頃)
守護大名	島津貴久	1514〜1571	
守護大名	武田信玄(晴信)	1521〜1573	甲州法度之次第(1547)
守護大名	大友宗麟	1530〜1587	
守護代	朝倉孝景	1428〜81	朝倉孝景十七箇条(1471〜81)
守護代	上杉謙信(長尾景虎)	1530〜1578	
守護代	陶晴賢	1521〜1555	
守護代	織田信長	1534〜1582	
国人	竜造寺隆信	1529〜1584	
国人	長宗我部元親	1538〜1599	元親百箇条(1596)
国人	徳川家康	1542〜1616	
国人	伊達稙宗	1488〜1565	塵芥集(1536)
国人	毛利元就	1497〜1571	
国人	浅井久政	1524〜1573	
その他	北条氏康	1515〜1571	早雲寺殿廿一箇条(不明)
その他	三好長慶	1522〜1564	
その他	斎藤義竜	1527〜1561	

年表中の出来事: 鉄砲伝来 1543 / 室町幕府滅亡 1573 / 江戸開幕 1603

守護大名や国人だった者、また北条氏や美濃の斎藤氏のように新興の武士も実力しだいで大名の地位を得た。それぞれ自立して政権を維持するため、分国法などルールを定めて明文化し、家督の相続や家臣の統制、領国支配の徹底をめざした。

*武光誠『図説 地図で読み解く日本史』などによる

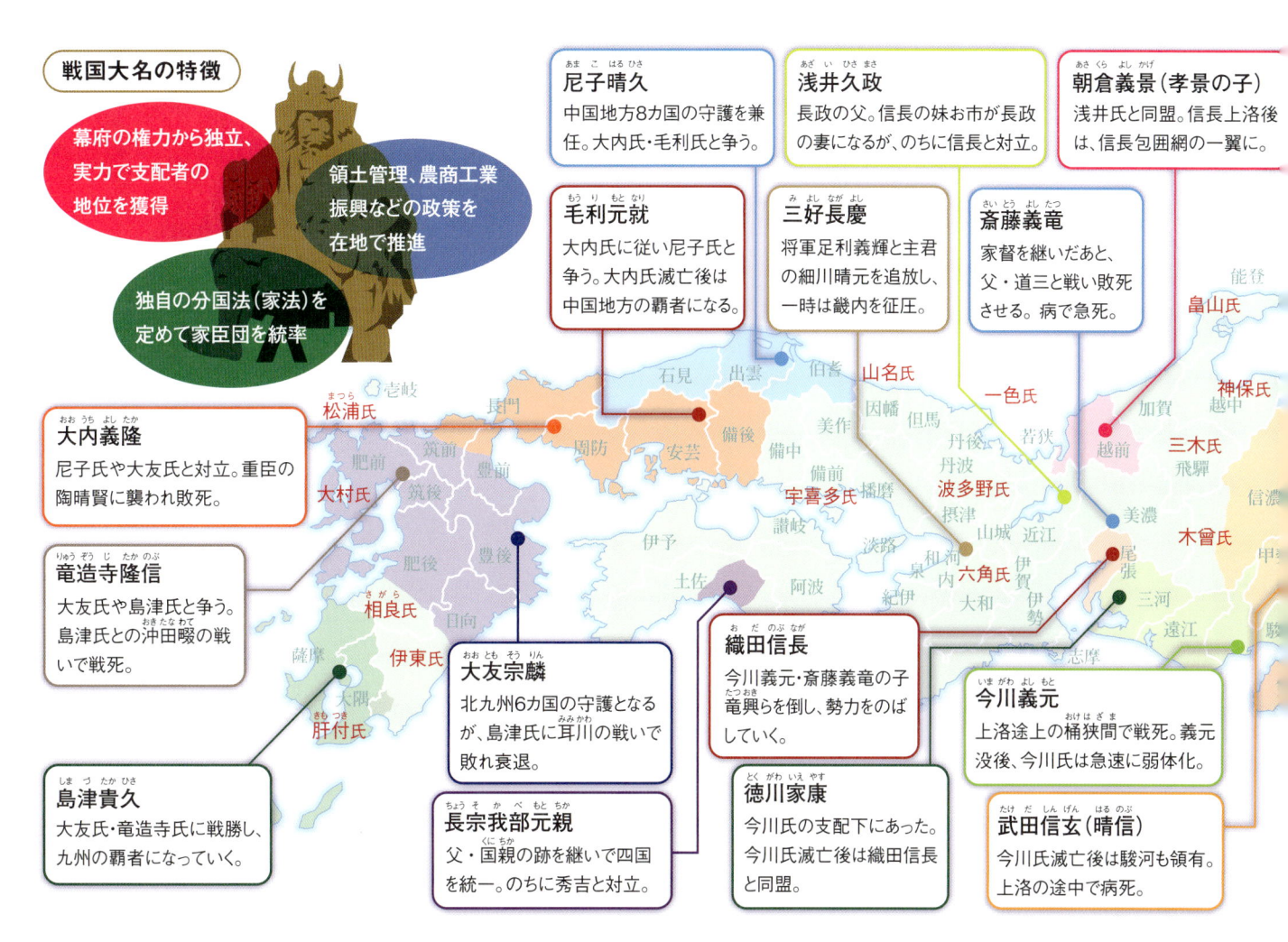

戦国大名の特徴

- 幕府の権力から独立、実力で支配者の地位を獲得
- 領土管理、農商工業振興などの政策を在地で推進
- 独自の分国法(家法)を定めて家臣団を統率

尼子晴久: 中国地方8カ国の守護を兼任。大内氏・毛利氏と争う。

浅井久政: 長政の父。信長の妹お市が長政の妻になるが、のちに信長と対立。

朝倉義景(孝景の子): 浅井氏と同盟。信長上洛後は、信長包囲網の一翼に。

毛利元就: 大内氏に従い尼子氏と争う。大内氏滅亡後は中国地方の覇者になる。

三好長慶: 将軍足利義輝と主君の細川晴元を追放し、一時は畿内を征圧。

斎藤義竜: 家督を継いだあと、父・道三と戦い敗死させる。病で急死。

大内義隆: 尼子氏や大友氏と対立。重臣の陶晴賢に襲われ敗死。

竜造寺隆信: 大友氏や島津氏と争う。島津氏との沖田畷の戦いで戦死。

大友宗麟: 北九州6カ国の守護となるが、島津氏に耳川の戦いで敗れ衰退。

織田信長: 今川義元・斎藤義竜の子竜興を倒し、勢力をのばしていく。

今川義元: 上洛途上の桶狭間で戦死。義元没後、今川氏は急速に弱体化。

島津貴久: 大友氏・竜造寺氏に戦勝し、九州の覇者になっていく。

長宗我部元親: 父・国親の跡を継いで四国を統一。のちに秀吉と対立。

徳川家康: 今川氏の支配下にあった。今川氏滅亡後は織田信長と同盟。

武田信玄(晴信): 今川氏滅亡後は駿河も領有。上洛の途中で病死。

地図上の氏族: 松浦氏、大村氏、相良氏、伊東氏、肝付氏、宇喜多氏、山名氏、一色氏、波多野氏、六角氏、畠山氏、神保氏、三木氏、木曾氏

戦国の合戦

合戦が繰り返され、戦国大名の淘汰が進む

厳島の戦い

室町幕府の権威が失墜した戦国時代は、実力で争う時代であった。戦国大名という形で、地域的に独立した権力がつくられるまでには、戦いが繰り返されることがあり、戦国大名となってからも、隣国の大名たちとの勢力争いが合戦に発展することがあった。合戦を繰り返しながら、地域的な統合が進んでいったのである。

小領主である国人が戦国大名になるには、ライバルである国人や守護代などを服属させることが必要だった。毛利元就は、中国地方の有力守護大名である大内氏を乗っとった陶晴賢を倒した。この厳島の戦い（1555年）の勝利によって、戦国大名の地位を確立したのである。

桶狭間の戦いと川中島の戦い

上洛しようとした駿河・遠江の戦国大名今川義元を、尾張の織田信長が討ちとった桶狭間の戦い（1560年）は、今川氏の支配下にあった徳川家康が独立する結果をもたらした。また、今川氏の没落は、信長が急成長する契機ともなった。

越後の上杉謙信と甲斐の武田信玄は、5回にわたり、信濃の川中島（北信濃）で戦った。なかでも、1561年の4度目の合戦が、もっとも大規模でよく知られているものである。最終的な勝敗の決着はつかなかった。それは、両軍の兵農分離が進んでおらず、農繁期になると兵を引く必要があったことが大きな原因だった。謙信と信玄が互いの戦いに力を費やしているあいだに、兵農分離を実現した織田信長が、天下人への道を進むことになる。

川中島の戦い 1561年8月～9月

- ■ 上杉軍
- 事前の動き →
- 当日の動き ➡
- ■ 武田軍
- 事前の動き →
- 当日の動き ➡

信玄と謙信の戦いの４度目は八幡原（はちまんばら）を主戦場に、本格的な戦闘となった。軍勢を二手に分け、妻女山（さいじょさん）から上杉軍を襲う信玄の戦術は謙信に看破され、両軍は八幡原で激突。深い霧のなか、武田軍は別働隊との連携で優勢に転じ上杉軍撃退に成功したが、信玄は弟の信繁、重臣の山本勘助はじめ4000人もの戦死者を出し、大きな痛手を受けた。

実用性重視の武具

戦乱の時代を経るうちに、武将が身につける甲冑にも変化が現れた。戦い方の多様化や鉄砲など新しい武器の登場を背景に、武具には高い実用性と機能性が求められるようになった。より軽快で防御性能にすぐれ、なおかつ容易に短期間で量産できるものとして考案されたのが、「当世具足（とうせいぐそく）」である。現代風の甲冑という意味で、16世紀に普及した。

「当世具足」は、胴・袖・兜（かぶと）と頬当（ほほあて）・籠手（こて）・脛当（すねあて）・佩楯（はいだて）（太ももを防御する具足）といった小具足をセットでつくり、あわせて装着する。胴は小札（こざね）（小さな板）をつなぎあわせたものから鉄板が主流となり、槍（やり）や銃弾をはべらせるのにつごうがよいように改良された。また、いくつかの部分に分けて蝶つがいでつなぐことで、活動のしやすさや装着感の向上がはかられた。

簡素で変化をつけるためにさまざまな立物（たてもの）（装飾）が考案された。張子（はりこ）の烏帽子（えぼし）をかぶせ軽量化を実現した張懸兜（はりかけかぶと）などもあった。

胴の下を覆い保護する草摺（くさずり）。7枚に分かれており、動きやすくて機能的。

厳島の戦い 1555年9月

凡例
- 毛利軍
- 毛利元就本隊 →
- 小早川水軍 ⋯▶
- 陶軍
- 陶晴賢（敗走路）--▶

戦力比較

陶軍 約2万人
- 陶晴賢
- 弘中隆兼
- 三浦房清
- 大和興武
- 伊香賀隆正
- 垣並房清ら

毛利軍 約4000人
- 毛利元就
- 毛利隆元
- 吉川元春
- 小早川隆景
- 熊谷信直
- 乃美宗勝ら

毛利元就は、謀反によって主家の大内義隆を倒した陶晴賢を討とうと、厳島に築いた囮の宮尾城におびき寄せる。狭い島内で攻撃を受けた晴賢は敗走して自刃した。元就は、小早川水軍の協力を得たとはいえ、わずか4000人の軍勢で陶軍の2万人を攻略、西国の覇者への一歩を記した。

戦力比較

上杉軍 1万8000人
- 上杉謙信
- 宇佐美定満
- 柿崎兼家
- 本庄慶秀
- 村上義清ら
- 後詰（善光寺駐留500名）

武田軍 2万人
- 武田信玄
- 武田信繁
- 山本勘助
- 穴山信君ら
- 妻女山別働隊
- 高坂昌信
- 馬場信房
- 真田幸綱ら

桶狭間の戦い 1560年5月19日

凡例
- 今川軍
- 従来説の今川本隊進軍経路
- 今川本隊の推定進軍経路
- 織田軍
- 従来説の信長本隊進軍経路
- 信長本隊の推定進軍経路

今川義元は駿河、遠江、三河の3国から2万5000の兵を率いて出陣し、沓掛城に入ると松平元康（のちの徳川家康）らに命じ、織田方の砦を次々に陥落した。信長は清洲城から急行し、桶狭間で休憩中の今川本陣の奇襲に成功する。桶狭間の位置には諸説あるが、東海の覇権を握る義元を討ちとった信長は一躍名をあげた。

戦力比較

織田軍 約2000人
- 織田信長
- 柴田勝家
- 服部一忠
- 毛利良勝
- 前田利家ら

今川軍 約5000人（本陣のみ）
- 今川義元
- 松井宗信
- 三浦義就
- 庵原元政ら

天守

主従が住まう領国の首都
城と城下町

戦国時代、城は領国支配の拠点であると同時に軍事施設だったため、険しい山や川など自然の地形を利用した山城が多く建てられた。朝倉氏の居館を中心とした一乗谷は、初期の城下町の姿を伝えている。織田信長が琵琶湖畔に築いた安土城は湖面に突き出た山を城郭とした天然の要塞で、ふもとに城下町が整備された。信長は家臣を領地の村々から引き離して住まわせ兵農分離の政策を断行、商人や職人にも自由な営業特権を与えて集住を促した。城下町の建設は、天下統治をにらむ信長の革新的な取り組みであった。

●一乗谷・町家の復元模型　発掘調査によって、谷筋のなかほど西光寺のあたりは、小規模な住居が立ち並ぶ町家のエリアだったことがわかっている。

朝倉氏の一乗谷

越前を支配した朝倉孝景は、足羽川支流の谷あいに居館を構えた。南にのびる谷筋の3方は険しい尾根に囲まれ、朝倉氏の家臣やその家族は、この天然の防御壁に守られた町に集まり住んだ。町の南北に設けた城戸で外敵の侵入を阻止し、万一のときは東側の山城にこもる計画的な構造だった。

●朝倉館の復元模型　西側(手前)の門を入ると左手に厩、正面奥に主殿があり、濠や土塁で囲まれた敷地のなかに10数棟が建っていた。当主や当主の母親の居館のほか、政務を行う政庁、倉庫、武器庫などが連なっていたとされる。

信長が築いた安土城

安土山の頂上に、絢爛豪華な天守がそびえる。大手口から入ると前田利家、羽柴秀吉、徳川家康など有力家臣の屋敷が立ち並び、大小の建物群が斜面をおおうように連なっている。左手の摠見寺の向こう側のふもとに広がる城下は武家地で、家臣団の屋敷が集まっていた。
イラスト／エス

摠見寺

大手口　大手道

安土の城下町

備中　川尻
大蔵
武家地　高山
琵琶湖　長屋森　永倉　矢倉　安土城
（西の湖）金森　金安町　正神町　大手道
活津彦根神社　町町　卍　摠見寺
大波止　平井　東町　百々橋
蛭子神社　高谷町　本町　鎌倉ノ辻　主之御座
池田町　馬場　玉町　張網
女郎屋町　寺町　新町　下街道
鍛冶ノ浦　町人地　出町　ダイウス
市場　豆町　米町

城と城下の構造

領主の館を中心に一族の生活圏が広がる。城戸は、よその町や街道、川・湊など外界との境界であり、また身分や秩序を分ける機能を果たした。一乗谷の城下町構造は、右図で示される同心円タイプの一例といえる。

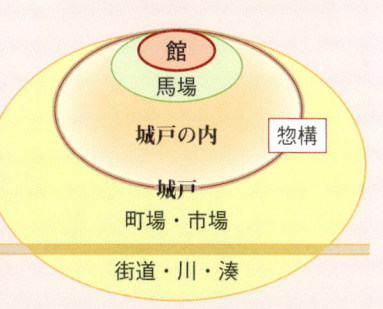

館
馬場
城戸の内　惣構
城戸
町場・市場
街道・川・湊

＊小野正敏『戦国城下町の考古学』による

舟運と街道をとり込み、水陸交通の要衝に位置する安土城。ふもとの城下町は、下豊浦など既存の集落を生かして、武家地、町人地が整備された。城下の中心部にはキリシタンのセミナリオ（神学校）であるダイウスも置かれている。

鉄砲とキリスト教の伝来

大航海時代が到来し、西洋の文物が日本をゆるがす

●南蛮屏風（右隻） 黒船で来航した南蛮人の様子がつぶさに描かれている。一行が身につけている珍しい衣服や持ち物は、大名らの異国への好奇心やあこがれをかきたてた。

ポルトガル人の来航と鉄砲伝来

15世紀後半から16世紀にかけて、ヨーロッパはルネサンスと宗教改革を経て、近代化を進めた。国力をつけたヨーロッパ諸国は、ポルトガルやスペインを先頭に世界にのりだし、大航海時代を迎えた。

そうしたなか、1543年、種子島に漂着した中国船に乗っていたポルトガル人が、日本に火縄銃を伝えた。この船は、中国人で倭寇の首領だった王直の支配下の者の船ともいわれ、鉄砲伝来に倭寇が関係した可能性も少なくない。

これ以前に鉄砲が伝来したという説もあるが、広く普及した源は、種子島に伝わった火縄銃だったようである。戦国大名が争っていた時期であり、鉄砲の普及速度はきわめて速く、日本は世界有数の鉄砲保有国となった。

キリスト教と南蛮文化

ポルトガルやスペインは、カトリックの国であった。商人たちが、東洋や新大陸の特産物を持ち帰って利益をあげることを目的に船団を組んで航海する一方、キリスト教の布教をめざす人たちが、世界に雄飛した。

1549年、スペイン人のイエズス会宣教師フランシスコ・ザビエルが来日、以後、多くの宣教師が日本を訪れた。そして九州の大名をはじめ、キリシタンになる日本人が増えていった。また、南蛮人とよばれたポルトガル人やスペイン人が多数来日した結果、新奇な文物が渡来し、「南蛮文化」が花開いた。日本も、大航海時代の世界に加わったのである。

南蛮渡来の品々

ポルトガルやスペインからの南蛮船は、数多くのヨーロッパの文物を日本にもたらした。美しい工芸品や珍しい食品、服飾品、また眼鏡のように便利で先進的な道具は人々の関心を集め、珍重された。現在、身近な日用品のなかには、これらの舶来品を起源とするものも少なくない。カルタ、カステラの語源はポルトガル語。同じくカッパは「合羽」の字をあてられ市民権を得た。下のビロードのマントは上杉謙信所用の品と伝えられ、戦国武将の異国趣味がうかがえる。

●食品・嗜好品
カステラ
金平糖（こんぺいとう）
有平糖（あるへいとう）
たばこ
天ぷら

●服飾品
眼鏡
帽子
合羽
靴

●織物
ビロード
紗綾（さや）
更紗（さらさ）

●日用品ほか
ギヤマン
カルタ

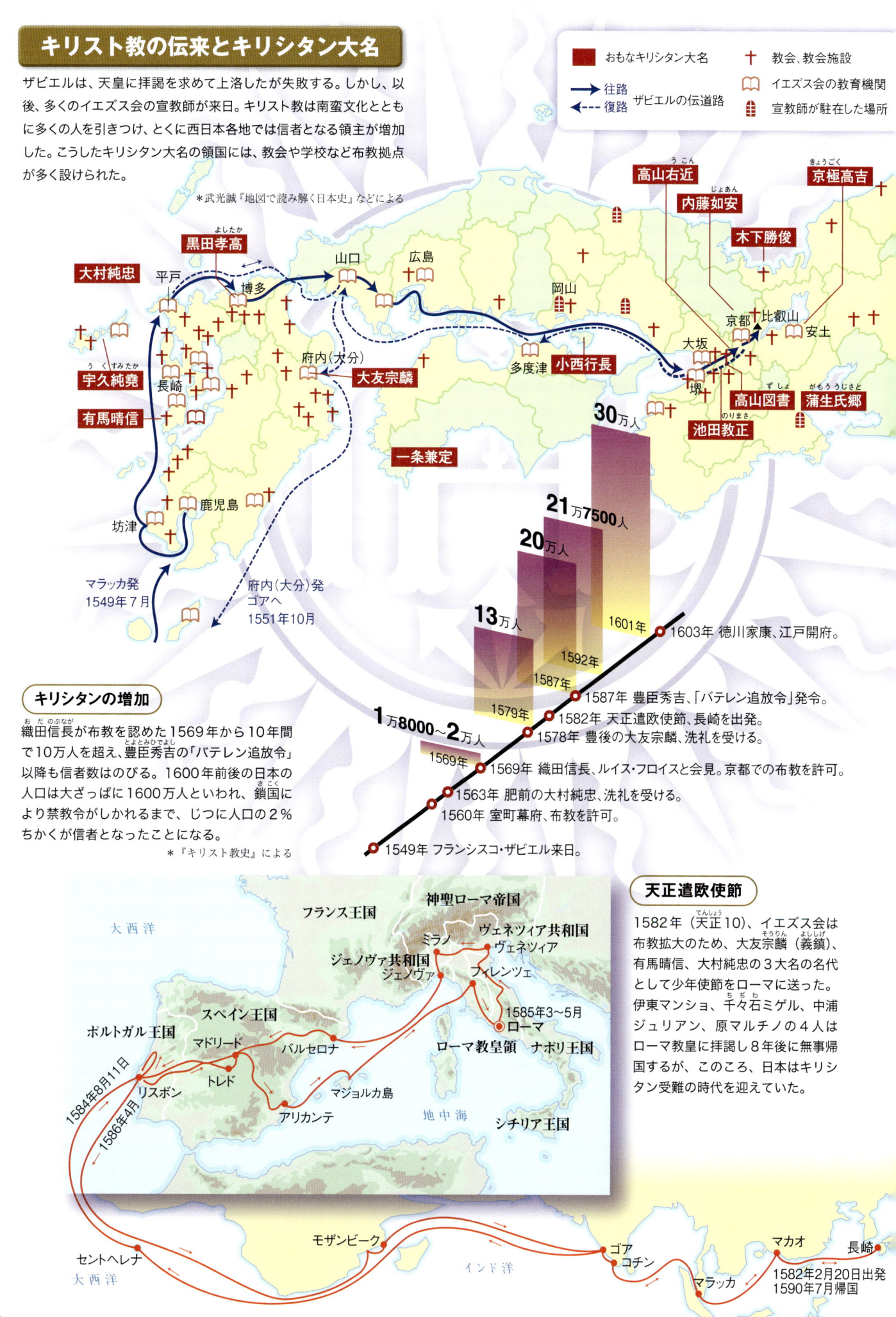

キリスト教の伝来とキリシタン大名

ザビエルは、天皇に拝謁を求めて上洛したが失敗する。しかし、以後、多くのイエズス会の宣教師が来日。キリスト教は南蛮文化とともに多くの人を引きつけ、とくに西日本各地では信者となる領主が増加した。こうしたキリシタン大名の領国には、教会や学校など布教拠点が多く設けられた。

*武光誠『地図で読み解く日本史』などによる

凡例：
- おもなキリシタン大名
- 教会、教会施設
- →往路　--→復路　ザビエルの伝道路
- イエズス会の教育機関
- 宣教師が駐在した場所

おもなキリシタン大名： 大村純忠、宇久純堯、有馬晴信、黒田孝高、大友宗麟、一条兼定、小西行長、高山右近、内藤如安、京極高吉、木下勝俊、高山図書、池田教正、蒲生氏郷

マラッカ発 1549年7月
府内(大分)発 ゴアへ 1551年10月

キリシタンの増加

織田信長が布教を認めた1569年から10年間で10万人を超え、豊臣秀吉の「バテレン追放令」以降も信者数はのびる。1600年前後の日本の人口は大ざっぱに1600万人といわれ、鎖国により禁教令がしかれるまで、じつに人口の2％ちかくが信者となったことになる。

*『キリスト教史』による

- 1569年　1万8000〜2万人
- 1579年　13万人
- 1587年　20万人
- 1592年　21万7500人
- 1601年　30万人

年表：
- 1549年 フランシスコ・ザビエル来日。
- 1560年 室町幕府、布教を許可。
- 1563年 肥前の大村純忠、洗礼を受ける。
- 1569年 織田信長、ルイス・フロイスと会見。京都での布教を許可。
- 1578年 豊後の大友宗麟、洗礼を受ける。
- 1582年 天正遣欧使節、長崎を出発。
- 1587年 豊臣秀吉、「バテレン追放令」発令。
- 1603年 徳川家康、江戸開府。

天正遣欧使節

1582年(天正10)、イエズス会は布教拡大のため、大友宗麟(義鎮)、有馬晴信、大村純忠の3大名の名代として少年使節をローマに送った。伊東マンショ、千々石ミゲル、中浦ジュリアン、原マルチノの4人はローマ教皇に拝謁し8年後に無事帰国するが、このころ、日本はキリシタン受難の時代を迎えていた。

ルート上の地名： 長崎、マカオ、マラッカ、コチン、ゴア、モザンビーク、セントヘレナ、リスボン、マドリード、トレド、バルセロナ、アリカンテ、マジョルカ島、ジェノヴァ、ミラノ、ヴェネツィア、フィレンツェ、ローマ、ナポリ王国、シチリア王国、ポルトガル王国、スペイン王国、フランス王国、神聖ローマ帝国、ヴェネツィア共和国、ジェノヴァ共和国、ローマ教皇領

1582年2月20日出発　1590年7月帰国
1584年8月11日　1586年4月

織豊政権の成立

先進的な政策を行った織田信長が天下統一へ向かう

信長の天下布武

1567年、斎藤竜興の居城稲葉山城を攻め落とした織田信長は、稲葉山城を岐阜城と改名、「天下布武」の印を使用し、天下統一の意志を示した。翌年、信長は京都に上り、前将軍足利義輝の弟義昭を将軍にして、中央の政治を動かすようになった。

1570年には、姉川の戦いで近江の浅井長政と越前の朝倉義景の連合軍を撃破、翌年には比叡山延暦寺を焼き打ちにする。そして1573年、足利義昭を追放し、室町幕府を滅亡させた。ともに、1575年の長篠の戦いで信長は徳川家康と連合し、武田勝頼に大勝する。

この戦いは、信長の鉄砲隊が活躍した戦いとして知られるが、戦いのあり方は大きく変わったのである。鉄砲を多く調達できるか否かが、勝敗を左右することになり、戦国大名の経済力や領国の地理的条件などが重要となった。

信長の政策と最期

1576年、琵琶湖の東岸に安土城を築いて勢威を示した信長は、先進的な政策を進めた。兵農分離を進め臣下を城下に集めるなど軍事力を蓄えるとともに、楽市・楽座の実施や交通網の整備・管理によって商業を活性化して経済力をのばしたのである。

長篠の戦い 1575年5月21日

長篠城の奪還をはかり三河に侵攻する武田勝頼を、徳川家康は織田信長との連合軍で迎え撃った。馬防柵で武田軍の騎馬隊をはばみ、背後も包囲したうえで、信長が組織した鉄砲隊が火縄銃で攻撃。鉄砲という新兵器は驚異的な威力を実戦の場で見せつけ、武田軍は壊滅状態となって敗走した。

戦力比較

織田・徳川連合軍

織田軍 約3万名
織田信長／佐久間信盛／丹羽長秀／滝川一益／羽柴秀吉ら

徳川軍 約8000人
徳川家康／大久保忠世／本多忠勝ら

武田軍 約1万5000人
武田勝頼／馬場信房／土屋昌次／内藤昌豊／山県昌景ら

1574～1602年

- 1574 織田信長、長島一向一揆平定。
- 1575 長篠の戦い。信長、鉄砲隊を駆使し、武田勝頼に大勝。
- **1576 織田信長、安土城築城。** P.130
- 1577 安土城下に楽市・楽座令。
- 1580 石山本願寺、信長に屈服(石山合戦終わる)。
- 1581 **オランダ、独立宣言。**
- 1582 九州の大友・大村・有馬の3キリシタン大名、天正遣欧使節を派遣(1590年帰国)。
- 　　　天目山の戦いで武田氏滅亡。
- 　　　本能寺の変。信長、明智光秀に攻められ自害。
- 　　　山崎の戦い。羽柴秀吉、光秀を討つ。
- 　　　秀吉、山城国で検地を始める。
- 　　　千利休、山崎城に茶室・待庵を建てる。
- 1583 賤ヶ岳の戦い。秀吉、柴田勝家を滅ぼす。
- **1583 秀吉、大坂城を築城。** P.134
- 1584 小牧・長久手の戦い。徳川家康・織田信雄連合軍、秀吉と交戦。
- 1585 秀吉、関白となり、藤原姓になる。
- 1586 秀吉、太政大臣となり、豊臣姓になる。
- 1587 バテレン追放令。
- 　　　聚楽第完成。
- 　　　秀吉、北野の大茶会を挙行。
- 1588 秀吉、刀狩令を出す。
- 　　　天正大判を鋳造。
- 1588 **イギリス海軍、スペインの無敵艦隊を撃破。**
- **1590 秀吉、小田原を攻め北条氏を滅ぼし、奥州も従えて全国統一。** P.134
- 1590 宣教師ヴァリニャーノ再来日、活字印刷機をもたらす。
- 1591 千利休、自害。
- **1592 秀吉の命で朝鮮に出兵(文禄の役)。** P.138
- 1592 朱印船制度が定められる。
- 1594 全国で検地(太閤検地)。
- 　　　伏見城完成。
- 1596 長崎で26聖人殉教。
- **1597 2度目の朝鮮出兵(慶長の役、～98)。** P.138
- 1598 豊臣秀吉没。
- **1600 関ヶ原の戦い。徳川家康が石田三成ら西軍に勝利。** P.140
- 1600 **イギリス、東インド会社設立。**
- 1601 慶長金銀を鋳造。
- 1602 **オランダ、東インド会社設立。**

信長にとって残る強敵となっていた一向宗に対しても、伊勢長島の一揆や越前の一揆を平定したあと、1580年に本拠地である石山本願寺の顕如を屈服させることに成功した。ところが信長は1582年、京都の本能寺で臣下の明智光秀によって討たれ、山崎の戦いで光秀を破った羽柴秀吉が、天下統一へ向かうことになる。

織田氏関係系図

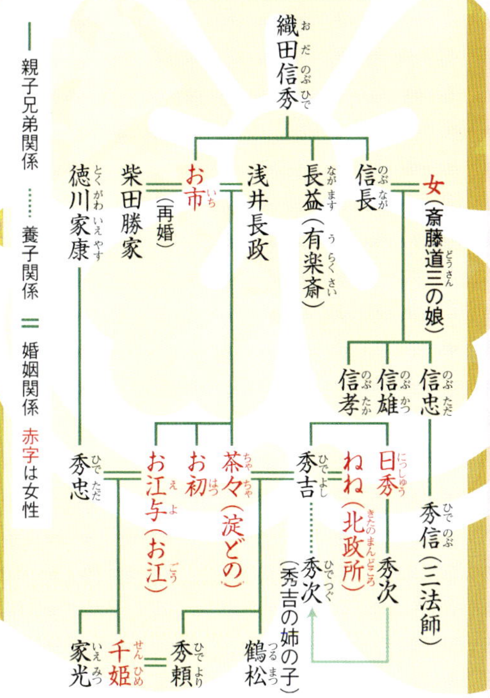

― 親子兄弟関係
…… 養子関係
＝ 婚姻関係
赤字は女性

織田信秀
├ 徳川家康
├ 柴田勝家＝お市（再婚）＝浅井長政
├ 長益（有楽斎）
├ 信長＝女（斎藤道三の娘）
│ ├ 信忠
│ │ └ 秀信（三法師）
│ ├ 信雄
│ │ └ 秀雄
│ ├ 信孝
│ └ 秀吉＝ねね（北政所）
│   ├ 茶々（淀どの）＝秀吉
│   │ └ 秀頼
│   ├ お初
│   └ お江与（お江）＝秀忠
│   └ 千姫・家光
└ 鶴松／秀次（秀吉の姉の子）

信長、豊臣秀吉、徳川家康の３人は、織田信長の妹であるお市と浅井長政とのあいだに生まれた３姉妹を介して姻戚関係をもつこととなった。

織田信長の政策

■流通・経済
・楽市令により旧来の「座」の既得権を撤廃、自由取引を促進。
・撰銭令により貨幣の交換比率を定め、商業活動を活性化。
・安土城など琵琶湖岸に築城、水陸交通の要衝を確保。
・関所を撤廃、人やモノの流通を促進。

■領国運営
・兵農分離の徹底
・指出検地

■武力の近代化
鉄砲の積極的活用

▼

・モノや人、情報の流れを掌握
・兵力の確保、増強

琵琶湖をめぐるネットワーク

長浜城 羽柴秀吉
大溝城 織田信澄
安土城 織田信長
坂本城 明智光秀

琵琶湖東岸の入り江に安土城を築いた信長は、つづいて南岸に坂本城を築城し、北の長浜城と西の大溝城を手中におさめた。古くから京と東国を結ぶ水上交通の要衝であった琵琶湖を制することで、人やモノの流れを掌握したのだった。

＊『週刊再現日本史 織豊④』などによる

織田信長の勢力拡大

「天下布武」をめざして勢いを増す信長を支えたのは強力な軍団であった。信長は、すでに尾張を統一したころから軍事専従の武士団育成を始め、能力主義で重臣を抜擢し強固な家臣団を形成した。領土の拡大とともにエリアごとに重臣を配置し、晩年は羽柴秀吉に中国方面を、柴田勝家には北陸方面を統括させた。

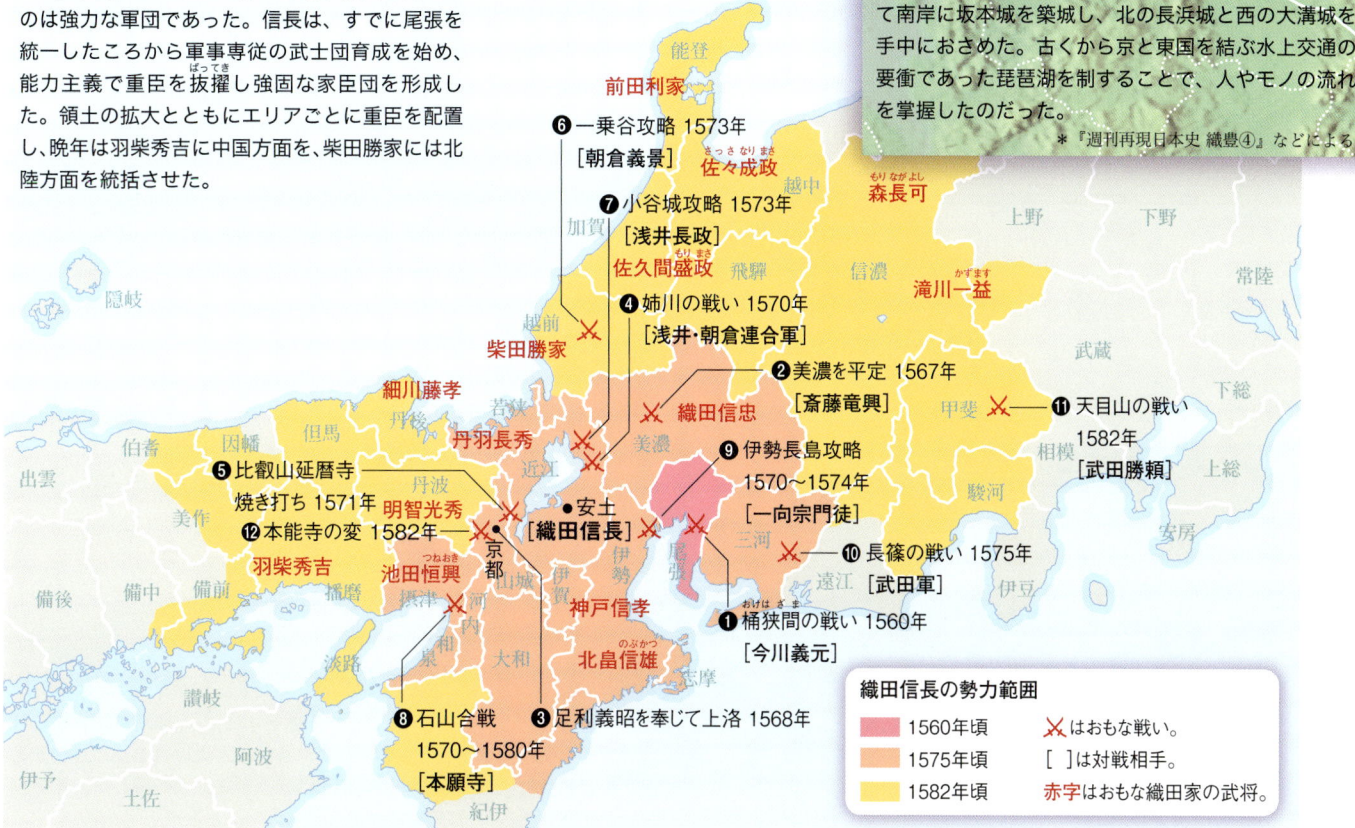

❶ 桶狭間の戦い 1560年 [今川義元]
❷ 美濃を平定 1567年 [斎藤竜興]
❸ 足利義昭を奉じて上洛 1568年
❹ 姉川の戦い 1570年 [浅井・朝倉連合軍]
❺ 比叡山延暦寺焼き打ち 1571年
❻ 一乗谷攻略 1573年 [朝倉義景]
❼ 小谷城攻略 1573年 [浅井長政]
❽ 石山合戦 1570〜1580年 [本願寺]
❾ 伊勢長島攻略 1570〜1574年 [一向宗門徒]
❿ 長篠の戦い 1575年 [武田軍]
⓫ 天目山の戦い 1582年 [武田勝頼]
⓬ 本能寺の変 1582年

織田家の武将：前田利家、佐々成政、森長可、佐久間盛政、滝川一益、柴田勝家、細川藤孝、丹羽長秀、織田信忠、明智光秀、羽柴秀吉、池田恒興、神戸信孝、北畠信雄

織田信長の勢力範囲
1560年頃／1575年頃／1582年頃
✗はおもな戦い。
[ ]は対戦相手。
赤字はおもな織田家の武将。

流通経済が発展し、都市の商人たちが力をつける

都市の発達と町衆の台頭

堺と京都

戦国大名が領国の経済発展に努めた結果、商工業が活発になった。領国の枠を超えて流通路が整備され、門前町・宿場町・港町が発展した。織田信長の楽市・楽座の政策は、こうした流通経済の発達をうけたもので、その流れをいっそう後押しした。

日明貿易の根拠地である堺や博多をはじめ、摂津の平野や伊勢の桑名や大湊は、富裕な商工業者が自治組織をつくって支配する「自由都市」として、力をつけた。どの大名の支配にも属さないこれらの都市からは、南蛮貿易にのりだす者も現れた。

応仁の乱で焼かれた京都の町も、商工業者たちの力で復興し、政治・文化と工業生産の中心としての地位を回復した。

町衆の力と新たな文化

京都や堺などの富裕な商工業者は町の自治にかかわり、「町衆」とよばれた。彼らは新興の文化の担い手になった。

新たな文化の担い手となった武将たちとともに、茶の湯を大成した千利休も、堺の町衆のひとりであった。茶の湯は豊臣秀吉らの保護を受けて盛んになり、それにつれて、茶室・茶器・庭園や華道・香道なども発展した。

織田信長は南蛮渡来の新奇な文物を好んだが、武将たちや堺や京都の町衆のなかにもそうした趣味が共有された。秀吉も、「黄金の茶室」で知られるように、派手好みであった。その結果、南蛮文化をとりいれたきらびやかな桃山文化が、町衆の力を背景として発展していった。

おもな港町と商業圏

商業圏の広域化はおおむね海上交通の発達による。おもに陸上交通に支えられた関東圏、東海道圏も含め、各地の港は発展した。東北の酒田は上方との海運を掌握し、九州の平戸や坊津は日明貿易や南蛮貿易の拠点として多くの商人が活躍した。東西の海陸交通をつなぐ琵琶湖周辺では、とくに堅田・坂本・大津が要衝として栄えた。

秀吉が整備した京の町

豊臣秀吉は、天下統一ののち大坂城を本城に、京にも統治拠点として聚楽第を造営した。さらに市中は七口とよばれる出入り口を除き周囲に土塀（御土居）をめぐらせ、町並みを再編した。秀吉がめざしたのは、聚楽第を中心とする城下町だったといえる。

商都・堺の町割り

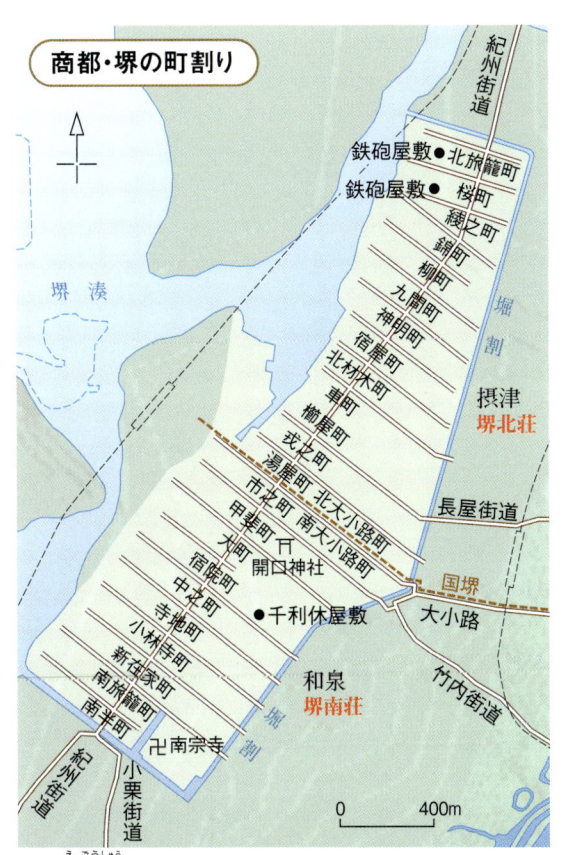

堺は会合衆の自治のもと自由都市として繁栄した海陸交通の結節点で、町の3方は堀割で囲んで自衛した。日明貿易、南蛮貿易を支える国際港として最先端の事物が行き交う開明的な風土は、茶の湯など新しい文化や芸能をはぐくんだ。

＊『日本文化の歴史7 安土桃山』による

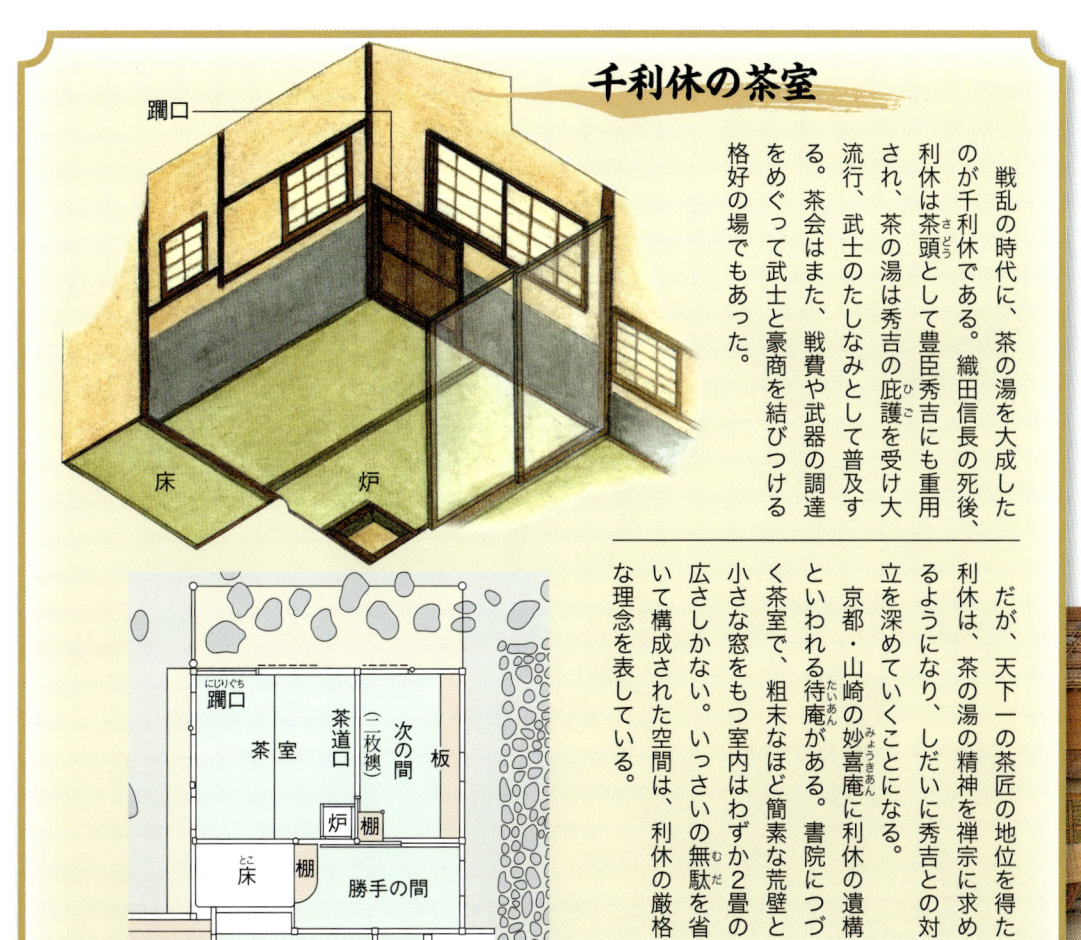

千利休の茶室

戦乱の時代に、茶の湯を大成したのが千利休である。織田信長の死後、利休は茶頭として豊臣秀吉にも重用され、茶の湯は秀吉の庇護を受け大流行、武士のたしなみとして普及する。茶会はまた、戦費や武器の調達をめぐって武士と豪商を結びつける格好の場でもあった。

だが、天下一の茶匠の地位を得た利休は、茶の湯の精神を禅宗に求めるようになり、しだいに秀吉との対立を深めていくことになる。京都・山崎の妙喜庵に利休の遺構といわれる待庵がある。書院につづく茶室で、粗末なほど簡素な荒壁と小さな窓をもつ室内はわずか2畳の広さしかない。いっさいの無駄を省いて構成された空間は、利休の厳格な理念を表している。

●京都四条通の町並み
四条通付近はもともと商店が軒を連ねる地域であったが、秀吉の都市計画によって、市中には新たな街区が形成され、商業地は飛躍的に拡大した。

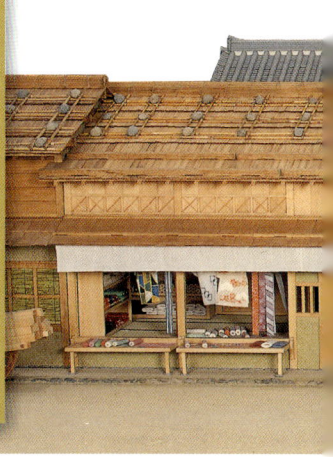

天下統一と秀吉の政治

豊臣秀吉が天下を統一し、戦乱の世が終わる

信長の後継者となり天下人へ

本能寺の変で主君織田信長を討ちとった明智光秀に対し、羽柴秀吉は山崎の戦いで勝利し、信長の後継者争いの主導権を握った。ついで羽柴秀吉は、信長の重臣だった柴田勝家を賤ヶ岳の戦いで倒し、朝廷から豊臣の姓を賜り天下人へと大きく前進した。

秀吉は、中国地方の毛利氏、四国の長宗我部氏、九州の島津氏などを服属させた。徳川家康との小牧・長久手の戦いには勝利できなかったものの政治的には臣従させることに成功した。そして1590年、小田原の北条氏を滅ぼし、東北の伊達政宗を従わせ、天下統一をなしとげた。

検地と刀狩

天下を統一した秀吉の政策の柱となったのが、検地と刀狩である。

検地によって、生産力を米の量で換算する石高制が全国的規模で確立し、棹の長さや升の容量も統一された。さらに、荘園制のもとで同一の土地に何人もの権利が存在する中世的な土地所有のあり方を整理し、実際に耕作している農民の所有とする「一地一作人」の制を実現した。これによって安定した税収を確保できるようになった。

刀狩は、農民から武器を没収し、農民の身分を明確にしようとするもので、一揆を予防するとともに農民を農業に専念させるものであった。こうして、豊臣政権を支えた経済力は、「蔵入地」とよばれる直轄領からの年貢と、支配下に置いた都市の商工業者からの税収、鉱山などからの収益と貿易による利益であった。豊臣政権の蔵入地は200万石にのぼった。しかし徳川家康も250万石の領地を有し、江戸時代に幕府の石高が、最大の大名である前田氏の4倍もあったのとは様相が異なっていた。豊臣政権にとって貿易による利益は重要であったものの徹底できなかったのは、貿易を奨励したためである。

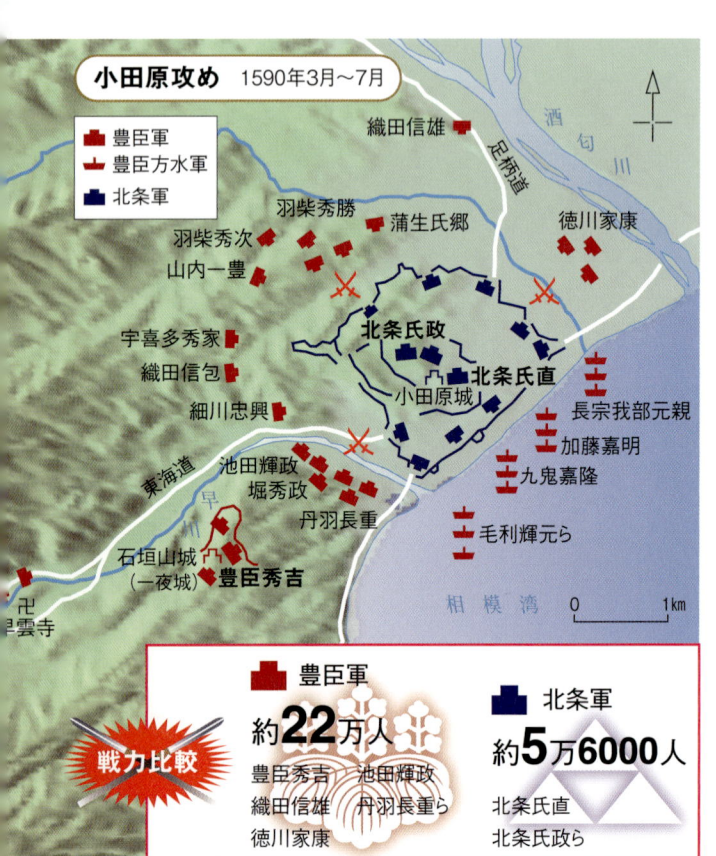

また、豊臣政権を下剋上の世を終わらせたのである。

小田原攻め 1590年3月〜7月

■ 豊臣軍
■ 豊臣方水軍
■ 北条軍

戦力比較

豊臣軍	北条軍
約22万人	約5万6000人
豊臣秀吉 池田輝政 織田信雄 丹羽長重ら 徳川家康	北条氏直 北条氏政ら

西国を平定した豊臣秀吉は、関東に君臨する北条氏直に臣従を迫って出陣、石垣山城を築いて全国各地の大名を動員し、22万もの大軍で難攻不落といわれた小田原城を陸海両面から取り囲んで攻めた。北条氏は追い込まれてついに降伏、秀吉は天下を手中におさめた。

山崎の戦い 1582年6月13日

■ 羽柴軍
■ 明智軍

戦力比較

羽柴軍	明智軍
約3万5000人	約1万5000人
羽柴秀吉 高山右近 織田信孝 中川清秀 丹羽長秀 池田恒興ら	明智光秀 柴田源左衛門 斎藤利三 並河掃部 津田与三郎 松田太郎左衛門ら

織田信長が本能寺で落命したことを知った羽柴秀吉は、出陣中の備中高松城から強行軍で京へとって返し、山崎で光秀軍と対峙した。兵力3万5000、一帯を見下ろせる天王山に布陣したことで優位に立った秀吉は光秀軍をあっけなく破り、天下人へ大きな一歩を踏み出した。

天守　　　　　　　　　　　　　　　　　　　　　　　　奥御殿　　　　　表御殿　　大手口（桜門）

秀吉の大坂城

1585年、「関白」の地位を得て、豊臣姓を名のることとなった秀吉が、権力の象徴として築いたのが大坂城である。外観は5層だが内部は9層、金箔瓦（きんぱくがわら）を使用した豪華な城の内部には600もの部屋があり、1000畳の広間があったという。イラスト／奈良島知行

太閤検地

(年)	0	5	10	15	20 (検地国数)
1582	本能寺の変・山崎の戦い				
1583	賤ケ岳の戦い				
1584	小牧・長久手の戦い				
1585	四国平定・大陸出兵の計画				
1586					
1587	九州平定・聚楽第完成				
1588	刀狩令				
1589					
1590	小田原攻め・奥州平定				
1591					
1592	文禄の役（〜93）				
1593					
1594					
1595					
1596					
1597	慶長の役（〜98）				
1598	秀吉没				

秀吉は勢力を拡大するごとに検地を行った。田畑の生産力を把握、石高制を確立することで年貢米の確保と農民の直接支配を実現した。

秀吉のおもな戦い

小田原城攻めに多くの大名が参陣するなか、奥州で覇権を握る伊達政宗（だてまさむね）もついに参戦。秀吉は関東と東北を同時に手中におさめた。天下統一を果たした秀吉は、政権を維持するために直轄領として蔵入地を設定、全国支配の拠点とした。豊臣政権末期の1598年の蔵入高は約220万石となり、全国の石高の12％余を占めた。

＊『週刊朝日百科 日本の歴史27』などによる

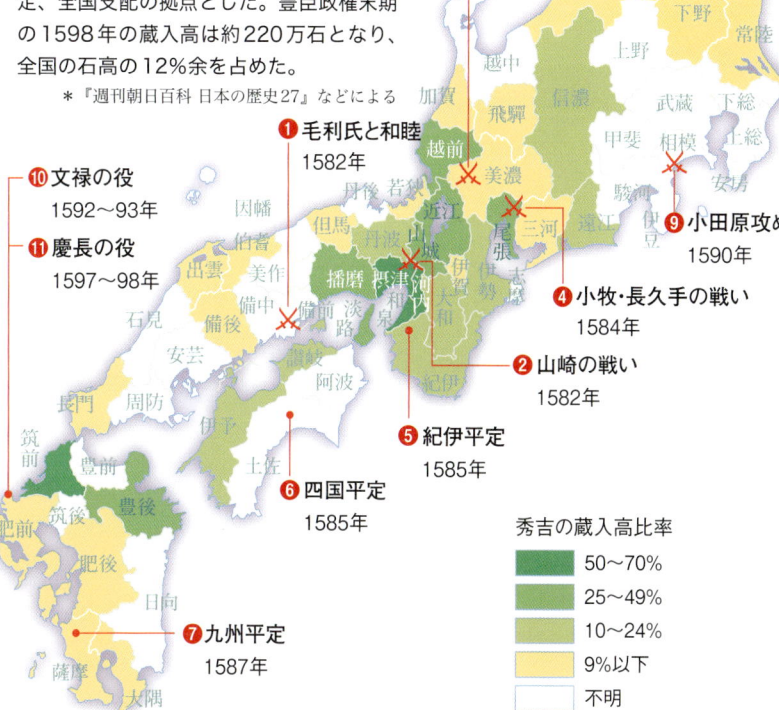

❶ 毛利氏と和睦 1582年
❷ 山崎の戦い 1582年
❸ 賤ケ岳の戦い 1583年
❹ 小牧・長久手の戦い 1584年
❺ 紀伊平定 1585年
❻ 四国平定 1585年
❼ 九州平定 1587年
❽ 奥州平定 1590年
❾ 小田原攻め 1590年
❿ 文禄の役 1592〜93年
⓫ 慶長の役 1597〜98年

秀吉の蔵入高比率
- 50〜70％
- 25〜49％
- 10〜24％
- 9％以下
- 不明

高さを競う建築物
高層建築は何のために建てられたか

古来、高層・巨大建築は、神聖な神仏や時の権力者の威勢を見せつけるものであった。庶民は、それを仰ぎ見て畏怖の念をいだいたことであろう。しかし、近代になると、神威や権力を離れ、経済上の要請から建てられるようになった。

●**出雲大社** 『古事記』『日本書紀』の神話では、天孫族への国譲りと引き換えに、出雲族の大国主がみずからを祀る社殿築造を望んだことに由来するという。このイラストは、創建時の姿を想像復元したもの。古代の出雲の力の強大さがうかがえる。復元／大林組、画／張仁誠

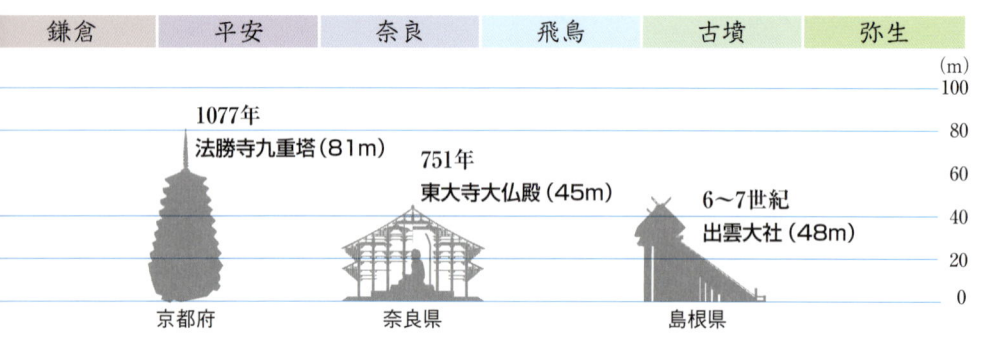

建物の高さ比較

時代を代表する高い建物を並べてみたが、第二次世界大戦後の技術の進歩がみてとれる。出雲大社は強風で何度か倒れたと伝えられるし、法勝寺の九重塔と凌雲閣は地震で倒壊しており、自然の脅威に耐える技術が未熟だったようだ。

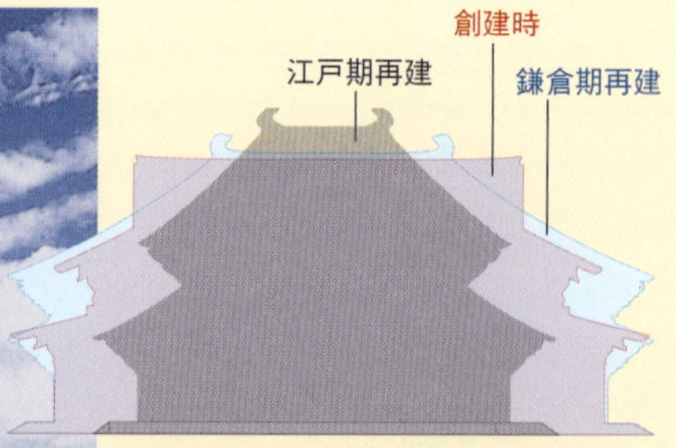

- 1077年 法勝寺九重塔（81m） 京都府
- 751年 東大寺大仏殿（45m） 奈良県
- 6〜7世紀 出雲大社（48m） 島根県

●**大仏殿の大きさ比較** 奈良時代に創建されたときは、高さ45m、間口86m、奥行き50.5m。

●**東大寺大仏殿** 東大寺は、聖武天皇の発願により、国家安寧を祈願する寺として造立された。毘盧遮那仏を祀る大仏殿は、751年に完成。現在の大仏殿は1709年に再建されたもので、高さは49m、間口57.5m、奥行き50.5m。創建時より少し高いものの、間口は3分の2になっている。

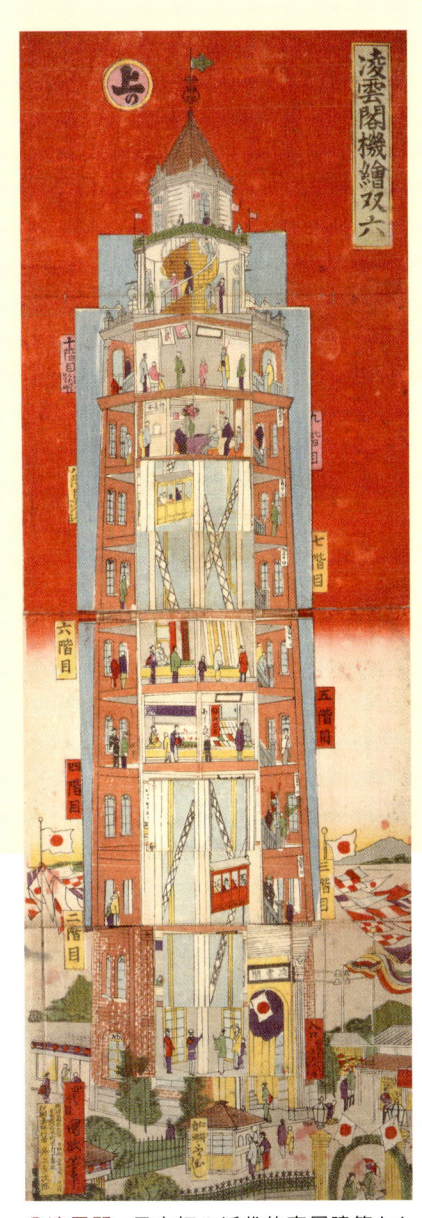

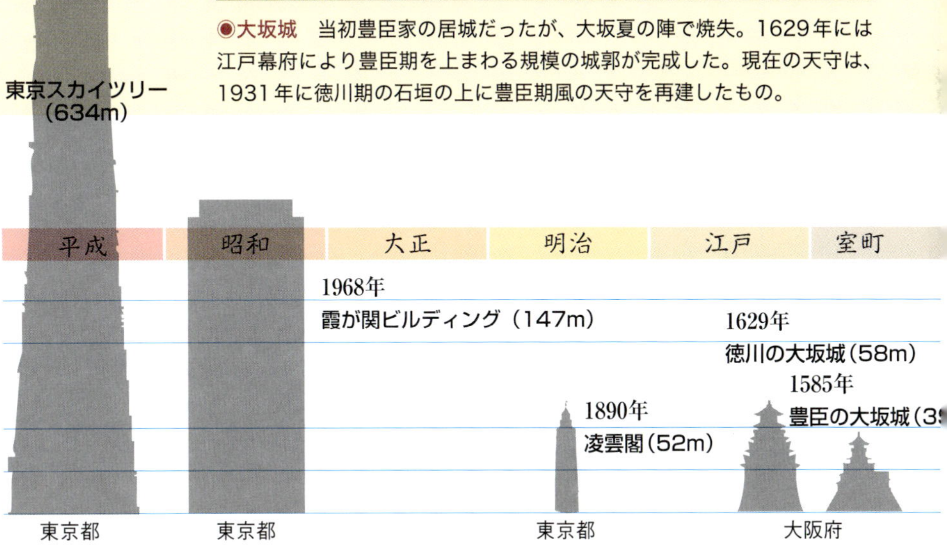

●**大坂城** 当初豊臣家の居城だったが、大坂夏の陣で焼失。1629年には江戸幕府により豊臣期を上まわる規模の城郭が完成した。現在の天守は、1931年に徳川期の石垣の上に豊臣期風の天守を再建したもの。

●**凌雲閣** 日本初の近代的高層建築として、東京随一の盛り場・浅草に建てられた。煉瓦造で、1923年の関東大震災で倒壊した。

東京スカイツリー（634m）

| 平成 | 昭和 | 大正 | 明治 | 江戸 | 室町 |

1968年 霞が関ビルディング（147m）
1629年 徳川の大坂城（58m）
1890年 凌雲閣（52m）
1585年 豊臣の大坂城（3?）

東京都　東京都　東京都　大阪府

●**霞が関ビルディング** 地上36階、地下3階の日本初の超高層ビル。高度経済成長期に、耐震技術の発達をうけて建設された。

●**法勝寺九重塔** 1077年に白河天皇の発願により建てられた。中央にそびえる九重塔は、その強大な権力を誇示するものであった。

朝鮮出兵

秀吉はさらなる拡大をはかり、朝鮮に大軍を送る

秀吉の対外政策

天下を統一した豊臣秀吉は、海外に目を向けた。衰退しつつあった明にかわり、東アジアに日本を中心とする国際秩序を実現しようと考え、インドのゴアにあるポルトガル政庁、フィリピンのマニラにあるスペイン政庁や台湾の高山国に入貢を求めたが、秀吉の思いどおりにはならなかった。また、1587年にバテレン追放令を出して宣教師を国外追放するなどキリスト教禁教に踏み切るが、貿易を奨励し、一般人の信仰は罰しなかったため、キリスト教を排除できなかった。さらに、1588年には、海賊取締令を出して倭寇を監視し、海上支配を強化している。

2度の朝鮮出兵の結末

秀吉は、明を服属させようと出兵を企図し、朝鮮にその先導をさせようとしたが拒否された。そこで、肥前の名護屋に本陣を築くなど朝鮮出兵の準備を進め、1592年（文禄1）、15万余の大軍を送り込んだ。小西行長・加藤清正らが率いる日本軍は、最新兵器である鉄砲の威力などもあって、進撃をつづけ、朝鮮王朝の首都である漢城（現・ソウル）を落とし、明との国境に迫った。

しかし、各地で朝鮮の民衆が義兵として決起、李舜臣の率いる朝鮮水軍の活躍もあって補給路を絶たれた日本軍は苦境に陥った。そして明の援軍が到着して戦線は膠着、明と日本軍のあいだで和平交渉が始まった。

小西行長らは、秀吉に明が屈服したという偽りの報告をして交渉をまとめ、兵を引くこととした。しかし、明の使節が来日し、明に従う意のないことを知った秀吉は激怒し、1597年（慶長2）、再び大軍を送り込んだ。

戦闘は激化し、決着はつかなかった。結局、翌年8月に秀吉が死去したのをきっかけに、日本軍は撤兵することになった。

文禄・慶長の役（朝鮮では壬辰倭乱・丁酉倭乱）とよばれる2度の侵略は、双方に多くの死者を出し、その後の日朝関係に禍根を残した。また、明も大きなダメージを受け、滅亡の遠因になったともいわれる。

その一方、日本に連行された朝鮮の陶工が、新しい焼物の技法を伝えるなどの影響もあった。

南蛮貿易の仕組み

南蛮貿易は、中国との中継貿易という側面があった。ヨーロッパで鉄砲や火薬を積んだ貿易船は、途中、マカオ、マニラで中国産の生糸や絹織物を仕入れたため、日本は中国の産品を同時に買い付けることができた。

作陶技術の移入と伝播

●有田焼の大皿　朝鮮の技術を導入してつくられた1630年代の磁器。

楽山 1677年
九谷 1657年

● 磁器窯跡
● 陶器窯跡
→ 磁器の伝播
→ 陶器の伝播

文禄・慶長の役

- 文禄の役 1592～93
- 慶長の役 1597～98
- 文禄の役の戦況
- 抗日軍の動き（文禄の役）
- 慶長の役の戦況
- 慶長の役の倭城

文禄の役では日本軍はたちまち漢城を陥落させ平壌を占領、朝鮮半島全土を席巻したが、朝鮮水軍や明軍の反撃にあい一時停戦。その後、明との和平交渉は決裂し、侵略を再開（慶長の役）するが、この戦いは秀吉が死去するまで決着がつかなかった。

秀吉の対外政策

航路を開拓し東アジアに進出したポルトガル、スペインと交易を行う一方、秀吉はインドのゴア（ポルトガル領）や呂宋、台湾に服属を迫った。さらに秀吉は明征服をねらって大陸への進出をはかり、その足がかりとして2度にわたり朝鮮半島へ侵攻した。

豊臣政権の政治体制

五大老※	五奉行	担当
徳川家康	浅野長政	検地
前田利家	石田三成	内政
宇喜多秀家	増田長盛	検地
毛利輝元	長束正家	財政
小早川隆景	前田玄以	京都市政
上杉景勝		

※小早川隆景の死後より五大老とよばれた。

秀吉は最晩年、秀頼による豊臣政権の継続を願って五大老・五奉行による政治機構を整えた。だが、秀吉の死後まもなく、秀頼の後見を託された前田利家が死去し、結果的に徳川家康の独裁体制となった。

2度目の朝鮮侵略（慶長の役）の際、秀吉は多くの農民とともに陶工らを捕虜として日本に連行した。高度な技能を有するかれらから、高温焼成による磁器製造の技術が移入されたことで、日本の窯業はおおいに発展することになった。

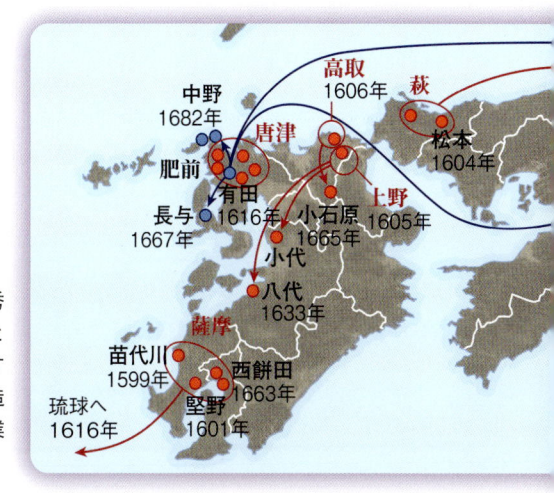

関ヶ原の戦い

天下分け目の戦いに、徳川家康が勝利する

秀吉死後の体制

豊臣秀吉の死後、その遺言に従い、徳川家康・前田利家・毛利輝元・宇喜多秀家・上杉景勝の五大老が秀吉の遺児・秀頼を補佐し、石田三成らの五奉行が実務を担う体制がとられた。

しかし、関東を押さえる徳川家康の力がぬきんでており、ほかの四大老が家康を牽制するのがやっとという状態であった。そして、1599年2月に前田利家が亡くなってからは、家康の専横を止める者はいなくなった。

1600年4月、家康は、上洛の命令を拒否した上杉景勝を討つために、北へ向かった。家康の不在を好機とみた石田三成らの反家康派は、毛利輝元を総大将にかつぎ、大坂で兵をあげた。この知らせを受けた家康は、下野の小山から取って返し、畿内をめざした。こうして、天下分け目の関ヶ原の戦いになったのである。

東軍の勝利

家康の嫡子・秀忠の軍勢が、上田城の真田昌幸との戦いに手間どって遅れたこともあり、9月15日に関ヶ原に集結した軍勢は、両軍とも8万人ほどであった。

しかし実際は、家康の事前の画策により、小早川秀秋の寝返りや、毛利家の重鎮の吉川広家に毛利軍を釘づけにすることを約束させていた。家康側の大砲によって促された小早川の寝返りをきっかけに、東軍の勝利が決まったのであった。

この結果、豊臣の天下は徳川の天下にとってかわられることになった。

東西両軍の勢力分布

- 有馬豊氏 900
- 山内一豊 2058
- 浅野幸長 6510
- 池田輝政 4560
- 毛利秀元 1万6000
- 吉川広家 3000
- 長束正家 1500

美濃／東山道（中山道）／相川／関ヶ原

西軍：毛利輝元、宇喜多秀家、大友義統、小西行長、島津義久、秋月種長、加藤清正、鍋島直茂、立花宗茂、黒田孝高、小早川秀秋、吉川広家、宮部長熙、細川幽斎、小野木公郷、脇坂安治、京極高次、増田長盛、九鬼嘉隆、九鬼守隆、長宗我部盛親、石田三成、鳥居元忠、織田秀信、山口宗永、石川貞清、丹羽長重、前田利長、堀秀治、上杉景勝、真田昌幸・幸村、堀親良、最上義光、村上義明、伊達政宗、溝口秀勝

東軍：福島正則、池田輝政、徳川家康、浅井長政、佐竹義宣、真田信幸、蜂須賀家政、加藤嘉明、松井康之、藤堂高虎、中川秀成、伊東祐兵

■ 西軍　■ 東軍　■ 内応軍（西軍から東軍へ寝返り）　■ 不戦軍
→ 徳川家康の進路　⇢ 徳川秀忠の進路

9月1日に江戸を出発した徳川家康は、14日には大垣城近くの美濃赤坂に到着。石田三成率いる西軍と接触するが、深追いすることなく西進し、西軍を主戦場、関ヶ原に誘導した。東山道経由で合流するはずの秀忠は信州上田で真田昌幸に足止めされて手間どり、参戦はかなわなかった。

関ヶ原の戦い

両軍の兵力はほぼ互角だったが、家康が松尾山に撃ち込んだ砲撃によって一進一退の戦局は一変する。これを合図に、手はずどおりに西軍の小早川秀秋が東軍に寝返った。脇坂、朽木なども追随、島津は敵中突破で戦線を離脱し東軍優位の形勢となった。この日、関ヶ原には両軍あわせて17万人ほどが布陣したが、実際に戦闘に参加したのは3分の1程度だったという。

- ■ 西軍
- ■ 東軍
- ■ 内応軍（西軍から東軍へ寝返り）
- ■ 不戦軍

図中の数字は兵員数

琵琶湖

近 江

西軍布陣
- 小早川秀秋 1万5675（松尾山）
- 大谷吉継 大谷吉勝 計1500
- 平塚為広 360
- 戸田重政 300
- 木下頼継 750
- 宇喜多秀家 1万7220
- 小西行長 6000
- 島津豊久 島津義弘 計1500
- 石田三成 島左近 蒲生郷舎 計5820（笹尾山）

内応軍
- 赤座直保 600
- 朽木元綱 600
- 小川祐忠 2100
- 脇坂安治 990

東軍布陣
- 福島正則 6000
- 京極高知 3000
- 藤堂高虎 2490
- 松平忠吉 3000
- 寺沢広高 2400
- 井伊直政 3600
- 田中吉政 3000
- 本多忠勝 500
- 生駒一正 1830
- 筒井定次 2850
- 金森長近 1140
- 織田有楽斎 450
- 古田重勝 1020
- 細川忠興 5100
- 黒田長政 5400
- 加藤嘉明 3000
- 徳川家康 3万（桃配山）

島津の退却路
伊勢街道
牧田川
南宮山
象鼻山

- 長宗我部盛親 6660
- 安国寺恵瓊 1800

戦力比較

西軍（内応軍、不戦軍を含む）
約8万2000人
- 石田三成
- 島左近
- 蒲生郷舎
- 島津義弘
- 小西行長
- 宇喜多秀家
- 大谷吉継ら

不戦軍
約2万9000人
- 吉川広家
- 毛利秀元
- 安国寺恵瓊ら

内応軍（西軍から東軍へ寝返り）
約2万人
- 小早川秀秋
- 脇坂安治ら

東軍
約8万9000人
- 徳川家康
- 福島正則
- 黒田長政
- 細川忠興
- 織田有楽斎
- 筒井定次
- 本多忠勝ら

大航海時代と明帝国

モンゴル帝国が衰退すると、中国には明、西アジアにはオスマン帝国が勢力を拡大した。ヨーロッパではスペインとポルトガルが台頭、イスラム勢力をイベリア半島から駆逐した。そして、東方との直接交易を求め、大航海時代の幕が開けた。旧世界に組み込まれた新大陸の諸帝国は、スペイン人によって滅ぼされることになった。

そのとき世界は ④ 16世紀前半

サラゴサ条約(1529年)によるスペインとポルトガルの支配領域分界線

巻末資料

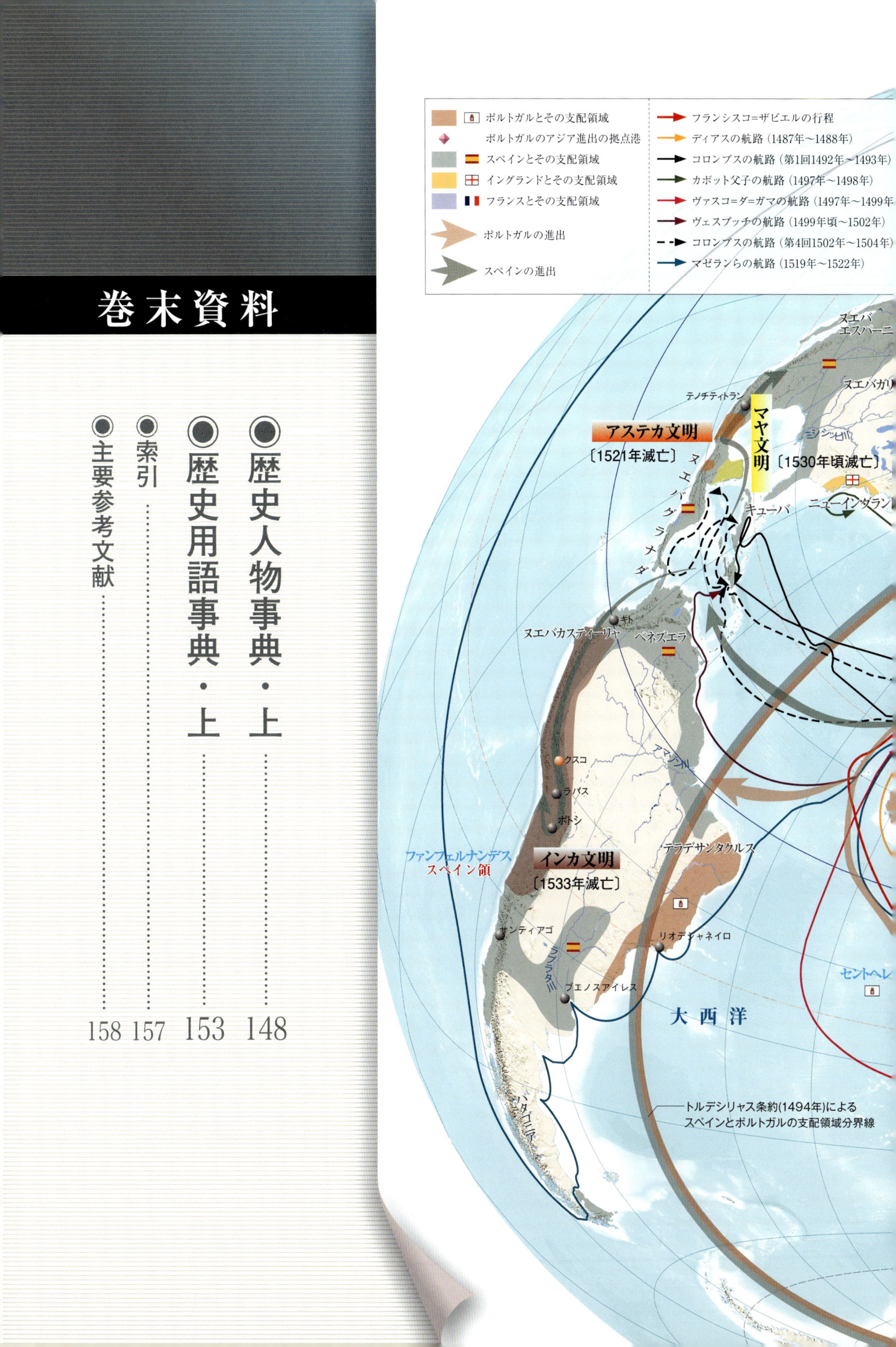

- ●歴史人物事典・上 148
- ●歴史用語事典・上 153
- ●索引 157
- ●主要参考文献 158

凡例:
- ポルトガルとその支配領域
- ポルトガルのアジア進出の拠点港
- スペインとその支配領域
- イングランドとその支配領域
- フランスとその支配領域
- ポルトガルの進出
- スペインの進出
- フランシスコ=ザビエルの行程
- ディアスの航路（1487年〜1488年）
- コロンブスの航路（第1回1492年〜1493年）
- カボット父子の航路（1497年〜1498年）
- ヴァスコ=ダ=ガマの航路（1497年〜1499年）
- ヴェスプッチの航路（1499年頃〜1502年）
- コロンブスの航路（第4回1502年〜1504年）
- マゼランらの航路（1519年〜1522年）

ヌエバエスパーニャ
ヌエバガリ
テノチティトラン
アステカ文明 〔1521年滅亡〕
マヤ文明 〔1530年頃滅亡〕
ヌエバグラナダ
キューバ
ニューイングランド
キト
ヌエバカスティーリャ
ベネズエラ
アマゾン
クスコ
ラパス
ポトシ
テラデサンタクルス
ファンフェルナンデス スペイン領
インカ文明 〔1533年滅亡〕
サンティアゴ
ラプラタ川
リオデジャネイロ
ブエノスアイレス
セントヘレ
パタゴニア
大西洋

トルデシリャス条約（1494年）による
スペインとポルトガルの支配領域分界線

ベトナム・ジャワ・日本へも軍を送る。日本へは、1274年と81年の2度にわたり攻撃するも服属させられなかった。

●フランシスコ・ザビエル 1506〜52 イエズス会の宣教師。スペイン生まれ。アジアへの布教を進め、1549年に鹿児島に来航、日本にキリスト教を伝える。その後、山口・豊後府内（大分）などを中心に布教に努めた。1551年インドに戻り、翌52年布教のため中国にわたるが、そこで病没する。

●北条早雲 1432?〜1519 戦国大名。後北条氏の祖。伊勢新九郎長氏と称した。駿河の今川氏のもとから自立し、堀越公方を滅ぼして伊豆韮山に進出。さらに扇谷上杉氏と山内上杉氏の内紛に乗じて相模・武蔵を略取し、小田原城を本拠とする。分国法に『早雲寺殿廿一箇条』がある。

●北条時政 1138〜1215 鎌倉幕府初代執権。伊豆配流中の源頼朝と娘の政子が結婚。舅として、また挙兵以来の臣下として幕府の重鎮となる。頼朝の死後、1203年に2代将軍頼家を廃して謀殺、実朝を3代将軍にして執権となり、幕府の実権を握る。さらに実朝を廃そうとして嫡子義時にはばまれ、引退する。

●北条時宗 1251〜84 鎌倉幕府8代執権。1274年の文永の役と81年の弘安の役の2度の蒙古襲来を撃退する。禅宗に帰依し、中国から無学祖元を招いて、円覚寺を開山した。

●北条政子 1157〜1225 源頼朝の妻、北条時政の娘。伊豆配流中の頼朝と結婚し、頼家・実朝を産む。頼朝の死後、尼となり、父時政・弟義時らとともに、執権政治を確立する。実朝の死後、九条頼経を4代将軍に迎え、その後見人として幕政を主導し「尼将軍」と称された。承久の乱では、御家人の動揺をおさえ、勝利に導いた。

●北条義時 1163〜1224 鎌倉幕府2代執権。時政の嫡子。時政失脚後、1213年には和田義盛を滅ぼして、政所と侍所の別当を兼ね、執権の地位を確立。将軍源実朝の死後は、姉政子とともに幕政を主導し、承久の乱では幕府を勝利に導いた。

●細川勝元 1430〜73 守護大名、管領。応仁の乱の東軍の将。将軍足利義政を奉じて、山名宗全率いる西軍と戦う。戦いは長期化し、決着がつかないまま、陣中で死去する。禅を好み、竜安寺などを建立した。

●前田利家 1538〜99 武将、大名。尾張国出身。織田信長、ついで豊臣秀吉に仕え、勲功を重ねる。柴田勝家の死後、金沢に移り北陸経営にあたる。五大老のひとりとして、秀吉没後は豊臣秀頼と徳川家康の調整に尽くしたが、病没する。ナンバー2の立場を貫き、加賀百万石の基礎を築いた。

●源実朝 1192〜1219 鎌倉幕府3代将軍（在職1203〜19）。頼朝の2男。兄頼家の跡をうけて将軍となるが、母政子の実家である執権の北条氏に実権を握られていた。『金槐和歌集』を残すなど、京の文化に傾倒し、後鳥羽上皇とも交流があった。官位昇進を望み、右大臣となるが、頼家の遺児公暁によって暗殺される。実朝暗殺には、三浦氏が黒幕だったとする説や北条氏の陰謀だとする説などがある。

●源義家 1039〜1106 武将。前九年の役で父頼義とともに活躍。1083年、陸奥守兼鎮守府将軍となり、後三年の役を鎮定するが、朝廷から私闘とされた。そこで私財を投じて、武士たちをねぎらい、信望を高めた。1098年、武士としてはじめて院への昇殿を許された。

●源義経 1159〜89 武将。源義朝の9男。幼名牛若丸。平治の乱後助命され、鞍馬山で育つ。平泉の藤原秀衡のもとで成人し、1180年兄頼朝の挙兵に応じて配下に加わる。源義仲と平氏の討伐に大きく貢献するが、無断で官位を受けたことなどから、頼朝と対立。奥州藤原氏を頼って平泉に逃れるが、秀衡の死後、その子泰衡に攻められ自害した。

●源義朝 1123〜60 武将。1156年、保元の乱で後白河天皇側につき、父為義・弟頼朝に戦勝する。その後、平清盛と対立、1159年藤原信頼と結んで平治の乱を起こすが清盛に敗れ、東国に逃れる途中、殺害される。

●源義仲 1154〜84 武将。源義朝の弟義賢の子。木曾義仲ともよばれる。1180年に以仁王の令旨に呼応して挙兵、砺波山の戦いで平氏軍に勝利し、北陸道を攻めのぼり、京都に入る。粗野なふるまいなどから、貴族たちの反感を買ったという。後白河法皇と対立、源範頼・義経軍に攻められ、近江国粟津で敗死。

●源頼家 1182〜1204 鎌倉幕府2代将軍（在職1202〜03）。源頼朝の長男。家督を継いで将軍となるが、母政子の父北条時政によって老臣の合議制をしかれ権力を制限される。妻の父比企能員とともに北条氏打倒をはかるが失敗し、伊豆修善寺に流され、謀殺される。

●源頼朝 1147〜99 鎌倉幕府初代将軍（在職1192〜99）。源義朝の3男。平治の乱後、伊豆蛭ヶ小島に流される。1180年、以仁王の令旨に呼応して挙兵、鎌倉を拠点に東国政権を樹立。弟の範頼・義経を派遣して源義仲を倒したのにつづき、1185年、平氏を滅亡させる。守護・地頭を設置し、武家政権を創始、1192年に征夷大将軍となる。

●源頼義 988〜1075 武将。父頼信とともに平忠常の乱の鎮圧に貢献。1051年、陸奥守兼鎮守府将軍として、嫡子義家とともに前九年の役で活躍。安倍氏を倒し、東国に源氏の地盤を築く。源氏の氏神石清水八幡宮を鎌倉に勧請し、鶴岡八幡宮のもととなった。

●毛利輝元 1553〜1625 戦国大名。毛利元就の孫。中国地方に勢力を伸ばすが、豊臣秀吉に臣従し、のち五大老のひとりとなる。1600年の関ヶ原の戦いでは、石田三成にかつがれて西軍の大将となるが敗北。周防・長門2カ国に領地を削減された。

●毛利元就 1497〜1571 戦国大名。安芸国の国人で、はじめ尼子氏、ついで大内氏に従う。1555年、大内義隆を倒した陶晴賢を厳島の戦いで破り、周防・長門両国を支配下に置く。さらに尼子氏を滅ぼし中国地方一帯を領有する大大名となる。

●物部守屋 ?〜587 古代の中央豪族。物部尾輿の子。敏達・用明の2代の大連。排仏論をとなえ、崇仏派の蘇我馬子と対立。用明天皇の死後、587年、皇位継承争いもからんで馬子らと戦い、敗死する。

●護良親王 1308〜35 後醍醐天皇の皇子。元弘の変以後、父を助け討幕運動に活躍。建武新政府の征夷大将軍となるが足利尊氏と対立。その排斥に失敗して鎌倉に幽閉され、中先代の乱のときに尊氏の弟直義に殺害された。

●ヤマトタケル 生没年不詳 景行天皇の皇子。日本武尊あるいは倭建命と書く。九州の熊襲や東国の蝦夷を征討した伝説上の英雄。『記紀』の記述は、大和朝廷の国内統一事業に活躍した勇者たちの事績を、ひとりの英雄の物語に託したものだろうといわれる。個々の出来事はともかく、全体の流れとしては、大和朝廷の勢力拡大の過程が反映されていると考えられる。

●山名宗全 1404〜73 守護大名。名は持豊。応仁の乱の西軍の将。日野富子とその子足利義尚を支持して細川勝元率いる東軍と戦う。決着がつかないまま陣中で没した。

●山上憶良 660〜733 奈良時代の官人、歌人。702年遣唐使の一員として入唐。のち、大宰府に赴任し、大伴旅人と親交を結ぶ。「貧窮問答歌」など、社会的題材や人生観を詠んだ歌が多く、漢詩文や老荘思想の影響があったとみられる。

●雄略天皇 生没年不詳 第21代天皇。478年に中国の南朝の宋に使いを送った倭王「武」に比定されている。稲荷山古墳（埼玉県行田市）出土の鉄剣にある「獲加多支鹵大王」、江田船山古墳（熊本県和水町）出土の鉄刀にある「獲□□□鹵大王」は、雄略のことだと推定されている。関東から九州まで大和朝廷の勢力をのばした武勇にすぐれた人物と考えられる。

●蓮如 1415〜99 浄土真宗の僧。越前国吉崎を拠点に北陸地方で布教し、一大勢力となる。のち山科に本願寺を再興、晩年には大坂に石山本願寺を創建し、浄土真宗の隆盛をもたらした。

清盛の長男。保元・平治の乱で父に従って活躍。温厚で武勇の人として人望があったという。内大臣となり、清盛と後白河法皇のあいだの調整役を担うが、父にさきだって病死した。

●武田勝頼　1546〜82　甲斐の戦国大名。武田信玄の2男。1575年、織田信長・徳川家康連合軍との長篠の戦いで、信長軍の鉄砲隊の前に、武田の騎馬軍団は総崩れとなって大敗。1582年に天目山で再び信長に攻められて自害し、名門武田氏は滅亡。

●武田信玄　1521〜73　甲斐の戦国大名。甲斐の守護武田信虎の嫡子。名は晴信。父信虎を追放して自立、治水・鉱山開発など領国経営にも手腕を発揮し、国力をのばす。信濃国を攻略し、川中島で5度にわたり上杉謙信と戦う。今川義元死後の駿河国を併呑し、北条氏康とも戦う。上洛をめざし、三方ヶ原の戦いで徳川家康を撃破するが、まもなく陣中で病にかかり死去。

●橘諸兄　684〜757　奈良時代の貴族。光明皇后の異父兄。葛城王と称した。737年に藤原不比等の4子があいついで病死したあと右大臣となって政権を担い、吉備真備・玄昉らを登用する。生前に正一位にのぼる。

●伊達政宗　1567〜1636　武将、大名。奥州を平定するが、1590年、豊臣秀吉の小田原攻めの際にかけつけ、秀吉に服属する。関ヶ原の戦いでは東軍に属し、仙台藩62万石を確保する。1613年には家臣支倉常長らを欧州に派遣した。

●チンギス・ハン　1162？〜1227　モンゴル帝国の始祖。モンゴル諸民族を統一し、チンギス・ハンと称す（ハンは遊牧民族の支配者の呼称）。中央アジア一帯を制圧、西夏・金・ホラズムを従え、南ロシアまで支配下に置く大帝国を一代で築く。

●天智天皇　626〜671　第38代天皇（在位668〜671）。舒明天皇の皇子。母は皇極（斉明）天皇。645年、中大兄皇子の時代に中臣鎌足らと蘇我氏を滅ぼし、大化の改新を実現。孝徳・斉明両天皇の皇太子として政治の刷新を推進。斉明天皇の死後、白村江の戦いに敗れ、

近江大津宮に遷都して、即位する。近江令の制定や庚午年籍の作成など、律令国家の基礎づくりを行った。

●天武天皇　631？〜686　第40代天皇（在位673〜686）。舒明天皇の皇子、天智天皇の同母弟とされる。前名、大海人皇子。672年の壬申の乱で大友皇子らの近江朝廷軍を破り、飛鳥浄御原宮で即位。飛鳥浄御原令・八色の姓の制定などの政策を実施、中央集権化を推進した。

●道鏡　？〜772　奈良時代の僧。孝謙上皇（称徳天皇）に信任され、政界に進出。藤原仲麻呂の乱ののち政権を握り、765年に太政大臣禅師、翌年に法王となり、権勢をほしいままにする。宇佐八幡宮の神託を受けたと称して皇位を望んだが、和気清麻呂らにはばまれて失敗、770年称徳天皇が死去すると下野国薬師寺別当に左遷され、その地で死去した。

●鳥羽天皇（上皇）　1103〜56　第74代天皇（在位1107〜23）。堀河天皇の第1皇子。白河法皇の死後、崇徳・近衛・後白河の3代にわたり、院政を行う。平氏を登用して西海の海賊を平定させる。第1皇子の崇徳上皇と不和になり、後白河天皇を立て、保元の乱の原因をつくった。

●豊臣秀吉　1537？〜98　武将。関白、太政大臣。織田信長の家臣として頭角を現し、木下藤吉郎から羽柴秀吉を名のる。1582年に本能寺の変で信長が亡くなると、山崎の戦いで明智光秀を破り、信長の後継者争いで優位に立つ。賤ヶ岳の戦いで柴田勝家を破ったのち、各地の反対勢力を服属させ、1590年に小田原の北条氏を滅ぼし、天下統一を果たす。関白・太政大臣となり、朝廷より豊臣の姓を賜る。太閤検地や刀狩によって、政権の基盤を確立し社会を安定させる。2度の朝鮮出兵に失敗し、幼い嗣子秀頼の行く末を案じながら大坂城で病死した。

●中臣鎌足　614〜669　飛鳥時代の中央豪族。645年、中大兄皇子（天智天皇）らと蘇我氏を滅ぼす。大化の改新以後、中大兄の片腕として中央集権化に尽力。669年、臨終に際し、天智

天皇から大織冠の冠位と藤原氏の姓を賜る。嫡子の藤原不比等は、壬申の乱を切り抜けて、天武・持統朝で政権の中枢を担う。

●中大兄皇子→天智天皇

●長屋王　684〜729　天武天皇の孫。父は高市皇子。724年、聖武天皇即位とともに左大臣にのぼり、藤原氏勢力と対峙する。729年、謀反の疑いをかけられて邸宅を囲まれ、自害。邸宅跡が発掘され、3万点を超える木簡が出土、奈良時代の貴族の暮らしが解明された。

●新田義貞　1301？〜38　武将。後醍醐天皇の討幕に加わり、1333年鎌倉を攻めて北条氏一族を滅ぼす。建武の新政では武者所頭人となるが、足利尊氏と対立し、南北朝分立にいたる。湊川の戦いに敗れたのち、後醍醐天皇の皇子恒良親王を奉じて北陸に下り、室町幕府に対抗するが、藤島の戦いにつく途中敗死。

●忍性　1217〜1303　律宗の僧。叡尊の弟子。鎌倉に入り、戒律復興に努め、鎌倉極楽寺を建立する。奈良にハンセン病患者の救済施設である北山十八間戸を設置したのをはじめ、社会事業に力を尽くした。

●額田王　生没年不詳　飛鳥時代の皇族、女流歌人。はじめ大海人皇子（天武天皇）に愛され十市皇女を産む。のち、天智天皇の寵愛を受ける。『万葉集』に12首を収録。

●羽柴秀吉→豊臣秀吉

●日野富子　1440〜96　室町幕府8代将軍足利義政の妻。新関設置や高利貸しにより蓄財、政治に深く関与した。実子の義尚を後継将軍にしようと、山名宗全をたのんで応仁の乱を引き起こす。

●卑弥呼　170頃〜250頃　3世紀初めごろの邪馬台国の女王。「魏志倭人伝」に「鬼道を事とし、能く衆を惑わす」と記されており、巫女的な女王だったと考えられる。239年、倭国を代表して魏に使いを送り、「親魏倭王」の称号を与えられる。死後は、「径百余歩の塚」に葬られたという。跡継ぎに男王がいたが国が治まらず、卑弥呼の「宗女」（親類の女性）台与が

女王となって治まったという。

●藤原清衡　1056〜1128　陸奥の豪族。前九年の役で父藤原経清が殺され、母が清原武貞と再婚したため、清原氏のもとで成長。後三年の役で源義家とともに勝利し、奥州の支配者となる。平泉を本拠に、奥州藤原氏3代の栄華の基礎を築く。中尊寺金色堂を建立。遺体はミイラとして金色堂に納められた。

●藤原仲麻呂　706〜764　奈良時代の貴族。藤原南家の武智麻呂の子。光明皇后の信任を得て紫微中台（皇后宮職）の長官となり、政権を掌握。淳仁天皇を擁立し、「恵美押勝」の名を賜る。760年太師（太政大臣）となり、全盛をきわめるが、孝謙上皇と対立。764年に上皇に重用された道鏡を排除しようと挙兵したが敗死。

●藤原秀衡　1122？〜87　陸奥の豪族。父基衡の跡をうけ、奥州藤原氏の最盛期を現出。京都の朝廷からも力を認められ、陸奥守兼鎮守府将軍となる。平氏滅亡後は、源義経を保護して、鎌倉の源頼朝と対峙した。

●藤原不比等　659〜720　飛鳥時代〜奈良時代の官人。右大臣。中臣（藤原）鎌足の嫡子。大宝律令の編纂を主導し、平城遷都を推進。娘宮子を文武天皇の夫人とし、生まれた聖武天皇に娘の光明子を嫁がせて皇后とした。藤原氏繁栄の基礎を築く。

●藤原道長　966〜1027　平安時代の貴族。摂政・太政大臣。藤原兼家の子。兄道隆・道兼の死後、道隆の子伊周らとの政争に勝利し、政権を握る。4人の娘を一条・三条・後一条・後朱雀の4天皇に入内させ、後一条・後朱雀・後冷泉の3天皇の外戚となり、藤原氏の全盛期を現出する。日記に『御堂関白記』がある。

●藤原基衡　1090？〜1157　陸奥の豪族。父清衡の跡を継いで、奥州藤原氏の繁栄を確立。京都の文化の導入に努め、毛越寺を創建した。

●フビライ　1215〜94　モンゴル帝国5代皇帝（大ハーン）。1271年、国号を元とあらため、1279年に南宋を滅ぼして中国を統一。高麗・ビルマを属国にし、

将。堺の豪商の子といわれる。豊臣秀吉に仕え、朝鮮出兵で活躍し、南肥後を領す。秀吉の死後は、石田三成とともに文吏派の代表となる。関ヶ原の戦いに敗れて刑死する。キリシタン大名としても知られる。

●小早川秀秋　1582〜1602　武将、大名。豊臣秀吉の正室ねねの甥で小早川隆景の養子となる。関ヶ原の戦いで東軍に寝返り、東軍の勝利を決定づける。その功績により、備前などで50万石を領すが、嗣子がなく、死後は廃絶された。

●最澄　767〜822　平安時代の僧。天台宗の開祖。804年に入唐し、天台山に学ぶ。翌年帰国し、天台宗を開き、貴族たちの帰依を集め、南都仏教に対抗する。比叡山を天台宗の教学の拠点とし、多くの名僧を輩出する基盤をつくる。のち、伝教大師と諡号される。

●斎藤竜興　1548〜73　美濃の戦国大名。斎藤道三の子義竜の嫡子。織田信長に稲葉山城を落とされ、越前朝倉氏を頼るが、朝倉氏が信長に攻められて滅亡するとともに死去する。

●斎藤道三　1494?〜1556　美濃の戦国大名。商家の出身といわれる。守護代斎藤氏を滅ぼし、守護の土岐氏も追放し、美濃国を支配する。尾張の織田氏と対立するが和睦し、娘を織田信長と結婚させる。長男義竜と不和になり、攻められて戦死する。

●斉明天皇→皇極天皇

●嵯峨天皇　786〜842　第52代天皇（在位809〜823）。桓武天皇の第2皇子。蔵人所・検非違使の設置など、政治制度の改革を行う。漢詩文と書道に長じ、唐風の弘仁文化の開花に大きな役割を果たす。

●坂上田村麻呂　758〜811　平安時代の武人。791年、征夷大将軍大伴弟麻呂を補佐して蝦夷を追討し、797年、征夷大将軍となる。蝦夷の族長阿弖流為を降伏させ、胆沢城・志波城を築いて東北経営の拠点を大きく前進させた。阿弖流為の助命を朝廷に願うが受け入れられず、京都東山に清水寺を創建したという。

●持統天皇　645〜702　第41代天皇（在位690〜697）。天智天皇の皇女。天武天皇の皇后。天武天皇の死後、3年間称制（即位式をせずに政治を遂行）、その後即位して、天武天皇の政治路線を継承。飛鳥浄御原令の施行、庚寅年籍の作成、初の本格的都城である藤原京の造営など、律令国家の基礎を確立した。

●柴田勝家　1522?〜83　武将。尾張出身で織田信長の重臣。朝倉氏滅亡後、越前北ノ庄（福井）で北陸経営にあたった。信長の妹お市の再婚相手となる。信長の死後、豊臣秀吉と対立、賤ヶ岳の戦いに敗れ、北ノ庄で自害する。

●聖徳太子　574〜622　用明天皇の第2皇子。名は厩戸皇子。推古天皇の摂政となり、蘇我馬子とともに大陸の制度を積極的にとりいれ、政治を刷新する。冠位十二階、憲法十七条、遣隋使の派遣などの事績で知られる。仏教の導入に力を注ぎ、法隆寺・四天王寺を建立。仏典の研究にも努め、『三経義疏』を著した。

●称徳天皇→孝謙天皇

●尚巴志　1372〜1439　琉球王国国王。中山王となり、北山・中山・南山の三山に分かれていた琉球王国を統一し、第一尚氏王朝を興す。首里城を都として、明へ朝貢したほか、ジャワやシャムへも使いを送り、貿易立国への道を開く。

●聖武天皇　701〜756　第45代天皇（在位724〜749）。文武天皇の子。母は藤原不比等の娘宮子。仏教を篤く信仰し、国分寺・東大寺を創建、東大寺の大仏を造立させる。恭仁京・紫香楽宮・難波宮へ遷都を繰り返したのち、平城京に戻る。749年、娘の孝謙天皇に位を譲って出家した。天平文化の開花に寄与。遺品は、正倉院宝物として今に伝えられる。

●白河天皇（上皇）　1053〜1129　第72代天皇（在位1072〜86）。後三条天皇の第1皇子。1086年に堀河天皇に譲位し院政を開始、堀河・鳥羽・崇徳の3代43年にわたり実権を握る。双六の賽の目と鴨川の水と僧兵の「三不如意」以外はすべて意のままになると言ったと伝えられる。北面の武士の設置、平氏の登用などを行い、武力も充実させた。出家して白河の法勝寺など多くの寺を建立、熊野詣にも熱心だった。

●神功皇后　生没年不詳　仲哀天皇の皇后、応神天皇の母とされる伝説上の人物。仲哀天皇の九州遠征に参加、天皇が神罰によって没したあと、新羅に遠征して戦果をあげたという。4世紀中ごろには、大和朝廷の勢力が北九州に及び、朝鮮半島とも直接交渉していたと考えられ、『記紀』の記述は、こうした対外関係の多くの伝承を神功皇后個人の事績としてまとめあげたものと推測される。なお、『日本書紀』の編者は卑弥呼を神功皇后に比定している。

●信西　1106〜59　平安時代の官人、僧。俗名は藤原通憲。1156年の保元の乱で後白河天皇方について活躍する。乱後、権勢をふるうが妬みを買い、1159年の平治の乱で藤原信頼勢に殺される。

●神武天皇　生没年不詳　初代の天皇とされる伝説上の人物。日向国を出て、吉備で力を蓄えたのち、大和に入って反対勢力を破り大和盆地の東南部を支配して即位し、大和朝廷の基礎をつくったとされる。1代の事績ではなく、何代ものあいだの天皇家の勢力拡大の過程をひとりの英雄に託したものといわれる。天皇家に伝わる伝承に基づくもので、粉飾はあったとしても、歴史的事実をそれなりに反映したものと考えられる。

●推古天皇　554〜628　第33代天皇（在位592〜628）。敏達天皇の皇后。欽明天皇の皇女。母は蘇我稲目の娘。崇峻天皇暗殺後、蘇我馬子らに擁立されて初の女帝となる。聖徳太子を摂政として政治を行った。

●陶晴賢　1521〜55　武将。大内義隆の家臣。1551年、主君義隆を討ち、大友義鎮（宗麟）の弟晴英に大内家を継がせ、国政を掌握。1555年、毛利元就との厳島の戦いに敗れて自害。

●菅原道真　845〜903　平安時代の官人、学者。右大臣。宇多天皇と醍醐天皇に信任され、重用される。901年に藤原時平の讒言により大宰府に左遷され、その地で死去。漢詩文にもすぐれた才を示す。後世「天神様」として広く信仰を集める。

●崇徳天皇（上皇）　1119〜64　第75代天皇（在位1123〜41）。鳥羽天皇の第1皇子。父により弟近衛天皇に譲位させられたことと、近衛天皇の跡に崇徳の皇子ではなく弟の後白河天皇を即位させたことに不満をいだく。父の死後、藤原頼長らとはかって保元の乱を起こすが敗れ、讃岐に流される。

●世阿弥　1363?〜1443?　能楽師。父観阿弥の跡を継ぎ、足利義満の庇護のもと、能楽を大成する。『風姿花伝』『申楽談儀』などの能楽書を残し、その芸術論は後世に大きな影響を与えた。

●千利休　1522〜91　茶人。堺の豪商の出身。武野紹鴎に茶の湯を学び、独自の茶道を大成する。織田信長・豊臣秀吉に仕えるが、1590年に秀吉の不興を買い、翌年自害する。京都・山崎の妙喜庵に現存する待庵は、利休の趣向による茶室建築の代表とされる。

●蘇我馬子　?〜626　古代の中央豪族。蘇我稲目の子。敏達・用明・崇峻・推古の4代大臣。587年、排仏派の物部守屋を滅ぼし、国政を掌握する。592年、崇峻天皇を暗殺させて初の女帝である推古天皇を擁立し、聖徳太子とともに政治を主導する。渡来系の氏族と関係が深く、仏教導入に力を注いで飛鳥に法興寺を建立したほか、大陸の先進的文化や政治制度の導入に努めた。遣隋使などの聖徳太子の政策も、馬子の支援のもとに行われたと考えられる。

●平清盛　1118〜81　武将。保元・平治の乱で対立勢力を一掃し、実権を握り、1167年には太政大臣となる。日宋貿易に力を注ぎ、利益をあげる。娘の徳子を高倉天皇の中宮とし、その子安徳天皇を3歳で即位させた。一族がそろって高位にのぼり、「平氏にあらずんば人にあらず」といわれる全盛期を現出したが、福原遷都はうまくいかず、晩年は後白河法皇と対立。各地で源氏が挙兵する状況のなかで、病死する。

●平重盛　1138〜79　武将。平

本能寺で滅ぼされた。

●**小野妹子** 生没年不詳 飛鳥時代の官人。近江国の出身。607年遣隋使として隋に渡り、煬帝に聖徳太子の国書を提出する。翌608年、隋使裴世清とともに帰国。煬帝の返書を百済人に略取されたとしたため、罰せられそうになった。同年裴世清らを送って再び隋に渡り、翌609年に帰国。

●**柿本人麻呂** 660頃〜720頃 歌人。持統天皇・文武天皇に仕え、宮廷歌人として天皇家を権威づける歌を残す。『万葉集』に400首以上（「人麻呂歌集」よりと記された歌を含む）収録され、古来「歌聖」として尊崇される。

●**加藤清正** 1562〜1611 武将。尾張の出身で、幼少より豊臣秀吉に仕える。「賤ヶ岳の七本槍」のひとりで、数々の合戦で武功を立てる。朝鮮出兵でも活躍し、北肥後を領す。秀吉の死後は、武功派の代表として石田三成ら文吏派と対立、関ヶ原の戦いでは東軍に加わり、肥後52万石の大名となる。治水・築城の名手として知られ、熊本城・名古屋城などは名城といわれる。

●**鑑真** 688〜763 唐の高僧。入唐した栄叡・普照の招請により、日本渡航を決意。5回の失敗ののち、盲目となりながら753年に渡海を果たし、律宗を伝える。東大寺に戒壇院を建て、聖武上皇・孝謙天皇をはじめ多くの人に戒律を授ける。のち、唐招提寺を建立。

●**桓武天皇** 737〜806 第50代天皇（在位781〜806）。光仁天皇の子。母は百済系渡来人出身の高野新笠。仏教勢力などの影響力を除こうと、784年に長岡京に、794年に平安京に遷都する。政治の刷新に努めるとともに、坂上田村麻呂らに蝦夷を制圧させた。

●**北畠顕家** 1318〜38 公家、武将。父親房とともに後醍醐天皇に従い、建武政権で陸奥守兼鎮守府将軍として義良親王（後村上天皇）を奉じて奥羽を統治。南北朝分立後は、南朝方の武将として西上し、一時は足利尊氏を敗走させるが、和泉国で敗死。

●**北畠親房** 1293〜1354 公家、武将。後醍醐天皇に信頼され、南朝方の重臣として活躍する。常陸小田城で東国経営に尽力しながら、南朝の正統性を述べた『神皇正統記』を著す。小田城落城後は吉野に戻り、後村上天皇を補佐。嫡男顕家にさきだたれ、南朝不利のまま病没。

●**吉川広家** 1561〜1625 武将。毛利元就の2男吉川元春の子。関ヶ原の戦いでは、東軍に内通して毛利軍を釘づけにする。戦後は毛利家のとりつぶしを防ぐのに尽力。岩国藩3万石を領す。

●**吉備真備** 695〜775 奈良時代の学者・政治家。吉備地方の豪族の出身で、717年留学生として遣唐使に加わり入唐。735年に帰国し、玄昉とともに橘諸兄に登用されて政治改革に尽力。のち、右大臣にのぼる。

●**空海** 774〜835 平安時代の僧。真言宗の開祖。讃岐の生まれ。804年に入唐、恵果に密教を学び、806年帰国。816年高野山に金剛峰寺を建立、823年に嵯峨天皇より東寺（教王護国寺）を賜り、真言宗の布教に努める。漢詩文・書道にもすぐれ、庶民教育や社会事業にも尽力した。のち、弘法大師と諡号される。

●**空也** 903〜72 平安時代の僧。民間浄土教の始祖。阿弥陀仏を唱えながら諸国を巡歴して布教。架橋や掘井などの社会事業にも力を注ぎ、「市聖」とよばれた。京都に西光寺（現・六波羅密寺）を建立。

●**楠木正成** 1294?〜1336 河内の土豪、武将。元弘の変で後醍醐天皇の呼びかけに応えて活躍、幕府打倒にも貢献し、建武政権では河内・和泉の守護となる。新政崩壊後、足利尊氏と湊川で戦って敗死する。

●**継体天皇** 450〜531 第26代天皇（在位506〜31）。応神天皇の5世の孫。越前で育つ。武烈天皇が跡継ぎなく死去したのち、大伴金村らに擁立されて河内で即位。その後、大和に入る。当時の大和朝廷は豪族の連合政権であり、統合のために天皇が必要だったと考えられる。筑紫国造磐井の乱を平定、各地に屯倉をつくり、大連・大臣などの制度を整備し、大和朝廷の勢力拡大を実現する。

●**源信** 942〜1017 平安時代の僧。大和の出身。比叡山の良源に師事する。985年、『往生要集』を著して念仏の教えを説き、浄土信仰を広めた。

●**皇極天皇** 594〜661 第35代天皇（在位642〜645）。舒明天皇の皇后。天智天皇・天武天皇の母。645年の乙巳の変ののち、史上はじめての譲位を行う。孝徳天皇の没後、重祚して第37代斉明天皇（在位655〜61）となる。蝦夷追討や大規模な土木事業を行う。百済が滅亡すると、遺臣の求めに応じて出兵。みずからも筑紫まで行き、朝倉宮で没した。

●**孝謙天皇** 718〜770 第46代天皇（在位749〜758）。聖武天皇と光明皇后の皇女。仏教を篤く信仰し、752年大仏開眼供養を行う。藤原仲麻呂を登用し、淳仁天皇に譲位する。その後、仲麻呂と対立して反乱を招く。乱を鎮定し、淳仁天皇を退位させ、重祚して第48代称徳天皇（在位764〜770）となる。道鏡を寵愛し、重用する。766年に法王となった道鏡は権勢をふるい、皇位をうかがったが、和気清麻呂らに阻まれて、下野へ左遷することになる。

●**光仁天皇** 709〜781 第49代天皇（在位770〜781）。天智天皇の孫。称徳天皇の死後、藤原百川らに推されて62歳という高齢で即位。道鏡を下野国に左遷し、仏教偏重の政治をあらため、政治を刷新する。聖武天皇の皇女井上内親王を皇后とし、その子他戸親王を皇太子とするが、のち皇后が大逆をはかったとして皇后と皇太子を廃し、桓武天皇を後継とした。

●**高師直** ?〜1351 武将。足利尊氏の執事。南北朝分立後、尊氏を助けて南朝と戦い武功をあげる。尊氏の執事として、室町幕府内で権勢をふるう。のち、尊氏の弟直義と対立し、播磨国で敗死する。

●**光明皇后** 701〜760 聖武天皇の皇后。藤原不比等の娘。729年、長屋王の変ののち、臣下の出身ではじめて皇后となる。仏教を篤く信仰し、悲田院や施薬院を設け、孤児や病人の救済に尽くす。聖武天皇の死後、遺愛の品を東大寺に寄進して、正倉院宝物のもととなる。

●**後三条天皇** 1034〜73 第71代天皇（在位1068〜72）。後朱雀天皇の第2皇子。宇多天皇以来170年ぶりに藤原氏を外戚にもたない天皇で、積極的に親政を行い、1069年、延久の荘園整理令を出し、記録荘園券契所を設置した。院政への道を開いたと評価される。

●**コシャマイン** ?〜1457 アイヌの首長。1456年アイヌの少年が和人に殺害されたのを機に、翌年大軍を率いて蜂起、和人の館を次々に攻め落とす。花沢館の蠣崎季繁の客将武田信広により、強弓で射殺された。和人が定住し、アイヌの生活圏を侵しはじめていたことが、この反乱の背景にあった。

●**後白河天皇（法皇）** 1127〜92 第77代天皇（在位1155〜58）。鳥羽天皇の第4皇子。保元の乱に勝利し、兄崇徳上皇を讃岐に流し、二条・六条・高倉・安徳・後鳥羽天皇の5代にわたり、院政を行う。武士の世に移る激動の時代にあって、権謀術数で朝廷の権威の存続に努め、源頼朝から「日本一の大天狗」と評された。

●**後醍醐天皇** 1288〜1339 第96代天皇（在位1318〜39）。鎌倉幕府打倒を計画するが、正中の変と元弘の変に失敗し、隠岐に流される。1333年、足利尊氏・新田義貞・楠木正成らの力を得て、幕府打倒に成功する。建武の新政を実行するが、足利尊氏に離反されて崩壊。京都を押さえた尊氏が北朝を立てると、吉野に逃れて南朝を樹立。京都回復を願うが、かなわないまま死去した。

●**後鳥羽天皇（上皇）** 1180〜1239 第82代天皇（在位1183〜98）。高倉天皇の第4皇子。平家都落ちのあと、後白河法皇の院宣により即位。譲位後は、土御門・順徳・仲恭天皇の3代にわたって院政を行う。西面の武士を置いて西国の武士を組織し、1221年に承久の乱を起こしたが幕府軍に大敗、隠岐に流された。歌人としても知られ、『新古今和歌集』を撰進させ、みずからも編纂に関与した。

●**小西行長** 1555?〜1600 武

歴史人物事典

●**明智光秀** 1528?～82 武将。織田信長の配下になり重用されるが、1582年京都の本能寺を襲って信長を殺害する。しかし、山崎の戦いで豊臣（羽柴）秀吉に敗れ、「三日天下」といわれた。敗走中に農民に殺された。

●**浅井長政** 1545～73 近江の戦国大名。織田信長の妹お市を妻に迎えるが、のち越前の朝倉義景と結んで信長と敵対し、1570年の姉川の合戦で信長軍に敗れる。1573年には小谷城を攻撃され敗死し、浅井氏は滅亡する。お市と3人の娘は助けられ、のちに長女は豊臣秀吉の側室淀殿、3女は徳川秀忠の正室お江となる。

●**朝倉義景** 1533～73 越前の戦国大名。『朝倉孝景十七箇条』で知られる朝倉孝景（敏景）の子。近江の浅井氏と結んで織田信長と敵対するが、1570年の姉川の合戦で敗北。1573年に一乗谷を攻められ自害し、朝倉氏は滅亡する。

●**足利尊氏** 1305～58 室町幕府初代将軍（在職1338～58）。鎌倉幕府の有力御家人だったが、後醍醐天皇側に加わり、討幕に大きな役割を果たす。建武の新政に参加するが離反。湊川の合戦に勝利し、光明天皇を擁立、征夷大将軍となり、京都に室町幕府を開く。

●**足利直冬** 1327?～1400? 武将。足利尊氏の庶子。尊氏の弟直義の養子となり、直義とともに尊氏と対立。九州で活躍する。直義の死後、南朝に降り、南朝勢と協力して京都を一時占拠したが、奪還される。のち、足利義満らと和解。

●**足利直義** 1306～52 武将。足利尊氏の同母弟。尊氏を支えて、鎌倉幕府打倒、室町幕府創設に貢献した。室町幕府では政務を担ったが、尊氏の執事の高師直と対立する。さらに尊氏と不和になり、南朝もまきこんでの抗争となる。結局1351年に降伏し、翌年鎌倉で急死。尊氏に毒殺されたともいわれる。

●**足利義昭** 1537～97 室町幕府15代将軍（在職1568～73）。12代将軍足利義晴の子。織田信長におされて入京し、将軍となる。その後、信長の勢力拡大とともに不和となり、反信長勢力の結集をはかった。しかし、1573年に信長に京都から追放され、事実上、室町幕府は滅亡する。その後は、毛利氏などに身を寄せ、「征夷大将軍」として反信長を呼びかける。1588年、豊臣秀吉に従い、京都にかえって将軍職を辞した。

●**足利義尚** 1465～89 室町幕府9代将軍（在職1473～89）。義政と日野富子の長男。叔父義視との家督争いが応仁の乱の原因となった。近江の六角氏討伐に出陣中に死去。

●**足利義政** 1436～90 室町幕府8代将軍（在職1449～73）。頻発する一揆に有効な手を打たず、屋敷の造営などにより財政難を引きおこし、幕政を動揺させた。後継将軍をめぐる弟の義視と実子の義尚の争いから応仁の乱が起こったが、義政は乱の途中で将軍を義尚に譲り、東山に銀閣を建てて隠棲した。

●**足利義満** 1358～1408 室町幕府3代将軍（在職1368～94）。1392年に南北朝合一を実現。土岐・山名・大内などの有力守護大名を制圧して幕府の権力を高めた。嫡男義持に将軍を譲ってから、太政大臣となる。京都・室町に花の御所、北山に金閣を造営、1401年には明との国交を樹立し、「日本国王」に封じられ、勘合貿易を開始する。

●**阿倍仲麻呂** 698～770 奈良時代の文人。717年、留学生として遣唐使に加わって入唐。学識を認められ、玄宗皇帝に仕える。753年に帰国しようとしたが、船が難破して果たせず、再び唐に仕え、長安で死去した。唐名は朝衡。詩文に長じ、李白や王維とも親交があった。

●**安徳天皇** 1178～85 第81代天皇（在位1180～85）。高倉天皇の第1皇子。生母は平清盛の娘徳子。3歳で即位。1183年平氏とともに都落ちし、85年に壇ノ浦で徳子の母時子に抱かれ、神璽・宝剣とともに入水した。

●**石田三成** 1560～1600 武将。近江の出身で豊臣秀吉に仕え、内政面に手腕を発揮して頭角を現し、五奉行のひとりとなる。秀吉の死後、徳川家康と対立、反家康勢力を集め、1600年、関ヶ原の戦いに臨むが敗戦、京都四条河原で斬首される。

●**今川義元** 1519～60 戦国大名。守護大名から成長し、駿河・遠江・三河を支配する。上洛の途中、桶狭間で織田信長に襲撃され、落命。以後、名門今川氏は衰退する。

●**上杉景勝** 1555～1623 戦国大名。叔父上杉謙信の養子となり、越後と北信濃を支配。豊臣秀吉に臣従し、会津120万石を領す。五大老のひとりとなり、徳川家康と対立。関ヶ原の戦いでは石田三成と通じたため、米沢30万石に減封された。

●**上杉謙信** 1530～78 戦国大名。越後の守護代長尾為景の子。関東管領上杉憲政の家督を継ぎ上杉輝虎、その後、入道して謙信と称す。春日山城を本拠に武田氏・北条氏と合戦を繰り返す。とくに武田信玄との5回に及ぶ川中島の戦いは有名。織田信長と対立し、上洛をはかるが、実現しないうちに病没。

●**宇喜多秀家** 1572～1655 備前の戦国大名。豊臣秀吉に信任され、朝鮮出兵で武功をあげ、五大老のひとりとなる。関ヶ原の戦いでは西軍の主力となるが敗北、のち八丈島に流された。

●**叡尊** 1201～90 律宗の僧。西大寺中興の祖。戒律の復興と民衆の救済を志す。慈善事業や土木事業などにも力を注ぎ、幅広い人々の帰依を受けた。

●**応神天皇** 生没年不詳 第15代天皇、400年前後の即位。仲哀天皇と神功皇后の皇子。仁徳天皇の父。事績は伝承の域を出ないが、大和朝廷の勢力拡大を実現したといわれる。のちに、八幡神とされ、武神として信仰を受けるようになる。陵墓とされる誉田御廟山古墳（大阪府羽曳野市）は、仁徳天皇陵とされる大仙陵古墳に次ぐ規模を誇る。

●**大内義隆** 1507～51 守護大名。周防・長門など7カ国の守護を兼ね、勘合貿易を独占して繁栄した。学問・文化を愛好し、公家や学僧らを本拠の山口に招いて、京の文化を移植するとともに、フランシスコ・ザビエルの布教も許した。家臣の陶晴賢に襲われ、自害する。

●**大友皇子** 648～72 天智天皇の第1皇子。壬申の乱で大海人皇子（天武天皇）と皇位を争い敗れて自殺。『日本書紀』に即位記録がないが、1870年に明治政府によって正式に即位を認められ、第39代弘文天皇（在位671～672）となった。

●**大伴金村** 生没年不詳 古代の中央豪族。5世紀末から6世紀中ごろ、大連となり朝廷の中心として活躍。継体天皇擁立を実現するが、朝鮮経営の失敗を物部尾輿らに追及され失脚する。

●**大伴旅人** 665～731 飛鳥～奈良時代の貴族、歌人。『万葉集』の編者とされる大伴家持の父。文官・武官を歴任したあと、大宰帥として大宰府に赴任、山上憶良らと交流し、多くの秀歌を残す。

●**太安万侶** ?～723 奈良時代の官人、文人。711年、稗田阿礼の伝誦した神話・歴史を筆録し、翌年『古事記』を撰上。『日本書紀』の撰進にも加わる。1979年に奈良市内の火葬墓で墓誌が発見された。

●**織田信長** 1534～82 戦国大名。1560年桶狭間の戦いで今川義元を破ったのをきっかけに勢力をのばす。美濃の斎藤氏を倒し、近江の浅井氏と越前の朝倉氏を滅ぼし、足利義昭を奉じて京に入る。1573年、将軍にした義昭を追放し、室町幕府を滅亡させ、76年に近江に安土城を築いて本拠とする。いち早く兵農分離を実現、鉄砲隊を備え軍備を充実させるとともに、楽市・楽座などで経済力ものばした。仏教勢力への対抗と貿易の利益などのためにキリスト教を保護した。天下統一をめざすなか、1582年家臣の明智光秀に京都・

710年の平城京遷都までの都。奈良盆地の南部、それまで都が営まれた飛鳥の北に位置する。

●分国法　戦国大名が領国（分国）支配のために独自に定めた法令。嫡子単独相続や喧嘩両成敗などを定めたものが一般的。一族や家臣たちの心得をまとめた家訓的なものも多い。『大内氏壁書』『今川仮名目録』『塵芥集』『甲州法度之次第』などが著名。

●兵農分離　戦国時代から安土・桃山時代に行われた身分を固定化して支配体制を維持するための政策。戦国大名は、農民を農地に定着させるとともに、兵士を城下町に集住させることによって軍事力を高めた。一種の富国強兵策といえる。兵士が農民を兼ねている場合、農作業のために耕地のあるところへ帰らなければならず、遠征できるのは農閑期にかぎられる不利があった。そこで、兵農分離を実行できるかは戦国大名の勢力の消長に大きくかかわってくるが、そのためには、生産力の増強と流通網の整備が必要で、それらを実現した織田信長が天下統一へ歩を進めることになる。

●法隆寺　奈良県斑鳩町にある寺院。607年に聖徳太子が創建したと伝えられる。金堂や五重塔などの建物、釈迦三尊像・百済観音像などの仏像や玉虫厨子など、飛鳥文化を伝える貴重な文化財が残されている。現在の伽藍は、670年に全焼後の8世紀初頭に再建されたものとする説が有力。

●北面の武士　11世紀末に白河上皇が創設した、院を警護する武士。院御所の北面に詰める直営軍で、僧兵の強訴に対抗するなどの役割を果たし、武士が中央政界へ進出する足場となった。1200年頃に後鳥羽上皇は、さらに西面の武士を創設している。

●渤海　中国東北部から朝鮮半島北部・沿海州にかけて栄えたツングース系民族の国家。698年大祚栄が建国。727年以来、約200年間に33回も日本に使節を送った。日本からも遣渤海使が13回派遣された。926年、遼に滅ぼされた。

●法相宗　入唐僧により中国から伝えられた仏教の宗派。法相（現象固有の性質）を認識しようとした学問的色彩が強い。南都六宗のひとつとして、元興寺・興福寺などを拠点に奈良時代に栄えた。

●『枕草子』　1020年頃に完成した清少納言の随筆集。一条天皇の后の定子に仕えていたころの回想、人生観・自然観、行事や事件などについて書かれている。感受性豊かな内容と繊細かつ機知に富んだ表現で、王朝文学を代表するとともに、日本の随筆の白眉と評価される。

●磨製石器　石を研磨してつくった石器で、新石器文化を特徴づけるものとされる。打ち欠いただけの打製石器に対する言葉。縄文時代には石斧や石棒がつくられ、弥生時代には石包丁や磨製石鏃も使われた。

●曼荼羅　密教世界を独特の形式に基づいて幾何学的な構図で描いた図像。梵語のmandaraの音訳。真言密教では、金剛界と胎蔵界の両界曼荼羅がある。

●万葉仮名　漢字の音訓を用いて、日本語を表現する方法。『万葉集』などに使われたため、こうよぶ。

●『万葉集』　仁徳天皇の作と伝えられる歌から759年までの和歌4500首あまりを収めた歌集。8世紀後半に大伴家持が、現在の形にまとめあげたとされる。天皇や貴族、宮廷歌人のほか、防人など庶民の歌も収録している。

●御内人　鎌倉時代の北条氏の得宗家の直属の家臣。御家人をしのぐ力をもち、幕政を主導する者も現れた。1285年の霜月騒動では、有力御家人の安達泰盛が御内人の代表である内管領の平頼綱に滅ぼされた。

●水城　白村江の戦いに敗れた翌664年、唐・新羅の来攻に備え、大宰府の北側につくられた防衛施設。全長約1.2km、基底部の幅80m、高さ約13mの土塁を設け、その前面に幅60mの水堀を設けた。

●密教　深遠な哲学をもつ大日如来の教えを説く仏教の一派。顕教に対する言葉。『大日経』と『金剛頂経』を根本経典とする。神秘的な儀式と加持祈禱によって現世利益をはかった。日本へは空海が伝え、真言宗となり、「東密」とよばれた。天台宗もしだいに密教化し、「台密」とよばれた。現世利益を求める貴族階級に歓迎され、平安前期に隆盛するが、やがて形骸化して衰退した。

●湊川の戦い　1336年5月、摂津国湊川（現・神戸市）での、足利尊氏軍と楠木正成ら朝廷軍（後醍醐天皇方）との戦い。九州からの足利軍の進撃を阻止しようとした正成だが、敗れて自刃。勝利した尊氏は京都に入り、光明天皇を擁立して後醍醐を幽閉、建武の新政を崩壊させた。

●屯倉　大和朝廷の直轄領。穀物を収納する倉庫や経営上の事務所の名に由来する。広大な良質の田地で、田部とよばれる農民を使って耕作させた。大化の改新で廃止されたと考えられている。

●明銭　室町時代に明から輸入され、日本国内で流通した銭貨。洪武通宝・永楽通宝などが勘合貿易によってもたらされた。とくに永楽通宝は「永楽銭」とよばれ、標準貨幣として重視され、長く通用した。

●「望月の歌」　1018年10月16日、3女威子が中宮になった祝宴で、藤原道長が詠んだとされる歌。「この世をばわが世とぞ思ふ望月の　欠けたることもなしと思へば」というもので、道長の日記『御堂関白記』には記載がなく、藤原実資の日記『小右記』に記されていて、栄華の頂点を詠んだものとされる。しかし、満ちれば欠ける望月（満月）に将来のことを予感しながら詠んだもので、無常観をよみとるべきだという説にも説得力がある。

●桃山文化　16世紀末から17世紀初めに開花した豪壮雄大・絢爛豪華な文化。新興の武家と豪商の経済力を基盤に、彼らの気風に即したもので、南蛮渡来の文物の影響を受けて発展した。「桃山」の呼称は、豊臣秀吉の居城伏見城がのちに桃山とよばれたことによる。

●八色の姓　684年、天武天皇が定めた真人・朝臣・宿禰・忌寸・道師・臣・連・稲置の8種の姓。伝統的な姓にかわり、皇族を中心に身分制度を再編し、中央集権化をはかったもの。

●楽市・楽座　16世紀中ごろから17世紀初めにかけて行われた商工業振興政策。座（同業者の組合）の特権を廃し、自由な流通と生産を保証するもので、戦国大名が城下町発展のために始めた。とくに、織田信長によって本格的に実施され、安土城下には商工業者が集まり、経済がおおいに発展した。

●楽浪郡　紀元前108年に漢の武帝が朝鮮半島に遠征して設置した4つの郡のひとつ。現在の平壌付近を中心とした地域。以後、中国王朝の直轄地とされ、倭の小国はここを通じて中国と通交した。313年に高句麗に滅ぼされた。

●柳江人　中国南部の広西壮族自治区柳江県で発見された人骨。寒冷地適応していない古モンゴロイドで、5万年前～十数万年前のものとされる。沖縄の港川人との類似が指摘されている。

●臨済宗　鎌倉前期に栄西が伝えた禅宗の一派。坐禅を組み、師から与えられる公案を悟りの手段とした。武士の信仰を集め、鎌倉幕府・室町幕府に保護され、京都五山・鎌倉五山を中心に発展した。

●六波羅探題　鎌倉幕府が朝廷の監視・西国御家人の支配のために京都に設けた機関、またその長官。1221年の承久の乱後、それまでの京都守護にかわって置かれた。北条時房・泰時以来、北条氏が独占した。1333年、足利尊氏に攻略されて廃絶。

●倭寇　13世紀末～16世紀頃に中国や朝鮮半島の沿岸で略奪行為を行った武装集団。前期倭寇は日本人が中心で、勘合貿易が開始されると鎮静化した。勘合貿易廃絶後の後期倭寇は中国人が多く、明の滅亡の一因になったといわれる。

●ワジャク人　インドネシアのジャワ島東部のワジャクで発見された1万数千年前の人骨。寒冷地適応していない古モンゴロイドで、沖縄の港川人との類似が指摘されている。

面形で、直径あるいは一辺が5〜6mのものが平均的。

◉**田堵** 10〜11世紀頃、荘園や公領の田地の耕作を請け負った有力農民。土地所有権をもたなかったが、耕作権を確保し、それを通じてしだいに権利を強め、自分の田に名をつけて「名田」として私的所有権を確保するようになり、名主となった。武装して武士になる者もいた。

◉**治天の君** 政務を執る君主の意味で、一般に院政を行う上皇を指す言葉。ただし、親政を行う天皇を含めていう場合もある。

◉**逃散** 一村が団結して耕作を放棄し、他領へ一時的に退去するなどして抵抗すること。中世後半から近世にみられた。

◉**朝鮮式山城** 白村江の戦い後、唐・新羅の侵攻に備えて、山の上に土塁と石垣で築かれた防衛施設。おもに九州から瀬戸内海周辺につくられた。神籠石も同様の施設。

◉**鎮守府将軍** 奈良時代から平安時代に北辺の防備を担った鎮守府の長官。陸奥守の兼務とされることが多く、おもに源氏や平氏が任じられた。鎌倉幕府成立後は、建武の新政のときに、足利尊氏・北畠顕家らが任じられた例があるだけ。

◉**天台宗** 平安初期に入唐した最澄が日本に伝えた仏教宗派で、法華経を中心経典とする。帰国後の805年に比叡山延暦寺で開宗。最澄の弟子の円仁と円珍は、山門派と寺門派に分裂。その後、天台宗はしだいに密教化し「台密」とよばれた。

◉**天平文化** 聖武天皇の天平年間（729〜749）を中心に、平城京を中心に開花した貴族文化。仏教を基盤に、唐の文化の影響を受けた国際色豊かな文化。

◉**土一揆** 室町時代の土民による一揆。土民とは農民や運輸労働者などの土地に定着した下層民をよんだ言葉。多くは、年貢の減免や徳政（債務放棄）などを求める経済闘争であった。惣村の発達した畿内を中心に続発した。

◉**問丸** 中世の総合的運送業者。もとは、荘園から徴集した年貢の保管・輸送の任にあたっていたが、商業の発達につれて、荘園領主から独立して、交通の要所で運送・倉庫業を営むようになった。室町時代には、委託荷物を手数料をとって売りさばく卸売商に発展した。

◉**東大寺** 奈良市にある華厳宗の総本山。全国の国分寺の中心として、「総国分寺」ともよばれた。奈良時代に聖武天皇の発願によって建てられ、広大な荘園をもって繁栄したが、1180年に平重衡に焼き打ちされた。鎌倉時代に再興されるが、1567年に松永久秀の兵火で再び焼失し、江戸時代に再建された。

◉**銅鐸** 弥生時代の釣鐘形の祭器。高さ20〜150cm、しだいに大型化した。初期の小型のものは内部に吊るした棒を揺らして鳴らしたが、大型化するとともに、聞く銅鐸から見る銅鐸に変わったと考えられる。集落や墓からはほとんど出土せず、集落から離れたところに埋められた形で見つかることが多い。

◉**銅矛** 弥生時代の青銅製武器。銅剣と同様に両刃だが、基部が筒状になっていて、長い柄を差しこんで使用した。厚手細身で実用的な細形銅矛と、薄手広身で非実用的な広形銅矛があり、後者は祭器として使用されたと考えられる。九州北部を中心に西日本に分布。

◉**徳政一揆** 室町時代、債権・債務を破棄できる徳政の発布を幕府に求めた一揆。土一揆の一種。酒屋・土倉などの高利貸しの圧迫を受けた近畿地方やその周辺でさかんに起きた。1428年の正長の土一揆なども徳政一揆の部類に入る。

◉**得宗** 鎌倉時代の北条氏の嫡流家の当主。2代執権北条義時の法名に由来する呼称。義時・泰時・経時・時頼・時宗・貞時・高時の7人を指す。しだいに権力が集中し、貞時のときに得宗専制政治が確立する。

◉**十三湊** 津軽半島の日本海側、岩木川河口にあった中世の港町。安東氏が拠点とし、蝦夷地と日本海海運を結ぶ重要な港として発展した。

◉**土倉** 中世の金融業者。質にとった物品を保管するために堅固な土蔵を備えたことに由来する呼称。室町時代に栄えた。暴利をむさぼる者も多く、しばしば土一揆に襲撃された。幕府は質物の数に応じて課税し、財源とした。

◉**突帯文土器** 口縁部や胴部に突帯をめぐらせた土器。縄文最末期の土器とされる。水稲農耕に伴う最古の土器様式で、最初期の弥生土器である遠賀川式土器とともに出土することがあり、縄文から弥生への時代の変化が断絶したものではなかったことがわかってきた。

◉**烽** 昼は煙を、夜は火を用いて、外敵の襲来などを急報する施設。白村江の戦い後、対馬・壱岐・九州などにつくられたのが始まりとされる。

◉**渡来系弥生人** 縄文時代末から弥生時代に、大陸から九州北部などに渡来してきた人々。縄文人より長身でのっぺりした顔だちで、人種的には寒冷地適応した新モンゴロイド。水田稲作と金属器の技術をもたらし、縄文系の人々と融合しながら、弥生文化を築いた。

◉**南蛮貿易** 16世紀半ばに始まった東南アジアを拠点としたポルトガル人やスペイン人との貿易。日本は中国産の生糸や皮革・鉄砲などを輸入し、おもに銀を輸出した。1624年にスペイン船、39年にポルトガル船の来航が禁止され途絶した。なお、南蛮とはポルトガル・スペインを指し、イギリス人やオランダ人は紅毛人とよんだが、区別は厳密ではなかった。

◉**日蓮宗** 鎌倉中期に日蓮が開いた宗派。法華宗ともいう。法華経を釈迦の正しい教えとして、題目（南無妙法蓮華経）を唱えることによって成仏できると説いた。総本山は山梨県身延山の久遠寺。日蓮は他宗をきびしく攻撃したため、迫害されることになった。

◉**日本国王** 日本の統治者が対外的に使用した称号、あるいは、中国が日本の統治者をよんだ呼び名。室町幕府3代将軍足利義満が、「日本国王源道義」の封号を与えられて冊封されて以降、室町幕府の将軍に使用された。それ以前の南北朝時代に、九州で活動した後醍醐天皇の皇子・懐良親王が「日本国王良懐」として冊封されている。

◉**『日本書紀』** 720年に完成した最古の官撰の史書。全30巻。舎人親王らの編纂で、神代から持統天皇にいたる天皇中心の歴史を記述する。

◉**寧波の乱** 1523年、中国の港寧波で、博多商人と結ぶ大内氏の勘合船と、堺商人と結ぶ細川氏の勘合船が争った事件。細川氏の使節が明の役人に賄賂を送って優先権を奪ったことに憤激した大内氏の使節が、細川氏の船を焼いて使節を殺害した。その結果貿易は一時途絶するが、その後大内氏が貿易を独占する。

◉**バテレン追放令** 1587年に豊臣秀吉が発したキリスト教宣教師の国外追放令。ただし、キリスト教国からの貿易を目的とした来航は許可した。そのため、キリシタンを減らすことはできなかった。

◉**埴輪** 古墳の墳頂部や墳丘の周囲に並べられた土製品。円筒埴輪と形象埴輪に大別される。前者の起源は弥生時代の祭祀用特殊器台だと考えられる。後者には、動物・人物・武器・家屋・日用品などがあり、その用途については、継承儀礼の表現、葬列の表現、殉死の代用などの説がある。

◉**班田収授法** 大化の改新以降に行われた6歳以上の男子に口分田を班給（支給）する制度。租税の基準となる田の広さの調査を実施し、良民男子に2段（1段は360歩）、良民女子にその3分の2を支給した。律令国家の根幹をなすものだが、荘園の発達とともに、平安時代に入ると実施されなくなった。

◉**火縄銃** 15世紀前半に発明された初期の鉄砲の形式で、発射時に火縄に火をつけ、引き金を引いてバネ仕掛けで発射薬に点火するもの。先込め式で黒色火薬を用いた。1543年に種子島に伝わった鉄砲がこれで、「種子島」ともよばれた。

◉**平仮名** 平安初期、万葉仮名の草書体である草仮名を簡略化した音節文字。とくに女性に用いられ、「女手」とよばれた。

◉**藤原京** 694年に持統天皇が遷都した日本最初の本格的都城。

の皇統のひとつ。後深草天皇の系統で、京都の持明院を御所にしたので、こうよばれた。建武の新政で一時衰えるが、南北朝の北朝として勢力をもち、1392年の南北朝合体以後は、歴代皇位を継いだ。

● **綜芸種智院** 828年に空海が庶民のために設けた教育施設。京都左京九条に置かれ、広く一般庶民の入学を許し、儒教や仏教を教えた。空海の死後、衰退した。

● **守護** 鎌倉幕府や室町幕府が諸国に設置した武家の役職。軍事・警察権を握り、国司の力を奪った。1185年に源頼朝が源義経追討を名目に設置を認めさせて有力御家人を任命したのが最初とされる。

● **守護大名** 室町時代、守護が権限を拡大し、領主化したもの。守護請（地頭などの年貢抑留に困った荘園領主が守護に経営を依頼すること）などにより荘園や公領を支配し、任国をみずからの領国とする封建領主となったもの。

● **准母** 天皇の生母ではないが、天皇の母に準ずる公的地位を認められた女性。足利義満は、妻の日野康子を後小松天皇の准母とし、北山院の女院号をつけた。このことからみると、准母の夫である義満は上皇に準じることになる。実際、義満は死後に朝廷から太上法皇の称号を贈られようとしたが、後を継いだ将軍義持が辞退することになった。

● **称制** 即位式をせずに政治を執行すること。日本では、中大兄皇子（天智天皇）と持統天皇の２例があるが、どちらも『日本書紀』では天皇とほぼ同じように記述されている。

● **正倉院** 東大寺の宝庫として、756年頃に建てられた。北倉・中倉・南倉に分かれ、そのうち北倉と南倉は校倉造り。聖武天皇の遺品や、大仏開眼会の調度品・仏具を中心に１万点あまりの宝物を収めた。天平文化の粋を今に伝える。

● **浄土教** 平安中期以降に盛んになった。阿弥陀仏を信仰して極楽浄土に往生することを願う教え。来世での幸福を説いて現世の不安から逃れようとする

 もので、末法思想の流行もあり、貴族から庶民まで広まった。

● **浄土宗** 平安末期に法然が開いた宗派。阿弥陀仏の誓願を信じて念仏（南無阿弥陀仏）を唱えれば誰でも極楽浄土に往生できるという「専修念仏」の教えを説いた。旧来の貴族風の浄土教と異なり、わかりやすい教えで、庶民の信仰を集めた。総本山は京都の知恩院。

● **浄土真宗** 鎌倉前期に親鸞が開いた宗派。一向宗、門徒宗ともいう。法然の浄土宗を発展させ、阿弥陀仏の救いをひたすらに信じる「絶対他力」の教えを説き、農民や地方の武士の信仰を集めた。悪人ほど阿弥陀仏の救いの対象になるという「悪人正機」も特徴である。室町時代に教団として発展し、一向一揆の母体となった。総本山は京都の本願寺。

● **照葉樹林** 常緑広葉樹のうちで、葉の表面に光沢があるシイ・カシ・クスノキ・ツバキなどを優占種とする林。雲南・チベットから中国南部を経て西南日本に広がっており、これらの地域には焼畑農耕など共通の文化的要素が多い。

● **新羅** 古代の朝鮮半島南東部の王朝。４世紀中頃の建国。660年に百済を、668年に高句麗を滅ぼし、朝鮮半島を統一。日本とも国交をもち、使節を交換したが、935年に高麗に滅ぼされた。

● **『新古今和歌集』** 1205年に後鳥羽上皇の命で、藤原定家・藤原家隆らが編纂した勅撰和歌集。「八代集」の８番目で、約1900首を収録。「新古今調」とよばれる、優美で技巧的な歌風が特徴とされる。

● **真言宗** 平安初期に入唐した空海が恵果から伝授され、帰国後に開いた仏教宗派。816年高野山に金剛峯寺を建立、ついで嵯峨天皇から京都の教王護国寺（東寺）を与えられ、根本道場とした。『大日経』『金剛頂経』を根本経典とし、加持祈禱を重視する密教で、「東密」とよばれた。

● **新人** 更新世末期〜完新世にかけての人類（ホモ・サピエンス）で、現生人類ともよぶ。約

20万年前に現れたと推定されている。クロマニヨン人もこれに属する。

● **寝殿造** 平安時代に発達した貴族の邸宅の建築様式。中央に寝殿とよばれる主殿を置き、東西と北に対屋、中庭の池に面して釣殿や泉殿を建て、それらを渡殿で結ぶのが、典型だった。多湿な日本の風土にあわせた風通しのよい建物であった。

● **須恵器** 古墳時代中期から平安時代につくられた陶質土器。５世紀後半に朝鮮半島から伝来した技術により、ロクロで成形し、窯を用いて1000℃以上の高温で焼かれた。土師器に比べてひじょうに硬い。

● **受領** 平安中期以降、任国に赴任して政務を行った国司の最上級者。多くは中級の貴族で、行政官というよりは徴税役人となっていて、私腹を肥やす者も少なくなかった。中級貴族にとっては魅力があり、受領の座を得ようと摂関家などの有力貴族に近づく者も多かった。

● **清和源氏** 平安前期に生まれ、桓武平氏と並ぶ武家の棟梁となった家柄。清和天皇の孫・経基が源の姓を賜ったことに始まる。当初畿内を本拠地としたが、やがて東国に進出、前九年・後三年の役で源頼義・義家が活躍したことにより、関東に地盤を固めた。平安末期には平氏政権に圧倒されるが、壇ノ浦で平氏を滅亡させ、源頼朝が鎌倉幕府を樹立した。室町幕府を開いた足利尊氏も清和源氏の末裔である。

● **惣村** 南北朝時代ごろに生まれた農民による自治的村落運営組織。村民から選ばれた村役人が中心となって、寄合で村掟を定めた。「惣」とは「全部」「全体」を意味する言葉。畿内などで発達し、土一揆の母体にもなった。

● **曹洞宗** 鎌倉中期に道元が伝えた禅宗の一派。臨済宗と異なり、公案を用いず、ただひたすらに坐禅に徹する「只管打坐」によって悟りの境地に達しようとした。地方武士や農民のあいだに信者を増やした。大本山は福井県の永平寺と横浜市の総持寺。

● **僧兵** 武器をもって組織的に戦う僧侶のこと。平安後期に大寺院が自衛のために下級の僧たちに武装させた。奈良法師とよばれた興福寺の僧兵は春日大社の神木を、山法師とよばれた延暦寺の僧兵は日吉神社の神輿を先頭に立て、たびたび朝廷へ強訴した。白河上皇が「三不如意」（３つの意のままにならないもの）のひとつにあげたほど、恐れられた。

● **大覚寺統** 鎌倉中期〜南北朝時代に分裂・対立したふたつの皇統のひとつ。後深草天皇の弟にあたる亀山天皇の系統で、その子の後宇多天皇が譲位後に京都嵯峨の大覚寺に住んだので、こうよばれた。建武の新政を行った後醍醐天皇が大覚寺統で、新政崩壊後は吉野の南朝として、北朝の持明院統と対峙した。1392年の南北朝合一以後は、皇位を継ぐことはなかった。

● **帯方郡** ３世紀初め頃、中国東北部一帯を支配した公孫氏が、楽浪郡の南部をさいて新設した朝鮮半島支配の拠点。現在のソウル付近と考えられている。魏の時代は、魏と倭の通交の中継点となった。

● **大宝律令** 701年、刑部親王・藤原不比等らが編纂した法典。行政法である「令」と刑法である「律」をはじめてそなえた。翌年に施行され、757年の養老律令施行まで、律令政治の基本法となった。

● **多賀城** 724年、大野東人が現在の宮城県多賀城市に築いたとされる城柵。陸奥の国府と鎮守府が置かれ、古代東北の政治・軍事の拠点、蝦夷経営の前線基地になった。802年に鎮守府はさらに北の胆沢城に移され、国府だけになった。

● **打製石器** 石に打撃を加えて割ったり、剥ぎとったりしてつくった原始的な石器。石を研磨してつくった磨製石器に対する言葉。石斧のように原石の芯を使う石器と、細石器のように破片を材料にする剥片石器に大別される。

● **竪穴住居** 地面を掘り下げて床面をつくり、屋根をかけた家屋。縄文時代から奈良時代の一般的な住居。円形・方形などの平

貢献した。660年に唐・新羅連合軍に滅ぼされた。663年、復興をめざして日本とともに白村江で戦ったが敗戦。

●蔵人頭　天皇の秘書官ともいえる令外官である蔵人の長官。嵯峨天皇が薬子の変に際して藤原冬嗣らを任命したのに始まる。天皇の側にあって機密文書を扱い、天皇の政務にかかわったため、大きな力をもった。

●下剋上　地位の下の者の力が上の者の勢力をしのいでいく現象。室町中期以降、社会の風潮となった。一揆の盛行や戦国大名の台頭などがその代表例。

●検非違使　平安初期に嵯峨天皇が設置した令外官。京都の治安維持を担った。のちに、京都の警察・司法をつかさどる要職となった。

●『源氏物語』　11世紀初めに紫式部が著した全54帖からなる物語文学の名作。藤原氏全盛期の貴族社会を活写し、雄大な構想と細やかな描写によって、王朝文学のみならず古典文学を代表する作品と評価される。

●原人　更新世中期約180万～20万年前にいたホモ・エレクトスなどの化石人類。道具や火を使用した。ジャワ原人や北京原人もこれに属する。

●検地　大名が領国の支配権確立のために行った土地の調査。戦国大名は、領主に土地台帳を出させる「指出検地」という方法で行った。これに対し、豊臣秀吉は、役人を派遣し、土地の広さなどを測って年貢高を決めるようにした。1582年以来征服した大名の土地で実施し、天下統一後は全国で一律に実施した。

●憲法十七条　604年、聖徳太子の主導で制定された日本最初の基本法。天皇への服従や仏法僧崇敬、衆議の尊重など、おもに官吏・貴族に対する道徳的訓戒を示したもの。仏教や儒教などの影響がみられる。

●建武式目　1336年、足利尊氏が幕府設立の施政方針を示すために公布した文書。二階堂是円・玄恵（玄慧）らが尊氏の諮問に答えた意見書の形をとる。

●建武の新政　後醍醐天皇が鎌倉幕府を倒して1333年から36年に実現した新政。平安時代の延喜・天暦の治を理想とし、幕府・院政・摂関も否定した天皇親政を開始した。建武の中興ともいう。独断専行で、現実を無視したため、不満が高まり、武士の信望を集めた足利尊氏が離反して崩壊する。

●広開土王碑　鴨緑江北岸、現在の中国吉林省集安に建てられた高句麗の広開土王（好太王、在位391～412）の功績を称えた石碑。高さ6.3m。1604字の銘文が刻まれている。倭国が朝鮮半島で軍事行動したとの記述があり、4世紀末～5世紀の日朝関係がわかる重要な史料である。

●高句麗　古代の中国東北部・朝鮮半島北部の王朝。紀元前1世紀の建国。4世紀末に即位した広開土王（好太王）のころに最盛期を迎えた。7世紀初頭、隋の煬帝の侵攻をしりぞけたが、668年に唐・新羅連合軍に滅ぼされた。

●更新世　地質時代の区分のひとつ。新生代第四紀の大半を占める期間。約260万年前～約1万2000年前。5つの氷期と4つの間氷期が繰り返された。最後の氷期以降が完新世で、後氷期になる。

●強訴　集団の力を背景に集団で訴えること。中世の一揆などにみられ、領主に対する年貢の減免、地頭や代官の罷免などを要求した。

●公地公民制　646年の「改新の詔」で打ち出されたと伝えられる方針で、土地と住民を豪族からとりあげて、朝廷の直接支配にしたもの。しかし実際は、豪族が私有していた土地や従属民をきっちりと把握することにとどまったと考えられる。

●高地性集落　稲作に適さない標高200～300mの高地につくられた防御の集落。弥生時代中・後期の瀬戸内海沿岸と畿内に多く、そのころ軍事的緊張があったと推定される。烽火台として使われたという説もある。

●興福寺　南都七大寺のひとつで、藤原氏の氏寺。平城遷都にあたり、父鎌足が創建した私寺・山階寺を、藤原不比等が移したもの。法相宗の大本山として南都仏教の中心となり、12世紀には多くの僧兵をかかえて勢威をふるった。中世には大和守護を兼ね、多くの座を支配して俗界にも力を示した。

●高麗　918年に王建が建てた朝鮮半島の王朝。935年に新羅を滅ぼし、翌年半島を統一。11世紀には、日本とも通交した。13世紀にはモンゴルに服属、元寇の際には日本遠征軍に加わった。その後、倭寇に苦しめられ、1392年、李成桂に滅ぼされた。

●『古今和歌集』　905年に醍醐天皇の命で編纂された最初の勅撰和歌集。撰者は紀貫之・紀友則・凡河内躬恒・壬生忠岑。約1100首の和歌を収録。「古今調」といわれる技巧的な歌風は、後世に影響を与えた。

●国人　室町時代の在地領主。荘官や地頭などが定着して領主化したもの。自立の気風が強く、力をつけて戦国大名に成長する者もいた。

●国分寺　奈良時代、国分尼寺とともに国ごとに置かれた官寺。741年、聖武天皇が恭仁京で発布した詔をうけ、770年代までに、ほぼ全国に建てられた。

●御家人　鎌倉時代、将軍と主従の関係を結んだ武士のこと。将軍から受ける御恩に対して、奉公の義務を負った。なお、江戸時代には幕臣のうちで御目見以上のものを旗本、御目見以下のものを御家人とよんだ。

●五山　鎌倉末期に始まり、室町幕府が制度化した臨済宗の寺院の格。五山をトップとして、十刹をそれにつぐものとした。京都五山は南禅寺を五山の上とし、天竜寺・相国寺・建仁寺・東福寺・万寿寺の順に、鎌倉五山は建長寺・円覚寺・寿福寺・浄智寺・浄妙寺の順とした。

●『古事記』　稗田阿礼の伝誦した神代から推古天皇までの神話・歴史を太安万侶が筆録し、712年に元明天皇に献上したもの。漢字の音訓を用いて、語られた日本語を文章に表している。

●戸籍　律令制下、民政の基礎とした戸口調査の官簿。6年ごとに作成され、班田収授や氏姓確定の基本台帳とされた。戸口の名・続柄・性別・年齢などを記載。日本最初の戸籍は、670年の庚午年籍とされるが、現存最古の戸籍は正倉院に残る702年の戸籍である。

●墾田永年私財法　743年に出された墾田（開発した田地）の永久私有を認めた法令。20年前の三世一身の法にかわるもの。ただし、墾田の所有面積には身分による限度が設けられた。墾田について、国家が掌握しようとしたという側面もあった。

●酒屋　酒造業者のことだが、室町時代には高利貸しを兼ねる者が多かった。土倉と並称されることも多く、一揆の標的にもなった。幕府は、これに「酒屋役」という多額の税金をかけて財源とした。

●防人　律令制のもとで、北部九州の防衛にあたった兵士。諸国から徴発され、大宰府に属した。任期は3年で、任期中の課役は免除された。730年に東国の兵士に限ったが、795年からは九州の兵士をあてるようになり、10世紀頃まで存続した。

●冊封体制　中国が周辺諸国を従えたシステム。諸国の君主に位を授け、朝貢させた。この冊封体制は、中国文化の伝播を進めるとともに、貿易面では朝貢国に大きな利益をもたらした。

●擦文土器　6世紀後半～13世紀頃、北海道を中心につくられた土器。表面に木のへらで擦ってつけたと考えられる文様があることによる名称。

●時宗　鎌倉中期に一遍が開いた宗派。信心の有無を問わず念仏を唱えることですべての人が救われると説き、踊念仏によって民衆に教えを広めた。総本山は神奈川県藤沢市の清浄光寺。

●執権　鎌倉幕府の重要な役職。当初は大江広元・北条時政ら、政所の別当を指した。1213年に和田義盛を倒した政所別当北条義時は、侍所別当を兼ねた。以後、執権は政所と侍所の別当を兼任して幕府の実権を握る北条氏の地位を示す役職となった。

●地頭　中世の荘園や公領におかれた武士。平氏が置いた地頭もあるが、1185年に源頼朝が朝廷に設置を認めさせて御家人を任命してから一般的になった。年貢徴収や治安維持を担い、実質上の領主として農民を支配。

●持明院統　鎌倉中期～南北朝時代に分裂・対立したふたつ

歴史用語事典

●悪党　中世における既成秩序を乱す者を広くよんだ言葉。幕府や守護・荘園領主などに反抗する悪党は、土豪・流民・農民をはじめ、新興の武士や地頭・名主などにもみられ、しだいに増えていった。畿内やその周辺に多く、鎌倉幕府打倒や南北朝動乱に活躍、のちに多くは国人層へ成長していった。

●石山本願寺　蓮如が1496年に大坂に建立した浄土真宗（一向宗）の寺院。1532年の山科本願寺焼失以降は、ここが本寺となり、寺内町が発達した。その後、顕如が織田信長と対立し、ここで11年間戦ったが、1580年に屈服して退去。跡地に大坂城が築かれた。

●板付遺跡　福岡市にある縄文時代晩期から弥生時代初期の遺跡。最初期の水田遺構が発見された。その段階ですでに、畦畔や取水・排水用の水路を備えており、高度な技術を伴った水田耕作のシステムが大陸から伝来したことが推察される。

●厳島神社　安芸国の一宮。市杵島姫命を祀り、航海の守護神とされた。安芸守だった平清盛の崇敬を受け、平氏の氏神のようになった。1164年には、平氏一門が華麗な装飾で知られる『平家納経』を奉納している。

●一向一揆　15～16世紀に浄土真宗（一向宗）本願寺派門徒が起こした一揆。蓮如の時代から急速に勢力をのばした門徒が、守護大名・戦国大名と対立したもの。近畿・北陸・東海地方を中心に発生。織田信長もなかなか鎮圧できなかった。

●陰陽五行説　中国で成立した経験科学。あらゆる物事を「陰なるもの」と「陽なるもの」に分け、さらに「木」「火」「土」「金」「水」の「五行」とよばれる5つの要素に分類してとらえ、それらの関係で自然現象が起きる原因を説明するもの。

●永仁の徳政令　1297年、執権北条貞時が出した御家人救済の法令。売却地の無償返還・越訴の禁止・金銭貸借訴訟の不受理などを定めた。効果は一時的で、金融の道を閉ざされたために御家人は逆に困窮し、一部を除いて撤回された。

●蝦夷　古代の東北地方で大和朝廷に従わなかった住民。坂上田村麻呂らの遠征により、しだいに大和朝廷の支配下に入っていった。のちのアイヌにつながるかどうかは不明。人種的には一様でなかったと考えるべきだろう。中世には同じ字を書いて「エゾ」と読み、こちらは、アイヌにつながる可能性が高い。

●猿人　更新世前期、約700万～150万年前にいた最古の化石人類。直立歩行し、ごく簡単な石器を使用した。中央アフリカのサヘラントロプスや東・南アフリカのアウストラロピテクスなどがこれに属する。

●『往生要集』　985年に源信が著した仏教の経論集。極楽往生するためには念仏をせよと説き、日本の浄土思想に大きな影響を与えた。中国にも送られ、天台山で高く評価されたという。

●近江令　668年、天智天皇のもとで制定された日本最初の法典。原本は現存せず、『日本書紀』に記述がないなど、存在を裏付ける資料が少なく、存在しなかったという説もある。

●大臣　5世紀末頃からの大和朝廷の重要な役職・地位。臣（大王家から分かれた氏族の姓）のうち、蘇我氏ら最有力者が任じられ、政治を動かした。

●大連　5世紀末頃からの大和朝廷の重要な役職・地位。連（大王家と別系統の氏族の姓）のうち、大伴氏・物部氏ら最有力者が任じられ、大臣とともに政治を動かした。

●遠賀川式土器　弥生前期に西日本一帯に広まった弥生土器の様式。遠賀川沿いの福岡県立屋敷遺跡で最初に出土したので、この名がつけられた。東北地方北部でも類似した土器が出土し、稲作伝播の傍証とされる。

●外戚　母方の親戚のこと。歴史的には、天皇の外戚が重要な意味をもった。藤原不比等が娘宮子を文武天皇の夫人にして先例をつくり、平安中期以降は、藤原氏が娘を后妃にするのが常態となり、外戚の地位を利用して摂政・関白の地位を独占し、実権を握った。

●科学的炭素測定法　生物体内に含まれる放射性炭素^{14}Cの測定によって、土器などの年代を科学的に測定する方法。^{14}Cの含有率はどの生物でも一定だが生物体が死ぬと体内に新しい炭素が供給されなくなり^{14}Cが放射性崩壊して含有率が下がるので、その度合いを測定して、死んだときの年代を割りだす方法。放射性炭素年代測定法ともいう。

●片仮名　奈良時代以降、漢文を訓読する際に添えられた万葉仮名や漢字を略した符号を起源とする音節文字。漢字の補助として使われるのが一般的だった。

●刀狩　農民などから武器をとりあげて、反乱を防ぐ政策。豊臣秀吉は、1588年に方広寺の大仏造立を口実に大々的に実施し、兵農分離を徹底し、身分の固定化を実現した。

●鎌倉公方　室町幕府の鎌倉府の長官。鎌倉御所ともいう。1349年、足利尊氏の2男基氏に始まり、氏満・満兼・持氏と世襲され、東国を支配、ときに幕府と対立した。永享の乱で持氏が自害したのち、鎌倉に下った持氏の子・成氏は幕府に攻撃され古河（茨城県）に逃れたため古河公方とよばれるようになり、幕府が送り込んだ義政の子・政知も鎌倉に入れず堀越（静岡県）にとどまって堀越公方とよばれたため、鎌倉公方は消滅した。

●加耶　4世紀後半以降の朝鮮半島南部の地域の呼称。加羅ともいう。統一した国にまとまらず、西の百済と東の新羅の圧力を受け、562年に大半が新羅に併合された。『日本書紀』は任那と総称し、日本府を設置して勢力下に置いたとするが、疑問視されている。ただし、日本と関係が深かったことは推定される。

●勘合貿易　室町時代、明の冊封を受けた足利義満が始めた明との公式の貿易。あらかじめ与えられた「勘合」とよばれる証票を持参した船だけが、貿易を許された。のちに、大内氏の独占となり、16世紀半ばの大内氏の滅亡とともに断絶した。

●桓武平氏　清和源氏と並び武家の棟梁となった家柄。桓武天皇の曾孫・高望王が平の姓を賜ったことに始まる。高望王の孫が平将門である。平安末期、平清盛が政権を樹立し全盛となったが、やがて源氏に滅ぼされた。

●「魏志倭人伝」　晋の陳寿が編纂した三国時代の歴史書『三国志』の一部。『三国志』は『魏書』『呉書』『蜀書』からなり、『魏書』巻30の「東夷伝」の倭人の条を「魏志倭人伝」と通称する。3世紀前半の倭人の暮らしがわかる貴重な史料である。

●北山文化　室町時代前期、3代将軍足利義満の時代を中心に開花した文化。名称は、義満が営んだ北山山荘に由来する。伝統的な公家文化と新興の武家文化の融合を特徴とする。幕府の臨済宗保護政策もあって、禅宗の影響を強く受けるとともに、中国的な文化・文芸が好まれ、漢詩文を中心とした五山文学や水墨画などが発展した。

●旧人　更新世後期にいた化石人類で3万年頃に滅んだと推定される。約10万年前に出現したネアンデルタール人（ホモ・ネアンデルターレンシス）などがこれに属する。新人（現生人類）と出現の時期も相前後しているので、「旧人」という名称は使われなくなりつつある。

●公卿　貴族のうち、参議以上および三位以上の官職・位階をもつ上級官人の総称。朝廷の政策決定に参画できた。

●薬子の変　810年、平城上皇の側近の藤原薬子が、上皇と嵯峨天皇の不和を利用して、上皇の復位と平城京への還都をはかった事件。失敗して薬子は自害した。平城上皇の乱ともいう。

●百済　古代の朝鮮半島南西部の王朝。4世紀中頃の建国。日本との関係が深く、仏教公伝をはじめ日本文化の発展に大きく

北条時宗 … 102	毛越寺 … 88	竜造寺隆信 … 123
北条政子 … 96	毛利氏 … 122	凌雲閣 … 137
北条義時 … 96	**毛利輝元** … 140	両統迭立 … 105
法然 … 68, 98	毛利元就 … 123, 124	**臨済宗** … 98
法隆寺 … 46	「望月の歌」 … 76	瑠璃坏 … 63
北面の武士 … 80, 96	以仁王 … 86, 92	冷害 … 91
細川勝元 … 118	木簡 … 56	蓮如 … 114
渤海 … 62	物部大連麁鹿火 … 40	六勝寺 … 80
法華一揆 … 114	物部尾輿 … 43	**六波羅探題** … 96, 104
法勝寺九重塔 … 137	**物部守屋** … 43	
法相宗 … 68	桃山文化 … 132	
本能寺 … 131, 134	護良親王 … 104, 106	
本補地頭 … 96	茂呂遺跡 … 13	**【わ行】**
	問注所 … 95	
	文武天皇 … 52, 59	獲加多支鹵大王 … 34
【ま行】		倭寇 … 110, 128, 138
	【や行】	ワジャク人 … 10
前田利家 … 140		和人 … 117
纒向石塚古墳 … 32	焼畑 … 18, 20	和田義盛 … 94, 96
纒向(遺跡) … 31, 32	**八色の姓** … 52	倭の五王 … 34
『枕草子』 … 76	屋島の合戦 … 93	
磨製石器 … 14, 18	矢尻(石鏃) … 14	
町衆 … 132	山下町洞人 … 10	
松前氏 … 117	山背大兄王 … 48	
丸木舟 … 18	山城の国一揆 … 114, 119	
真脇遺跡 … 18	邪馬台国 … 28	
曼荼羅 … 64	ヤマト王権 … 32, 34, 36, 39	
政所 … 95, 96	**ヤマトタケル** … 34	
マンモス … 12	倭建命 … 60	
万葉仮名 … 61	大和朝廷 … 40, 42	
『万葉集』 … 61	東漢氏 … 42	
御内人 … 102, 104	山名氏 … 108	
三浦義澄 … 94	**山名宗全**(持豊) … 118	
水城 … 51	**山上憶良** … 61	
御帳台 … 74	山部赤人 … 61	
密教 … 64, 68	弥生系渡来人 … 25	
港川人 … 10	弥生人 … 20	
湊川の合戦 … 106	**雄略天皇** … 34, 40	
源実朝 … 94, 96	弓削島荘 … 71	
源高明 … 70	庸 … 56	
源為義 … 82	用明天皇 … 43	
源義家 … 79, 88	吉崎御坊 … 115	
源義経 … 86, 88, 92, 94	吉野ヶ里遺跡 … 26, 28, 38	
源義朝 … 82	吉見百穴 … 36	
源義仲(木曾義仲) … 86, 92, 94		
源頼家 … 94, 96		
源頼朝 … 86, 88, 92, 94	**【ら行】**	
源頼義 … 79		
屯倉 … 40	楽市・楽座 … 130, 132	
都落ち … 92	**楽浪郡** … 34	
三好長慶 … 123	羅城門 … 65	
明銭 … 110	李舜臣 … 138	
妻木晩田遺跡 … 27	李成桂 … 110	
武蔵七党 … 72	律令 … 52	
紫式部 … 76	律令制 … 54	
無量光院 … 88	琉球王国 … 116	
室町幕府 … 108	**柳江人** … 10	
明徳の乱 … 109		
蒙古 … 102		

【た行】

- 待庵 …… 133
- 大王 …… 40, 42
- 大火 …… 91
- **大覚寺統** …… 104
- 大化の改新 …… 48
- 太閤検地 …… 135
- 醍醐天皇 …… 70
- 太政大臣 …… 54, 86
- 大仙陵古墳 …… 32, 38
- 大仏 …… 59
- 大仏殿 …… 98, 136
- 大仏様 …… 98
- **帯方郡** …… 28, 34
- 大宝律令 …… 52
- **平清盛** …… 82, 86
- **平重盛** …… 86
- 平忠常の乱 …… 72, 78
- 平忠盛 …… 78
- 平将門の乱 …… 72, 78
- 内裏 …… 54
- 多賀城 …… 53, 66
- 高床建物 …… 22
- **武田勝頼** …… 130
- **武田信玄** …… 123, 124
- 大宰府 …… 51, 53, 86
- **打製石器** …… 10, 12, 18
- 多田源氏 …… 72
- 橘奈良麻呂 …… 59
- 橘諸兄 …… 59
- **竪穴住居** …… 14, 17, 24
- 伊達稙宗 …… 122
- 楯築墳丘墓 …… 32, 38
- **伊達政宗** …… 134
- 田堵 …… 72
- 他力の思想 …… 98
- 壇ノ浦の合戦 …… 93
- 段楊爾 …… 43
- 断層型地震 …… 90
- チカモリ遺跡 …… 18
- 知行国 …… 87
- 治天の君 …… 80
- 道守荘 …… 71
- 茶臼山遺跡 …… 13
- 茶の湯 …… 132
- 中尊寺 …… 88
- 調 …… 56
- 長安 …… 54, 62
- 重源 …… 98
- 朝貢 …… 110, 116
- 逃散 …… 114
- 朝鮮 …… 50, 110
- 朝鮮式山城 …… 51
- 朝鮮出兵 …… 138
- 長宗我部元親 …… 123
- チンギス・ハン …… 102
- 鎮守府将軍 …… 88
- 塚廻り古墳群4号墳 …… 36
- 月見野遺跡群 …… 13
- 角塚古墳 …… 36
- DNA …… 25
- 鉄鋌 …… 35
- 鉄砲 …… 138
- 鉄砲隊 …… 130
- 鉄砲伝来 …… 128
- 天下布武 …… 130
- 天智天皇 …… 48, 51, 52
- 天正遣欧使節 …… 129
- 天台宗 …… 64, 68
- 天平文化 …… 63
- 天武天皇 …… 52, 59
- 土一揆 …… 114
- 問丸 …… 112
- 唐 …… 50, 62, 64, 68
- 銅戈 …… 22
- 道教 …… 43
- 道鏡 …… 59
- 銅剣 …… 22
- 道元 …… 98
- 東国 …… 73
- 唐三彩 …… 63
- 当世具足 …… 124
- 東大寺 …… 59, 70
- 東大寺大仏殿 …… 136
- 東大寺南大門 …… 98
- 銅鐸 …… 22
- 道南十二館 …… 117
- 銅矛 …… 22
- 富樫政親 …… 114
- 土岐康行の乱 …… 109
- 徳一 …… 68
- 土偶 …… 17, 18
- 徳川家康 …… 123, 124, 130, 134, 140
- 徳川秀忠 …… 140
- 特殊器台 …… 33
- 徳政一揆 …… 114
- 得宗(家) …… 102, 104
- 『土佐日記』 …… 77
- 十三湊 …… 117, 132
- 土倉 …… 108
- 突帯文土器 …… 19, 22
- 砺波山(倶利伽羅峠) …… 92
- 砺波山の戦い …… 93
- **鳥羽上皇(法皇)** …… 78, 82
- 烽 …… 51
- 富沢遺跡 …… 12
- **豊臣秀吉**(羽柴秀吉) …… 110, 130, 132, 134, 138, 140
- 渡来系弥生人 …… 11, 20, 22
- 渡来人 …… 20, 42, 46, 49
- 虎塚古墳 …… 36

【な行】

- ナウマンゾウ …… 12
- 長岡京 …… 64
- 長篠の戦い …… 130
- 中先代の乱 …… 106
- **中臣鎌足**(藤原鎌足) …… 48, 59
- 中大兄皇子 → 天智天皇
- **長屋王** …… 55, 56, 59
- 長屋王の邸宅 …… 57
- 今帰仁城 …… 116
- 菜畑遺跡 …… 20
- 南蛮屏風 …… 128
- 南蛮文化 …… 128
- **南蛮貿易** …… 132
- 南北朝 …… 106
- 二条天皇 …… 82
- 新田部親王 …… 55
- 日明貿易 …… 110, 132
- 日蓮 …… 98
- **日蓮宗** …… 98, 114
- 日宋貿易 …… 86
- **新田義貞** …… 104, 106
- 入唐僧 …… 68
- 日本国王 …… 110
- 『**日本書紀**』 …… 34, 48, 60
- 入貢 …… 138
- 忍性 …… 98
- 仁徳天皇陵 …… 32, 39
- 寧波の乱 …… 110
- 額田王 …… 61
- 年貢 …… 134
- 能 …… 108
- 農耕遺跡 …… 19
- 野尻湖立ヶ鼻遺跡 …… 13

【は行】

- 白村江 …… 50
- 箸墓古墳 …… 32, 38
- 羽柴秀吉 → 豊臣秀吉
- 馬借 …… 115
- 秦氏 …… 42
- 畠山重忠 …… 96
- 畠山政長 …… 119
- 畠山義就 …… 119
- 八十壇遺跡 …… 20
- 八条院領 …… 80
- 馬冑 …… 35
- バテレン追放令 …… 138
- 花泉遺跡 …… 12
- **埴輪** …… 33, 36
- 班田収授法 …… 48
- 比叡山 …… 69
- 稗田阿礼 …… 61
- 東三条殿 …… 74
- 比企能員 …… 94
- ヒスイ …… 16, 19
- **火縄銃** …… 128
- 日根荘 …… 101
- 日ノ岡古墳 …… 37
- **日野富子** …… 118
- 卑弥呼 …… 28
- 氷期 …… 10
- 『兵庫北関入船納帳』 …… 112
- 平等院鳳凰堂 …… 77
- **平泉** …… 79, 86, 88
- **平仮名** …… 76
- ピラミッド …… 39
- 風水害 …… 91
- 福原 …… 86, 92
- 福原遷都 …… 86
- **武士団** …… 72, 78
- 武士のいでたち …… 83
- 藤ノ木古墳出土金銅製鞍金具 …… 43
- 俘囚 …… 66
- **藤原京** …… 52, 54
- **藤原氏** …… 58, 70
- **藤原清衡** …… 79, 88
- 藤原純友の乱 …… 72, 78
- 藤原忠通 …… 82
- 藤原種継 …… 64
- 藤原時平 …… 70
- 藤原鎌足 → 中臣鎌足
- **藤原仲麻呂** …… 55, 59
- 藤原信頼 …… 82
- 藤原秀衡 …… 88
- 藤原広嗣 …… 59
- **藤原不比等** …… 52, 55, 59
- 藤原冬嗣 …… 70
- **藤原道長** …… 74, 76
- 藤原基経 …… 70
- **藤原基衡** …… 88
- 藤原良房 …… 70
- 藤原頼長 …… 82
- **藤原北家** …… 70
- 両槻宮 …… 49
- 仏教伝来 …… 42
- 不入 …… 70
- フビライ …… 102
- 不輸 …… 70
- フランシスコ・ザビエル …… 128
- 武烈天皇 …… 40
- 文永の役 …… 102
- 噴火 …… 90
- **分国法** …… 122
- 文室綿麻呂 …… 66
- 文禄・慶長の役 …… 138
- 平安京 …… 64
- 平氏系図 …… 86
- 平治の乱 …… 82
- 平治物語絵巻 …… 83
- 平城京 …… 54
- **兵農分離** …… 124, 126, 130
- ヘラジカ …… 12
- 保元の乱 …… 82
- 法興寺 …… 42
- 北條氏康 …… 122
- **北条早雲** …… 122
- 北条高時 …… 104
- **北条時政** …… 94, 96

銀閣 … 118	高麗 … 110	三内丸山遺跡 … 16	新人 … 10
金官加耶国 … 35	公領 … 71, 81, 101	始皇帝陵 … 39	信西 … 82
欽明天皇 … 42	御恩と奉公 … 94	地侍 … 122	寝殿造 … 74
空海 … 64, 68	後亀山天皇 … 106	時宗 … 98	新補地頭 … 96
空也 … 76	五畿七道 … 52	地震 … 90	神武天皇 … 60
公卿 … 54, 80	『古今和歌集』 … 76	沈目遺跡 … 13	人面墨書土器 … 64
草壁皇子 … 59	国衙 … 56, 96	執権 … 96, 102	親鸞 … 68, 98
草戸千軒 … 113	国人 … 114, 122, 124	地頭 … 94, 96	隋 … 46
グスク … 116	石高制 … 134	持統天皇 … 52	推古天皇 … 46
薬子の変 … 71, 82	国分寺 … 59	柴田勝家 … 134	水田稲作 … 20, 22, 24, 27
楠木正成 … 104, 106	黒曜石 … 18	司馬達等 … 43	水稲耕作 … 18
百済 … 34, 40, 42, 50	御家人 … 94, 102, 104	渋谷向山古墳 … 32	崇仏論争 … 42
国 … 26	後小松天皇 … 106	島内地下式横穴墓群 … 37	須恵器 … 43
国造 … 41	五山 … 108	島津氏 … 116	陶晴賢 … 110, 124
首なし死体 … 26	後三条天皇 … 80	島津貴久 … 123	菅原孝標の娘 … 76
熊野 … 76	後三年の役 … 79, 88	持明院統 … 104	菅原道真 … 70, 76
蔵入地 … 134	『古事記』 … 34, 60	自由都市 … 132	崇神天皇陵 … 32
倶利伽羅峠(砺波山) … 92	五色塚古墳 … 38	儒教 … 43	須曾蝦夷穴古墳 … 37
蔵人頭 … 64	コシャマイン … 117	綜芸種智院 … 68	崇徳天皇(上皇) … 82
桑原荘 … 71	後白河天皇(法皇) … 82, 86, 92, 94	守護 … 94, 96, 108, 114	砂原遺跡 … 10, 13
景行天皇陵 … 32	戸籍 … 51	守護代 … 122, 124	受領 … 72, 78, 80
形態小変異 … 25	古代出雲大社本殿 … 37	守護大名 … 108, 118, 122	世阿弥 … 108
継体天皇 … 40	後醍醐天皇 … 104, 106	聚楽第 … 132	征夷大将軍 … 66, 94, 106
下剋上 … 114, 118, 134	五大老 … 139, 140	首里城 … 116	清少納言 … 76
検非違使 … 64	後鳥羽上皇 … 96	淳仁天皇 … 59	青銅器 … 22
元寇 … 102	小西行長 … 138	准母 … 108	聖明王 … 42
元弘の変 … 104	小早川秀秋 … 140	荘園 … 70, 72, 80, 96, 101, 134	清和源氏 … 72, 78
『源氏物語』 … 76	五奉行 … 139, 140	荘園整理令 … 80	清和天皇 … 70
『源氏物語絵巻』 … 77	ゴホウラ製腕輪 … 25	城下町 … 126	関ヶ原の戦い … 140, 141
源信 … 76	小牧・長久手の戦い … 134	承久の乱 … 96	石人 … 41
原人 … 10	古モンゴロイド … 10, 12, 20	称制 … 51	石鏃 … 14, 26
遣隋使 … 46	金色堂 … 88	正倉院 … 63	石馬 … 41
検地 … 134	誉田御廟山古墳 … 32, 39	昌泰の変 … 71	摂関家 … 74, 76, 78, 80, 82, 96
遣唐使 … 62, 68	墾田永年私財法 … 70	正中の変 … 104	摂関政治 … 70, 80
遣唐使船 … 62		正長の土一揆 … 114	石器の交易圏 … 19
顕如 … 131		浄土教 … 76	雪舟 … 115
玄昉 … 62	【さ 行】	聖徳太子 … 46, 48	摂政 … 46, 70
憲法十七条 … 46		称徳天皇→孝謙天皇	セミナリオ … 127
『建武式目』 … 106	災害 … 90	浄土宗 … 98	禅 … 98
建武の新政 … 104	西国 … 73	浄土真宗 … 98, 114	前九年の役 … 79, 88
元明天皇 … 54	最澄 … 64, 68	尚巴志 … 116	戦国大名 … 122, 124
弘安の役 … 102	斎藤竜興 … 130	条坊制 … 54	禅宗様 … 98
国府遺跡 … 13	斎藤道三 … 122	聖武天皇 … 59, 63	千利休 … 132
庚寅年籍 … 52	斎藤義竜 … 123	縄文系弥生人 … 20, 22	千引かなくろ谷製鉄遺跡 … 37
広開土王碑 … 34	斉明天皇→皇極天皇	縄文人 … 14, 18, 20, 25	前方後円墳 … 32, 36, 38
皇極天皇(斉明天皇) … 48, 50	西面の武士 … 96	縄文土器 … 14	山北三郡 … 88
後期倭寇 … 110	堺 … 132	縄文ポシェット … 16	租 … 56
高句麗 … 34, 37, 40, 46, 50	嵯峨天皇 … 64	照葉樹林 … 15, 18	装飾古墳 … 37
孝謙天皇(称徳天皇) … 59, 63	坂上田村麻呂 … 64, 66	承和の変 … 70	早水台遺跡 … 13
更新世 … 10	酒船石 … 49	初期庄園 … 70	惣村 … 114
強訴 … 114	逆茂木 … 26	初期農耕 … 18	曹洞宗 … 98
好太王碑→広開土王碑	酒屋 … 108	庶民の住居 … 56	僧兵 … 79
公地公民制 … 48	防人 … 51, 53, 61	庶民の食事 … 56	蘇我氏 … 42, 46, 48
高地性集落 … 26	冊封体制 … 110, 116	白河天皇(上皇) … 78, 80	蘇我稲目 … 43
孝徳天皇 … 48	擦文土器 … 24	新羅 … 34, 40, 50, 62	蘇我入鹿 … 48
光仁天皇 … 59	真田昌幸 … 140	シルクロード … 62	蘇我馬子 … 43, 46, 48
高師直 … 106	サヌカイト … 18	親魏倭王 … 28	蘇我蝦夷 … 48
興福寺 … 54, 79	侍所 … 95, 96	神功皇后 … 34	続縄文文化 … 24
光明皇后 … 59	『更級日記』 … 76	『新古今和歌集』 … 96	
高野山 … 69		真言宗 … 64, 68	

索引

- ●項目は，原則として五十音順に配列してある。
- ●太字の項目名は，巻末の「歴史用語事典」または「歴史人物事典」で解説されていることをしめす。
- ●数字は掲載ページをあらわす。
- ●→は，矢印の先のほうの表記で掲載されていることをしめす。

【あ行】

- アイヌ 25, 117
- 茜部荘 71
- **悪党** 104
- アク抜き 12
- **明智光秀** 131, 134
- 阿衡の紛議 71
- **浅井長政** 130
- 浅井久政 123
- **朝倉氏** 126
- **朝倉義景** 123, 130
- 朝日遺跡 26
- **足利尊氏**（高氏） 104, 106
- 足利直冬 106
- **足利直義** 106
- **足利義昭** 130
- **足利義輝** 130
- **足利義尚** 118
- **足利義政** 118
- **足利義視** 118
- **足利義満** 106, 108, 110
- 飛鳥浄御原宮 52
- 飛鳥浄御原令 52
- 飛鳥大仏 42
- 飛鳥文化 46
- アスファルト 19
- 安土城 126, 130
- 阿氐河荘 71
- 阿弖流為 66
- 姉川の戦い 130
- 安倍氏 79, 88
- **阿倍仲麻呂** 62
- 阿倍比羅夫 66
- 尼子晴久 123
- 阿弥陀堂 77
- 阿弥陀仏 98
- 有田焼 138
- 粟津湖底遺跡 14
- 安閑天皇 40
- 安東氏 117
- **安徳天皇** 86
- 行燈山古墳 32
- 安和の変 70
- 飯尾宗祇 115
- 池上曽根遺跡 27

- **石田三成** 140
- 石橋山の戦い 92, 94
- **石山本願寺** 131
- 出雲大社 37, 136
- 伊勢平氏 72
- **板付遺跡** 20
- 一乗谷 126
- 一ノ谷の合戦 93
- 市原王 55
- 一揆 114, 131
- **厳島神社** 86
- 厳島の戦い 124
- **一向一揆** 114
- 一向宗 114, 131
- 一遍 98
- 稲荷山古墳出土金錯銘鉄剣 34
- 今川氏 122
- **今川義元** 123, 124
- 今川了俊 109
- 今来漢人 43
- イモガイ 24
- 磐井の乱 40
- 岩宿遺跡 13
- 磐余玉穂宮 40
- 院政 78, 80, 82
- 陰陽五行説 43
- **上杉景勝** 140
- **上杉謙信** 122, 124
- 上杉禅秀の乱 109
- 上ノ平遺跡 13
- **宇喜多秀家** 140
- 牛牧 73
- 有珠モシリ遺跡 24
- 宇多天皇 70
- 馬形埴輪 33
- 馬牧 73
- ヴュルム氷期 10, 12, 14
- 運脚 56
- 永享の乱 109
- 栄西 98
- **叡尊** 98
- 永仁の徳政令 104
- 会合衆 133
- 蝦夷が島 117
- 江田船山古墳出土銀象嵌銘太刀 34
- **蝦夷** 66, 88

- 円覚寺舎利殿 98
- **猿人** 10
- 円珍 68
- 円仁 68
- 延暦寺 69, 79
- 応永の乱 109
- 黄金の茶室 132
- 奥州藤原氏 86, 88, 92, 94
- 『**往生要集**』 76
- **応神天皇** 40
- 応神天皇陵 32, 39
- 王直 110
- 応天門の変 71
- 応仁の乱 115, 118, 132
- 王墓 32, 39
- 近江臣毛野 40
- 近江令 51
- 大海人皇子→天武天皇
- 大内氏 108, 115
- **大内義隆** 110, 123
- **大臣** 41, 42
- 大坂城 135, 137
- 大平山元Ⅰ遺跡 14
- 大田文 101
- 大塚遺跡 27
- 大友宗麟 123
- **大友皇子** 52
- **大伴金村** 40
- **大伴旅人** 61
- 大伴家持 60
- **太安万侶** 55, 61
- **大連** 41, 42
- 大山荘 71
- 大湯遺跡 18
- 大輪田泊 86
- 奥大道 88
- 奥六郡 88
- 桶狭間の戦い 124
- 忍路遺跡 18
- 織田氏 122
- **織田信長** 123, 124, 126, 129, 130, 131, 132, 134
- 御土居 132
- **小野妹子** 46
- オホーツク文化 24
- **遠賀川式土器** 22

【か行】

- 階級構造 27
- 海溝型の地震 90
- **外戚** 42, 70, 80
- 貝塚 18, 24
- 貝塚文化 24
- 貝輪 24
- **科学的炭素測定法** 20

- 簀屋 97
- 蠣崎氏 117
- 嘉吉の徳政一揆 114
- 嘉吉の乱 109
- **柿本人麻呂** 61
- 『蜻蛉日記』 76
- 霞が関ビルディング 137
- **桛田荘** 71
- **片仮名** 76
- **刀狩** 134
- 甲冑 124
- **加藤清正** 138
- 懐良親王 107
- 鹿子木荘 70
- 河姆渡遺跡 20
- **鎌倉公方** 108, 118
- 鎌倉幕府 94
- 加美遺跡 38
- 加耶 34, 40, 42, 50
- 唐古・鍵遺跡 27
- 河内源氏 72
- 川中島の戦い 124
- 冠位十二階 46
- 環濠集落 26
- **勘合貿易** 110
- 神埼荘 71
- 漢字 43
- 環状列石 18
- **鑑真** 62
- 関東管領 118
- 観応の擾乱 106
- 漢委奴国王印 27
- 関白 70
- 早魃 91
- 上林遺跡 12
- 間氷期 10
- **桓武天皇** 64, 68
- **桓武平氏** 72, 78
- 気温の変化 91
- 気候変動 90
- 「**魏志倭人伝**」 28
- 寄進地系荘園 70
- 貴族の出世 58
- 貴族の装束 75
- 貴族の食事 57, 75
- 貴族の邸宅 74
- 木曾義仲 → 源義仲
- **北畠顕家** 106
- **北畠親房** 106
- 北山文化 108
- **吉川広家** 140
- 紀貫之 77
- **吉備真備** 62
- **旧人** 10
- 旧石器時代 12
- 京都 132
- 清原氏 79, 88
- キリシタン大名 129
- キリスト教 128
- 金閣 108

157

書店　1992
* 佐原真・都出比呂志編『古代史の論点1　環境と食料生産』小学館　2000
* 都出比呂志・佐原真編『古代史の論点2　女と男、家と村』小学館　2000
* 田中琢・金関恕編『古代史の論点3　都市と工業と流通』小学館　1998
* 都出比呂志・田中琢編『古代史の論点4　権力と国家と戦争』小学館　1998
* 石野博信・河上邦彦・岩崎卓也・白石太一郎編『古代史研究12　古墳の造られた時代』雄山閣出版　1992
* 石野博信『新・古代史検証[日本国の誕生]1　弥生興亡　女王・卑弥呼の登場』文英堂　2010
* 一瀬和夫『新・古代史検証[日本国の誕生]2　巨大古墳の出現』文英堂　2011
* 和田萃『新・古代史検証[日本国の誕生]3　ヤマト国家の成立』文英堂　2011
* 上田正昭『新・古代史検証[日本国の誕生]5　倭国から日本国へ』文英堂　2010
* 石川日出志『シリーズ日本古代史①　農耕社会の成立』岩波新書　2010
* 吉村武彦『シリーズ日本古代史②　ヤマト王権』岩波新書　2010
* 吉川真司『シリーズ日本古代史③　飛鳥の都』岩波新書　2011
* 堤隆『列島の考古学　旧石器時代』河出書房新社　2011
* 能登健『列島の考古学　縄文時代』河出書房新社　2011
* 武末純一・岡秀人・設楽博己『列島の考古学　弥生時代』河出書房新社　2011
* 右島和夫・千賀久『列島の考古学　古墳時代』河出書房新社　2011
* 石井進・大三輪龍彦編『よみがえる中世3　武士の都鎌倉』平凡社　1989
* 水藤真・小野正敏編『よみがえる中世6　実像の戦国城下町一乗谷』平凡社　1990
* 松下正司『よみがえる中世8　埋もれた港町　草戸千軒・鞆・尾道』平凡社　1994
* 山口佳紀・神野志隆光校注・訳『新編　日本古典文学全集1　古事記』小学館　1997
* 小沢正夫・松田成穂校注・訳『新編　日本古典文学全集11　古今和歌集』小学館　1994
* 吉野正敏・安田喜憲『講座文明と環境6　歴史と気候』朝倉書店　1995

【単行本】
* 市川浩一郎ほか編『「日本列島」地質構造発達史』築地書館　1970
* 犬養孝『万葉の旅　上・中・下』平凡社ライブラリー　2003〜2004
* 梅田紀代志『絵でみる伝記　日本仏教の開祖たち　空海』PHP研究所　2011
* 梅田紀代志『絵でみる伝記　日本仏教の開祖たち　親鸞』PHP研究所　2011
* 梅田紀代志『絵でみる伝記　日本仏教の開祖たち　道元』PHP研究所　2011
* 梅田紀代志『絵でみる伝記　日本仏教の開祖たち　日蓮』PHP研究所　2011
* 大林組プロジェクトチーム『よみがえる古代　大建設時代』東京書籍　2002
* 小野正敏『戦国城下町の考古学』講談社　1997
* 鬼頭清明『木簡の社会史』講談社学術文庫　2004
* 小林達雄『縄文人の世界』朝日新聞社　1996
* 五味文彦・鳥海靖編『もういちど読む山川日本史』山川出版社　2009
* 斉藤利男『日本史リブレット人023　奥州藤原三代』山川出版社　2011
* 坂本勝監修『図説地図とあらすじでわかる！　古事記と日本書紀』青春新書　2009
* 佐藤進一『鎌倉幕府守護制度の研究』東京大学出版会　1984
* 佐原真『考古学つれづれ草』小学館　2002
* 寒川旭『地震の日本史　増補版』中公新書　2011
* 篠田謙一『日本人になった祖先たち』日本放送出版協会　2007
* シャルロッテ=フォン=ヴェアシュア『モノが語る日本対外交易史　7-16世紀』藤原書店　2011
* 杉原敏之『遠の朝廷・大宰府』新泉社　2011
* 高橋浩一郎・朝倉正『気候変動は歴史を変える』丸善　1994
* 高橋崇『蝦夷』中公新書　1986
* 竹内正浩著・小和田哲男監修『地図で読み解く　戦国合戦の真実』小学館　2009
* 武光誠『日本地図から歴史を読む方法』KAWADE夢新書　1998
* 武光誠『地名から歴史を読む方法』KAWADE夢新書1999
* 武光誠『日本地図から歴史を読む方法〈2〉』KAWADE夢新書　2000
* 武光誠『地図で読む日本古代戦史』平凡社新書　2005
* 武光誠『宗教の日本地図』文春新書　2006
* 武光誠『一冊でつかむ日本史』平凡社新書　2006
* 武光誠『地方別・並列日本史』PHP新書　2010
* 武光誠『一冊でつかむ古代日本』平凡社新書　2011
* 武光誠『ものづくりの歴史にみる日本の底力』小学館101新書　2011
* 武光誠『図説地図とあらすじでつかむ！　日本史の全貌』青春新書　2011
* 武光誠『平清盛』平凡社新書　2011
* 永井久美男『中世出土銭の分類図版』高志書院　2002
* 中村修也監修『図説地図とあらすじでわかる！　続日本紀と日本後紀』青春新書　2010
* 東野治之『遣唐使』岩波新書　2007
* 奈良の古代文化研究会編『纒向遺跡と桜井茶臼山古墳』青垣出版　2010
* 早川和子『よみがえる日本の古代』小学館　2007
* PHP研究所編『日本をつくった人物大集合　1〜5』PHP研究所　2001
* 平山裕人『アイヌ・北方領土学習にチャレンジ』明石書店　2004
* 藤谷陽悦監修『建築のすべてがわかる本』成美堂出版　2007
* ヘルマン・テュヒレほか『キリスト教史　5〜6』平凡社ライブラリー　1997
* 溝口優司『アフリカで誕生した人類が日本人になるまで』ソフトバンク新書　2011
* 宮崎正勝監修『図説地図とあらすじでわかる！　倭国伝』青春新書　2011
* 村田修三監修『ビジュアル・ワイド　日本名城百選』小学館　2008
* 安田喜憲『環境考古学事始』日本放送出版協会　1980
* 山本明『地図と写真から見える！　古事記・日本書記』西東社　2011
* 『歴史文学地図　地図で知る戦国　上・下』武揚堂　2011

【雑誌・ムック】
* 『歴史群像シリーズデラックス版　戦国の城　上・中・下』学研　1991
* 『別冊歴史読本　立体復原　日本の歴史　上』新人物往来社　1997
* 『別冊歴史読本　立体復原　日本の歴史　下』新人物往来社　1997
* 三上岳彦編『気象研究ノート191号』日本気象学会　1998
* 『週刊　朝日百科日本の歴史50　宮都の生活と地方』朝日新聞社　1987
* 『週刊　朝日百科日本の歴史54　大仏建立と八幡神　「鎮護国家」とその行方』朝日新聞社　1987
* 『週刊　朝日百科日本の歴史53　正倉院宝物と万葉の歌』朝日新聞社　1987
* 『週刊　朝日百科日本の歴史65　院政時代』朝日新聞社　1987
* 『週刊　朝日百科日本の歴史1　源氏と平氏　東と西』朝日新聞社　1986
* 『週刊　朝日百科日本の歴史2　中世の村を歩く　寺院と荘園』朝日新聞社　1986
* 『週刊　朝日百科日本の歴史9　蒙古襲来』朝日新聞社　1986
* 『週刊　朝日百科日本の歴史20　琵琶湖と淀の水系』朝日新聞社　1986
* 『週刊　朝日百科日本の歴史27　信長と秀吉　天下一統』朝日新聞社　1986
* 『週刊　再現日本史　鎌倉・室町⑤』講談社　2002
* 『週刊　再現日本史　鎌倉・室町⑥』講談社　2002
* 『週刊　再現日本史　鎌倉・室町⑦』講談社　2002
* 『週刊　再現日本史　織豊④』講談社　2001
* 『週刊　再現日本史　織豊⑥』講談社　2002
* 『週刊　新説戦乱の日本史27　蘇我・物部の決戦』小学館　2008
* 『週刊　新説戦乱の日本史29　前九年・後三年の役』小学館　2008
* 『信長の戦い』双葉社　2010
* 『科学　2010年4月号』岩波書店　2010

*統計局、国連その他の機関や団体等のホームページも参考にしました。

●主要参考文献

【事典・辞典など】
* 『日本大百科全書1〜25』小学館　1984〜1989
* 『角川日本地名大辞典1〜47』角川書店　1978〜1990
* 『国史大辞典1〜15』吉川弘文館　1979〜1997
* 『原色図解大事典6　日本の歴史』小学館　1981
* 宇野俊一ほか編『日本全史』講談社　1991
* 佐原真・石井進ほか編『日本歴史館』小学館　1993
* 永原慶二ほか編『岩波日本史辞典』岩波書店、1999
* 永原慶二ほか編『日本歴史大事典』1〜4　小学館　2000〜2001
* 大塚初重・石井進監修『21世紀こども百科　歴史館〔増補版〕』小学館　2002
* 『原色図解大事典7　世界の歴史（上）』小学館　1980
* 『原色図解大事典8　世界の歴史（下）』小学館　1980
* 樺山紘一ほか編『クロニック　世界全史』講談社　1994
* 日本考古学協会編『日本考古学辞典』東京堂出版　1962
* 『日本史総覧Ⅰ　考古・古代Ⅰ』新人物往来社　1983
* 大塚初重ほか編『日本古墳大辞典』東京堂出版　1989
* 田中琢・佐原真編『日本考古学事典』三省堂　2002
* 五味文彦、桜井陽子『平家物語図典』小学館　2005
* 池上裕子ほか編『クロニック　戦国全史』講談社　1995
* 三省堂編修所編『コンサイス人名事典』三省堂　1991
* 『朝日　日本歴史人物事典』朝日新聞社　1994
* 荒川秀俊・宇佐美龍夫『日本史小百科22　災害』近藤出版社　1985
* 神崎宣武・成瀬宇平監修『食材図典Ⅲ　地産食材篇』小学館　2008

【歴史地図帳・ビジュアル資料集】
* 西岡虎之助・服部之総監修『日本歴史地図』全国教育図書　1966
* 『日本史大辞典別巻　日本歴史地図』河出書房　1969
* 高橋康夫・吉田伸之・宮本雅明・伊藤毅編『図集　日本都市史』東京大学出版会　1993
* 足利健亮編『京都歴史アトラス』中央公論社　1994
* ロバート=H=フェレル『図説アメリカ歴史地図』原書房　1994
* ピエール=ヴィダル=ナケ編、樺山紘一監訳『世界歴史地図』三省堂　1995
* 『世界史アトラス』集英社　2001
* マーク=アーモンドほか編、樺山紘一監訳『第2版ヨーロッパ歴史地図』原書房　2001
* マリーズ=ルーズヴェン、アズィーム=ナンジー編、中村公則訳『イスラム歴史文化地図』悠書館　2006
* 韓国教員大学歴史教育科編『韓国歴史地図』平凡社　2006
* 武光誠監修『地図が解き明かす日本史』PHP研究所　2006
* 野島博之監修『一冊でわかるイラストでわかる　図解日本史』成美堂出版　2006
* 東京都歴史教育研究会監修『図解古代史』成美堂出版　2007
* 武光誠監修『日本史もわかる「世界史」地図』宝島社　2007
* 武光誠『図説　地図で読み解く日本史』青春出版社　2007
* 東京法令出版編集出版部編『社会人のための日本史』東京法令出版　2007
* 歴史文化探訪の会『ビジュアル図説日本史』日本文芸社　2008
* 『地図で訪ねる歴史の舞台　日本』帝国書院　2009
* 東京都歴史教育研究会監修『一冊でわかるイラストでわかる　図解戦国史』成美堂出版　2011
* 清水靖夫監修『地図で読むビジュアル日本史』日本文芸社　2011
* 『とうほう日本史総覧』東京法令出版　1991
* 『歴史資料集』新学社　2000
* 『新編　日本史図表』第一学習社　2001
* 『ビジュアルワイド　図説日本史』東京書籍　2003
* 『図説　日本史』啓隆社　2004
* 『日本史地図・年表』吉川弘文館　2006
* 『中学校スタンダード歴史資料』帝国書院　2009
* 『詳説　日本史図録　第4版』山川出版社　2010
* 『新詳　日本史』浜島書店　2011
* 『標準日本史地図』吉川弘文館　2011
* 『標準世界史地図』吉川弘文館　2011

【年表等】
* 国立天文台編『理科年表』丸善　2011
* 市古貞次ほか編『日本文化総合年表』岩波書店　1990
* 歴史学研究会編『日本史年表　増補版』岩波書店　1993

【図録等】
* 奈良国立文化財研究所、朝日新聞大阪本社企画部『平城京展』朝日新聞大阪本社　1989
* 『安土城障壁画復元展』日本経済新聞社　1993
* 『倭国乱る』国立歴史民俗博物館　1996
* 『三内丸山遺跡と北の縄文世界』朝日新聞社　1997
* 『幻の中世都市十三湊』国立歴史民俗博物館　1998
* 『陶磁器の文化史』国立歴史民俗博物館　1998
* 奈良国立文化財研究所『なら平城京展'98』奈良市　1998
* 『越前朝倉氏・一乗谷』福井県立一乗谷朝倉氏遺跡資料館　1998
* 『土井ヶ浜遺跡の弥生人たち』土井ヶ浜遺跡・人類学ミュージアム　1999
* 『渡来人登場』大阪府立弥生文化博物館　1999
* 『天下統一と城』国立歴史民俗博物館　2000
* 『甦る大環濠集落』横浜市歴史博物館　2001
* 『弥生都市は語る』大阪府立弥生文化博物館　2001
* 『飛鳥・藤原京展』朝日新聞社　2002
* 『東アジア中世街道』国立歴史民俗博物館　2005
* 『長岡京遷都』国立歴史民俗博物館　2007
* 『西のみやこ　東のみやこ』国立歴史民俗博物館　2007
* 『弥生はいつから!?』国立歴史民俗博物館　2007
* 『縄文はいつから!?』国立歴史民俗博物館　2009
* 『弥生建築　卑弥呼のすまい』大阪府立弥生文化博物館　2009
* 文化庁『発掘された日本列島2010』朝日新聞出版　2010
* 文化庁『発掘された日本列島2011』朝日新聞出版　2011

【全集・シリーズ本】
* 黛弘道編『図説　日本文化の歴史3　奈良』小学館　1979
* 熱田公編『図説　日本文化の歴史6　南北朝・室町』小学館　1980
* 原田伴彦編『図説　日本文化の歴史7　安土桃山』小学館　1980
* 上田正昭『日本の歴史2　大王の世紀』小学館　1973
* 坂本賞三『日本の歴史6　摂関時代』小学館　1974
* 佐々木高明『集英社版日本の歴史①　日本史誕生』集英社　1991
* 田中琢『集英社版日本の歴史②　倭人争乱』集英社　1991
* 栄原永遠男『集英社版日本の歴史④　天平の時代』集英社　1991
* 瀧浪貞子『集英社版日本の歴史⑤　平安建都』集英社　1991
* 朧谷寿『集英社版日本の歴史⑥　王朝と貴族』集英社　1991
* 入間田宣夫『集英社版日本の歴史⑦　武者の世に』集英社　1991
* 今谷明『集英社版日本の歴史⑨　日本国王と土民』集英社　1992
* 佐原真『大系日本の歴史1　日本人の誕生』小学館ライブラリー　1992
* 和田萃『大系日本の歴史2　古墳の時代』小学館ライブラリー　1992
* 五味文彦『大系日本の歴史5　鎌倉と京』小学館ライブラリー　1992
* 永原慶二『大系日本の歴史6　内乱と民衆の世紀』小学館ライブラリー　1992
* 寺沢薫『日本の歴史02　王権誕生』講談社　2000
* 渡辺晃宏『日本の歴史04　平城京と木簡の世紀』講談社　2001
* 白石太一郎編『日本の時代史1　倭国誕生』吉川弘文館　2002
* 鈴木靖民編『日本の時代史2　倭国と東アジア』吉川弘文館　2002
* 佐藤信編『日本の時代史4　律令国家と天平文化』吉川弘文館　2002
* 榎原雅治編『日本の時代史11　一揆の時代』吉川弘文館　2003
* 松木武彦『全集日本の歴史1　列島創世記』小学館　2007
* 鐘江宏之『全集日本の歴史3　律令国家と万葉びと』小学館　2008
* 五味文彦『全集日本の歴史5　躍動する中世』小学館　2008
* 本郷恵子『全集日本の歴史6　京・鎌倉　ふたつの王権』小学館　2008
* 安田次郎『全集日本の歴史7　走る悪党、蜂起する土民』小学館　2008
* 高橋慎一朗・高橋典幸・末柄豊『Jr.日本の歴史③　武士の世の幕あけ』小学館　2010
* 山田邦明『Jr.日本の歴史④　乱世から統一へ』小学館　2011
* 近藤義郎ほか編『日本考古学2　人間と環境』岩波書店　1985
* 坪井清足・平野邦雄監修『新版［日本の古代］⑨東北・北海道』角川

● 監修者紹介

武光　誠（たけみつ・まこと）

1950年生まれ。明治学院大学教授。日本古代史・歴史哲学専攻。おもな編著書に『一冊でつかむ日本史』『平清盛』（以上、平凡社新書）、『県民性の日本地図』（文春新書）、『日本地図から歴史を読む方法』（河出書房新社）、『日本史もわかる世界史地図』（宝島社）、『日本歴史新聞３６６』『ものづくりの歴史にみる日本の底力』（以上、小学館）ほか。

大石　学（おおいし・まなぶ）

1953年生まれ。東京学芸大学教授。日本近世史専攻。おもな編著書に『首都江戸の誕生』（角川選書）、『吉宗と享保の改革』（東京堂出版）、『地名で読む江戸の町』（ＰＨＰ新書）、『江戸幕府大事典』（吉川弘文館）、『江戸時代のすべてがわかる本』（ナツメ社）、『規制緩和に挑んだ「名君」』『江戸時代新聞』『Ｊｒ.日本の歴史⑤　天下泰平のしくみ』（以上、小学館）ほか。

小林　英夫（こばやし・ひでお）

1943年生まれ。早稲田大学教授。日本近現代史・植民地史・アジア経済論専攻。おもな編著書に『日本軍政下のアジア』（岩波新書）、『満鉄調査部』（平凡社新書）、『日中戦争』（講談社新書）、『「日本株式会社」を創った男』『満鉄調査部事件の真相』『決定版20世紀年表』『昭和・平成現代史年表〔増補版〕』『日本の迷走はいつから始まったのか』（以上、小学館）ほか。

■装　丁　奥水典久
■レイアウト　奥水典久、柳平和士、西須幸栄
■地図制作　オープンブック株式会社（武井克之、金行方也、李聖史、寺島孝博／Portion Copyright©2011 OPeNBooK Co.,LTD.）、有限会社テリス研究所、蓬生雄司、柳平和士
■図版制作　蓬生雄司、柳平和士、奥水典久、西須幸栄、青木隆、小高まりゑ
■イラスト　飯島満　56〜57、81、137
　板垣真誠　89
　梅田紀代志　59、69
　株式会社エス　127
　加藤愛一　30〜31、38
　張仁誠　48〜49、136
　中西立太　22、100〜101
　奈良島知行　カバー、74〜75、135
　野上隼夫　カバー、62
　早川和子　20〜21
　蓬生雄司　124、128
　マカベアキオ　13、28、95
　吉崎御坊願慶寺　115
■原図・制作指導　寺沢薫（桜井市纒向学研究センター設立準備顧問）　30〜31
■復元指導　梶川敏夫（京都市埋蔵文化財研究所次長）　81、137
■執　筆　戸松大洋、松坂史生
■校　閲　オフィス・タカエ、米田順、小学館出版クォリティーセンター
■編集協力　有限会社ハユマ（小西麻衣、吉田進一）、有川未歩、神田文子、山崎明子、高橋由佳
■編　集　戸松大洋、嶋岡尚子、神田暢子、加藤真文（小学館）
■制　作　粕谷裕次
■制作企画　金田玄彦
■資　材　森雅彦
■宣　伝　浦城朋子
■販　売　岡本みどり

■写真提供・協力
青森県教育庁文化財保護課　16〜17（全点）
飛鳥寺　42
有田陶磁美術館　138
糸魚川フォッサマグナミュージアム　19中
伊藤隆之　19下左、49（2点とも）
うきは市教育委員会　37中左
えびの市教育委員会　37下
奥州市教育委員会　36上
大阪府立弥生文化博物館　29
大津市埋蔵文化財調査センター　19上
（株）大林組　48、137
岡山県古代吉備文化センター　33下
沖縄観光コンベンションビューロー　116
春日市教育委員会　23左上
鹿角市教育委員会　18右
神奈川県立歴史博物館　89
韓国・国立文化財研究所〔撮影〕　110
九州歴史資料館〔写真提供〕　53
京都市埋蔵文化財研究所　64
京都市歴史資料館　65
宮内庁三の丸尚蔵館　102
宮内庁正倉院事務所　63左
宮内庁書陵部　100
群馬県立歴史博物館　33上、36中上
神戸市教育委員会　38（2点とも）
神戸市立博物館　23、128
神戸大学大学院／黒田龍二　30中（2点とも）
国文学研究資料館　137左上
国立科学博物館　21中、4
国立歴史民俗博物館　15下中、23中上、24、25上、26上、74（2点とも）、132
御所野縄文博物館　19右上
堺市博物館　上39
佐賀県教育委員会　25下、26左・中
さきたま史跡の博物館　34右（2点）
桜井市教育委員会　30上・中、31右
佐野市教育委員会　12
（有）ジェノイド・プロトデザイン　張仁誠　48、137
島根県立古代出雲歴史博物館　37左上
市立函館博物館　15中上
総社市教育委員会　37中右
高崎市教育委員会・かみつけの里博物館　36下
中尊寺　88（2点とも）
津南町教育委員会　15中下
東京国立博物館　34左（2点）、35上、63右〔Image: TNM Image Archives〕
東京大学総合研究博物館　11
東大寺　136
徳川美術館　77上〔Image：徳川美術館イメージアーカイブ／DNP　artcom〕
長岡市立科学博物館　15上中
七尾市教育委員会　37右上
奈良県立橿原考古学研究所附属博物館　30下、31左（2点）、43
奈良市観光協会　136
奈良文化財研究所　56（2点とも）、57（料理復元／奥村彪生）
野尻湖ナウマンゾウ博物館　13中
八戸市埋蔵文化財センター是川縄文館　15下
羽曳野市教育委員会　13下
ハユマ　19下、137
ひたちなか市教育委員会　36中右
姫路市埋蔵文化財センター　35中
平等院　77下
平泉文化史館　89（2点とも、復元設計・監修／藤島亥治郎東京大学名誉教授）
広島県立歴史博物館〔写真提供〕　110、113
風俗博物館　75左・中
福井県立一乗谷朝倉氏遺跡資料館　126（2点とも）
福岡市博物館　27
福岡市埋蔵文化財センター　21右
福岡県立アジア文化交流センター　53
文化庁　33上、34右（2点）、36中上、35左、43
ボストン美術館　83
水巻町教育委員会　23下
三井不動産　137左下
明治大学博物館　13上
向日市文化資料館　75右
八女市教育委員会　41（2点とも）
横浜市歴史博物館　15上
吉見町政策財政課　36中左
若狭三方縄文博物館　18左
和歌山市立博物館　35左

地図・年表・図解でみる **日本の歴史〈上〉**

発行日　2012年2月27日　初版第1刷発行
発行者　蔵　敏則
発行所　株式会社小学館
　　　　〒101-8001　東京都千代田区一ツ橋2-3-1
　　　　電話　編集　03-3230-5139
　　　　　　　販売　03-5281-3555
印刷所　凸版印刷株式会社
製本所　株式会社若林製本工場

©SHOGAKUKAN　2012　Printed in Japan　ISBN978-4-09-626087-6

造本には十分注意しておりますが、印刷、製本など製造上の不備がございましたら、「制作局コールセンター」（フリーダイヤル0120-336-340）あてにお送りください。（電話受付は土・日・祝日を除く9:30〜17:30）
Ⓡ＜日本複写権センター委託出版物＞
本書の全部または一部を無断で複写（コピー）することは、著作権法上での例外を除き、禁じられています。本書からの複写を希望される場合は、事前に日本複写権センター（JRCC）の許諾を受けてください。
JRRC〈http://www.jrcc.co.jp　e-mail:info@jrcc.or.jp　TEL03-3401-2382〉
本書の電子データ化等の無断複製は著作権法上の例外を除き禁じられています。代行業者等の第三者による本書の電子的複製も認められておりません。